铁路职工岗位培训系列教材

无损检测员(钢轨探伤)(理论部分)

中国铁路呼和浩特局集团有限公司　编

中国铁道出版社有限公司

2024年·北　京

内 容 简 介

本书从无损检测员(钢轨探伤)岗位工作实际出发,内容涵盖无损检测基础知识、超声波基础知识、钢轨伤损、钢轨探伤设备、检测及检修设备、钢轨探伤、钢轨焊缝缺陷、钢轨焊缝探伤、手工检查、探伤工艺编制等专业知识,并辅以机械基础、金属工艺学等相关知识。内容紧扣规章规范,注重专业性、实用性和指导性。

本书可作为无损检测员(钢轨探伤)岗位培训和业务学习用书,亦可供有兴趣职工自学。

图书在版编目(CIP)数据

无损检测员. 钢轨探伤. 理论部分 / 中国铁路呼和浩特局集团有限公司编. -- 北京 : 中国铁道出版社有限公司, 2024. 10. --(铁路职工岗位培训系列教材).
ISBN 978-7-113-31591-7

Ⅰ. U213.4

中国国家版本馆 CIP 数据核字第 202494DW25 号

书　　名: 无损检测员(钢轨探伤)(理论部分)
作　　者: 中国铁路呼和浩特局集团有限公司

责任编辑: 赵雅敏　　　**编辑部电话:** (010)51873141
封面设计: 郑春鹏
责任校对: 安海燕
责任印制: 樊启鹏

出版发行: 中国铁道出版社有限公司(100054,北京市西城区右安门西街 8 号)
网　　址: https://www.tdpress.com
印　　刷: 天津嘉恒印务有限公司
版　　次: 2024 年 10 月第 1 版　2024 年 10 月第 1 次印刷
开　　本: 787 mm×1 092 mm 1/16　**印张:** 16.25　**字数:** 375 千
书　　号: ISBN 978-7-113-31591-7
定　　价: 108.00 元

编 委 会

前　言

技能是强国之基、立业之本，技能人才是支撑铁路高质量发展的重要力量。为加强铁路专业技能人才队伍建设，加快铁路创新型、应用型、技能型人才培养，依据铁路特有工种技能培训规范，中国铁路呼和浩特局集团有限公司组织编写了铁路职工岗位培训系列教材。

本教材从各工种岗位实际出发，注重专业性、实用性和指导性。教材内容主要包括基础知识篇、专业知识篇和相关知识篇三部分。各篇章节内容紧扣培训规范，通过深入浅出的讲解，力求通俗易懂。本教材可作为铁路职工岗位培训和业务学习用书，亦可供有兴趣职工自学使用。

本教材由中国铁路呼和浩特局集团有限公司教材编审委员会组织，集团公司运输、客运、货运、机务、工务、电务、车辆及供电部编写、审稿，职工培训部校订并实施完成。第一章至第四章由张晓春编写；第五章至第八章由柴永强编写；第九章至第十二章由赵华鹏编写。全书由贾海东、李春龙审核。在此对所有编审人员及支持本书编写的同志表示衷心的感谢。

本教材编写时间仓促，难免存在疏漏之处，欢迎读者朋友予以批评指正。

编委会
2024 年 7 月

目 录

第一篇 基础知识

第一章 无损检测基础知识 …… 2
　第一节 无损检测的发展 …… 2
　第二节 无损检测及无损探伤 …… 5
　复习思考题 …… 8
第二章 超声波常用计量单位及基础知识 …… 9
　第一节 常用计量单位 …… 9
　第二节 超声波基础知识 …… 12
　复习思考题 …… 41

第二篇 专业知识

第三章 钢轨、钢轨伤损 …… 44
　第一节 钢轨知识 …… 44
　第二节 钢轨常见伤损分析 …… 58
　复习思考题 …… 62
第四章 钢轨探伤设备 …… 63
　第一节 钢轨模拟、数字超声波探伤仪及探头 …… 63
　第二节 单轨探伤仪(以 GCT-8C 单轨探伤仪为例) …… 77
　第三节 通用超声探伤仪性能简介 …… 90
　第四节 双轨探伤仪 …… 96
　第五节 钢轨探伤车 …… 107
　复习思考题 …… 116
第五章 检测、检修设备 …… 117
　第一节 试 块 …… 117
　第二节 万 用 表 …… 128
　第三节 示 波 器 …… 129
　复习思考题 …… 130

第六章　钢轨探伤 …… 131
第一节　70°探头探伤 …… 131
第二节　37°探头探伤 …… 147
第三节　0°探头探伤 …… 156
第四节　钢轨探伤新方法 …… 163
第五节　提速道岔特种断面钢轨轨头探伤 …… 168
第六节　可动心道岔特殊钢轨检测 …… 170
第七节　双轨式钢轨超声波探伤仪探伤 …… 172
复习思考题 …… 185

第七章　钢轨焊接、钢轨焊缝缺陷 …… 188
第一节　钢轨焊接一般知识 …… 188
第二节　钢轨焊缝缺陷 …… 191
复习思考题 …… 193

第八章　钢轨焊缝探伤 …… 194
第一节　钢轨焊缝轨头探伤 …… 194
第二节　钢轨焊缝轨腰探伤 …… 201
第三节　钢轨焊缝轨底探伤 …… 206
第四节　钢轨焊缝探伤通用知识 …… 211
复习思考题 …… 215

第九章　手工检查 …… 217
复习思考题 …… 221

第十章　探伤工艺编制 …… 222
复习思考题 …… 232

第三篇　相关知识

第十一章　机械基础 …… 234
第一节　机械的分类与组成 …… 234
第二节　机械钳工的任务和设备 …… 235
第三节　机械的装配和修理 …… 239
复习思考题 …… 241

第十二章　金属工艺学 …… 242
第一节　铁碳合金 …… 242
第二节　钢的热处理 …… 245
复习思考题 …… 251

第一篇　基础知识

第一章　无损检测基础知识

第一节　无损检测的发展

一、世界无损检测技术的起源与发展

无损检测技术是以物理现象为基础的，回顾世界无损检测技术的起源，都是一种新的物理现象被发现后，随之进行深入研究并投入应用，一般的规律往往首先是在医学领域、军工领域应用，然后推广到工业领域应用。

（一）射线检测

1895 年 11 月德国维尔茨堡大学教授伦琴发现 X 射线（伦琴射线），随后首先在医学领域得到应用；1896 年法国贝克勒尔发现放射性和 γ 射线；1898 年法国居里夫妇发现放射性元素镭和钋，从铀矿中分离出镭；1900 年法国维拉尔德发现 γ 射线，法国海关首次应用 X 射线检查物品；1919 年英国卢瑟福用 α 粒子轰击氮原子打出质子，首次实现人工核反应，建立起第一个核反应装置；1920 年前后 X 射线开始在工业领域广泛应用；1931 年美国劳伦斯等人建成第一台回旋加速器；1933 年美国图夫建立第一台静电加速器；1938 年德国哈恩与施特拉斯曼发现铀裂变现象，此后人工制造的放射性同位素逐渐进入 γ 射线检验领域；1940 年美国开尔斯特（D. W. Kerst）建造第一台电子感应加速器；1946 年携带式 X 射线机诞生。

（二）超声检测

1830 年已经有利用机械装置人工产生超声波的实验（达到 24 000 Hz）；1877 年瑞利的《声学原理》出版，为近代声学奠定了基础；1880 年法国居里兄弟发现晶体的压电效应，从而为广泛应用的压电换能器打下基础；1914—1918 年已经开始利用声波反射的性质探测水下舰艇的研究；1943 年出现商品化脉冲回波式超声波探伤仪。

（三）磁粉检测

1820 年丹麦奥斯特发现导线通电产生磁效应；1868 年英国应用漏磁通探测枪管上的不连续性；1876 年应用漏磁通探测钢轨的不连续性；1918 年美国开创磁粉检测首例；1919 年德国巴克豪森发现磁畴；1930 年德国福斯特将磁粉检测正式引入工业领域；1933 年漏磁检测技术设想提出；1947 年第一套漏磁检测系统研制成功。

（四）渗透检测

1930—1940 年，煤油，“油一白垩法”、有色染料作为渗透剂的渗透检测方法出现；1941 年荧光染料的发现与应用，采用紫外线辐照显示，吸收剂-显像剂应用；1950 年出现以煤油与滑

油混合物作为荧光液的荧光渗透检测；1960 年后出现自动流水线，水基渗透液和水洗法技术，开始关注对氟、氯、硫的控制。

（五）涡流检测

1824 年加贝用实验发现金属中有涡电流存在，几年后法国的佛科确认了涡电流的存在；1831 年英国的法拉第发现电磁感应现象；1865 年英国的麦克斯韦完成法拉第概念的完整数学表达式，建立电磁场理论；1879 年美国的休斯首先将涡流用于实际金属材料分选；1921—1935 年涡流探伤仪和涡流测厚仪先后问世；1930 年实现用涡流法检验钢管焊接质量；20 世纪 50 年代初期德国福斯特开创现代涡流检测理论和设备研究新阶段，涡流检测技术开始正式进入实用阶段。

世界无损检测技术的发展历史可以大致上以二次世界大战为重要的转折点：二战前已经起步并开始得到少量的初步应用，在二战期间由于医学和军事的需要得到迅速发展，在二战后随着工业生产技术的迅猛发展，特别是近代和现代机械制造、电子技术、计算机技术的迅猛发展，现代无损检测技术已经发展到了很高的水平。

二、我国无损检测技术的发展历史

中国的无损检测技术实际上从 20 世纪 30 年代起就已经开始在一些机械工业领域中得到少量应用，但是由于历史的原因，并没有发展起来。

中华人民共和国成立后的无损检测技术发展大体上可以分为四个阶段：

第一阶段：20 世纪 50 年代，中华人民共和国成立后的起步阶段，主要在军工领域（特别是航空工业系统）以及和军工相关的重工业领域和科研机构开始 X 射线、磁粉、渗透、超声等常规无损检测技术的应用。

第二阶段：20 世纪 60 年代，我国无损检测技术在机械工业领域开始推广应用，国产无损检测设备与器材陆续研制成功并投入应用，除了常规无损检测技术的应用外，也开始了新型无损检测技术的研究与应用。

第三阶段：20 世纪 70 年代，无损检测技术在我国工业领域开始普遍应用，从事无损检测技术工作的人员快速增加。

第四阶段：20 世纪 80 年代以后，随着中国经济改革开放形势不断深入发展，特别是加入 WTO 以后，与国际接轨越来越紧密，无损检测技术进入了全盛发展时期，80 年代末期中国无损检测学会加入了国际无损检测委员会，中国在国际无损检测界的地位、知名度越来越高，在世界上扮演越来越重要的角色。

我国无损检测人员的培训考核已经形成了比较规范的系统模式，我国在电磁、涡流检测方面的技术水平已经达到了一个较高的阶段，有些方面可以说已经达到了世界先进水平，在超声、射线、磁粉、渗透等检测领域与世界先进国家的差距也已经大大缩小，在无损检测基本理论研究、无损检测设备的研制和生产在不少方面也都接近和达到世界先进水平，成为公认的无损检测大国，并且正在向无损检测强国发展。

三、无损检测技术在铁路行业的发展现状

随着国民经济的持续快速发展、国家产业政策的支持以及下游应用领域的扩展，无损检

测市场不断壮大。其具有非破坏性、互容性、百分百检测性、严格性等特点，已成为工业发展中必不可少的有效工具。

铁路作为重要的交通运输方式，其安全运行至关重要。无损检测技术能够在不损害铁路设备和部件的前提下，对其进行有效的检测和评估。无损检测可用于检测钢轨的内部缺陷、疲劳裂纹等，有助于提前发现潜在问题，保障列车运行的平稳和安全。超声检测、磁粉检测、涡流检测等方法也常用于钢轨的检测。

对于铁路车辆，如车轮、车轴等关键部件，无损检测能够及时发现部件内部的损伤和缺陷，预防故障的发生。例如，涡流检测可用于检测车轮表面和近表面的缺陷。

随着技术的不断进步，无损检测在铁路领域也呈现出一些新的发展趋势：

(1)检测技术的集成化：将多种无损检测技术综合运用，提高检测的准确性和可靠性。

(2)智能化检测：借助人工智能、大数据等技术，对检测数据进行更精准的分析和判断，实现自动化诊断和预警。

(3)便携式检测设备的发展：便于在现场进行快速检测和应急检测。

(4)在线实时监测：能够实时监测铁路设备的运行状态，及时发现问题。

总之，无损检测技术在铁路领域的不断发展和创新，将为铁路的安全运行提供更有力的保障。

四、钢轨探伤仪的发展

钢轨超声波探伤仪现已成为保障铁路运输安全不可或缺的重要工具，随着科技的进步、技术的革新，超声波探伤仪也在历史的洪流中不断更新迭代，不断改进产品的设计制造工艺、完善功能、降低制造成本以及提高设备运行的可靠性。

说到钢轨超声波探伤仪的产生，就得追溯到铁路的由来。1825 年英国修建了世界上第一条由蒸汽机车牵引的长达 21 km 的铁路至今已有近 200 年历史，铁路的产生和发展影响着国家、社会和民族在科学技术和社会经济的进步，推动了人类文明融合，极大改善和拉近世界各国贸易格局。从蒸汽机车到燃油机车再到如今的电力机车，铁路机车不断提高速度，不断提升运输量，不断革新科学技术，为保障铁路运输安全，提高运输质量，无损检测技术和与之配套的钢轨探伤仪应运而生。它的出现极大地提高了铁路运输的安全稳定，在避免铁路事故发生方面起到了举足轻重的作用。

我国铁路在很早就开展无损检测的运用工作，从 1950 年引进瑞士生产的共振式超声波探伤仪检查钢轨开始，钢轨探伤仪也经历了一系列的技术革新，从连续波式钢轨探伤仪、脉冲波式钢轨探伤仪、双通道钢轨探伤仪、多通道钢轨探伤仪再到现在 A/B 型显示的钢轨探伤仪、双轨探伤仪、焊缝探伤仪以及探伤车的出现，不断完善钢轨无损检测的大家庭。

钢轨探伤仪的作用是用作铁路工务部门钢轨防断、确保行车安全的重要检查工具。其工作原理是依据超声波传播特性，利用定向辐射超声波声束在被检测钢轨缺陷上产生反射(反射式探伤)或使透过声能下降(透射式探伤)等原理，通过检测回播信息和透过声波强度变化来指示伤损的一种检测仪器。钢轨探伤仪的发展离不开探伤原理的支撑，熟练掌握无损检测原理是运用好钢轨探伤仪的基础，在第二篇我们将详细展开具体内容的说明。

第二节　无损检测及无损探伤

铁路高速发展的背后，离不开质量过硬的配套设施，其中保障铁路运输安全的重要一环就是对钢轨进行无损检测暨钢轨无损探伤。

无损检测也叫无损探伤，无损检测是指在不损害或不影响被检测对象使用性能，不伤害被检测对象内部组织的前提下，利用材料内部结构异常或缺陷存在引起的热、声、光、电、磁等反应的变化，以物理或化学方法为手段，借助现代化的技术和设备器材，对试件内部及表面的结构、性质、状态及缺陷的类型、性质、数量、形状、位置、尺寸、分布及其变化进行检查和测试的方法。无损检测是工业发展必不可少的有效工具，在一定程度上反映了一个国家的工业发展水平，无损检测的重要性已得到公认，主要有渗透检测(PT)、磁粉检测(MT)、超声波检测(UT)、射线检测(RT)和涡流检测(ET)五种。其他无损检测方法有声发射检测(AE)、热像/红外(TIR)、泄漏试验(LT)、交流场测量技术(ACFMT)、漏磁检验(MFL)、远场测试检测方法(RFT)、超声波衍射时差法(TOFD)等。

一、常用无损检测方法

(一)渗透检测(PT)

渗透检测(penetrant testing，PT)主要适用于检查表面开口缺陷的无损检测。诸如裂纹、折叠、气孔、冷隔和疏松等，它不受材料组织结构和化学成分的限制，它不仅可以检查金属材料，还可以检查塑料、陶瓷和玻璃等非多孔性的材料。

渗透显示直观，容易判断，操作方法具有快速、简便的特点，通过操作即可检出任何方向的缺陷，但它也有一定的局限性，只能检出表面开口性缺陷(图 1-1)，对被污染物堵塞或机械处理(抛光和研磨等)后开口被封闭的缺陷都不能有效地检出，也不适用于检查多孔性疏松材料制成的工件和表面粗糙的工件，其显像剂最佳观察时间是 8～10 min，有效保留时间是 30～45 min。且在一般情况下不能与磁粉检测同时使用，其磁粉施加的磁悬液会堵塞缺陷的开口。特殊要求情况下，可先做渗透检测，后做磁粉检测，但其检出率会很低，没有实际意义。

(二)磁粉检测(MT)

磁粉检测(magnetic particle testing，MT)主要用于碳钢、合金结构钢、沉淀硬化钢和电工钢等的表面和近表面的缺陷检测，由于不连续的磁痕堆积于被检工件的表面上，所以能直观地显示不连续的形状、位置和尺寸，并大致确定其性质，磁粉检测的灵敏度也较高，可检出缺陷宽度可达 0.1 μm，对于埋藏深达几毫米，甚至十几毫米的某些不连续也可探测出来(图 1-2)。

磁粉检测时，几乎不受被检测件的大小和形状限制，并采用各种磁化技术检验各个部位的缺陷，它的工艺相对简单而且检验速度快、成本低。但它不能检验非铁磁性的金属，如铝、镁、铜；也不能检查非金属材料，如橡胶、塑料、玻璃、陶瓷等。它不能检查奥氏体不锈钢，它主要用于船体焊缝、柴油机零部件、钢锻件、钢铸件的检测。

磁粉检测只适用于铁磁性材料，只能检测表面与近表面缺陷，对裂纹有很强的检测能力。

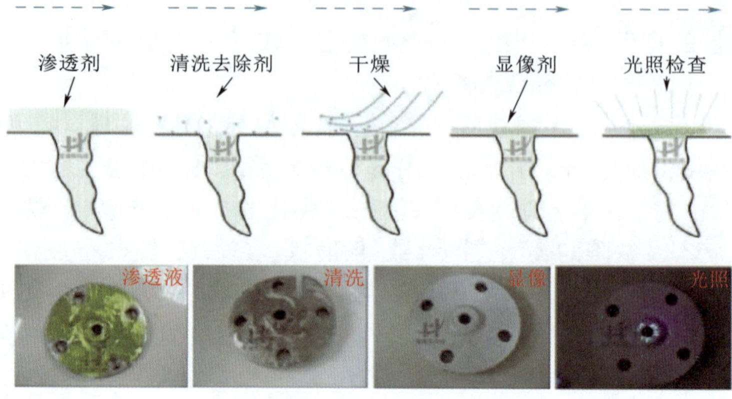

图 1-1　渗透检测检出表面开口性缺陷

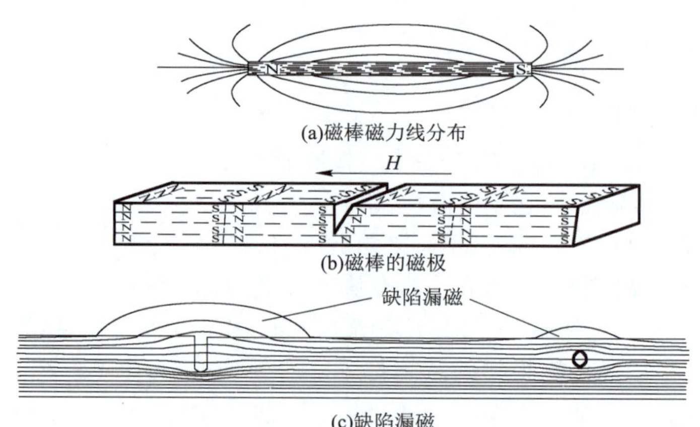

图 1-2　磁粉检测原理

（三）超声波检测（UT）

超声波检测（ultrasonic testing，UT）在工业上应用非常广泛，主要应用于各种尺寸的锻件、轧制件、焊缝、铸件等，适用于黑色金属、有色金属、非金属材料和零部件。超声波检测是现阶段钢轨探伤采用的主要方法。

超声波适于检测平面状缺陷，如裂纹、折叠、夹层、未焊透、未融合等。只要超声波波束与裂纹平面垂直，就可以获得很高的缺陷回波。而对于气孔夹渣类球状缺陷不够灵敏较射线偏低。

超声波检测的优点：适用于金属、非金属和复合材料等的无损检测；穿透能力强，可对较大厚度范围内的试件内部缺陷进行检测；缺陷定位比较准确；对面积型缺陷的检出率较高；灵敏度高，可检测试件内部尺寸很小的缺陷；检测成本低、速度快，设备轻便，对人体及环境无害，现场使用较方便。

超声波检测主要用于内部缺陷的检测，对于面积型缺陷，如未融合、裂纹、分层有较高的检出率。但其定性、定量困难、复杂形状检测困难，需耦合剂和参考标准，且对被检测的表面光洁度要求较高，在船舶上主要用于母材厚度为 6～100 mm 的铁素体钢全焊透焊缝的检测。

（四）射线检测（RT）

X 射线检测是应用最早、最普遍的无损检测方法之一。

它的原理是依据 X 射线穿透物体后其衰减程度不同因而在底片上产生不同黑度的影像来识别物体中的缺陷，缺陷影像直观，易于对缺陷定位、定性和定量。适用于金属和非金属等各种材料。

射线检测（radiographic testing，RT）与超声波检测相比，两者均能检测材料或工件的内部缺陷，而它主要检测体积型的缺陷，即工件成型后未经过压力加工变形，如铸件、焊缝、粉末冶金件等，广泛用于焊缝和铸件的检测，尤其是焊缝的检验。射线照相法用得最多，也最为有效。它能有效检测出气孔、夹渣、疏松等缺陷，但对分层、裂纹又难以检测。且在射线方向上要存在厚度差或密度差。它能在底片上直观地观察到缺陷的性质、形状大小、位置等，便于对缺陷定位、定量、定性；可以长久地保存底片，作为检测结果记录的可靠依据。但它对面状缺陷检测能力较差，尤其对工件中最危险的缺陷——裂纹，如果缺陷的取向与射线方向相对角度不适当时，检出率会明显下降，乃至完全无法检出。此外，费用也较高，操作工序也较为复杂。射线检测必须采取相应的防护措施。

（五）涡流检测（ET）

涡流检测（eddy current testing，ET）是将通有交流电的激励线圈靠近某一导电试件（图 1-3），由于电磁感应作用，进入试件的交变磁场可在试件中感生出方向与激励磁场相垂直的、呈旋涡状流动的电流（涡流），此涡流产生磁场会影响原磁场的变化，从而引起线圈阻抗的变化，通过对线圈阻抗变化的测量，就可得知试件中产生的涡流状况，从而获悉与试件有关的一些参量。当试件内有缺陷时，涡流因流动途径的变化，使涡流磁场也相应变化，经试验线圈检出异常磁场的变化量，可获得缺陷的信息。

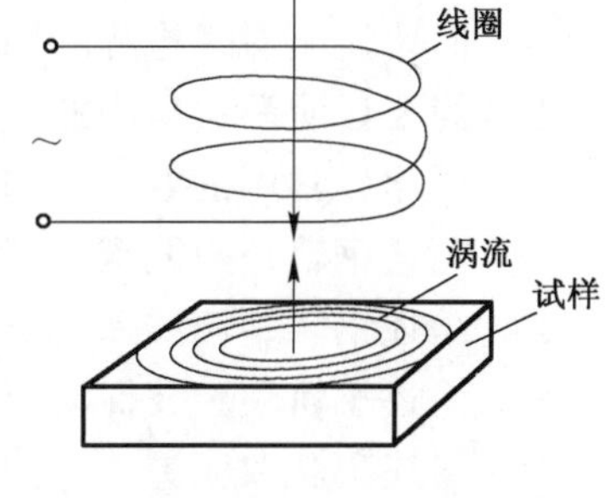

图 1-3　涡流探伤

由于涡流是交流电，具有集肤效应，在导电试件的表面较多，随着涡流向试件内部的深入，电流按指数函数而减少，因此，涡流检测主要适用于金属和石墨等导电材料的表面和近表面缺陷，通常能够确定缺陷的位置和相对尺寸，不适用于非导电材料的缺陷检测。

以上介绍了五种常用探伤检测方法，超声波检测将在后面内容中详细叙述。在实际应用中，射线检测和超声波检测适用于内部缺陷探测，而磁粉、渗透、涡流检测则适用于表面缺陷探测，它们各有优越性，选择哪一种检测方法进行无损检测，必须结合缺陷具体情况合理配合使用，才会收到更好的效果。

二、无损检测原理

无损检测是利用物质的声、光、磁和电等特性，在不损害或不影响被检测对象使用性能的前提下，检测被检对象中是否存在缺陷或不均匀性，给出缺陷大小、位置、性质和数量等信息。

与破坏性检测相比，无损检测有以下特点。第一是具有非破坏性，因为它在做检测时不会损害被检测对象的使用性能。第二具有全面性，由于检测是非破坏性，因此必要时可对被检测对象进行 100％的全面检测，这是破坏性检测办不到的。第三具有全程性，破坏性检测一般只适用于对原材料进行检测，如机械工程中普遍采用的拉伸、压缩、弯曲等，破坏性检验都是针对制造用原材料进行的，对于产成品和在用品，除非不准备让其继续服役，否则是不能进行破坏性检测的，而无损检测因不损坏被检测对象的使用性能。所以，它不仅可对制造用原材料，各中间工艺环节，直至最终产成品进行全程检测，也可对服役中的设备进行检测。

复习思考题

1. 简要说明无损检测的起源与发展。
2. 简要说明中国无损检测的几个发展阶段。
3. 简述无损检测技术在铁路行业的发展现状。
4. 无损检测的定义是什么？
5. 无损检测的特点有哪些？
6. 常见的无损检测方式包括哪五种？
7. 简要说明渗透检测的原理和特点。
8. 简要说明磁粉检测的原理和特点。
9. 简要说明超声波检测的原理和特点。
10. 简要说明射线检测的原理和特点。
11. 简要说明涡流检测的原理和特点。
12. 试比较常用的五种无损检测方法的优缺点。
13. 简述钢轨超声波探伤仪的作用。
14. 简述钢轨超声波探伤仪的原理。
15. 简述钢轨超声波探伤仪的特点。
16. 简述集肤效应。

第二章　超声波常用计量单位及基础知识

第一节　常用计量单位

常用计量单位往往涉及时间、长度、质量以及声、光、热、电、力五大方面，下面简单介绍日常生活和生产过程中经常使用的一些计量单位。由于对我国的法定计量单位不清楚，企业产品在其设计、生产、检验、销售和宣传过程中用到的一些资料，如各种标准、图样、工艺卡片、操作规程、检验规程、检验指导书、说明书、铭牌、报表、合同、刊物等，常常出现一些错误的计量单位。如果计量单位不统一，几种计量单位制同时并用，在生产、科技、商贸、文化交流就会遇到一系列的困难，也会给实际工作和生活带来种种不便，浪费很多人力、物力、财力和时间，而且容易产生混乱和差错。

保证计量单位制的统一是我国计量立法的重要宗旨。法定计量单位是由国家法律承认、具有法定地位的计量单位。凡属法定计量单位，在一个国家的任何地区、任何部门、任何机构和任何人，都必须毫无例外地采用。

国际单位制是在米制的基础上发展起来的一种单位制，其国际通用符号为“SI”[《国际单位制及其应用》(GB 3100—1993)]。它是由 SI 基本单位(7 个)、SI 导出单位(21 个，含专门名称与组合形式两部分)以及 SI 单位的倍数单位(其词头符号 20 个)构成。国家选定的其他非 SI 计量单位有 16 个。国际单位制的计量单位和国家选定的其他计量单位，以及他们构成的组合形式的单位，成为我国法定计量单位。SI 基本单位见表 2-1。

表 2-1　SI 基本单位

量的名称	单位名称	单位符号	量的名称	单位名称	单位符号
长度	米	m	热力学温度	开[尔文]	K
质量	千克(公斤)	kg	物质的量	摩[尔]	mol
时间	秒	s	发光强度	坎[德拉]	cd
电流	安[培]	A			

一、长度计量单位

长度计量单位为“米”，用“m”符号表示。在“米”前加十进制词头构成长度单位的其他表示方法。如常用有微米(μm)、毫米(mm)、千米(km)等。“米”定义为：光在真空中于(1/299 792 458)s时间间隔内所经路径的长度。国际计量委员会推荐了三种实现这个新定义的方法，即时间法、频率法和辐射波长法。它们都是建立在真空中光速 c 为确定值，即 c 等于 299 792 458 m/s 的基础上，而当前主要实现途径是以辐射稳定波长的激光为基准。

（一）长度计量单位的特点

1. 基本性

长度单位“米”在 SI 中被列为第一个基本单位，许多导出单位都含有长度单位因子，如：速度(m/s)、密度(kg/m^3)、磁场强度(A/m)等，因此不少导出单位计量基准的准确度在很大程度上取决于长度单位量值的准确度。

2. 多维性

物体的形状和位置都可以用坐标空间(如三维空间)中的若干点表示。但用若干点的坐标值来表示某些物体的几何特性会十分烦琐，所以，为了简化，在几何量中除了使用长度和角度两个基本参量外，还必须引入一些工程参量，如锥度、渐开线、螺旋线等。这些参量都是多维的复合参量，又称之为工程参量。

3. 广泛性

几何量是客观世界中最广泛的物质形态，绝大部分物理量(如力学、热学、电磁学的一些量等)都是以几何量信息的形式进行定量描述的。

（二）长度计量单位换算

1 米＝10 分米＝100 厘米＝1 000 毫米＝1 000 000 微米

二、电工、电磁计量单位

电阻，计量单位为“欧姆”，用“Ω”符号表示。

电势，计量单位为“伏特”，用“V”符号表示。

电流，计量单位为“安培”，用“A”符号表示。

电量，计量单位为“库仑”，用“C”符号表示。

电容，计量单位为“法拉”，用“F”符号表示。

1. 电工、电磁计量单位之间的关系式

1 安培等于 1 伏特电势差加在 1 欧姆电阻上产生的电流强度；

1 库仑等于 1 安培乘以 1 秒。

2. 电工、电磁计量单位换算

在“电阻、电势、电流、电量、电容”计量单位前加十进制词头构成电阻、电势、电流、电量、电容单位的其他表示方法。

$$1\ \mathrm{M\Omega}=10^3\ \mathrm{k\Omega}=10^6\ \Omega$$

$$1\ \mathrm{kV}=10^3\ \mathrm{V}=10^6\ \mathrm{mV}$$

$$1\ \mathrm{A}=10^3\ \mathrm{mA}=10^6\ \mu\mathrm{A}$$

$$1\ \mathrm{F}=10^6\ \mu\mathrm{F}=10^9\ \mathrm{nF}=10^{12}\ \mathrm{pF}$$

三、声学计量单位

声学计量是声学的重要组成部分，也是声学发展的基础，可分为空气声计量、水声计量和超声计量，其中超声计量在无损检测中理论部分占举足轻重的地位，是理论分析超声检测原理的基础。

（一）基本声学量

1. 声压(P)

声压定义为在有声波时，介质中的压力与静压的差值，单位为 Pa。静压为没有声波时媒质中的压力。

2. 质点振速(v)

质点振速定义为因声波通过而引起的媒质中质点相对于其平衡位置的振动速度。单位为 m/s。如不加说明，通常指的是有效值。

3. 声强(I)

声强定义为声扬中某点处，在单位时间内从与质点振动方向垂直的单位面积上通过的声能。单位为 $erg/(cm^2 \cdot s)$或 W/cm^2。

4. 声阻抗(Z)

介质中某一点的声压与该点的振动速度之比称为声阻抗。单位为 $kg/(m^2 \cdot s)$。

5. 声功率(W)

声功率定义为单位时间内通过某一面积的声能。单位为 W。

（二）计量单位之间的关系式

(1)声阻抗 Z 等于介质密度(ρ)与声速(c)的乘积，即

$$Z=\rho c$$

(2)声强 I。

$$I=\frac{1}{2}\rho c A^2 W^2=\frac{1}{2}Z v^2=\frac{P^2}{2Z}$$

式中 A——吸声量(m^2)。

四、体积计量单位

体积或称容量、容积，是物件占有多少空间的量，用数值形容该物件在三维空间所占有的空间。体积的计量单位为立方米，用符号“m^3”表示。

常用单位换算为：

1 立方米$=10^3$ 立方分米$=10^6$ 立方厘米$=10^9$ 立方毫米$=0.353$ 立方英尺

五、光学计量单位

光学类计量单位有发光强度、光亮度、光通量、光照度等。

（一）光学计量之间的关系

光强度：光源在指定方向的单位立体角内发出的光通量，单位为坎德拉(cd)。

光亮度：表示发光面明亮程度，即指发光表面在制定方向的发光强度为垂直且制定方向的发光面的面积之比，单位为坎德拉每平方米（cd/m^2）。

光通量：单位时间里通过某一面积的光能，称为通过这一面积的辐射能通量，单位为流明（lm）。绝对黑体在铂的凝固温度下，从 5.305 cm×10 cm 面积上辐射出来的光通量为 1 lm。

光照度：被光均匀照射的物体，距离该光源 1 m 处在 1 m^2 的面积上得到的光通量是 1 lm 时其照度为 1 lx，习惯称之为“烛光米”，单位为勒克斯（lx）。

（二）光学计量之间的关系

光强度和光通量的关系：发光强度为 1 cd 的点光源在单位立体角（1 球面度）内发出的光通量为 1 lm。

六、质量计量单位

物体的质量是物体最基本的属性之一，在古代各个国家或民族都发明了秤或者天平这些工具来称量物体，所以各个国家或民族都有自己的度量单位。质量和重量是两个不同的量，前者单位为“千克”，后者单位为“牛”，由于历史原因二者长期混淆。在我国人民的日常生活和贸易中，仍可按习惯把质量称作重量，但在科技领域应严格区分质量和重量。

质量的单位为“千克”，用符号“kg”表示。在质量单位前加十进制词头构成质量单位的其他方法。

1 千克（kg）=1 000 克（g）

1 吨（t）=1 000 千克（kg）=2 205 磅（lb）

第二节　超声波基础知识

超声波检测是依据定向辐射超声波束在缺陷界面上产生反射或使透过声能下降等原理，通过测量回波信息和透过声波强度变化来指示伤损的一种方法。

一、超声波一般知识

人们日常所听到的各种声音，是由于各种声源的振动通过空气等弹性介质传播到耳膜引起的耳膜振动，牵动听觉神经，产生听觉。声源的振动有快有慢，通常用每秒内的振动次数即“频率”来衡量，单位为“赫兹”（符号为 Hz），必须指出，只有当频率在一定范围内的振动才能引起听觉。人们把能引起听觉的机械振动称为声波，频率大致在 20 Hz～20 kHz（即 20 000 Hz，1 kHz=1 000 Hz）。频率低于 20 Hz 的机械波称为次声波，频率高于 20 kHz 的机械波称为超声波（用于检测的超声波频率范围为 0.2～25 MHz，其中最常用的频段为 0.5～10 MHz）。生活当中，人耳听不到超声波，但蝙蝠、秋虫和海豚等却能听见并可用超声波传递信息。尤其是蝙蝠，它能发射超声脉冲，并能接受和识别从电线等障碍物或昆虫等反射回来的波，因此它在飞行时不会碰撞障碍物。超声波检测大多采用的就是像蝙蝠这样的脉冲反射形式，这种反射波又叫回波。

超声波检测可检查金属材料、部分非金属材料的表面和内部缺陷。如检查锻件中的白点、裂纹、夹渣、分层；非金属材料中的气泡、分层和粘合层中的粘合不良；焊缝中裂纹，未焊透、夹渣、气孔以及管棒和锻件中与表面成一定角度的缺陷。因此，它被广泛地应用于无损检测。

（一）超声波检测的优、缺点

1. 超声波检测的优点

(1)指向性好：超声波波长很短，像光波一样，可以定向发射，因而能方便、准确地对缺陷定位。

(2)穿透力强：超声波能量高，在大多数介质中传播时能量损失小，在一些金属材料中传播时，其穿透能力可达数米。

(3)灵敏度高：一个存在于钢中的空气分层厚度为 6～10 mm，反射率可超过 21%，当分层厚度在 5～10 mm 以上时，反射率可超过 94%。

(4)适用面广：可检测金属、非金属、复合材料等多种材料制件的检测；采用多种波形以及各种探头做不同方向的探测，能探出工件内部和表面各种取向的缺陷。

(5)高效低价：检测速度快，在较短的时间内就可完成对工件的检测，仅耗损少量电能和耦合剂。

2. 超声波检测的缺点

(1)检测结果受人为影响：对试件中缺陷的发现与评价，主要取决于检测人员对仪器的调节和判断。

(2)探测面状态影响检测：探测表面要求制备，不良的探测面影响伤损检测灵敏度。

(3)工件状态影响检测结果：工件形状过于复杂，材料晶粒和组织不均匀对检测结果均有一定的影响。

(4)定量精度差：探测出缺陷的当量或延伸度与实际缺陷大小均有一定的误差。

（二）超声波的产生

人们把声源振动在介质(如空气等)中的传播过程，称为波动，简称波。波是物质的一种运动形式，可分为电磁波和机械波两类。电磁波是交变电磁场在空间的传播过程，如无线电波、红外线等，而机械波是指机械振动在弹性介质中的传播过程，如水波、超声波等。产生机械波需要两个必要条件：一是要有机械振动的振源；二是要有能传递机械振动的弹性介质。探伤作业中，超声探头就是产生超声波的振源，原则上凡是能将其他形式能量转换成超声振动方式能量的方法都可以产生超声波，如机械方法、热效应法、磁伸缩法和电磁声法，在超声波检测中应用最广的是利用某些压电材料(石英、锆钛酸铅等)的压电效应，来实现超声波的发生和接收。必须注意的是，超声波在传播过程中，实际上只是振动能量的传播，并没有产生物质的迁移，介质质点本身仅限于平衡位置附近振动。

（三）超声波的类型

超声波的分类方法很多，下面介绍几种常见的分类方法：

1. 按质点的振动方向分类

根据波动传播时介质质点的振动方向与波的传播方向不同，可将超声波分为纵波(压缩波)、横波(剪切波)、表面波(瑞利波)、兰姆波等。它们的比较见表 2-2。

表 2-2　几种波的比较

波的类型		简　图	质点振动特点	传播介质	应　用
纵波 L		质点振动方向 λ 波的传播方向	介质质点振动方向平行于波的传播方向	固体、液体和气体	钢板、锻件检测等
横波 S		质点振动方向 λ 波的传播方向	介质质点振动方向垂直于波的传播方向	固体	焊缝、钢管检测等
表面波 R		λ 波的传播方向	在介质表面传播时介质表面质点作椭圆运动，椭圆长轴垂直于波的传播方向，短轴平行于波的传播方向	固体	钢板、锻件、钢管检测等
兰姆波	对称型（S 型）	λ 波的传播方向	薄板中心质点作纵向运动，上下表面质点作相位相反并对称于中心的椭圆运动	固体（厚度与波长相当的薄板）	薄板、薄壁钢管（δ<6 mm）
兰姆波	非对称型（A 型）	λ	薄板中心质点作横向运动，上下表面作相位相同的椭圆运动	固体（厚度与波长相当的薄板）	薄板、薄壁钢管（δ<6 mm）

注：λ 是指波长，δ 是指壁厚。

2. 按振动持续时间分类

根据波源振动持续时间的长短，超声波可分为连续波和脉冲波两种（图 2-1）。连续波是指波源持续不断地振动所辐射的波，常用于穿透法检测和共振法测厚。脉冲波是指波源振动持续时间很短（微秒级，$1\ \mu s=10^{-6}\ s$）、间歇辐射的波，超声波检测中广泛采用的就是脉冲波。

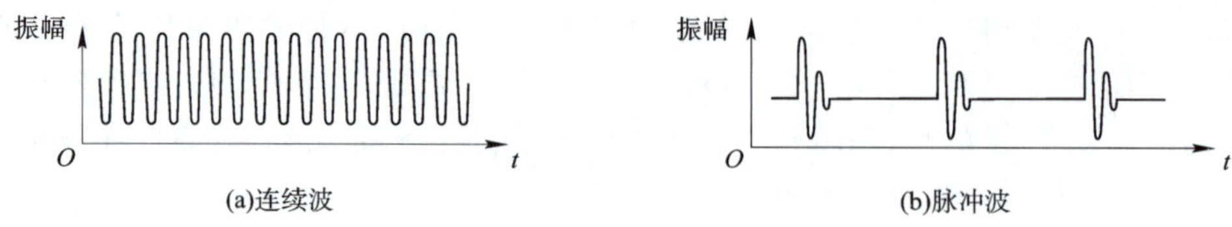

图 2-1　连续波与脉冲波

3. 按波的形状分类

波形是根据波阵面的形状来区分的，波阵面是指同一时刻介质中振动相位相同的所有质点连成的面。某一时刻波动所到达的空间各点所连成的面称为波前（波前是最前面的波阵面)，任一时刻，波前只有一个。根据波阵面形状的不同，波又可以分为平面波、柱面波和球面波三种(图 2-2)，它们的特性见表 2-3。

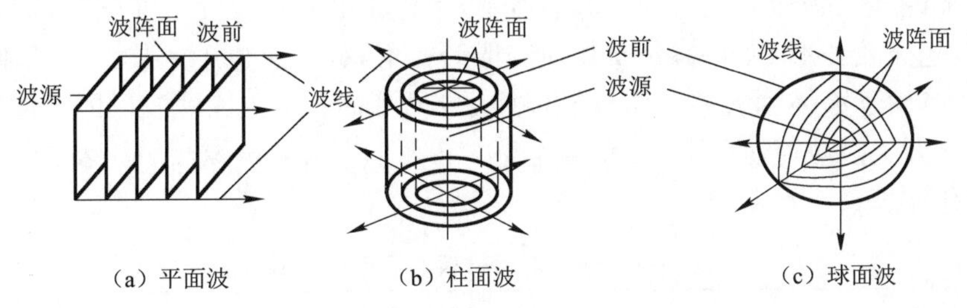

图 2-2 超声波波形

表 2-3 不同波形分类及特性

波形	特 性
平面波	1. 无限大平面(即波长与声源尺寸相比可忽略不计)作谐振动时，在各向同性的弹性介质中传播的波； 2. 如不考虑介质吸收波的能量，声压不随与声源的距离而变化
柱面波	1. 声源为一无限长的线状直柱，波阵面是同轴圆柱面； 2. 声强与距声源的距离成反比
球面波	1. 声源为点状球体，波阵面是以声源为中心的球面； 2. 声强与距声源距离的平方成反比

(四)超声波的基本参数

1. 振幅(A)：指振动质点偏离平衡位置的最大距离。

2. 频率(f)：振动质点单位时间(通常指 1 s，以下同)内围绕平衡位置完成全振动的次数称为振动频率，其数值与波动频率相等。波动频率是指波动过程中任一给定质点在单位时间内通过完整波的个数，单位为赫兹(Hz)。

在实际检测中往往会遇到工作频率和重复频率两个概念。工作频率是指探头发射的超声波频率，重复频率是指探头每秒钟向试件发射超声波的次数。为了提高检测速度，一般要求重复频率越高越好，但过高的重复频率会导致发射和接收间的干扰，产生幻象回波，因此，重复频率应根据被检工件的大小，一次声程所需要的时间，仪器接收和发射超声波的能力，以及检测速度等多方面因素决定。

3. 周期(T)：指振动质点完成一次全振动所需要的时间，单位为秒(s)。周期与频率的关系式为

$$T=\frac{1}{f}$$

4. 波长(λ)：同一波线上相邻两振动相位相同的质点间的距离称为波长。波源或介质中任一质点完成一次全振动，波正好前进一个波长的距离，单位为毫米(mm)或米(m)。

5. 声速(c)：声波在弹性介质中，单位时间内所传播的距离，也可称为波速。单位为米/秒(m/s)或千米/秒(km/s)。波长、声速和频率之间的关系式为

$$\lambda=\frac{c}{f}$$

声速(c)与介质的弹性模量和介质的密度有关，对于一定的介质，弹性模量和密度为常数，故声速也是常数。不同介质有不同的声速，介质的弹性模量愈大，密度愈小则声速愈大，对液体介质来说，当介质温度变化时，其容变弹性模量和密度会发生变化，因而声速也随着变化。另外，超声波波形不同时，介质弹性变形形式不同，声速也不一样。一般来说，在同一种固体材料中(由于液体和气体介质只能传播纵波，因而不存在各种波形的不同声速问题)，纵波声速(c_L)大于横波声速(c_S)，横波声速(c_S)又大于表面波声速(c_P)。表 2-4 为一些常用材料的声速和波长。

表 2-4　一些常用材料的声速和波长

材料	声速/(km·s^{-1})		纵波波长/mm		横波波长/mm	
	纵波	横波	2 MHz	2.5 MHz	2 MHz	2.5 MHz
钢	5.9	3.23	2.95	2.36	1.615	1.292
有机玻璃	2.73	1.43	1.37	1.09	0.715	0.572
尼龙 1010	2.4	—	1.2	0.96	—	—
水	1.48	—	0.74	0.59	—	—
油	1.4	—	0.70	0.56	—	—
空气	0.34	—	0.17	0.14	—	—

(五)超声场及其特征值

1. 超声场概述

通常把充满超声波的空间部分称为超声场。圆盘声源(指一种圆平面状的振子)辐射的纵波声场轴线上的声压分布规律如图 2-3 所示。

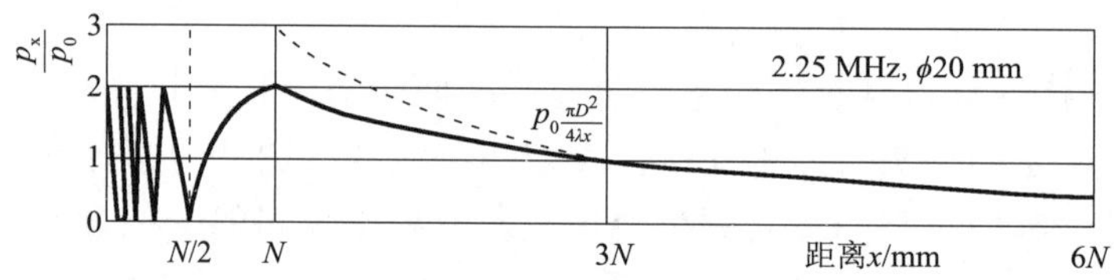

图 2-3　圆盘声源声束轴线上的声压分布

由图 2-3 可知，波源附近的轴线上声压上下起伏变化，存在若干个极大极小值。距波源的距离愈近，声压极大极小值的点就愈密。声学上把由子波的干涉在波源附近的轴线上产生一系列声压极大极小值的区域称为超声场的近场区。波源轴线上最后一个声压极大值至波源的距离称为近场区长度，用 N 表示。直探头的近场区长度可以按式(2-1)进行计算。

$$N=\frac{D^2-\lambda^2}{4\lambda}\approx\frac{D^2}{4\lambda}=\frac{A}{\pi\lambda} \tag{2-1}$$

式中　D——圆形压电晶片的直径；

λ——超声波波长；

A——方晶片(或矩形晶片)面积。

斜探头的近场区长度(N)值计算时,由于声束折射变化(图 2-4),所以先计算出晶片在折射后的有效面积,然后再进行换算,斜探头的近场区长度可以按式(2-2)进行计算。

$$N=\frac{A_0}{\pi\lambda}=\frac{A}{\pi\lambda}\cdot\frac{\cos\beta}{\cos\alpha} \tag{2-2}$$

式中 A_0——晶片折射后的有效面积;

λ——为超声波波长;

A——晶片面积;

α,β——入射角、折射角。

由于近场区存在声压极大极小值,处于声压极大值处的较小缺陷可能回波较高,而处于声压极小值处的较大缺陷可能回波较低,这样就可能引起误判,所以超声检测中总是尽量避开这一区域。大于近场区长度($x>N$)的区域称为远场区。在远场区中,轴线上的声压随距离增加而单调减少,在距离 $x>3N$ 时,圆盘源声束轴线上的声压与球面波的声压相差已甚小(图 2-3 中虚线)。

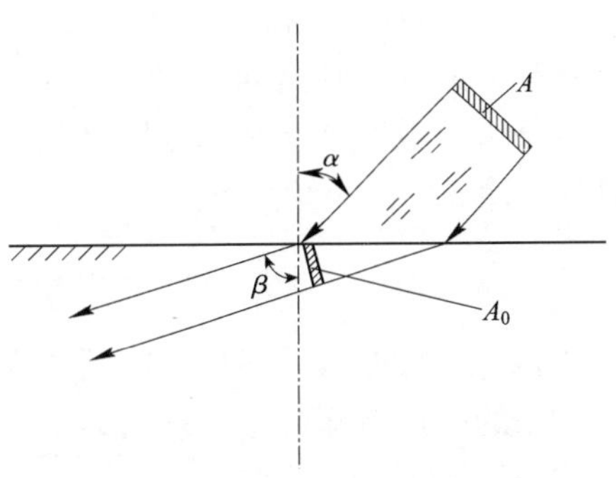

图 2-4 斜探头近场区示意

以上讨论的是波源轴线上的声压分布情况,对超声场中不同截面上的声压来说,其分布规律在声程(X)为 0.5N 的截面中心声压为 0(图 2-5),中心附近的声压较高,而 $X\geqslant N$ 的各截面中心声压最高,偏离中心的声压逐渐降低,且同一横截面上的声压的分布是完全对称。实际检测中,测定探头波束轴线的偏离和横波斜探头的 K 值时,应选择在 2N 以外的范围进行。

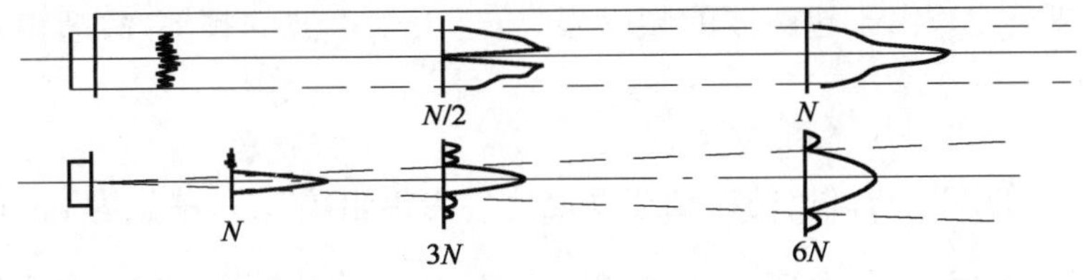

图 2-5 超声场纵截面声压分布

2. 波束指向性与指向角(θ_0)

日常使用灯泡照明时,灯泡的光亮总是朝各个方向发散,而手电筒却能射出一束范围狭窄亮度较强的光。高频超声与低频可闻声音相比,就好比手电筒与灯泡一样,前者容易形成窄小的声束。以圆形平板振动声源为例,只要平板直径(D)与声波波长(λ)符合恰当的比例(如平板直径为 7.5 mm,而声波频率为 100 万Hz),就能得到如图 2-6 所示的窄小的波束,像这种探头发出的超声波能量集中在一定区域并向一个方向辐射的现象称为波束指向性。晶片发出的超声波束如手电筒发出的光柱类似,在靠近晶片较短的范围看作是笔直传播,经过一段距离后,按一定角度扩展辐射,非

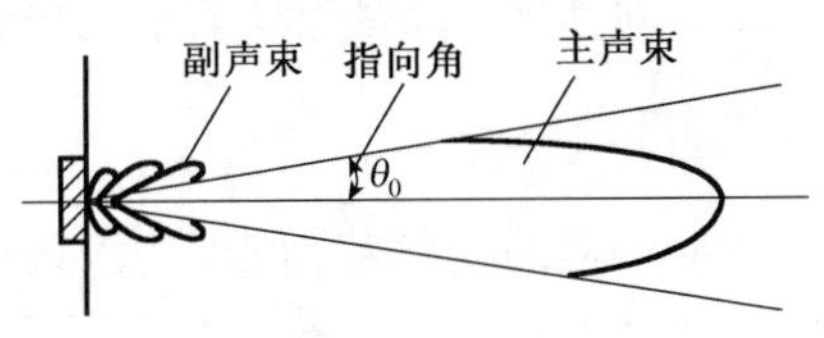

图 2-6 超声场主声束和副声束

扩散的区域为近场长度(N)的1.67倍,大于$1.67N$为扩散区,其优劣常用指向角(θ_0)表示。

超声波的能量主要集中在$2\theta_0$以内的锥形区域内,此区域称为主声束,主声束边缘声压为零。主声束旁侧的波束为副声束,副声束能量低,传播距离小。对圆盘声源辐射的纵波声场,其声束指向角(θ_0)按式(2-3)计算。

$$\theta_0 = \arcsin 1.22\frac{\lambda}{D} \approx 70\frac{\lambda}{D} \tag{2-3}$$

式中 D——为晶片的直径;

λ——为超声波波长。

由式(2-3)可知,指向角θ_0与D比值有关,相同条件下,若晶片直径(D)愈大或波长(λ)愈短(频率愈高),则指向角(θ_0)就愈小,波束指向性就愈好,超声波能量集中,检测灵敏度高,分辨率好,定位精确,不过近场长度(N)也将愈大。边长为a的方晶片声束指向角按式(2-4)计算。

$$\theta_0 = \arcsin 1.08\frac{\lambda}{a} \approx 57\frac{\lambda}{a} \tag{2-4}$$

需要指出的是,上述分析主要建立在圆盘声源辐射的纵波声场基础上,对于横波发射声场(常用的超声波横波由斜探头得到),其近场区长度和指向角计算相对更复杂一些。

3. 超声场的特征值

描述超声场的特征值主要有声压、声强和声阻抗。

(1)声压

超声场中某一点某一瞬时所具有的压强(P_1)与该点没有超声波存在时的静态压强(P_0)之差称为该点的声压(P),单位为帕斯卡(Pa,1 Pa=1 N/m^2)。在超声场内,各点的声压并不一样,通常某一点的声压是一个随时间按正弦函数周期变化的量,其幅值与介质密度、声速和频率成正比。由于超声波的频率很高,远大于声波的频率,故超声波的声压也远大于声波的声压。

(2)声阻抗

介质中某一点的声压与该点的振动速度之比称为声阻抗(Z),单位为kg/(m^2·s),数值上声阻抗等于介质密度(ρ)与声速(c)的乘积,即$Z=\frac{P}{v}\rho c$,它表示超声场中介质对质点振动的阻碍作用。由于固体、液体和气体三者的声速和密度相差很大,因此,它们的声阻抗大不相同,即使在同一固体介质中,由于纵波、横波和表面波的声速不同,因此它们的声阻抗也不一样。

(3)声强

单位时间内,垂直通过单位面积的声能量称为声强(I)。常用单位为erg/(cm^2·s)或W/cm^2。对于平面余弦波,其平均声强(I)为

$$I = \frac{1}{2}\rho c A^2 W^2 = \frac{1}{2}Zv^2 = \frac{P^2}{2Z} \tag{2-5}$$

由于声强的变化范围非常大,数量级可以相差很多,如人耳可闻的最弱声强(称为标准声强)为$I_0=10^{-16}$ W/cm^2,而人耳可忍受的声强达10^{-4} W/cm^2。两者相差10^{12}倍,显然不便于比较和计算。因此常用两个声波声强之比的常用对数值来表示两者的关系,称为声强

级(L_I),单位为贝尔(BeL),即 $L_I=\lg(I/I_0)$。在实用上,贝尔这个单位太大,因而常取其1/10,单位为分贝(dB)。即 $L_I=10\ \lg(I/I_0)$。由于声强与声压的平方成正比,所以有 $L_I=10\ \lg(I/I_0)=20\ \lg(P_1/P_2)$(dB)。对于放大线性良好的超声波探伤仪,示波屏上波高与声压成正比,即任意两波高之比 H_1/H_2 等于相应的声压之比 P_1/P_2,两者的分贝差为

$$\Delta=20\ \lg\frac{P_1}{P_2}=20\ \lg\frac{H_1}{H_2} \tag{2-6}$$

二、超声波的传播特性

(一)超声波的叠加、干涉、散射

1. 波的叠加

当几列波在同一介质中传播并相遇时,相遇处质点的振动是各列波引起的分振动的合成,任一时刻该质点的位移是各列波引起的分位移的矢量和。相遇后的各列波仍保持它们原来的特性(频率、波长、振动方向等)不变,并按照各自原来的传播方向继续前进,好像在各自的传播过程中没有遇到其他波一样,称为波的叠加原理。

2. 波的干涉

两列频率和振动方向相同、相位差恒定的波相遇时,由于波的叠加作用,使某些地方振动始终互相加强,而另一些地方振动始终互相减弱或完全抵消,这种现象称为波的干涉。能产生干涉现象的波称为相干波,相干波的波源称为相干波源。两列振幅相同的相干波,在同一直线上沿相反方向传播时互相叠加而成的波称为驻波。

3. 波的散射

超声波在介质中传播时遇到小于波长的障碍物或其他不连续性,而使超声波向各个不同方向产生无规律反射、折射或衍射的现象称为散射。散射的结果使声能分散、穿透力降低和引起不规则的草状杂波,导致信噪比及灵敏度下降。

散射现象的强弱取决于材料内部组织、入射波波长和异质界面的平整度。当被检工件为铸件、探测面或反射面不平整、工件内存在与波长相当的气孔和夹杂,散射现象尤为严重。钢轨检测中遇有轨面擦伤,轨底(轨颚)锈蚀,以及铝热焊焊缝的晶粒粗大等引起灵敏度下降、杂波增多,这都是散射现象。

(二)惠更斯原理和波的衍射(绕射)

1. 惠更斯原理

惠更斯在波动的起源和波动在弹性介质中传播规律的基础上,总结了通过障碍物上小孔所形成新的波动与孔前的波动状态有关这一实验现象(图 2-7),并提出了著名的惠更斯原理:介质中波动传到的各点都可看作是发射子波的波源,在其后的每一时刻,这些子波的包络就决定新的波阵面。

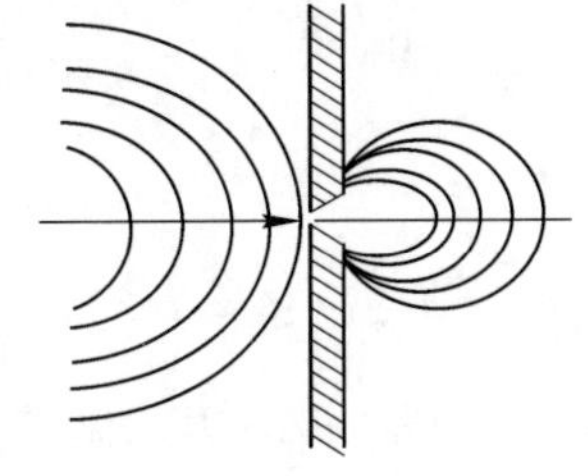

图 2-7 障碍物上小孔成为新波源

用点振动源波阵面的包络来解释波动现象的惠更斯原理是介于几何声学和波动理论之间的方法,是一种工程上实用的方法,这对讨论超声场、超声波指向性及缺陷声压反射率计算和波的传播问题,具有重要的指导意义。

2. 波的衍射(绕射)

波在传播过程中遇到障碍物时能绕过其边缘并继续前进的现象称为波的衍射或绕射。超声波在传播过程中遇到障碍物时，一方面产生反射和折射，另一方面产生绕射(图 2-8)。绕射现象取决于障碍物尺寸(D)和波长(λ)之比。当 $D \ll \lambda$ 时，声波只有绕射；当 $D \approx \lambda$ 时，有绕射和反射，且产生阴影区；当 $D > \lambda$ 时，阴影区较大。

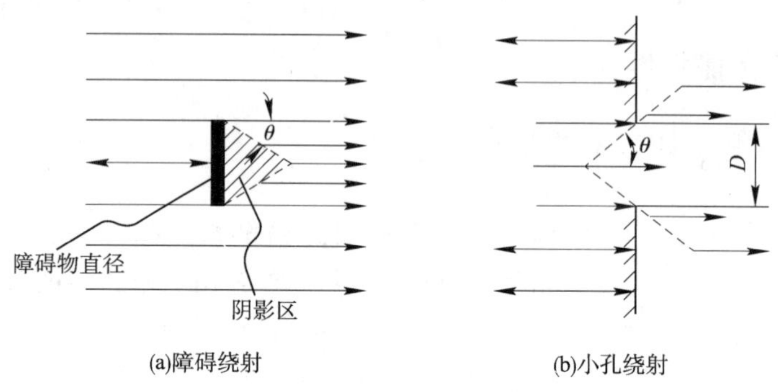

图 2-8　绕射现象示意

(三)超声波的反射、折射和波形转换

超声波从一种介质传播到另一种介质时，在两种介质的分界面上，部分能量反射回原介质内，称为反射波；另有部分能量透过界面进入另一种介质，称为透射波；界面上这种声能(声压、声强)的分配和传播方向的变化都遵循一定的规律。

在工业生产中常运用超声透射法对产品进行无损探测。超声波发生器发射出的超声波能够透过被检测的样品，被对面的接收器所接收[图 2-9(a)]。如果样品内部有缺陷，超声波就会在缺陷处发生反射[图 2-9(b)]，这时，对面的接收器便收不到或者不能全部收到发生器发射出的超声波信号。这样，就可以在不损伤被检测样品的情况下，检测出样品内部有无缺陷。

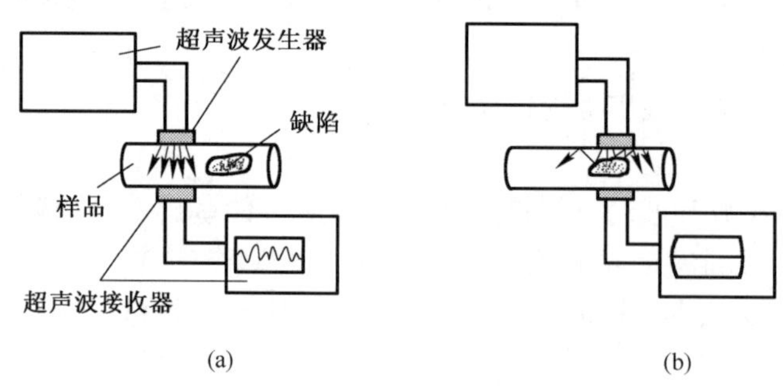

图 2-9　超声检测

1. 超声波垂直入射单层界面时的反射和透射

当超声波从声阻抗为 Z_1 介质垂直入射到声阻抗为 Z_2 的介质，其界面为足够大的单一光滑平界面时，则服从表 2-5 的反射和透射规律。

表 2-5 平面波垂直入射到单一平界面的反射与透射规律

项目	概 念	表 达 式	反射、透射示意简图
声压反射率 (r)	界面上反射波声压 P_r 与入射波声压 P_0 之比	$r=\frac{P_r}{P_0}=\frac{Z_2-Z_1}{Z_1+Z_2}$	Ⅰ $P_t(I_t)$ $P_0(I_0)$ Z_1 Ⅱ $P_r(I_r)$ Z_2
声压透射率 (t)	界面上透射波声压 P_t 与入射波声压 P_0 之比	$t=\frac{P_t}{P_0}=\frac{2Z_2}{Z_2+Z_1}$	
声压往复透射率 (T_P)	透射声波无损失(如固/气界面产生全反射)地反射返回到接收处的声压 P_a 与入射波声压 P_0 之比	$T_P=\frac{P_a}{P_0}=\frac{P_t}{P_0}\cdot\frac{P_a}{P_t}=\frac{4Z_1Z_2}{(Z_1+Z_2)^2}$	
声强反射率 (T_R)	界面上反射波声强 I_r 与入射波声强 I_0 之比	$T_R=\frac{I_r}{I_0}=r^2=\left(\frac{Z_2-Z_1}{Z_1+Z_2}\right)^2$	
声强透射率 (T_I)	界面上透射波声强 I_t 与入射波声强 I_0 之比	$T_I=\frac{I_t}{I_0}=\frac{4Z_1Z_2}{(Z_1+Z_2)^2}$	

表 2-5 说明，超声波垂直入射到平界面上时，声压或声强的分配比例仅与界面两侧介质的声阻抗有关。表中公式不仅适用于纵波入射，也适用横波入射(但必须注意在固/液与固/气界面上，横波将全反射)。一般情况下界面两侧的声阻抗有以下三种表现：

(1)当 $Z_1\approx Z_2$ 时，即界面两侧的声阻抗近似相等，如普通碳钢焊缝的母材与焊接金属之间的声阻抗相差很小，一般约为 1%，这时可以得到 $r\approx0$，$t\approx1$。显然，这种情况下，声压几乎全透射，无反射。因此，在焊缝检测中，若母材与焊接金属结合面没有任何缺陷，就不会产生界面回波。

(2)当 $Z_1>Z_2$ 时，如钢/机油界面，计算可得反射率为 95%，透射率 5%，所以在试块上调试灵敏度时，如反射体(平底孔或横通孔)内渗入机油，会导致声能的透射而使反射回波略有下降。

(3)当 $Z_1\gg Z_2$ 时，如钢/空气界面，计算可得：$r\approx-1$(负值表示反射波相位与入射波相位相反)，$t\approx0$，$T_R\approx1$，$T_I\approx0$。显然，此时声压几乎全反射而无透射。因此，实际检测中，探头与工件间或探头与保护膜间如不施加耦合剂，则形成固(晶片)/气界面，超声波将无法进入工件。

2. 超声波垂直入射双层界面时的反射和透射

超声波检测中，经常会遇到垂直入射双层平行界面的情况，如复合板的检测，工件中片状缺陷的检测，探头与保护膜间的耦合，以及钢轨擦伤引起表面剥离层等，虽然声波通过每一层界面时仍服从反射和透射规律，但由于薄层中声波的叠加，使反射和透射规律更为复杂。

(1)工件中夹有片状缺陷($Z_1=Z_3\neq Z_2$)，它的声压反射率与缺陷厚度有关，当厚度为半波长的整数倍时，缺陷的反射声压很弱，呈现半波透声现象。为了提高缺陷声压反射率，可采取改变检测工作频率，增加缺陷的反射声压，有利于缺陷检测，但改变后的频率不能是原频率的整数倍。

(2)钢轨擦伤引起的剥离层若厚度大，超声波在剥离层往复传播一次所用时间大于脉冲宽度，则能在荧光屏上显示多次反射波，如果剥离层的厚度很小，而脉冲宽度较大时，多次反射波会重叠在一起，形成宽而杂的回波。

(3)探头与保护膜之间的耦合层($Z_1 \neq Z_2 \neq Z_3$)，要实现良好的透声性，就应注意耦合层材料的声阻抗和厚度的选择，一般 $Z_2=\sqrt{Z_1 \cdot Z_3}$，厚度为 1/4 波长的奇数倍透声性最好。如选择不恰当的耦合层或是在探头和保护膜之间加的凡士林过厚都会使检测灵敏度下降。

3. 超声波倾斜入射时的反射、折射和波形转换

当超声波倾斜入射到异质界面时，除产生反射、折射（透射）现象以外，还往往伴随着波形转换现象，即产生与入射波不同类型的反射波和折射波。这种现象只发生在斜入射且介质为固体（因为液、气体介质中只能传播纵波）的场合，并与界面两侧介质的状态有关。具体规律详见表 2-6。

表 2-6　超声波斜入射时的反射、折射和波形转换

波形	图　示	规律（表达式）	说　明
一般情形		$\frac{\sin\alpha}{c_1}=\frac{\sin\gamma}{c_1}=\frac{\sin\beta}{c_2}$	1. 指不考虑有波形转换的入射情况。 2. α,γ,β——波的入射角、反射角和折射角； c_1,c_2——超声波分别在两种介质中的传播速度。 3. 该表达式为超声波倾斜入射时的反射和折射定律，又称斯涅尔定律
纵波入射		$\frac{\sin\alpha_L}{c_{L1}}=\frac{\sin\gamma_L}{c_{L1}}=\frac{\sin\gamma_S}{c_{S1}}=\frac{\sin\beta_L}{c_{L2}}=\frac{\sin\beta_S}{c_{S2}}$	1. 以固-固界面分析，两种介质中都有波形转换，即经界面反射和折射后，不仅仍有纵波，还出现了横波。 2. c_{L1},c_{L2}——两介质中的纵波声速； c_{S1},c_{S2}——两介质中的横波声速； γ_L,γ_S——纵、横波反射角； β_L,β_S——纵、横波折射角； α_L——纵波入射角。 3. 若 $c_{L2}>c_{L1}$，则 $\beta_L=90°$时对应的纵波入射角称为第一临界角，用 α_{I} 表示。 4. 若 $c_{S2}>c_{L1}$，则 $\beta_S=90°$时对应的纵波入射角称为第二临界角，用 α_{II} 表示
横波入射		$\frac{\sin\alpha_S}{c_{S1}}=\frac{\sin\gamma_L}{c_{L1}}=\frac{\sin\gamma_S}{c_{S1}}=\frac{\sin\beta_L}{c_{L2}}=\frac{\sin\beta_S}{c_{S2}}$	1. 以固-固界面分析，两种介质中都有波形转换，即经界面反射和折射后，不仅仍有横波，而且出现了纵波。 2. α_S——横波入射角。 3. 当 $\gamma_L=90°$时，对应的横波入射角称为第三临界角，用 α_{III} 表示

(1)临界角的特点

由表 2-6 通过计算可得：$\alpha_{\mathrm{I}}=\arcsin\frac{c_{L1}}{c_{L2}}$；$\alpha_{\mathrm{II}}=\arcsin\frac{c_{L1}}{c_{S2}}$；$\alpha_{\mathrm{III}}=\arcsin\frac{c_{S1}}{c_{L1}}$。

若第一介质中的纵波入射角 $\alpha_L<\alpha_{\mathrm{I}}$，则第二介质中既存在折射横波，又存在折射纵波。

若 $\alpha_L=\alpha_{Ⅰ}\sim\alpha_{Ⅱ}$，则第二介质中只存在折射横波，不存在折射纵波。这就是常用横波探头的设计原理和依据。若 $\alpha_L>\alpha_{Ⅱ}$，则第二介质中既无折射纵波，也无折射横波，但这时在第二介质表面形成表面波。这就是常用表面波探头的设计原理和依据。只有当第一介质为固体时，才会有第三临界角。

(2)纵波入射有机玻璃与钢界面

纵波从有机玻璃斜入射击至钢中的折射率和入射角关系如图 2-10 所示。由图 2-10 可见，入射角小于 28°时，钢中有折射纵波和折射横波；当入射角处于 28°～62°范围内时，钢中只有折射横波。

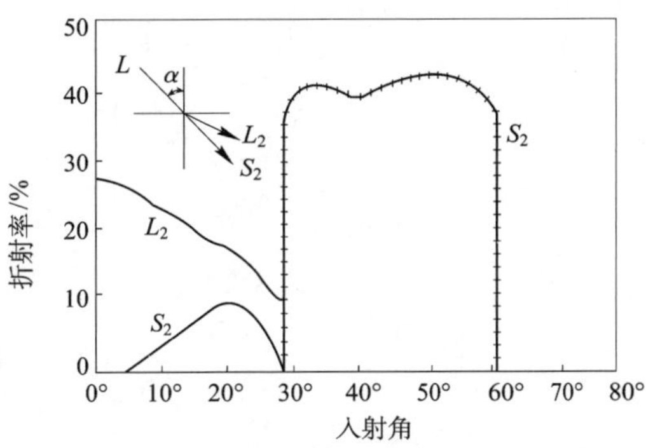

图 2-10 有机玻璃与钢的折射率和入射角之间关系

纵波从有机玻璃斜入射击至钢中的往复透过率如图 2-11 所示。由图 2-11 可见，当入射角 α_L 为 30°～55°(折射角 β_S 为 35°～75°)时，折射横波声压往复透过率较大，最大为 30%，在一定条件下入射角为 30°探头比 50°探头的往复透过率高。

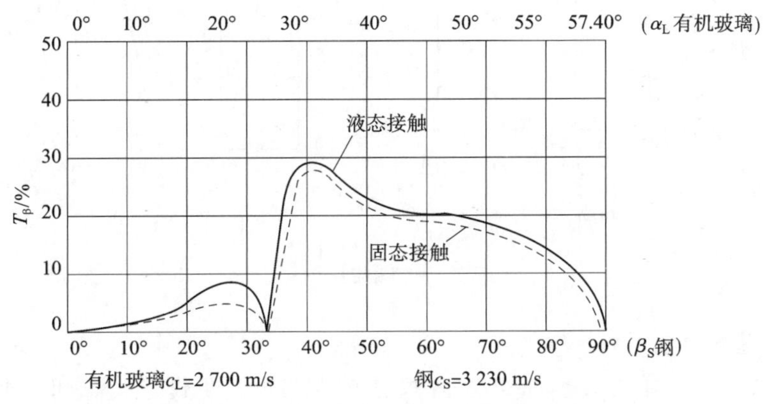

图 2-11 有机玻璃与钢界面往复透过率

(四)超声波在特殊部位的反射

1. 端角的反射

超声波在两个相互垂直平面构成的直角内反射称为端角反射(图 2-12)。每次反射过程都遵循超声波的反射定律，反射波与入射波波形相同时，以平行于入射方向返回，反射率的大小与入射角和入射波形有关。

纵波入射时，除入射角很小(0°附近)或入射角很大(90°附近)的情况外，纵波在很大范围内声压反射率均很低[图 2-13(a)]，当纵波入射角为 15°～75°之间，不超过 20%，这是由于纵波在端角平面上两次反射，分离出很强横波，这类横波不能沿与入射方向平行途径返回，使纵波的端角反射率很低；横波入射时，入射角在 20°～34°或 56°～70°范围内声压反射率为最低[图 2-13(b)]，当横波入射角为 35°～55°之间，端角反射率达 100%，其原因是横波入射角均超过第三临界角。钢轨检测中 37°探头检测轨底横向裂纹就是利用端角反射特性来实现。

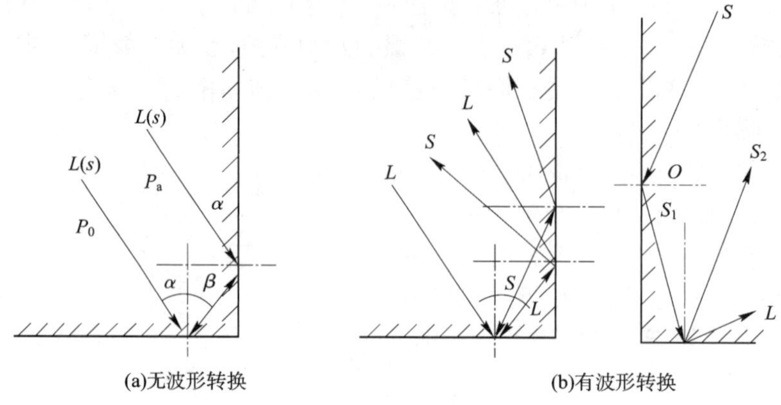

图 2-12　端角反射示意

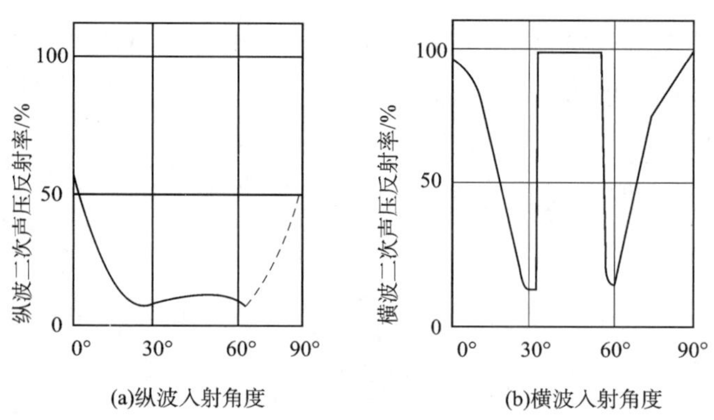

图 2-13　端角反射率

2. 工件侧壁的反射

对截面宽度(n)或直径(d)与探头晶片尺寸相当的长直工件进行轴向纵波探测时，探头扩散声束中的一部分边缘声束等于以很大的纵波入射角 α_L 斜入射工件侧壁平面，并产生纵波和变形横波 S_1(图 2-14)，其中 S_1 横波穿越工件成为另一侧壁平面上的入射横波，其中一部分经波形转换后成为变形纵波 L_2 和横波 S_2，L_2 经底面反射后被探头接收。若工件足够长，则变形横波可能在工件厚度方向上作多次横穿，它们的波形转换情况与第一次横穿时类同。因为横波声速比纵波声速慢，这样经变形横波转换后探头接收到的回波显然滞后于单纯纵波传播至底返面的回波，滞后时间与变型横波横穿工件厚度的次数成正比。这些比正常纵波底面回波滞后的变形波称为迟到回波。钢中迟到回波的滞后声程 $\Delta S=0.76nd$，铝中迟到回波的滞后声程 $\Delta S=0.88nd$。

位于工件侧壁附近的小缺陷，用与侧壁平行的声束很难检测，这是因为存在着工件侧壁干扰现象的缘故。这一干扰现象往往由经侧壁反射后的纵波(或横波)与不经反射的直射纵波之间的干涉引起的，其结果是干扰了直射声波的返回声压，使探测灵敏度下降。在脉冲反射式检测中，一般脉冲持续时间所对应的声程不大于 4λ，故只要侧壁反射声束路程大于直

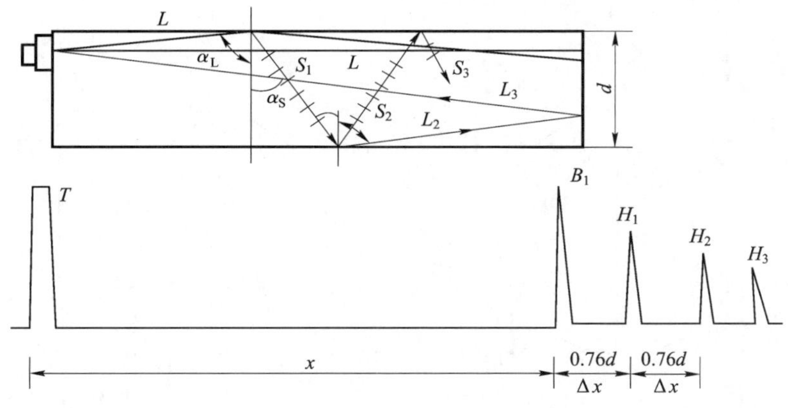

图 2-14 迟到波

射纵波声束路程 4λ，侧壁干扰即可避免。因此，对于侧壁附近探头轴线上的小缺陷，避免侧壁干扰的条件应满足：

$$2W - h > 4\lambda \tag{2-7}$$

式中 W——入射点到侧壁反射点的距离；

h——缺陷至探测面的距离；

λ——波长。

3. 61°反射

当探头置于直角三角形工件上(图 2-15)，若纵波入射角 α 与横波反射角 β 的关系为 $\alpha+\beta=90°$，则会在示波屏上出现位置特定的反射波。根据反射定律和三角函数关系计算，钢的入射角 $\alpha=61°$，所以这种反射称为 61°反射。对于结构比较复杂的钢工件，为了有效地检测某些区域中的缺陷，特加工 61°的斜面，利用 61°反射来检测，从而获得较高的检测灵敏度。

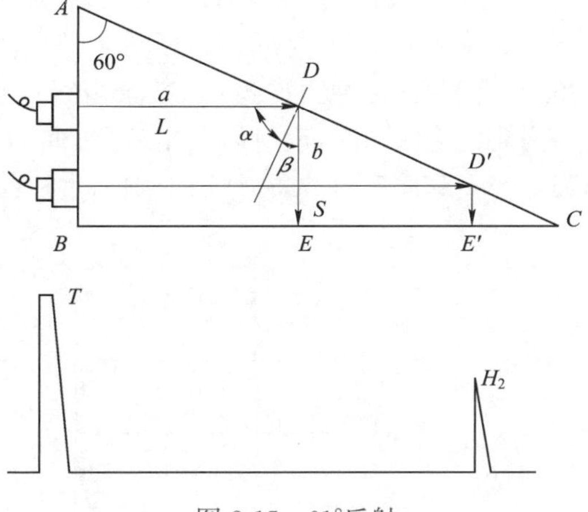

图 2-15 61°反射

4. 圆柱内的反射

由于圆柱形工件有一定曲率，直探头与工件直接接触时，接触面为一很窄的条形区域，从而在圆柱的横截面内产生强烈的声束扩散。圆柱曲率半径越小，扩散越大。当扩散声束与探头声轴线夹角(指向角)为 30°时，扩散纵波声束经圆柱面反射两次后再返回探头接收，形成等边三角形的声束路径[图 2-16(a)]，这种三角形反射回波所经过的声程(W_L)为 1.3d，即反射声程比直射声束所得底面回波声程 d 滞后了 0.3d。如果纵波扩散声束在圆柱面上发生波形转换，且一次反射横波 S_1 再经另一侧圆柱面波形转换成二次反射纵波 L_2，返回探头接收，形成不等边(有变形横波)的三角形迟到回波[图 2-16(b)]，此时，其声程(W_{LS})为 1.67d。

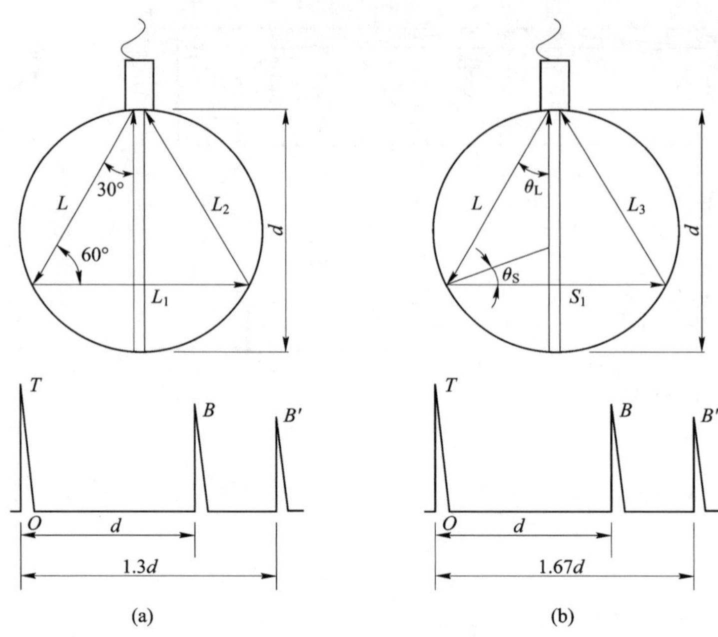

图 2-16　圆柱体中的三角形回波

5. 平面波入射至弯曲界面上的反射波

平面波入射至弯曲界面上时(图 2-17),波束与曲面上各入射点的法线成不同的夹角,入射角为 0°的声线沿原方向返回,其余声线的反射则随着距声轴距离的增大,反射角逐渐增大。当曲面为凹面时,反射波发生聚焦;曲面为凸面时,反射波向四周发散。平面波入射于球面上产生球面反射波,在柱面上则产生柱面反射波。

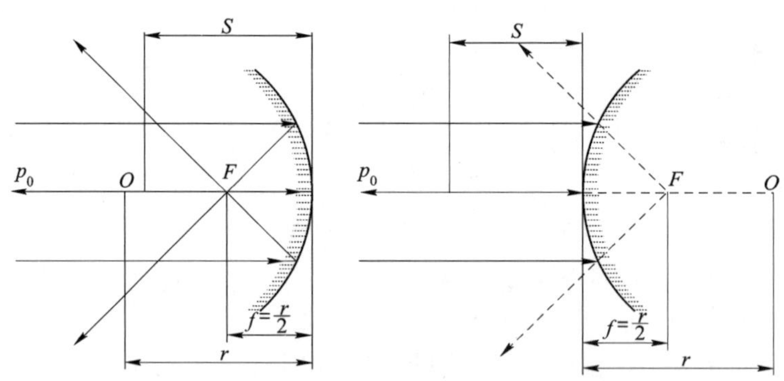

图 2-17　平面波入射至凹、凸曲面时的反射

6. 平面波入射至曲面界面上的折射波

平面波入射至凹凸曲面时,其折射波会发生聚焦或发散,折射波的聚焦或发散不仅与曲面的凹凸有关,而且与界面两侧介质的声速有关。对于凹面,$c_1<c_2$ 时聚焦[图 2-18(a)],$c_1>c_2$ 时发散[图 2-18(b)];对于凸面,$c_1<c_2$ 时发散[图 2-18(c)],$c_1>c_2$ 时聚焦[图 2-18(d)]。

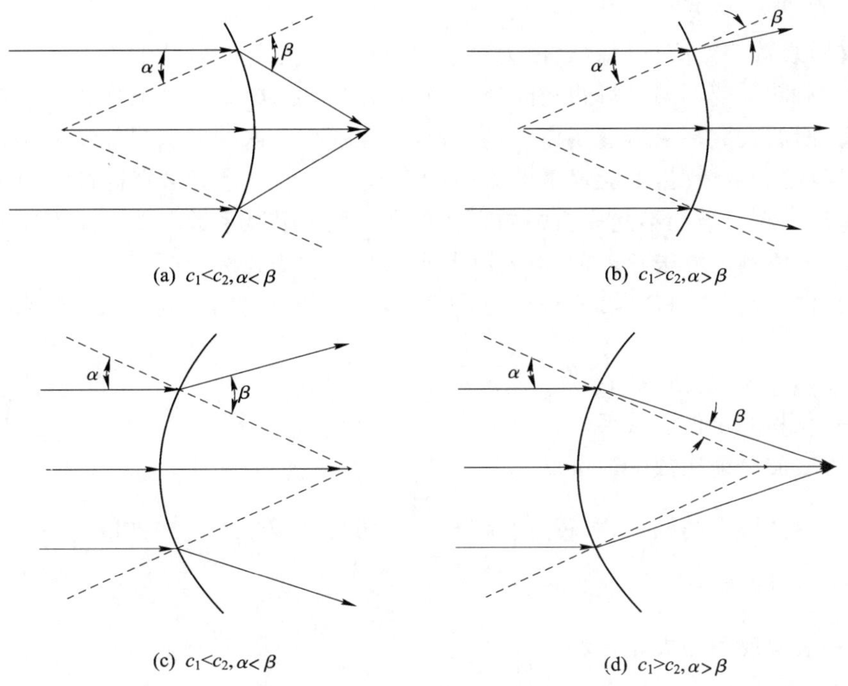

图 2-18 平面波入射至曲面的折射

(五)超声波的衰减

超声波在介质中传播时,随着传播距离的增加,超声波的能量逐渐减弱的现象称为超声波的衰减。

1. 衰减的原因

引起超声波衰减的原因很多,主要包括扩散衰减、散射衰减和吸收衰减。在检测中所谓的衰减仅指由介质对声波的衰减,即吸收衰减和散射衰减,具体见表 2-7。

表 2-7 衰减原因分析

衰减原因	概　念	决定因素
扩散衰减	由波束的扩散引起。即随着传播距离的增加,波束截面增大,使单位面积上的能量减少	1. 波阵面的几何形状,即波形。如平面波不存在扩散衰减,而柱面波和球面波则存在。 2. 传播距离。距离增大,则衰减大。 3. 必须指出,扩散衰减与传播介质无关
散射衰减	由散射引起的衰减。所谓散射是指波传播时遇到声阻抗不同的异质界面(如粗大晶粒的界面)从而产生反射、折射和波形转换的现象	1. 材料内部组织。如铸件中的铁素体和石墨颗粒、材质晶粒粗大等都可成为散射源。 2. 入射波波长。若晶粒或缺陷的尺寸与波长相当,则散射特别严重。 3. 异质界面的不平度。表面若不光洁,则散射较大
吸收衰减	介质质点振动时因克服相互间内摩擦(即黏滞性)造成声能损耗而引起的衰减。这部分损耗被转换成热能向周围传播	对于固体介质,吸收衰减相对于散射衰减可忽略不计,但对液体介质来说,吸收衰减则是主要的

2. 衰减的表示方法

表示材质衰减的方法有相对比较法和绝对法两种。相对比较法通常是在仪器灵敏度相同的情况下，对同厚度不同材料的试件测试底面回波高度，或底面回波次数，或透过波高度。底面回波高，回波次数多或透过波高，则表示材料衰减小。这种方法只能概略地比较在不同材料中超声波的衰减情况，不能定量的表示出衰减的大小。绝对法则通过测出材料的衰减系数 α 值来反映超声波在不同介质中的衰减程度。测定衰减系数时要求工件厚度 d 大于两倍近场长度，具体测定方法有多种，下面以多次脉冲反射法为例介绍。

(1)当工件厚度 $2N<d\leqslant 200$ mm 时，可用多次脉冲反射回波高度的比较来测定 α，即

$$\alpha=\frac{\Delta_{m-n}-\delta}{2(n-m)d}\quad \text{dB/mm} \tag{2-8}$$

式中 α——材料的单位衰减系数；

m,n——底波反射次数($n>m$)；

Δ_{m-n}——示波屏上第 m、n 次底波波高 B_m、B_n 的分贝差，$\Delta_{m-n}=20\lg\dfrac{B_m}{B_n}$；

d——工件厚度；

δ——表面反射损失，$\delta=20\lg\dfrac{n}{m}$。

(2)工件厚度 $d>200$ mm 时，采用多次反射可能超出仪器的测定范围，所以用底面的第一次和第二次回波的分贝差来计算衰减系数，即

$$\alpha=\frac{20\lg\dfrac{B_1}{B_2}-20\lg\dfrac{2}{1}}{2\times(2-1)d}=\frac{20\lg\dfrac{B_1}{B_2}-6}{2d}\quad \text{dB/mm} \tag{2-9}$$

三、超声波远场规则反射体的反射规律

(一)各种规则反射体的反射及其反射声压

如前所述，在远场区中，声束轴线上的声压变化随距离的增加呈单调下降，远场中的入射声压 P 基本可按球面波的声压变化规律计算，即

$$P=P_0\frac{\pi D^2}{4\lambda x}=P_0\frac{A}{\lambda x} \tag{2-10}$$

式中 D——晶片直径；

A——晶片面积；

x——声程；

λ——波长。

1. 大平面(底面)的反射(图 2-19)

远场中的大平底 B，离声源距离为 X_B，则大平底上的入射声压为

$$P=P_0\frac{\pi D^2}{4\lambda X_B} \tag{2-11}$$

式中 X_B——声程。

若把大平底看作镜面反射，则反射到晶片的声压 P_B，相当于传播 $2X_B$ 声程，则为入射

声压的一半，则大平底上的反射声压 P_B 为

$$P_B = P \cdot \frac{1}{2} = P_0 \frac{\pi D^2}{4\lambda X_B} \cdot \frac{1}{2} \quad (2\text{-}12)$$

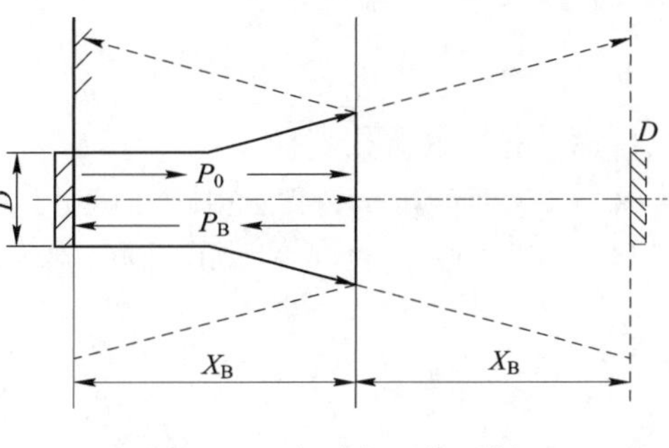

图 2-19 大平底面的反射

2. 圆形（平底孔底面）或方形平面的反射（图 2-20）

离探头晶片距离 X_Φ 处，有一直径 Φ 的平底孔（$\Phi<D$）则入射声压为

$$P = \frac{\pi D^2}{4\lambda X_\Phi} \quad (2\text{-}13)$$

把平底孔看作为一个直径为 Φ 的新声源，则入射声压 P 就是新声源的起始声压，所以晶片上接受的平底孔声压 P_Φ 为

$$P_\Phi = P_0 \frac{\pi D^2}{4\lambda X_\Phi} \cdot \frac{\pi \Phi^2}{4\lambda X_\Phi} = P_0 \frac{A \cdot A_\Phi}{\lambda^2 X_\Phi^2} \quad (2\text{-}14)$$

式中 A_Φ——平底孔面积，对于方形或其他平面，只要按其面积代入。

3. 圆柱面的反射

若圆柱体直径为 ϕ，长度为 L，晶片至反射体距离为 X_ϕ，当 $\phi/\lambda \geqslant 2$ 时，则有两种情况：

(1)长横孔（图 2-21）

当圆柱体 ϕ 的长度大于声束直径时，其入射声压 P 为

$$P = \frac{\pi D^2}{4\lambda X_\phi} \quad (2\text{-}15)$$

反射声压 P_ϕ 为

$$P_\phi = P_0 \frac{\pi D^2}{4\lambda X_\phi} \cdot \frac{1}{2}\sqrt{\frac{\phi}{2X_\phi}} \quad (2\text{-}16)$$

式中 ϕ——长横孔直径。

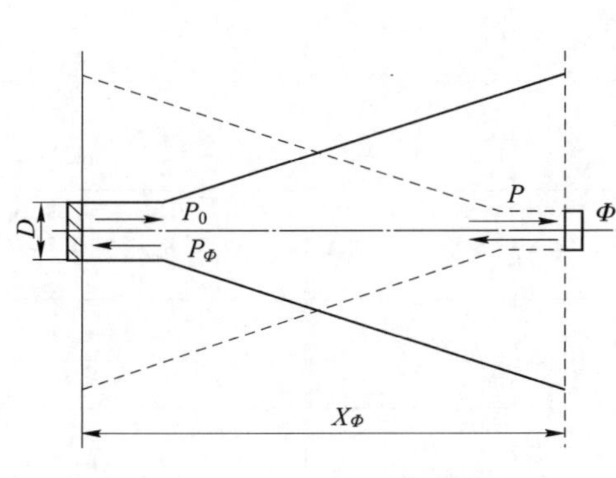

图 2-20 平底孔底面的反射

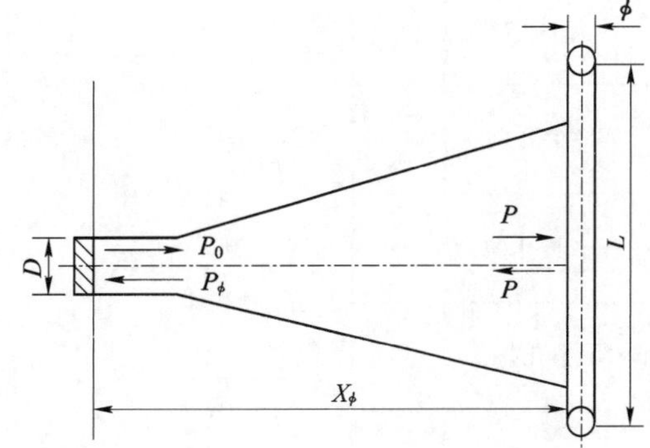

图 2-21 长横孔侧面的反射

长横孔的反射波具有柱面波的性质，因此其反射声压的后一部分与孔径平方根成正比，与声程平方根成反比。

(2)短横孔（图 2-22）

当圆柱体 $\phi_{短}$ 的长度 L 小于声束直径时，反射声压 $P_{\phi_{短}}$ 为

$$P_{\phi_{短}}=P_0\frac{\pi D^2}{4\lambda X_{\phi_{短}}}\cdot\frac{L}{2X_{\phi_{短}}}\sqrt{\frac{\phi_{短}}{\lambda}} \tag{2-17}$$

式中　$\phi_{短}$——短横孔直径。

4. 球形面的反射(图 2-23)

球体直径为 d,且小于声束直径,球面前沿离晶片距离 X_d,则反射声压 P_d 为

$$P_d=P_0\frac{\pi D^2}{4\lambda X_d}\cdot\frac{d}{4X_d} \tag{2-18}$$

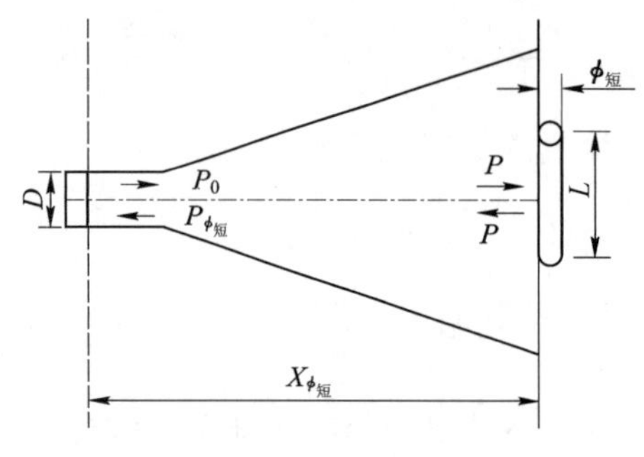

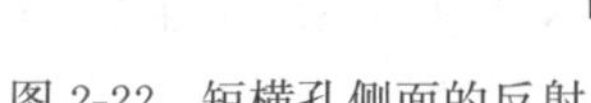
图 2-22　短横孔侧面的反射

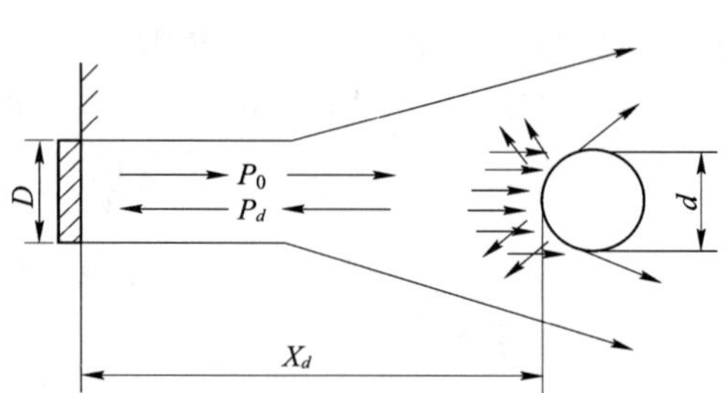

图 2-23　球孔侧面的反射

从以上五个规则反射体声压计算公式可知,返回晶片的声压大小与入射声压 P 和反射体形状、尺寸有关。若晶片和探测频率一定,在相同声程上,它们的入射声压相同,则反射声压的差异仅与反射体的形状、大小有关,表 2-8 归纳了反射声压与形状系数的关系。

表 2-8　规则反射体的反射声压和形状系数

反射体种类	声　压		
	入射声压	形状系数	反射声压
大平底(B)	$P=P_0\frac{\pi D^2}{4\lambda X}$	$\frac{1}{2}$	$P_B=P\cdot\frac{1}{2}$
平底孔(Φ)		$\frac{\pi\Phi^2}{4\lambda X}$	$P_\Phi=P\cdot\frac{\pi\Phi^2}{4\lambda X}$
长横孔(ϕ)		$\frac{1}{2}\sqrt{\frac{\phi}{2X}}$	$P_\phi=P\cdot\frac{1}{2}\sqrt{\frac{\phi}{2X}}$
短横孔($\phi_{短}$)		$\frac{L}{2X}\sqrt{\frac{\phi_{短}}{\lambda}}$	$P_{\phi_{短}}=P\cdot\frac{L}{2X}\sqrt{\frac{\phi_{短}}{\lambda}}$
球孔(d)		$\frac{d}{4X}$	$P_d=P\cdot\frac{d}{4X}$

注:式中的“X”为反射体离声源的距离。

(二)缺陷相对声压反射率及其应用

在实际检测中为了计算缺陷的当量,常用缺陷反射声压 P_f 与基准反射体声压 P_A 之比,简称缺陷相对反射率,用符号 γ 或 γ' 表示即

$$\gamma(\gamma')=\frac{P_{\mathrm{f}}}{P_{\mathrm{A}}} \tag{2-19}$$

式中,γ 用于缺陷和基准反射体同声程($X_{\mathrm{f}}=X_{\mathrm{A}}$),$\gamma_1$ 用于缺陷和反射体不同声程($X_{\mathrm{f}}\neq X_{\mathrm{A}}$)。$P_{\mathrm{A}}$ 为基准反射体声压,可以是大平底声压 P_B,也可以用不同孔型的规则反射体声压。P_{f} 为缺陷反射体声压,一般为未知数。

为了计算方便,通常把缺陷当作规则反射体。如锻件检测中以平底孔,焊缝检测中以横通孔。根据各种规则形状缺陷反射声压和相对的基准反射体或工件底面的反射声压,计算缺陷相对声压反射率及其当量。表 2-9 列出了常用的几种规则形状缺陷的相对声压反射率。

表 2-9 常用的几种规则形状缺陷的相对声压反射率

缺陷孔型	缺陷相对反射率			
	缺陷相对于大平底的声压反射率		缺陷相对于基准孔声压反射率的 dB 数及其当量计算	
	$X_B=X_{\mathrm{f}}$	$X_B\neq X_{\mathrm{f}}$	$X_{\mathrm{A}}\neq X_{\mathrm{f}}$	
平底孔	$\gamma_\Phi=\frac{P_\Phi}{P_B}=\frac{\pi\Phi_{\mathrm{f}}^2}{2\lambda X_{\mathrm{f}}}$	$\gamma'_\Phi=\frac{P_\Phi}{P_B}=\frac{X_B}{X_{\mathrm{f}}^2}\cdot\frac{\pi\Phi_{\mathrm{f}}^2}{2\lambda}$	$\Delta=20\lg\frac{P_\Phi}{P_{\mathrm{A}}}=40\lg\frac{\Phi_{\mathrm{f}}X_{\mathrm{A}}}{\Phi_{\mathrm{A}}X_{\mathrm{f}}}$	$\Phi_{\mathrm{f}}=\Phi_{\mathrm{A}}\cdot\frac{X_{\mathrm{f}}}{X_{\mathrm{A}}}\cdot10^{\frac{\Delta}{40}}$
长横孔	$\gamma_\phi=\frac{P_\phi}{P_B}=\sqrt{\frac{\phi_{\mathrm{f}}}{2X_{\mathrm{f}}}}$	$\gamma'_\Phi=\frac{P_\phi}{P_B}=\frac{X_B}{X_{\mathrm{f}}}\cdot\sqrt{\frac{\phi_{\mathrm{f}}}{2X_{\mathrm{f}}}}$	$\Delta=20\lg\frac{P_\phi}{P_{\mathrm{A}}}=10\lg\frac{\phi_{\mathrm{f}}X_{\mathrm{A}}^3}{\phi_{\mathrm{A}}X_{\mathrm{f}}^3}$	$\phi_{\mathrm{f}}=\phi_{\mathrm{A}}\cdot\left(\frac{X_{\mathrm{f}}}{X_{\mathrm{A}}}\right)^3\cdot10^{\frac{\Delta}{10}}$
短横孔	$\gamma_{\phi_{短}}=\frac{P_{\phi_{短}}}{P_B}=\frac{L}{X_{\mathrm{f}短}}\cdot\sqrt{\frac{\phi_{\mathrm{f}短}}{\lambda}}$	$\gamma'_{\phi_{短}}=\frac{P_{\phi_{短}}}{P_B}=\frac{X_BL}{X_{短}^2}\cdot\sqrt{\frac{\phi_{短}}{\lambda}}$	$\Delta=20\lg\frac{P_{\phi_{短}}}{P_{\mathrm{A}}}=10\lg\frac{\phi_{\mathrm{f}短}L_{\mathrm{f}}^2X_{\mathrm{A}}^4}{\phi_{\mathrm{A}短}L_{\mathrm{A}}^2X_{\mathrm{f}}^4}$	$\phi_{\mathrm{f}短}=\phi_{\mathrm{A}短}\frac{L_{\mathrm{A}}^2X_{\mathrm{f}}^4}{L_{\mathrm{f}}^2X_{\mathrm{A}}^4}\cdot10^{\frac{\Delta}{10}}$
球孔	$\gamma_d=\frac{P_d}{P_B}=\frac{d}{2X_{\mathrm{f}}}$	$\gamma'_d=\frac{P_d}{P_B}=\frac{X_Bd}{2X_{\mathrm{f}}^2}$	$\Delta=20\lg\frac{P_d}{P_{\mathrm{A}}}=20\lg\frac{d_{\mathrm{f}}X_{\mathrm{A}}^2}{d_AX_{\mathrm{f}}^2}$	$d_{\mathrm{f}}=d_{\mathrm{A}}\cdot\left(\frac{X_{\mathrm{f}}}{X_{\mathrm{A}}}\right)^2\cdot10^{\frac{\Delta}{20}}$

缺陷相对声压反射率及其分贝差,除用来确定缺陷当量大小外,还可进行孔形换算、计算灵敏度调节量和制作 AVG 曲线图。

1. 调节探伤灵敏度

例题:用频率为 2.5 MHz,Φ20 mm 直探头,探测厚度 300 mm 的锻件,要求直径≥Φ3 mm 的缺陷不漏检,试求利用工件大平底,如何调节探伤灵敏度?若改用材料与工件相同的 200 mm,深 Φ2 mm,平底孔试块,如何调节探伤灵敏度?(不计表面耦合差)

解:(1)已知 $X_\Phi=300$ mm,$\Phi=3$ mm,$X_B=300$ mm,所以利用工件底面调节灵敏度的变化量为

$$\Delta=20\lg\frac{P_\Phi}{P_B}=20\lg\frac{\pi\Phi^2}{2\lambda X}=20\lg\frac{\pi\cdot 3^2}{2\times\frac{5.9}{2.5}\times 300}\ \text{dB}=-34\ \text{dB}$$

调整时将工件底面回波为基准高度后，再增益 34 dB，即达到要求。

(2)已知 $X_A=200$ mm，$\Phi_A=2$ mm，$X_\Phi=300$ mm，$\Phi=3$ mm，此时灵敏度调节量为

$$\Delta=20\lg\frac{P_\Phi}{P_A}=40\lg\frac{\Phi\cdot X_A}{\Phi_A\cdot X_\Phi}=40\lg\frac{3\times 200}{2\times 300}\ \text{dB}=0\ \text{dB}$$

这表示 $200/\Phi_2$ 与 $300/\Phi_3$ 的灵敏度一样调节时，只要将试块上深 200 mm，Φ2 mm 的平底孔反射波调至基准高度，即满足要求。

2. 缺陷当量计算和孔型换算

例题：用 2 MHz、Φ14 mm 直探头探测厚度为 350 mm 锻件，发现距探测面 200 mm 处有一缺陷，其回波高度比标准试块深 150 mm 处 Φ2 mm 平底孔回波高 11 dB。求缺陷的平底孔当量；该缺陷相当于多大的长横孔直径？

解：(1)已知 $X_A=150$ mm，$\Phi_A=2$ mm 缺陷声程 $X_\Phi=200$ mm，$\Delta=11$ dB

$$\Phi=\Phi_A\cdot\frac{X_\Phi}{X_A}\cdot 10^{\frac{\Delta}{40}}=2\times\frac{200}{150}\times 10^{\frac{11}{40}}\ \text{mm}=5\ \text{mm}$$

(2)此缺陷的平底孔当量为 5 mm，若换算成长横孔，虽然孔形不同，但对于同一个缺陷它们的声压(或声压反射率)相等，所以

$$\frac{\pi\Phi^2}{2\lambda X_\Phi}=\sqrt{\frac{\phi}{2X_\Phi}}$$

$$\phi=\left(\frac{\pi\Phi^2}{2\lambda X_\Phi}\right)^2\cdot 2X_\Phi=\left[\frac{\pi\cdot 5^2}{2\times\frac{5.9}{2}\times 200}\right]^2\times 2\times 200\ \text{mm}=1.8\ \text{mm}$$

此缺陷相当于 1.8 mm 直径的长横孔，同时表明，在上述条件下 5 mm 平底孔与 1.8 mm 长横孔的反射声压相等。

四、AVG 曲线

在超声波探伤中，自然缺陷的形状、性质和方向各不相同，回波相同的缺陷实际上往往相差很大，为此特引进“当量尺寸”来衡量缺陷的大小。在相同的探测条件下，当自然缺陷与某形状规则的人工缺陷回波等高时，则该人工缺陷的尺寸就为此自然缺陷的当量尺寸。描述规则反射体的距离(A)、波幅(V)、当量大小(G)之间的关系曲线称为距离-波幅-当量曲线，德文称 AVG 曲线，英文为 DGS 曲线。AVG 曲线可用于对缺陷定量和灵敏度调整。AVG 曲线有多种类型，根据通用性分为通用 AVG 和实用 AVG；根据波形不同分为纵波 AVG 和横波 AVG；根据反射体不同分为平底孔 AVG 和横孔 AVG 等。

（一）通用 AVG 曲线

以横坐标表示归一化距离，纵坐标表示规则反射体归一化相对波高，用来描述归一化距离和归一化缺陷当量大小的关系曲线，称为通用 AVG 曲线。

通用 AVG 曲线可以用来调整检测灵敏度和对缺陷进行定量，通用性好，适用不同规格的探头。

(二)实用 AVG 曲线

以横坐标表示实际距离,纵坐标表示规则反射体相对波高,用来描述距离、波幅、当量尺寸之间的关系曲线,称为实用 AVG 曲线。

实用 AVG 曲线是由特定探头实测和计算所得,需要注明探头的尺寸和频率。对于垂直线性良好的仪器,回波高度与声压成正比,可将 AVG 曲线直接绘制在仪器示波屏面板上,因此也称为 AVG 面板曲线,其纵坐标表示波高,横坐标表示距离。

利用 AVG 面板曲线可调整检测灵敏度和对检测中发现的缺陷定量,比通用 AVG 曲线方便。

五、超声波探伤方法

超声波探伤方法可按原理、波形、显示方式、探头数目、探头与工件的接触方式、人工干预的程度等多个角度来对其进行分类。

(一)按原理分类

超声波探伤方法按原理可分为穿透法、脉冲反射法、衍射时差法(TOFD)等。

1. 穿透法

它是最早采用的超声波探伤法,也叫透射法。其基本原理是:先将两个探头分别置于被测工件的两个相对面,一个探头发射超声波,超声波即透射过被测工件而被另一面的探头所接受,若被测件内有缺陷存在,由于缺陷可引起超声波的衰减,因此透射过的超声波能量减少。根据能量减少的程度可判断缺陷的大小。穿透法分为连续穿透法和脉冲穿透法两种。脉冲穿透法(图 2-24)其优点是:不存在探测盲区,判定缺陷方法简单,适用于连续的自动化探测较薄的工件。其缺点是:探伤灵敏度低,分辨率差,不能确定缺陷的深度位置,一般需要专用的探头夹持装置。

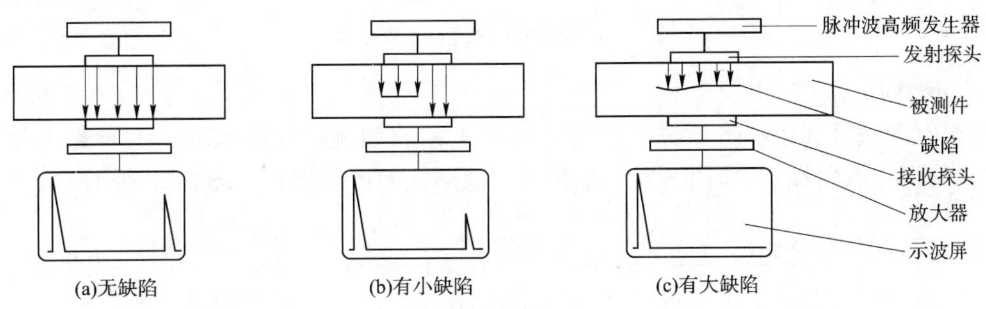

图 2-24 脉冲穿透法

2. 脉冲反射法

超声波以持续极短的时间发射脉冲到被测工件内,当遇到缺陷和底面就会产生反射,根据反射波的情况来检测工件缺陷的方法称为脉冲反射法。它是目前应用最广泛的一种超声波探伤法,探伤结果一般用 A 型显示。脉冲反射法可分为垂直探伤法和斜角探伤法两种。

(1)垂直探伤法

使超声波垂直进入工件进行探伤的方法称为垂直探伤法。当被测工件无缺陷时(图 2-25),示波屏上只有始波(T)和底波(B);当被测工件中有小缺陷时,示波屏上除始波和底波外,还有缺陷波(F)；当被测工件中的缺陷大于声束直径时，示波屏幕上只有始波和缺陷波，底波消失。

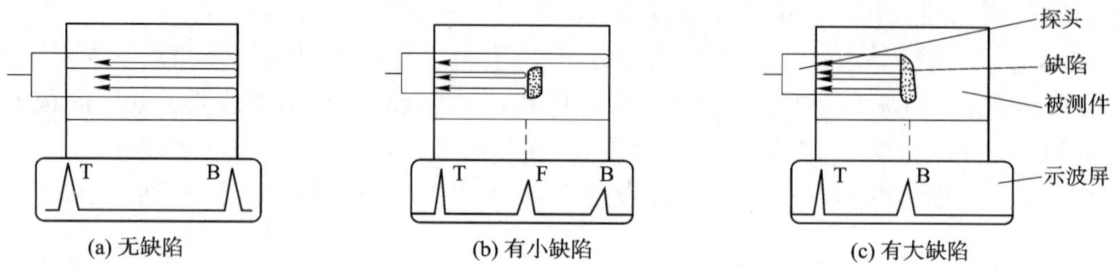

图 2-25　脉冲反射式垂直探伤法

(2)斜角探伤法

使超声波以一定入射角(大于 0°)进入工件，超声波以与探测面成一定角度的传播方式进行探伤的方法，称为斜角探伤法。当被测工件无缺陷时(图 2-26)，示波屏上只有始波(T)；当被测工件中有缺陷时，示波屏上除始波外，还有缺陷波(F)。

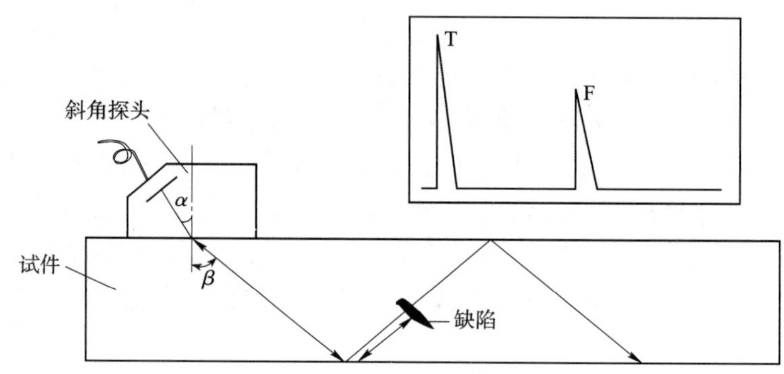

图 2-26　脉冲反射式斜角探伤法

3. 衍射时差法(TOFD)

衍射时差法是利用缺陷部位的衍射波信号来检测和测定缺陷尺寸的一种超声检测方法，通常使用纵波斜探头，采用一发一收模式。缺陷处的衍射现象如图 2-27 所示。

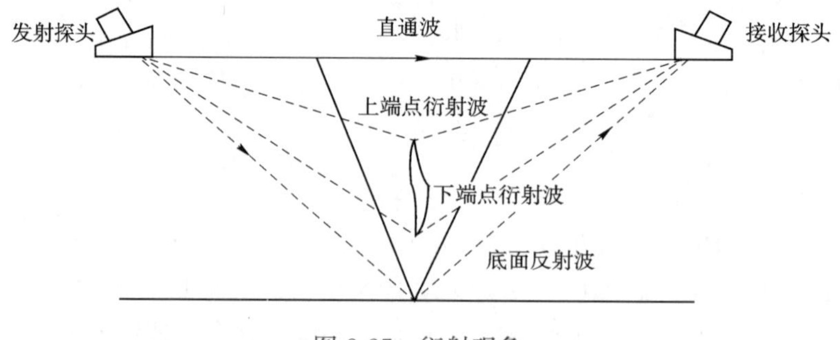

图 2-27　衍射现象

衍射时差法一般将探头对称分布于焊缝两侧。在工件无缺陷部位，发射超声脉冲后，首先到达接收探头的是直通波，然后是底面反射波。有缺陷存在时，在直通波和底面反射波之间，接收探头还会接收到缺陷处产生的衍射波（图 2-28）。除上述波外，还有缺陷部位和底面因波形转换产生的横波，因为声速小于纵波，因而一般会迟于底面反射波到达接收探头。

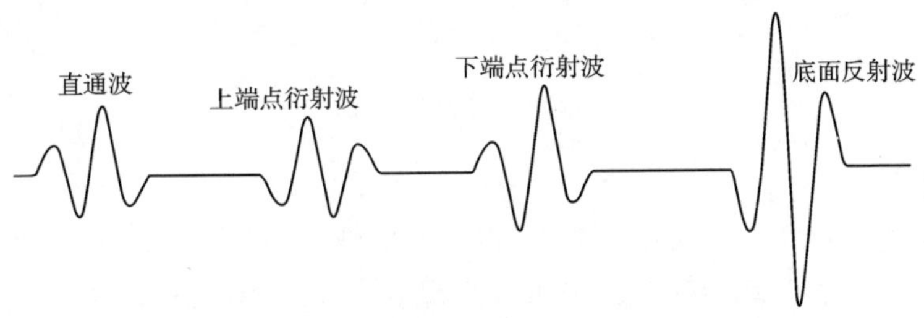

图 2-28 缺陷处 A 扫描信号

（1）主要优点：缺陷的衍射信号与缺陷的方向无关，缺陷检出率高；超声波束覆盖区域大；缺陷高度测量精确；实时成像，快速分析；缺陷的定量不依赖于缺陷的回波幅度；快速、安全、方便。

（2）局限性：由于衍射时差法的直通波和底面反射波均有一定的宽度，处于此范围的缺陷波难以被发现，因此在扫查面和底面存在几毫米的表面盲区；衍射时差法信号较弱，易受噪声影响；倾向于"过分夸大"中下部缺陷和部分良性缺陷，比如气孔、夹层等；衍射时差法数据分析对检测人员要求高。

（二）按波形分类

超声波探伤方法按波形可分为纵波法、横波法、表面波法、板波法、爬波法等。

1. 纵波法

利于纵波进行工件缺陷的探伤方法称为纵波法，通常垂直探伤法就属此类。它在板材、锻件、铸件、复合材料等探伤中广泛应用，本节探伤原理分类中介绍了利用纵波的脉冲反射式垂直探伤法，它属于一次脉冲反射法，此外还有多次脉冲反射法（图 2-29）。该法是以多次底面脉冲反射信号为依据进行探伤的一种方法，探伤时，示波屏上出现波高逐次递减的多次底波，若工件中存在吸收性缺陷时（如疏松等），声波穿过缺陷后能量衰减，底面回波减少，缺陷愈严重，衰减愈大，底面回波愈少。

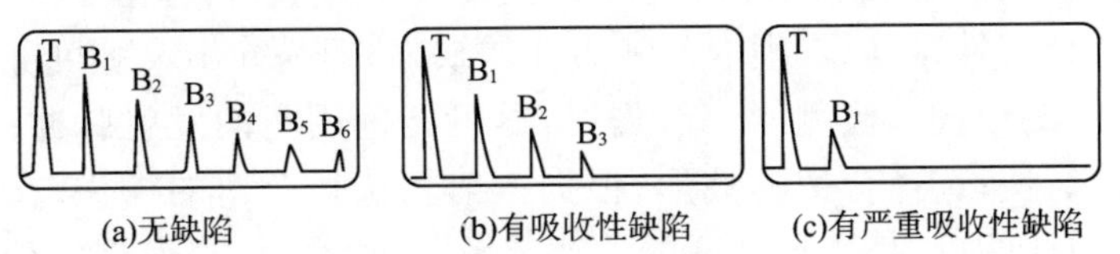

图 2-29 多次脉冲反射法

2. 横波法

利于横波进行工件缺陷的探伤方法称为横波法，横波探伤法（图 2-30），探头晶片入射角大于第一临界角而小于第二临界角，被测件中只有折射横波，该方法特别适合对焊缝中缺陷的探伤。

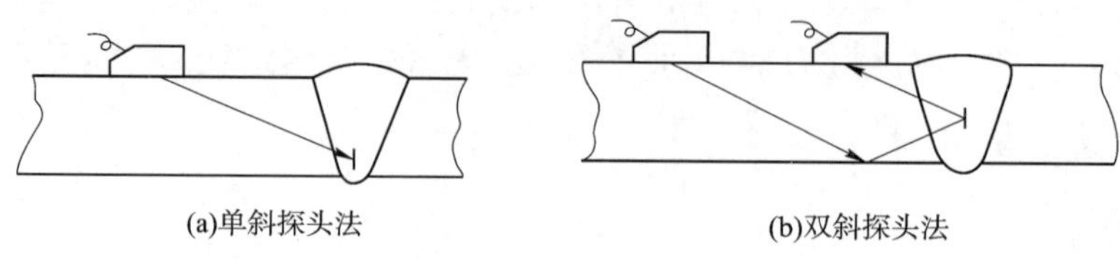

图 2-30　横波探伤法

3. 表面波法

利用表面波进行探伤的方法称为表面波法，表面波法通常利用的是瑞利波，因此又称为瑞利波法。瑞利波产生方式与横波斜角接触法相似，入射角满足 $\sin\alpha = c_L/c_R$ 条件（c_L 斜楔中的纵波速度，c_R 试件材料中瑞利波速度），在界面上可产生瑞利波。

瑞利波在传播过程中遇到表面或近表面缺陷时，部分声波在缺陷处仍以瑞利波被反射，并沿试件表面返回，A 显示波形上回波的水平位置与缺陷在试件表面距探头入射点的距离相关（图 2-31）。瑞利波幅度沿深度方向衰减很快，离表面一个波长以上幅度已很微弱，同时，在其沿表面传播过程中，试件表面的油污、粗糙度等因素也会引起能量的衰减。

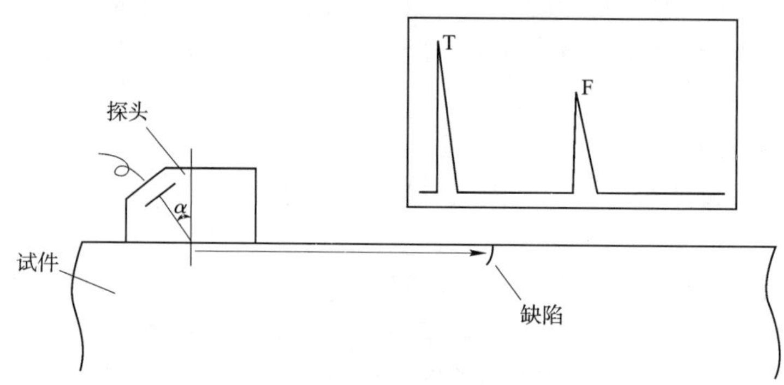

图 2-31　表面波探伤法

4. 板波法

使用板波进行检测的方法，称为板波法。主要用于薄板、薄壁管等形状简单的工件检测。板波充塞于整个工件，可以发现内部和表面的缺陷，但是检出灵敏度除取决于仪器工作条件外，还取决于波的形式。检测的一般程序：尽可能选用宽的发射脉冲；制作一个与被测板材料相同的对比试块；选择合适的波形；根据入射角选择合适的探头，在试块上调整扫描速度；根据人工反射体的反射，选择合适的检测灵敏度；检测时，当发现端面信号前面有信号出现时，用手指拍打确定缺陷确切的位置。

5. 爬波法

当纵波从第一介质以第一临界角附近的角度（±30°以内）入射于第二介质时，在第二介质中不但存在表面纵波，而且还存在斜射横波（图 2-32）。通常把横波的波前称为头波，把沿介质表面下一定距离处在横波和表面纵波之间传播的峰值波称为纵向头波或爬波。

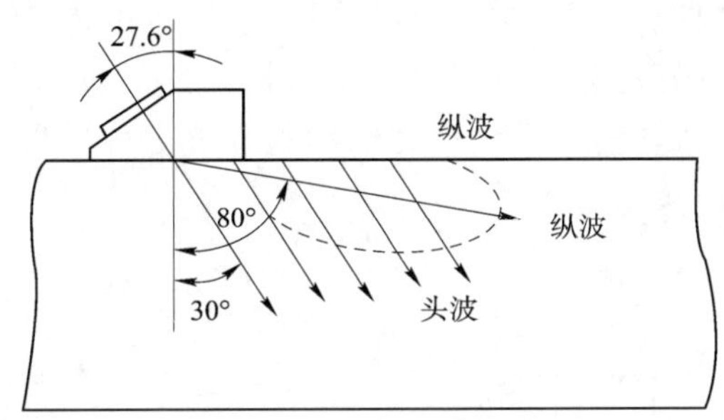

图 2-32　爬波的产生

爬波受试件表面刻痕、不平整、凹陷、液滴等的干扰较少，有利于探测表面下的缺陷，如铸件、堆焊层等的表面下裂纹以及螺纹根部的裂纹等。爬波探头的入射角选为第一临界角，可通过选择声波频率和探头晶片直径，来改变对表面附近缺陷的敏感深度。爬波离开探头后衰减很快，探测距离较小，通常只有几十毫米，在很多情况下采用双探头一收一发相对放置较为有利。

（三）按显示方式分类

超声波探伤方法按显示方式可分为 A 型显示和超声成像显示。

1. A 型显示

A 型显示脉冲反射式探伤法是以水平基线（X 轴）表示超声波传播的距离或时间，用垂直于基线（Y 轴）表示超声波反射幅度的一种信号显示方式（图 2-33）。它可以根据缺陷回波在荧光屏水平基线上的位置来确定缺陷深度，用回波幅度的高低来衡量缺陷大小。

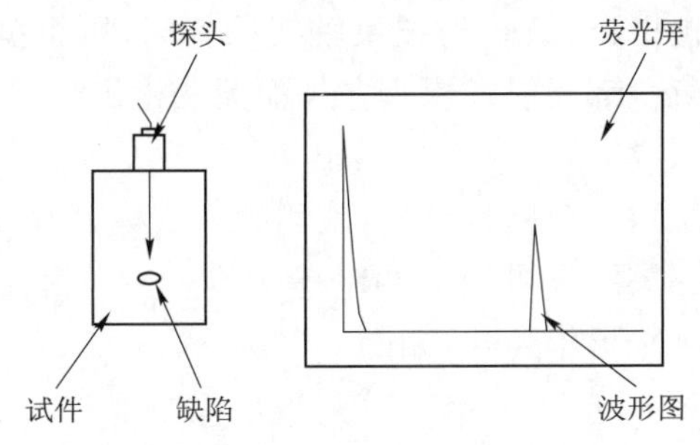

图 2-33　A 型显示

2. 超声成像显示

超声成像显示可细分为 B、C、P、ALOK、相控阵超声成像显示等。

(1)B 型显示

B 型显示是以显示被检工件的横截面图像，指示反射体的大致尺寸及其相对位置的超声信息显示方法（图 2-34）。荧光屏上横坐标表示探头移动距离，纵坐标表示声波传播距离或时间，显示图形随探头的移动和回波时间而变化，可直观了解探头移动下方的缺陷分布和离探测面深度。

(2)C 型显示

C 型显示是以显示整个体积内缺陷或界面的顶视图像，指示缺陷位置和大小的超声信息显示方法(图 2-35)。这种显示方式的特点是探头接收到的缺陷信号以亮点和暗点来绘出缺陷的水平投影位置,因而荧光屏上所表示的是被检工件的投影图。黑白显示器一般不能给出缺陷的深度,如果采用彩色显示器,用门脉冲将深度分成阶段,以不同的颜色表示一定深度,则可显示缺陷的大约深度。

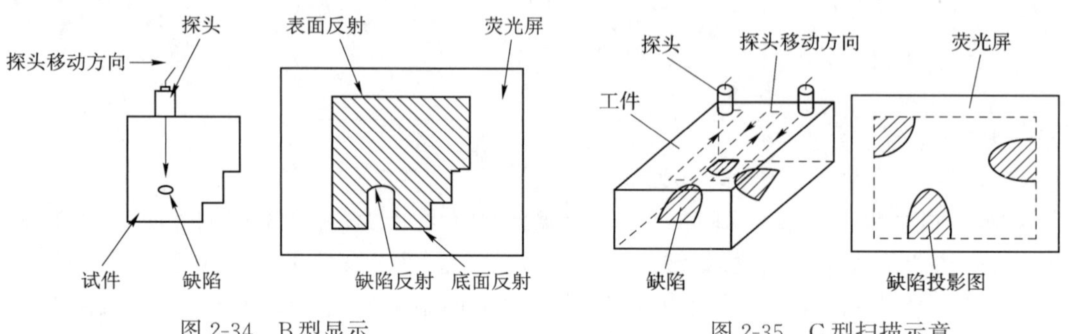

图 2-34　B 型显示　　图 2-35　C 型扫描示意

此外,还有 P 扫描成像、ALOK 超声成像、相控阵成像等方法。

(四)按探头数目分类

超声波探伤方法按探头数目可分为单探头法、双探头法、多探头法等。

1. 单探头法

使用一个探头兼作发射和接收超声波的检测方法称为单探头法。单探头法操作方便,可检出大多数缺陷,是目前最常用的一种方法。

单探头法检测,对于与波束轴线垂直的面状缺陷和立体型缺陷的检出效果最好;与波束轴线平行的面状缺陷难以检出;当缺陷与波束轴线倾斜时,则根据倾斜角度的大小,能够收到部分回波或者因反射波束全部反射在探头之外而无法检出。

2. 双探头法

使用两个探头(一个发射,一个接收)进行检测的方法称为双探头法,主要用于发现单探头法难以检出的缺陷。双探头法又可根据两个探头排列方式和工作方式,进一步分为并列式、交叉式、K 形式、串列式、V 形串列式,如图 2-36 所示。

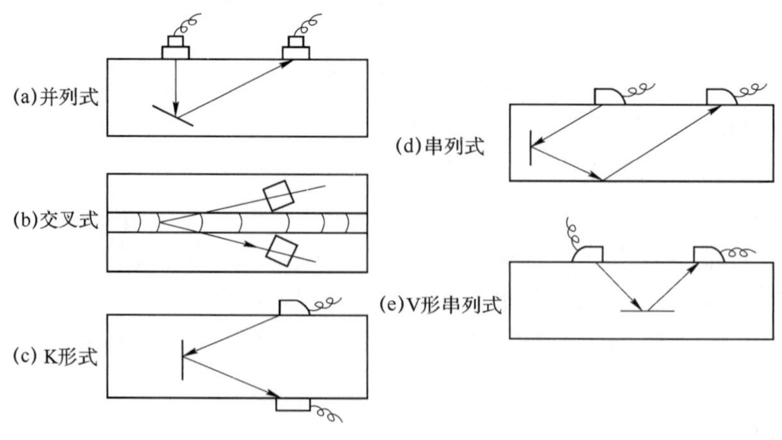

图 2-36　双探头排列方式

(1)并列式

两个探头并列放置,检测时两者作同步同向移动。若直探头作并列放置时,通常是一个探头固定,另一个探头移动,以便发现与检测面倾斜的缺陷。双晶探头就是将两个并列的探头组合一起,具有较高的分辨力和信噪比,适用于薄工件、近表面缺陷的检测。

(2)交叉式

两个探头轴线交叉,交叉点为要检测的部位。此种检测方法可用来发现与检测面垂直的面状缺陷,在焊缝检测中,常用来发现横向缺陷。

(3)K 形式

两个探头以相同的方向分别放置于工件的上下表面上。一个探头发射的声波被缺陷反射,反射的回波进入另一个探头。此种检测方法主要用来发现与检测面垂直的面状缺陷。

(4)串列式

两个探头一前一后,以相同方向放置在同一表面上,一个探头发射的声波被缺陷反射,反射的回波经底面反射进入另一个探头。此种检测方法主要用来发现与检测面垂直的面状缺陷,其特点不论缺陷处于工件上、中、下部,缺陷声程始终相等,从而缺陷信号在荧光屏上的水平位置固定不变。

(5)V 形串列式

两个探头相对放置在同一面上,一个探头发射的声波被缺陷反射,反射的回波刚好落在另一个探头的入射点上。此种检测方法主要用来发现与检测面平行的面状缺陷。

3. 多探头法

使用两个以上的探头组合在一起进行检测的方法称为多探头法。多探头法主要是通过增加声束来提高检测速度或发现各种取向的缺陷,通常与多通道仪器和自动扫查装置配合,提高焊缝检测效率,如图 2-37 所示。

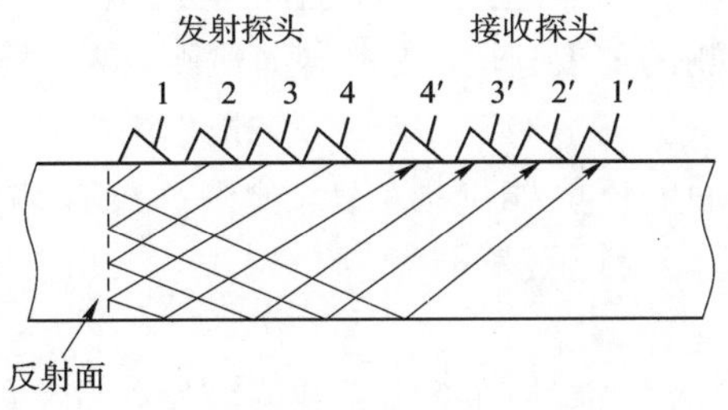

图 2-37 多探头法

(五)按探头与工件的接触方式分类

超声波探伤方法按探头与工件的接触方式可分为接触法、液浸法、电磁耦合法。

1. 接触法

探头与工件检测面之间涂有很薄的耦合剂层,因此可以看作为两者直接接触,故称为直接接触法,或简称接触法。其优点是多为手工检测,操作方便;设备简单,适用于现场检测,且成本较低;直接耦合,入射声能损失小,可发提供较大的厚度穿透能力。其缺点是手工操作受人为因素影响较大，耦合不易稳定；要求被检表面的粗糙度较小。

2. 液浸法

将探头和工件浸于液体中，以液体作耦合剂进行检测的方法。耦合剂可以是水，也可以是油，当水作耦合剂时，称为水浸法。液浸法按检测方式不同，又分为全浸没式和局部浸没式（图 2-38），而局部浸没式又分为喷液式、通水式、满溢式三类。

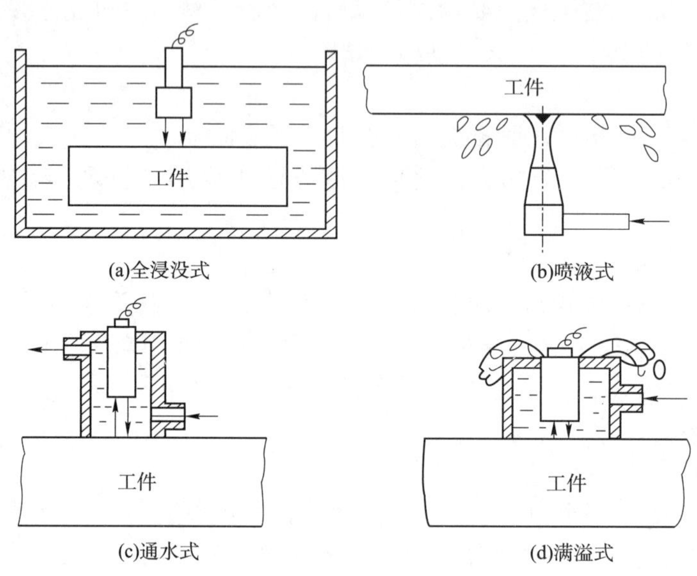

图 2-38　液浸法

（1）液浸法优点

探头与被检工件不接触，超声波的发射和接收均较稳定，可检测较薄的工件，且探头不会磨损坏；通过调节探头角度和加装透镜，可改变探头发射的声束方向，实现聚焦声束检测，满足高灵敏度、高分辨力检测的需要；便于实现自动检测，减少影响检测可靠性的人为因素。

（2）液浸法缺点

超声波在液体/金属界面的反射能量损失大，检测高衰减和大厚度材料时，需采用较高的增益；在较高增益下，还可能出现噪声干扰。

3. 电磁耦合法

采用电磁探头激发和接收超声波的检测方法，也称为电磁超声检测方法（EMAT）。使用这种方法时，探头与工件之间不接触。

铁磁性材料在磁化过程中各磁畴之间的界限发生移动，因而产生机械变形，这种现象称为磁致伸缩效应。反之，在外力作用下，使各磁畴之间的界限发生移动，从而磁化强度也发生相应的变化，这种现象称为逆磁致伸缩效应。由于电磁感应的存在，材料形变而产生的磁场，必然会在材料中感应一个电场，在铁磁性材料中的任何机械振动都会伴随着产生一个电磁振动，这两种振动产生的波相互耦合在一起，就会形成电磁超声。

常规的超声检测和测厚给无损检测工作者带来最大的不便就是需对检测对象的表面进行处理，使其达到一定的表面粗糙度。电磁超声检测与常规方法相比无需机械和液体耦合，进行锅炉、压力容器和压力管道检测时对沾染或结渣轻微的表面无须进行处理，大大减少了辅助性工作量；由于电磁超声探头与工件有一定的距离，因此还可能应用于高温在线检测；同时电磁超声检测速度快，适用于连续生产线的自动检测。综合而言，电磁超声技术具有广阔的发展空间。

目前，电磁超声可以像传统的压电晶片换能器一样，在铁磁性金属件中产生纵波、横波、斜声束以及聚焦声束，可同常规的超声检测一样来检查工作中的缺陷。但是，电磁超声的缺陷检出能力和信噪比与常规的压电晶片换能器超声检测相比，还有待进一步提高。

（六）按人工干预的程度分类

超声波探伤方法按人工干预的程度可分为手工检测和自动检测。

1. 手工检测

一般指由操作者手持探头进行的 A 型脉冲反射式超声检测。该方法简便实用，但检测可靠性受人为因素影响较大。

2. 自动检测

使用自动化超声检测设备，在最少的人工干预下进行并完成检测的全部过程。一般指采用自动扫查装置，或在检测过程中可自动记录声束位置信息、自动采集和记录数据的检测方式。该方法所要求的检测设备较复杂，但检测可靠性受人为因素影响较小。

复习思考题

1. 试述法定计量单位的定义。
2. 哪些物理量可以描述超声场的特征值？
3. 试述长度计量单位的特点。
4. 介质质点振动方向平行于波的传播方向是什么波？
5. 介质质点振动方向垂直于波的传播方向是什么波？
6. 试述超声波探伤的优缺点。
7. 可在固体中传播的波形有哪些？
8. 根据波阵面形状的不同，波可以分为哪三种？
9. 试述相干波与驻波的定义。
10. 什么叫 AVG 曲线？
11. 超声波探伤方法按原理可分为哪几种？
12. 超声波探伤方法按波形可分为哪几种？
13. 超声波探伤方法按显示方式可分为哪几种？
14. 超声波探伤方法按探头数目可分为哪几种？
15. 超声波探伤方法按探头与工件的接触方式可分为哪几种？
16. 直径 30 mm、长 80 mm 的铝试件，用尺寸相当的直探头在端面探测时，则迟到回波至底面回波的间距是多少？
17. 在水浸探伤中，为在钢试件中得到折射角为 40°的折射横波，探头应取多少度？这时钢中还有折射纵波吗？

18. 试述说明第一临界角、第二临界角、第三临界角的定义。

19. 工件侧壁附近的小缺陷检测困难的原因是什么？

20. 计算 5 MHz，ϕ18 mm 探头在钢中的进场长度 N 和指向角 θ（钢中纵波声速 c_L = 5 900 m/s）。

21. 超声波的衰减包括哪三部分？

第二篇　专业知识

第三章 钢轨、钢轨伤损

第一节 钢轨知识

一、钢轨的作用和要求

钢轨是轨道结构的重要部件，直接承受机车、车辆荷载的作用，它的强度和状态直接关系到铁路运输的安全、平稳和畅通。

（一）钢轨的作用

支持并引导机车车辆按规定的方向运行，将来自车轮的荷载和冲击传布于轨枕和扣件之上；在自动闭塞区段，钢轨又成为轨道电路中的一部分，起到信号电流的传输作用；在电气化区段，钢轨还起到作为电力机车牵引电流的回流导线作用。

（二）钢轨的要求

钢轨必须为车轮提供连续、平顺和阻力最小的滚动表面，又为机车提供最大的黏着牵引力，因而要求钢轨顶面具有相应的摩擦系数，能产生一定的摩擦力；钢轨受到车轮辗压会产生弯曲，为抵抗弯曲，钢轨应具有相当的强度。但因钢轨是承受冲击的受力体，为了减轻车轮对钢轨的冲击作用，减少机车、车辆走行部分及钢轨的裂损，钢轨又必须具有一定的可挠性；为使钢轨不致被巨大压力压溃或迅速磨耗，钢轨应具有足够的硬度。但硬度太高时，钢轨又容易被车轮的动力冲击所折断，因此，钢轨又应具有一定的断裂韧性。

此外，钢轨还应具有较强的抗剥离性和抗疲劳性，一定的耐腐蚀性，良好的可焊性等。

二、钢轨的分类和断面尺寸

（一）钢轨的分类

目前我国定型生产的钢轨分类如下：

(1)按钢种分为碳素轨和合金轨。碳素轨主要以碳(C)、锰(Mn)两元素来提高强度，改善韧性，如 U71Mn、AP1、U74。合金轨是以碳素轨为基础，添加适量合金元素钒(V)、钛(Ti)、铬(Cr)、钼(Mo)等，来提高钢轨的强度和韧性，如 PD_1、PD_3、V-Ti 轨。

(2)按钢轨的质量分为：38 kg/m(P38)、43 kg/m(P43)、45 kg/m(P45)、50 kg/m(P50)、60 kg/m(P60)和 75 kg/m(P75)。

(3)按力学性能分为：普通轨、高强轨和耐磨轨。普通轨是指抗拉强度不小于 800 MPa 的钢轨；高强轨是指抗拉强度不小于 900 MPa 的钢轨；耐磨轨是指抗拉强度不小于 1 100 MPa 的钢轨。

（二）钢轨的截面尺寸

钢轨的横截面为左右对称的工字型，从上往下分为轨头、轨腰和轨底三部分，各部位有不同的名称（图 3-1）。不同型号的钢轨，其截面尺寸和螺孔位置各不相同（图 3-2，表 3-1）。

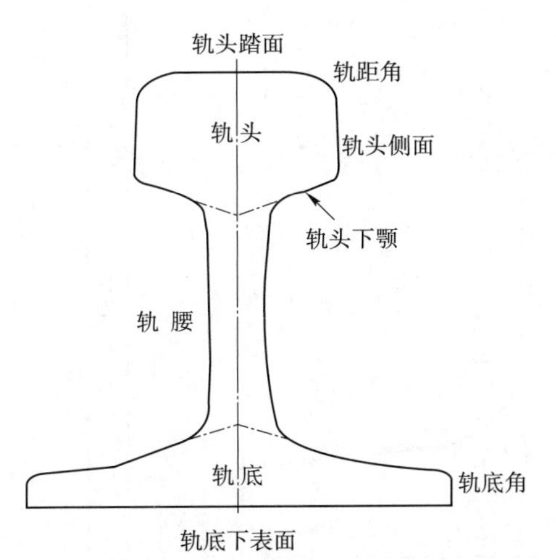

图 3-1 钢轨横截面各部位名称示意

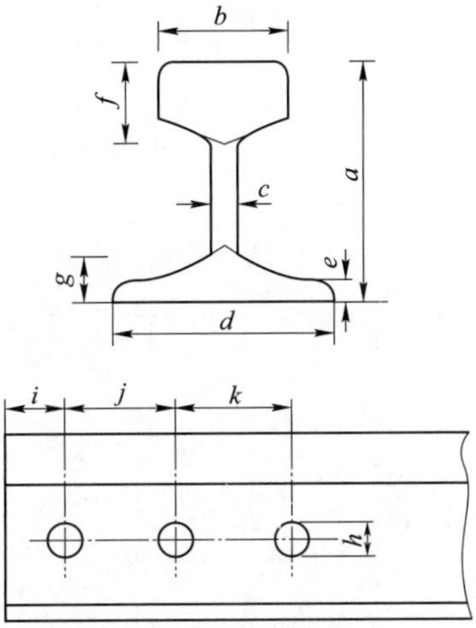

图 3-2 钢轨截面、侧面示意

表 3-1 部分钢轨外形几何尺寸表 单位：mm

项 目	钢轨类型/(kg·m^{-1})					
	38	43	45	50	60	75
钢轨高度 a	134	140	145	152	176	192
轨头宽度 b	68	70	67	70	73	75
轨腰厚度 c	13	14.5	14.5	15.5	16.5	20
轨底宽度 d	114	114	126	132	150	150
轨底边缘厚度 e	9	11	10	10.5	12	13.5
轨头内高 f	39	42	44	42	48.5	55.3
轨底内高 g	24	27	26	27	30.5	32.3
螺栓孔直径 h	29	29	29	31	31	31
轨端至 1 孔中心距 i	56	56	76	66	76	96
1 孔至 2 孔中心距 j	110	110	140	150	140	220
2 孔至 3 孔中心距 k	160	160	140	140	140	130

（三）AT 钢轨的截面尺寸(图 3-3)

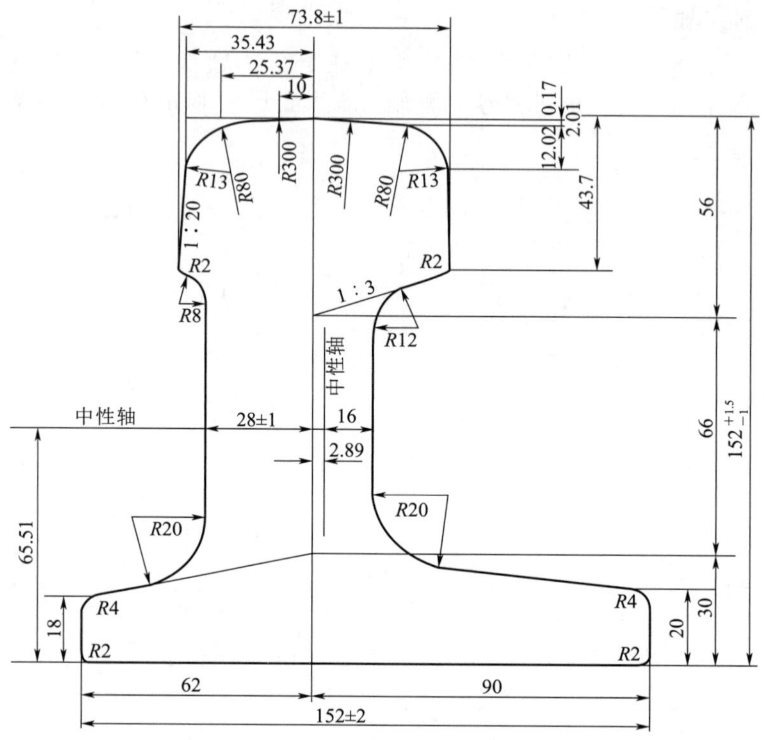

图 3-3　AT 钢轨截面图(单位:mm)

三、钢轨的标志及说明

钢轨出厂时应有制造厂标、钢轨类型、钢种符号、钢轨制造年月、熔炼号、品级号等标志，了解和掌握钢轨标志的内涵，可为今后有针对性地进行钢轨探伤、判断伤损形成原因和发展方向提供依据。

（一）国内外钢轨生产厂家名称代号及炉罐号说明

钢轨标志一般均轧制于钢轨一侧轨腰上，有两种类型，一种是辊轧凸字，字体凸出于轨腰表面；另一种为热轧凹字，字体凹陷在轨腰表面以下。

1. 国产钢轨生产厂家名称、代号(辊轧凸字)见表 3-2。

表 3-2　国产钢轨生产厂家名称、代号(辊轧凸字)

序　号	厂　　名	厂　　标	主要生产钢种
1	攀枝花钢铁公司	PZH	U71Mn、PD_1、PD_2、PD_3

续上表

序　号	厂　　名	厂　　标	主要生产钢种
2	鞍山钢铁公司		AP_1、U71Mn、U75V
3	武汉钢铁公司		WP_1、WP_2
4	包头钢铁公司		P75、U74

2. 国产钢轨炉罐号说明(热轧凹字)见表 3-3。

表 3-3　国产钢轨炉罐号说明(热轧凹字)

序　号	厂　　名	炉罐号及说明
1	攀枝花钢铁公司	P 09 2 15026 2 3 A P—攀钢代号;09—2009 年生产;2—第 2 号转炉,15026—第 15026 炉钢;2—连铸机第 2 流;3—第 3 支钢坯;A—第 1 根钢轨(钢轨分切号,一个铸坯轧成钢轨后根据定尺要求再次分切的顺序,用英文表示,从 A 向 Z 顺序编号)
2	鞍山钢铁公司	4 2053 3 5 B 4—第 4 号转炉;2053—第 2053 炉钢(超过一万炉时,第一位编号为 A);3—连铸机第 3 流;5—第 5 支钢坯;B—第 2 根钢轨(钢轨分切号)
3	武汉钢铁公司	A 9 4 1304 B 03 025 C A—武钢厂代号;9—2009 年(年号均用 1 位表示);4—第 4 号转炉;1304—第 1304 炉钢(超过一万炉时,第一位编号为 Y);B—连铸机第 B 流;03—第 3 支钢坯;025—轧制顺序为第 025 号;C—第 3 根钢轨(钢轨分切号)
4	包头钢铁公司	09 1 25361 1 32 D△ 09—2009 年;1—第 1 号转炉;25361—第 25361 炉钢;1—连铸机第 1 流;32—第 32 支钢坯;D—第 4 根钢轨(百米轨无分切号,25 m 轨从 A 向 Z 顺序编号);△—乙班作业

3. 进口钢轨生产厂家名称代号(辊轧凸字)见表 3-4。

表 3-4　进口钢轨生产厂家名称代号(辊轧凸字)

序　号	国　别	厂名(厂标或代号)	汉译厂名	附　　注
1	奥地利	DO	奥钢联(多纳维吹厂)	50U 普钢轨
2	日本	NKK	钢管厂	50N 普钢轨

续上表

序　号	国　别	厂名(厂标或代号)	汉译厂名	附　注
3	日本	◇S(NSC)	新日铁公司	50N 普钢轨
4	法国	HY	海洋什厂	50F 普钢轨
5	卢森堡	MR	奥唐什厂	50F 普碳轨
6	德国	THYSSEN	蒂森厂	43G 普碳轨
7	英国	BRITISHSTEEL	英钢联公司	60B 全淬轨
8	澳大利亚	BHP	布罗希尔厂	50S 全淬轨
9	津巴布韦	Ⓩ	津斯柯篦厂	50Z 铬合金轨
10	法国	MR(厂址在卢森堡)	奥唐什厂	60F 全淬轨
11	日本	NIPPON NTEEL ◇S	日钢联公司	60N 全淬轨油浸全长
12	加拿大	SYDNEY	悉尼	50cAR 合金轨
13	西班牙	ENS	埃沙蒂违	50xAR 合金轨

4. 进口钢轨炉罐号说明(热轧凹字)见表 3-5。

表 3-5　进口钢轨炉罐号说明(热轧凹字)

序　号	国　　别	厂　　名	轨型/($kg \cdot m^{-1}$)	炉罐号及说明
1	澳大利亚	BHP	50	05678　12　F　U75 05678—该炉本年度熔炼号；12—12 号钢锭；F—第 6 根钢轨；U75—平均含碳量为 0.75%级别(或钢号)的钢轨
2	德国	THYSSEN	43	1　2　2　1011 1—1 号连铸坯；2—第 2 个坯段；2—第 2 根钢轨；1011—熔炼号
3	德国	THYSSEN	60	4586　A　15 4586—熔炼号；A—钢轨号；15—钢坯号
4	法国	HY	50	C71　C4567　B　6　10 C71—平均含碳量为 0.71%；C4567—熔炼号；B—第 2 根钢轨；6—6 号连铸坯；10—第 10 个坯段
5	法国(卢森堡)	MR	50	52391　A　5　09 52391—熔炼号；A—第 1 根钢轨；5—5 号连铸坯；09—第 9 坯段
			60(淬火轨)	49　A　15 49—热处理号；A—第 A(B、C)坯段；15—15 号连铸坯
6	津巴布韦	Z	50	AR　0012345　06　A AR—合金钢；0012345—熔炼号；06—号钢锭；A—第 1 根钢轨

续上表

序　号	国　别	厂　名	轨型/(kg·m^{-1})	炉罐号及说明
7	英国	BRITISH STEEL	60	1234　58　A　U78 1234—熔炼号；58—58 号连铸坯；A—第 1 根钢轨；U78—平均含碳量为 0.78%级别(或钢号)的钢轨
8	日本	NKK	50	3　1　03　C4567　C71 3—第 3 根钢轨；1—第 1 号连铸坯；03—第 3 个坯段；C4567—熔炼号；C71—平均含碳量为 0.71%
9	日本	NSC	60	4　3　L　T09702　C78 4—第 4 根钢轨；3—第 3 号连铸坯；L—第 12 个坯段；T09702—熔炼号；C78—平均含碳量为 0.78%
10	西班牙	ENS	50	1～3　1～5　1～6　456789 钢轨号　钢坯号　坯段号　熔炼号
11	加拿大	SYDNEY	50	34500　P…S　1.2.3…　12(L) 熔炼号　钢轨号　坯段号　连铸坯号
12	奥地利	DO	50	233　A(Z)　3　2 233—熔炼号；A(Z)—第 1(最后)根钢轨；3—第 3 个坯段；2—第 2 号连铸坯
13	乌克兰	A	65	V　66　P65　A　293 V—亚速冶金厂；66—1966 年 5 月生产；P65—65 kg/m 钢轨；A—A 号炉；293—熔炼号
14	俄罗斯	K	65	K　M76B　P293　Cn123 K—库兹列茨厂；M76B—钢号；P293—熔炼号；Cn123—钢轨号

(二)炼钢炉、炼钢工艺、钢种及热处理标志说明

1. 炼钢炉种类及炼钢工艺代号说明(辊轧凸字)见表 3-6。

表 3-6　炼钢炉种类及炼钢工艺代号说明(辊轧凸字)

序　号	标志字母	含义与说明
1	LD	转炉吹氧。如：奥地利、日本、德国产普通碳素轨
2	LDVT	转炉吹氧，真空处理。如：英国、日本产全长热处理轨
3	LDCB	转炉复合吹氧。如：澳大利亚产全长热处理轨
4	EAVT	电弧炉、真空处理。如：津巴布韦产铬合金轨
5	OLP	转炉吹氧。如：法国普通碳素钢
6	OLPVT	转炉吹氧、真空处理。如：法国产全长热处理轨
7	PL	平炉铝脱氧。如：鞍钢产 50 kg/m 普通碳素轨
8	“→”	连铸坯段头部方向

2. 钢种、炉种代号及生产时间说明(辊轧凸字)见表 3-7。

表 3-7 钢种、炉种代号及生产时间说明(辊轧凸字)

内 容	代 号	说 明
钢种	U	中国钢轨钢
	P	苏联钢轨钢
炼钢炉种类	P	中国平炉
	D	中国顶吹转炉
	M	苏联平炉
	B	苏联转炉
	OH	美国平炉
	OA	美国转炉
	E	美国、津巴布韦电弧炉
钢号	AP_1、U71Mn	中国平均含碳量为 0.71%的中锰钢
	P74、U74	中国平均含碳量为 0.74%的碳素钢
	WP_1	武钢含铜碳素钢
	WP_2	武钢含铜高硅钢
	PD_1	攀钢残余钒钛钢
	PD_2	攀钢中锰全长淬火轨
	PD_3	攀钢高碳微钒轨
	U75、U78	平均含碳量 0.75%、0.78%级别的进口钢轨钢
	AR	进口合金钢轨钢
	CR	进口铬合金钢轨钢
生产时间	92 Ⅺ	92—1992 年,Ⅺ—11 月
	1992 Ⅳ	1992—1992 年,Ⅳ—4 月

3. 热处理(淬火)工艺代号说明(辊轧凸字或热轧凹字)见表 3-8。

表 3-8 热处理(淬火)**工艺代号说明**(辊轧凸字或热轧凹字)

序 号	标志字母	含义与说明
1	EH	轨端淬火
2	SQ	全长缓慢淬火,如:攀钢 PD_2 轨及澳大利亚全淬轨
3	NHH	全长缓慢淬火,如:日本钢管厂全淬轨
4	DHH	全长余热淬火,如:日本新日铁全淬轨
5	THH	全长余热淬火,如:日本钢管厂全淬轨
6	CHHR	全长余热淬火,如:法国、卢森堡全淬轨
7	MHH	微合金轨全长淬火,如:法国此类全淬轨
8	SHH	普通碳素轨全长淬火,如:法国此类全淬轨

续上表

序　号	标志字母	含义与说明
9	HT	全长余热淬火，如：英钢联的全淬轨
10	QT	淬火回火工艺
11	HSH、HR	头部热处理，如：奥钢联强韧化轨

4. 国内各厂淬火轨标记见表 3-9。

表 3-9　国内各厂淬火轨标记

序　号	单位名称	打印标记（统一编号）
1	攀枝花钢铁公司	PD_2-SQ，PD_3 轨底涂绿色
2	呼铁局工务工厂	HHC
3	京铁局保定工务器材厂	BBC
4	郑铁局郑州工务机械厂	ZZC
5	上海局工务工厂	SHC
6	成铁局成都焊轨厂	CDC
7	广铁公司衡阳机械厂	GHC
8	铁科院钢轨热处理中心	TKC
9	部物总鞍山工务器材厂	ASC
10	瓦房店铁路工务器材厂	WFC

四、钢轨生产过程

钢轨制造应采用平炉、氧气转炉冶炼的镇静钢制造，为保证钢轨没有缩孔和有害的偏析，相当于钢锭头、尾的钢坯应进行充分切除，并应采用使钢轨中不产生白点的生产工艺。目前，世界上主要采用长流程和短流程两种生产钢轨的工艺。

（一）钢轨长流程工艺

以矿石为原料，经高炉、转炉冶炼，再经炉外精炼、真空脱气、连铸机铸成一定尺寸的钢坯等 14 道工序（表 3-10）来完成钢轨的制造。

表 3-10　钢轨生产的长流程工艺

序　号	项　目	内　　容
1	冶炼	通过高炉和转炉冶炼出铁水
2	精炼	吹氧化钙（CaO）粉进行铁水预脱硫（S），吹氧（O）降低磷（P）和其他夹杂物
3	脱气	真空脱气处理控制钢中含氢（H）量，调整成分，降低非金属夹杂物含量
4	浇铸	用模铸法或连铸法，铸成一定尺寸的钢锭或钢坯
5	加热	将钢锭或钢坯加热到轧制温度 1 320 ℃
6	开坯	形成钢轨雏形（仅用于钢锭）
7	轧制	通过万能轧机，经粗轧、中轧、精轧成钢轨成品

续上表

序　号	项　目	内　　容
8	打印	用轮式打印机在热状态下，在钢轨轨腰打上炉罐号等
9	锯切	成品钢轨在热状态下由热锯按要求锯成一定长度的钢轨
10	冷却	在步进式冷床上按要求降低钢轨温度达到 50 ℃左右
11	矫直	在矫直机上进行矫直。矫直方法有压力矫直、辊式矫直、拉伸矫直
12	探伤	用涡流探伤方法检查钢轨表面缺陷，用超声波探伤方法检查钢轨内部缺陷
13	检测	使用线性扫描相机和激光测距仪，对成品钢轨进行外观尺寸检查
14	加工	根据要求对钢轨进行铣头和钻孔

（二）钢轨短流程工艺

以废钢为主要原料，经电炉粗炼，LF 炉精炼，VD 炉脱气后送连铸机铸成所需尺寸的钢坯。其后部工艺与长流程工艺第 5～14 道工序相同。

随着连铸技术的进步，自动化检测和控制技术的结合，钢轨生产工艺采用连铸异形坯，直接送万能轧机轧制，使钢轨制造工艺流程会更短，生产效率和钢轨质量会更高。

五、钢轨的化学成分和机械性能

（一）钢轨的化学成分

钢轨的组织与性能，主要取决于它的化学成分。合适的化学成分是保证钢轨质量，提高钢轨机械性能的主要因素之一，而钢材冶金过程中难以除去的有害元素，又对钢材性能产生不良的影响，表 3-11 是钢轨中除铁以外的主要化学元素和作用。

表 3-11　钢轨中除铁以外的主要化学元素和作用

序　号	元　素	作用和含量
1	碳(C)	可以提高钢轨的强度、硬度和耐磨性。国产钢轨含碳量在 0.65%～0.82%，但钢中含碳量偏高，钢质变脆，其塑性指数会显著降低，同时，还会增加钢中产生白点的机会
2	硅(Si)	易与氧(O)化合，能起到除去钢中气泡的作用。钢中含有适量的硅，能提高钢的硬度和耐磨性。国产钢轨钢含硅量一般为 0.15%～0.9%，但含量过高，会使钢质硬而脆，容易在焊缝中产生气孔、夹渣
3	锰(Mn)	属有益元素，可提高钢的强度和耐磨性，增加钢的韧性。它可以除去钢内有害氧化铁和硫化夹杂物，其锰含量一般控制在 0.6%～1.54%之间，含锰量超过 1.2%的钢称为中锰钢，它的抗磨性很高
4	铜(Cu)	属有益元素，钢中含有少量的铜化合物，可提高钢的抗疲劳和耐腐蚀性能。国产钢轨含铜量一般在 0.10%～0.40%之间。如果含铜轨的轧制工艺不良，在钢轨表面会产生鱼鳞状态开裂
5	磷(P)	属有害元素，磷化物的最大危害是降低钢的塑性和韧性，特别在低温条件下，钢的冷脆性增大，易导致断轨，其含量控制在不大于 0.04%
6	硫(S)	属有害元素，硫化物常以颗粒状残留于钢中，在钢轨轧制时与钢一起被压延成片状，造成钢轨内分层或纵向裂纹。其含量控制在不大于 0.05%

为了进一步改善钢轨的机械性能,冶金部门开发了微合金轨,即在碳素钢中加入铬(Cr)可提高钢的强度、硬度、耐磨性、淬透性和耐磨蚀性;加入钒(V)可提高钢的强度、耐磨性和淬透性,改善钢的塑性和韧性;加入钛(Ti)可细化钢的晶粒,提高强度,改善韧性;加入稀土可细化有害的非金属杂质的粒径,改善钢的耐磨性和韧性。

(二)钢轨的机械性能

1. 强度

钢轨在载荷作用下,抵抗变形和破坏的能力。常以强度极限、屈服极限等指标来表示。强度极限(抗拉强度)是指金属材料抵抗拉伸载荷作用而不至破坏的最大应力,用 σ_b 表示;屈服极限(屈服强度)是指金属材料在载荷不增加的情况下,仍能产生明显塑性变形时的应力,用 σ_s 表示,单位为 MPa。

2. 塑性

金属材料在载荷作用下,产生显著的变形而不致破坏,并在载荷取消后,仍能保持变形后的形状。常以伸长率和断面收缩率等指标来表示。伸长率是试样拉断后,标定长度的伸长量与原始标定长度之比值的百分点,用 δ 表示;断面收缩率是试样断口面积的缩减量与原截面积之比值的百分数,用 ψ 表示。

3. 硬度

金属材料抵抗另一种更硬物体(材料)压入其表面的能力。根据测定方法的不同,可分为布氏硬度(HB)和洛氏硬度(HRC)等。

实践证明,硬度和强度之间有一定对应关系,可以根据布氏硬度值近似地换算出该材料的抗拉强度值。如:低碳钢 $\sigma_b \approx 0.36$ HB,高碳钢 $\sigma_b \approx 0.34$ HB。

4. 韧性

金属材料抵抗冲击载荷作用而不致破坏的能力。金属材料韧性的好坏,可通过冲击试验测定,用冲击韧性值 α_k 表示,单位为 kJ/m^2。

5. 疲劳

在交变载荷的作用下,材料发生断裂的现象。金属材料抵抗疲劳的能力,用疲劳强度来衡量。疲劳强度就是金属材料在无数次重复的交变载荷作用下,而不致破坏的最大应力,用 σ_{-1} 表示。碳素钢的疲劳强度与抗拉强度之间的近似关系为

$$\sigma_{-1} = (0.4 \sim 0.55)\sigma_b$$

(三)部分国家对钢轨化学成分和机械性能的规定(表 3-12)

表 3-12 部分国家对钢轨化学成分和机械性能的规定

国别	钢 种	机械性质		轨型/($kg \cdot m^{-1}$)	化学成分/%						附 注
		σ_b/MPa	δ_5/%		C	Si	Mn	P	S	H	
中国	U71Mn	≥882	8	50	0.65~0.77	0.15~0.35	1.10~1.50	≤0.040	≤0.040		普通轨 GB 2585—81
奥地利	U71Mn	≥980	≥10	50	0.67~0.77	0.60~0.80	1.25~1.50	≤0.030	≤0.030	≤0.001‰	合同规定

续上表

国别	钢 种	机械性质		轨型/(kg·m^{-1})	化学成分/%						附 注
		σ_b/MPa	δ_5/%		C	Si	Mn	P	S	H	
日本	U71Mn	≥911	≥10	50	0.65～0.77	0.15～0.30	1.10～1.45	≤0.040	≤0.040	≤0.001 5‰	合同规定
法国	U71Mn	≥911	≥10	50	0.63～0.77	0.15～0.30	1.10～1.45	≤0.025	≤0.030	≤0.001 5‰	合同规定
德国	U71Mn	≥931	≥10	43	0.65～0.77	0.10～0.35	1.15～1.50	≤0.040	≤0.040	≤0.001 5‰	合同规定
中国	PD_2-SQ	≥1 176	≥12	50	0.74～0.82	0.15～0.35	0.7～1.00	≤0.040	≤0.040		全长淬火轨（两部协议）
澳大利亚	U75-SQ	≥1 180（实测）	≥13.5	50	0.78	0.25	0.90	0.023	0.016		全长淬火轨（合同规定）
英国	U78-HT	≥1 176	≥10	60	0.74～0.82	0.15～0.50	0.7～1.0	≤0.030	≤0.030		全长淬火轨（合同规定）
日本	NHH	≥1 176	≥12	60	0.74～0.82	0.15～0.35	0.7～1.0	≤0.030	≤0.030	≤0.001 5‰	全长淬火轨（合同规定）
津巴布韦	AR（含金轨）	≥1 080	≥10	50	0.67～0.82	0.30～0.90	0.90～1.30	≤0.03	≤0.03	≤0.001 5‰	c_r=0.8%～1.3%
法国	U78 CHHR	≥1 175	≥11	60	0.74～0.82	0.15～0.35	0.7～1.00	≤0.03	0.025	≤0.001 5‰	全长淬火轨（合同规定）
中国	PD_3	≥980	≥8	60	0.72～0.82	0.65～0.90	0.75～1.05	<0.04	<0.04	（V）0.05%～0.12%	（企业标准）高碳微钒
苏联	M76	≥900	≥6.3	65	0.71～0.82	0.18～0.40	0.75～1.05	≤0.035	≤0.045		ГОСТ 24182—80
中国	PD_3-SQ	≥1 275	≥11	60	0.72～0.82	0.65～0.90	0.75～1.05	<0.04	<0.04	（V）0.05%～0.12%	企业标准

六、钢轨的受力与伤损

钢轨的使用条件十分复杂，所处环境非常苛刻，所以不可避免会产生各种伤损。造成其伤损的原因很多，既有钢轨在冶炼过程中出现的缺陷，又有在运输、使用过程中出现的损伤，其中钢轨在使用中所受各种荷载作用与钢轨的伤损有密切关系，因此分析钢轨的受力对减轻钢轨的伤损，延长钢轨的使用寿命均有帮助。

钢轨由于与车轮的相互作用、钢轨本身的温度变化及其他原因，而产生三个方向上的力，垂直作用于轨面的竖向力；侧向垂直于钢轨的横向水平力，沿钢轨轴向的纵向水平力。

其中竖向力是主体,计算轨道的强度和变形时,一般以竖向力为主,其对钢轨伤损的影响也最大。侧向垂直于钢轨的水平力及沿钢轨轴内的纵向水平力,在某些特定的条件下,经过荷载叠加后也能达到一个非常大的值,对钢轨也有较大的伤损。

由于钢轨受力的复杂性,完全依靠严格的力学方法去计算钢轨的破坏与伤损,其计算过程繁琐,计算结果也未必与实际情况相符,这里只是对受力与伤损做些简单的定性分析。

(一)竖向力

1. 竖向力的产生

竖向力由静轮载和静轮载动力附加值组成(图 3-4)。静止在轨道上的机车车辆,其车轮施加于轨道上力称为静轮载。行驶中的车辆,其车轮作用于轨道上的力称为动轮载。动轮载比静轮载大的部分称为静轮载的动力附加值,产生动轮载动力附加值的原因有:

(1)蒸汽机车蒸汽机工作时的蒸汽压力(活塞、摇杆和曲拐等)运动时的惯性力,以及过量平衡锤的离心力,这些力对电力机车和内燃机车来说,是不存在的。

(2)车轮踏面上因制动或其他原因被擦伤而形成扁瘢。有扁瘢的车轮每转动一周要撞击钢轨一次,产生具有冲击性质的轮载,使动力附加值增加。

(3)车轮轮箍和轮心因圆周不同心而形成偏心。有偏心的车轮在行驶过程中对钢轨施加冲击力,犹似蒸汽机车的过量平衡锤那样,使动力附加值增加。

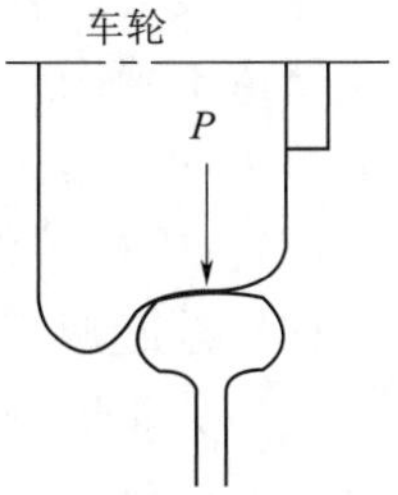

图 3-4 钢轨受竖向力作用示意

(4)机车车辆通过曲线轨道时,因未被平衡的外轨超高而产生的轮载偏载,使一股钢轨上的轮载增加,另一股钢轨上的轮载减小。

(5)机车车辆通过钢轨接头时,由于轨缝、错牙和折角的影响而产生的冲击附加力。

(6)机车车辆通过钢轨顶面有类似擦伤那样的短波不平顺时,产生与扁瘢车轮完全相同的冲击性轮载,使动力附加值增加。

(7)机车车辆通过不平顺轨道时,由于簧上结构(轮对弹簧装置以上部分)和簧下部分(轮对弹簧装置以下的部分)作复杂的空间振动,使作用于轨道上的动轮载有所增加。

(8)机车车辆在平直轨道上因蛇行运动使同一轮对上左右两滚动圆半径不同而引起的轮载偏载。

(9)机车车辆通过曲线轨道时,作用于转向架上的横向力,使同一轮对上左右两车轮的轮载偏载。

2. 竖向力的大小

静轮载的值可由各种型号的机车车辆构造性能表中查取有关数据,动轮载附加值随机车车辆和轨道的构造及其状态以及运动形态的改变而变动,规律十分复杂。当圆顺的车轮在平顺的轨道上行驶时,轮载的动力附加值一般不超过 20%;但在钢轨接头、轨道单独不平顺处和车轮有扁瘢、偏心等冲击作用的情况下,有时可达数倍之多。

3. 竖向力与钢轨的伤损

钢轨受竖向力作用时,会在接触面产生很大的接触应力。一般认为,由接触应力引起的轨面下的剪应力是竖向力造成钢轨伤损的主要原因。由于轮轨的互相作用,轨顶面反复出现接触应力，使轨面出现塑性变形、疲劳磨耗及疲劳裂纹等情况。

（1）轨头塑性变形和磨耗

钢轨塑性变形与接触应力成正比，与钢轨硬度成反比。当接触压应力接近钢轨的剪切屈服极限时，接触面开始塑性变形，当接触应力达到4倍剪切屈服极限时，接触面出现连续积累的塑性变形，使轨头压宽或辗边，出现压溃。同时，使轨顶表面金属加工硬化，硬度提高，在表面出现疲劳裂纹，导致薄片状剥离，这也是接触应力作用的表面疲劳磨耗。

（2）轨面剥离掉块

受接触应力引起的接触剪应力作用时，塑性流动变形层较深，表面疲劳裂纹沿流变方向倾斜向下发展，当疲劳裂纹扩展速率大于磨耗时，在接触应力较大的轨顶内侧小圆弧处出现鱼鳞状剥离裂纹，剥离裂纹深度与塑性变形对应，在小半径曲线外轨处，一般可达2 mm以上。在曲线外轨轮轨的黏着蠕滑作用下，促进了裂纹发展，前后鱼鳞裂纹贯通而出现掉块，由于轨道不平顺，增加了轮轨冲击力，加速了裂纹发展，如果钢中有非金属夹杂物，更加快裂纹的萌生和发展。

（3）钢轨的核伤

核伤是起源于轨头踏面下5～12 mm范围内的内部疲劳裂纹，在这范围内是接触剪应力最大的分布区域，如果在这范围内存在着氧化物夹杂物，就会形成条状疲劳裂纹。横向疲劳裂纹发展到较大尺寸后，在车轮动荷载作用下有可能横向断裂。

（4）钢轨的波磨

波磨是指在钢轨踏面上出现周期性高低不平的波状变形。形成波磨原因很多，一般认为：当车轮行驶在曲线上时，有“摩擦自激振动”作用，使一侧车轮产生重复黏着与滑动，在滑动过程中使钢轨表面有塑性变形和磨耗，形成波谷，黏着过程处出现波峰。波谷处接触应力急剧增加，金属塑性流动性变形增大，加剧了波磨发展。

（二）横向水平力

1. 横向水平力的产生

在轮轨接触点上，除作用垂直于轨面的竖向力外，还存在车轮轮缘作用于轨头侧面上的横向水平力（图3-5）。产生横向水平力的原因有：

（1）机车车辆在直线轨道上运行时，因机车车辆蛇行运动使车轮轮缘时而接触钢轨，时而离开钢轨，由此而产生往复周期性的横向水平力。

（2）机车车辆在有方向不平顺的轨道上运行时（方向错乱，接头死弯，道岔上尖轨，辙叉翼轨和护轨等处所），因车轮轮缘或车轮内侧面冲击钢轨而引起的横向水平力。

（3）机车车辆通过有未被平衡外轨超高的曲线轨道时，因离心力与向心力不能相互抵消而引起的横向水平力。

（4）机车车辆通过曲线轨道时，因车架或转向架转向，使车轮轮缘作用于钢轨侧面上的横向水平力。

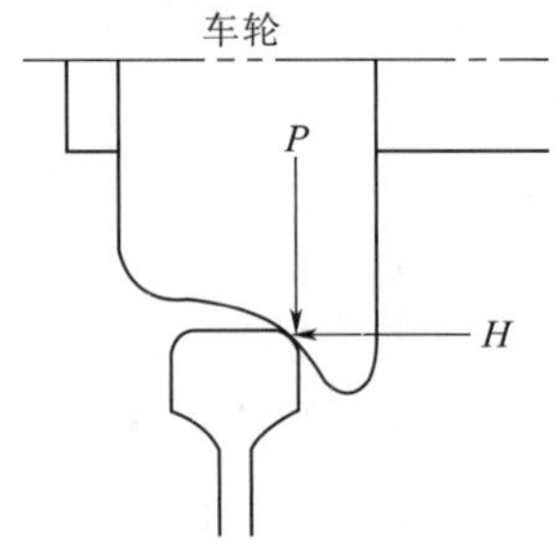

图3-5　钢轨受横向力作用示意

2. 横向水平力的大小

分析横向水平力时，因不确定因素很多，理论分析比较复杂，常用经验公式或借助实测资料进行估算。横向水平力在直线地段一般为静轮载的10%～15%，在曲线地段一般为静轮载的50%以下，最大可达80%左右。

3. 横向水平力与钢轨的伤损

钢轨受横向水平力作用时，由于轮轨间的摩擦作用，会造成钢轨的侧面磨耗，并使轨腰受弯矩作用，此外，当不利因素重叠组合时，可能使列车脱轨，严重影响行车安全。其对钢轨伤损主要有：

(1)轨头侧磨

轮轨作用时，如果钢轨受横向水平力作用，轮轨的接触点位于圆角附近，车轮滚动时，轮缘与钢轨侧面发生相对滑动，导致轮缘研磨钢轨侧面，使钢轨发生侧磨。

(2)加重轨腰的伤损

由于钢轨轧制时的材质原因、钢轨热处理遗留的缺陷或使用中由外力冲击造成的裂纹，在横向冲击力作用下，轨腰部承受巨大的弯矩，加速轨腰缺陷的发展，造成轨腰的伤损。

(三)纵向水平力

1. 纵向水平力的产生

在机车车辆作用下和环境条件影响下，轨道上产生纵向水平力，其中主要有：

(1)爬行力：轨道爬行主要是因为钢轨在动荷载作用下的波浪挠曲。为防止轨道爬行，通常需要在每股钢轨上安装一定数量的防爬器。这样虽然轨道的爬行能有效地防止，但钢轨内部将无可避免地会出现相当于这个爬行力的纵向水平力。

(2)纵向分力：列车运行至坡道地段，由列车重力形成的纵向分力，其值随坡度的大小而定。

(3)制动力：行驶列车停车或减速时，因操纵制动闸瓦对车轮施加强大的压力而在轮轨接触点上产生制止列车前进的力称制动力。制动时，钢轨的纵向应力可达9.8 MPa。

(4)纵向摩擦力：列车通过曲线轨道时，因转向架转向使车轮踏面作用于钢轨顶面上的摩擦力的纵向分力，其值可用计算方法求取。

(5)温度力：钢轨受阻力约束，不能随轨温变化而自由伸缩，故在钢轨内产生温度力，其值随温差的大小而变化。

2. 纵向水平力与钢轨的伤损

一般认为纵向水平力对钢轨伤损的影响较竖向力及横向水平力要小，但在某些情况下，纵向水平力会使钢轨爬行，严重时会造成轨道的变形，影响行车安全。其对钢轨的伤损有：

(1)加大钢轨夹板螺栓孔裂纹

形成钢轨夹板螺栓孔裂纹的原因很多，如竖向力、横向水平力的作用，当纵向水平力过大时，加之钻孔质量不良，会形成或扩大夹板螺栓孔的裂纹，造成钢轨伤损。

(2)钢轨横向折断

无缝线路在低温时，钢轨中形成巨大温度应力，如果钢轨的低温性能不良，或钢轨轧制中存在质量缺陷，温度应力及其他纵向水平力叠加组合后形成过大的拉应力，造成钢轨的横向折断。

无缝线路锁定轨温过高时，在低温季节钢轨承受着巨大的温度拉力，在加之列车的冲击力，加速钢轨的疲劳伤损，易造成钢轨折断。

第二节　钢轨常见伤损分析

一、钢轨伤损产生原因及分布情况

钢轨伤损从超声波钢轨探伤专业上可分为钢轨核伤、钢轨接头部位伤损、钢轨纵向水平和垂直裂纹、钢轨轨底裂纹、钢轨焊缝缺陷五大类。现分别介绍其产生原因及分布情况。

（一）钢轨核伤

钢轨核伤从超声波探伤专业上称为轨头横向裂纹，如图 3-6 所示。钢轨核伤产生原因：由于钢轨冶炼和轧制过程中材质不良或使用过程中的缺陷，在列车重复荷载作用下形成应力集中，疲劳源不断扩展，逐渐发展而形成。核伤主要产生的部位在钢轨头部内侧，随着核伤直径增大，钢轨承载能力急剧下降，在高速重载的使用环境下极易发生钢轨折断，因此，它是钢轨伤损中危害最大者之一。

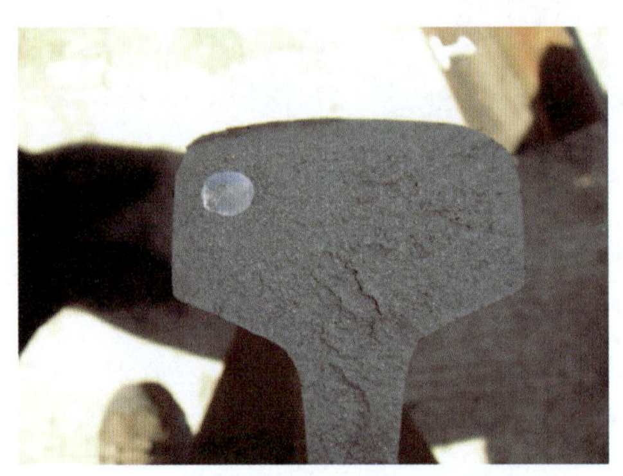

图 3-6　核伤

1. 材质缺陷形成的核伤

钢轨在制造过程中，由于冶金缺陷和钢锭切除不够，钢锭内部存在白点、气泡、非金属夹杂物、偏析和缩孔残余等缺陷，经辊轧后成片状存在于轨头中，在列车载荷的重复作用下，这些缺陷生产的疲劳源逐步扩展，形成有危害的核伤。这类核伤断面具有平坦光亮的表面，通常为白核，当白核发展到轨面与空气接触氧化后成黑核。如果疲劳源系白点引起，则同一炉罐号的钢轨都可能有白点存在。有多处白点的钢轨在使用过程中极易形成多处横向疲劳裂纹，致使钢轨突然折断为几段甚至几十段，每段钢轨断口横向裂纹的形貌基本一致，只是裂纹面积大小不同，对行车安全危害极大。图 3-7 是由白点形成的核伤形貌，图 3-8 是由缩孔形成的核伤形貌。

图 3-7　白点形成的核伤形貌

图 3-8　缩孔形成的核伤形貌

2. 接触疲劳形成的核伤

大运量重载区段，由于车轮与钢轨间接触应力过大，在列车荷载多次作用下，先产生轨头顶面剥离或其他表面伤损，然后发展成核伤。一般核源位于轨头内侧上角距顶面和侧面5～15 mm的范围内(图3-9)。

3. 侧磨严重形成的核伤

目前部分客车与货车运行速度相差较大，曲线地段超高设置无法满足各种车速的要求，因此，造成钢轨偏载现象，使钢轨承载量上升。曲线上股钢轨侧磨严重，轮缘对轨颚的挤压，以及水平推力与挠曲应力的复合作用，使下颚尖端产生微裂纹，成为疲劳源，在列车往复作用下，裂纹扩展形成核伤(图3-10)。

图3-9　表面接触疲劳形成的核伤

图3-10　侧磨严重下颚尖端微裂边形成的核伤

4. 鱼鳞破损形成的核伤

车流密度高，行车速度快的重载区段。由于列车在复线中单向运行，小半径曲线上股轨头内侧表面经常发生鱼鳞状破损(图3-11)。它不同于一般的轨头金属碎裂和剥离，常以裂纹尖端为疲劳源，逐步形成核伤，其特点是发展快，且呈多面核(图3-12)。疲劳周期对应的通过总质量从1.7×10^8 t至5.6×10^8 t不等，一般为3×10^8 t左右。

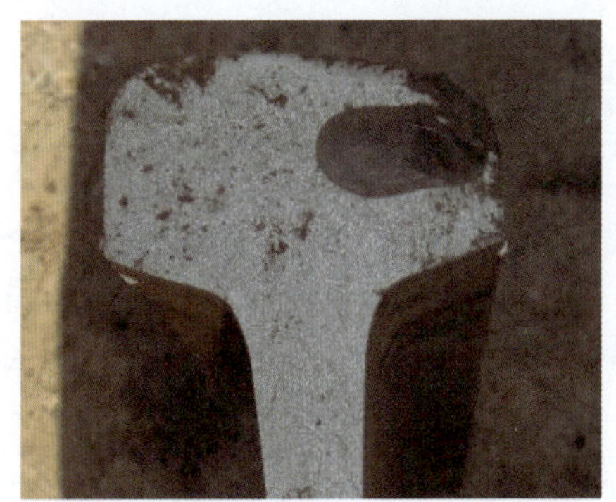

图3-11　鱼鳞破损形成的核伤

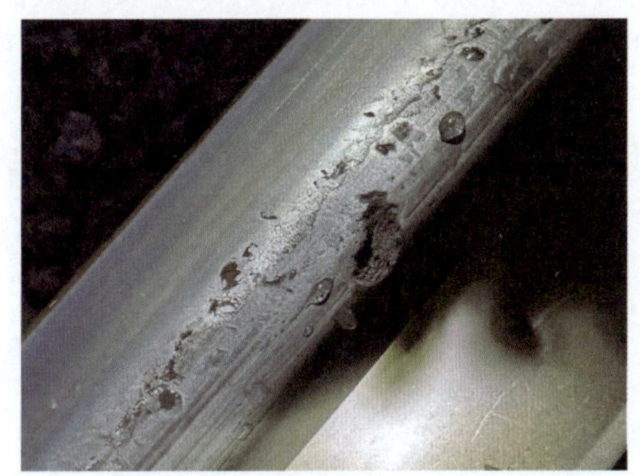

图3-12　鱼鳞破损小掉块

5. 擦伤(焊补)形成的核伤

机车启动或爬坡时车轮空转，以及机车制动滑行时车轮与钢轨间剧烈摩擦产生高温，使轨顶面金属组织变硬、变脆，在列车荷载作用下，形成网状裂纹，并向下发展成为核伤。当焊补轨面擦伤和掉块时，因焊面未打磨干净，留有微裂纹或焊补工艺不良产生缺陷，这些缺陷在

图 3-13　焊补不良形成的核伤

机车荷载作用下，极有可能在焊补层下形成核伤（图 3-13）。

除上述原因外，轨腰纵向裂纹向轨头延伸、钢轨淬火工艺不良导致轨头碎裂和钢轨制造时产生的重皮等缺陷，在机车荷载作用下，裂纹端部都是疲劳源，很容易形成核伤。钢轨核伤的产生和发展不仅与材质有关，而且与钢轨所处的使用环境有关，凡受冲击力大，轨面状态不良地段的钢轨。如曲线上股，大坡道地段，钢轨小腰和道岔基本轨等，最容易产生疲劳核伤，这些地段在钢轨探伤中应引起重视。

（二）钢轨接头伤损

钢轨接头是线路的薄弱环节，车轮作用在钢轨接头上的最大惯性力要比其他部位大60％左右。钢轨接头的主要伤损是螺孔裂纹，其次是下颚裂纹和马鞍形磨耗等。

1. 螺孔裂纹产生原因

螺孔裂纹产生的主要原因是钻孔不当、接头冲击过大、线路养护不良等。

(1)钻孔不当

钢轨轨腰在钻螺栓孔后，强度被削弱，螺孔周边产生较高的局部应力；其次螺孔钻制不良，螺孔周边有毛边缺口或钢轨锈蚀，螺孔周边有锈蚀缺口；以及螺孔钻制位置不对，有高度误差，这些缺陷都会使螺孔周边产生应力集中，进而形成螺孔裂纹。

(2)接头冲击力过大

在有缝线路中，机车车轮跃过钢轨轨缝时，对迎端轨产生较大的冲击力，从钢轨接头受力状态(图 3-14)中，可看出 P_1、P_2 大于静态力 P_3，因此，接头区钢轨本已因钻螺孔强度被削弱，又承受更大的冲击荷载力，致使裂纹发生率上升。

(3)线路养护不良

由于钢轨接头养护工作不到位，造成道床板结、低接头、轨枕空吊、高低错牙，接头螺栓扭力不够或线路爬行，产生大轨缝等，这些不良的接头状态都会增加机车对接头的冲击力，从表 3-13 各种条件下螺孔拉应力增量中，充分说明养护不良使螺孔承载力加大，螺孔裂纹产生率升高。

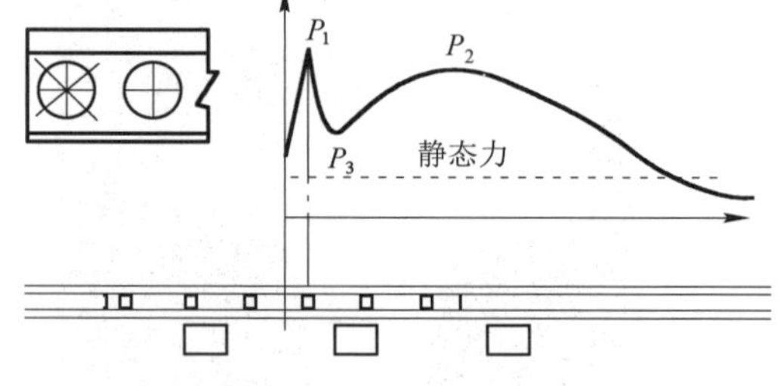

图 3-14　钢轨接头受力状态

表 3-13　各种条件下螺孔拉应力增量

螺孔位置	接头状态					
	高低错牙 1 mm	低接头 ＞2 mm	鞍形磨耗 0.75 mm	鞍形磨耗 1 mm	道床板结	钢筋混凝土枕与木枕（板结状态）
第一孔	40％	30％			81.5％	102％
第二孔			4.3％	17.1％		

图 3-14 表示接头应力分布情况，第一螺孔的荷载力处于最高值区域，裂纹的生产与受力成正比关系，因此，第一螺孔的裂纹，比其他螺孔产生裂纹的比例更高。从统计资料上显示，第一螺孔裂纹占螺孔裂纹的 78%，尤其是岔后引轨、复线区段迎着列车运行方向轨端第一螺孔裂纹的发生频率更高，而且在第一螺孔上不同象限螺孔裂纹的发生率相差很大，Ⅰ、Ⅲ象限螺孔裂纹发生率最高(图 3-15)，占总数的 60.1%，这些是钢轨探伤中应重视之处。

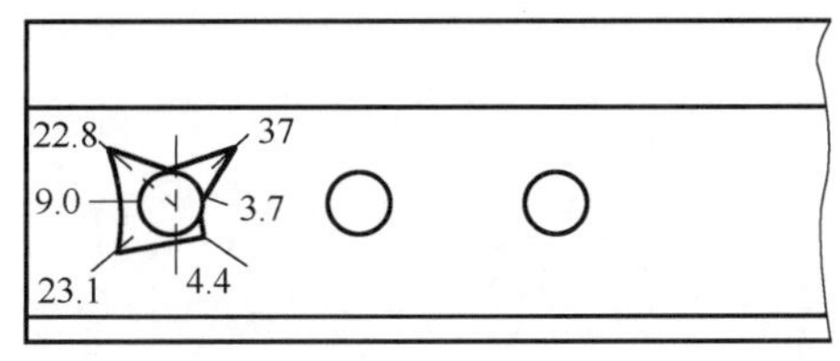

图 3-15　第一螺孔各象限产生螺孔裂纹概率(%)

2. 轨头下颚裂纹的形成

接头钢轨下颚裂纹的形成，主要是长期受到过大的偏载，水平推力以及轨头挠曲应力的复合作用；其次是钢轨接头采用斜坡支承夹板，使轨颚承受向上拉力[图 3-16(a)]；再加上养护作业不良，以及机车车辆的蛇形运动产生的横向作用力等多方面因素同时作用的结果。由于外侧应力大于内侧，因此，下颏裂纹往往具有从外向内逐步扩展的特点[图 3-16(b)]。

3. 马鞍形磨耗的特征

钢轨轨端接头淬火工艺不良，淬火区与非淬火区之间硬度过渡不均匀，在列车荷载多次作用下，该部分产生压陷，形成钢轨接头区两侧凸，中间凹下的马鞍形(图 3-17)。

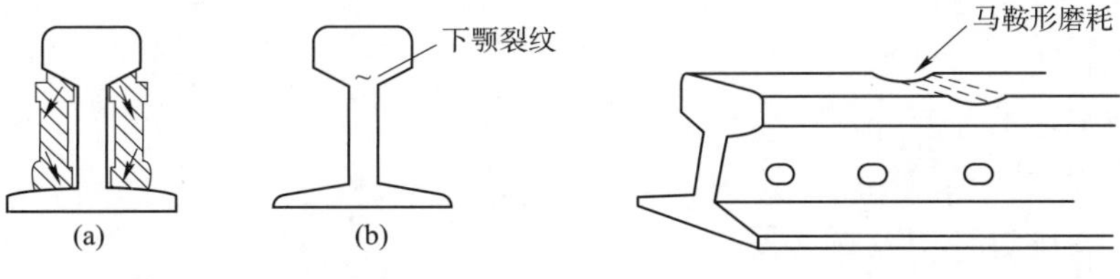

图 3-16　钢轨轨颚受力与裂纹　　图 3-17　马鞍形磨耗轨外貌

(三)钢轨纵向水平和垂直裂纹

由于钢轨制造工艺不良，没有切除钢锭中带有严重偏析、缩孔、夹杂等缺陷，在钢锭轧制成钢轨后，缺陷成片状残留在轨头、轨腰、轨底中，与钢轨纵向平行，呈水平或垂直状态出现(图 3-18)。纵向垂直的裂纹经机车长时荷载作用后，会向外膨起成为膨泡裂纹。无缝线路区段，曲线地段钢轨长期受到过大的偏载，在钢轨颚部或轨腰上会产生水平裂纹(图 3-19)。

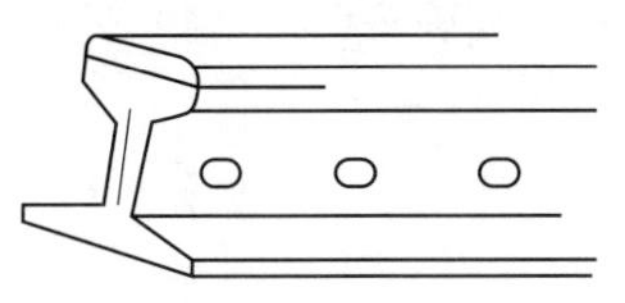

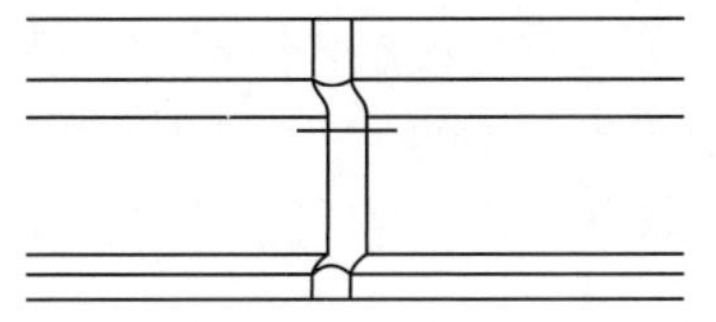

图 3-18　钢轨水平和纵向裂纹　　图 3-19　焊接接头下颚水平裂纹

（四）钢轨轨底裂纹

轨底裂纹的形成原因有以下几种：

(1)轨腰垂直纵向裂纹向下发展成轨底裂纹[图 3-20(a)]。

(2)轨底锈坑或划痕发展形成的轨底横向裂纹[图 3-20(b)]。

(3)在制造钢轨时,轨底存在轧制缺陷或因轨底与垫板轨枕间不密贴,使用中轨底局部产生过大的应力,造成轨底横向裂纹或破裂。

(4)焊接工艺不良,产生过烧、未焊透、气泡、夹杂,以及光斑或灰斑等内部缺陷,造成轨底横向裂纹[图 3-20(c)]。

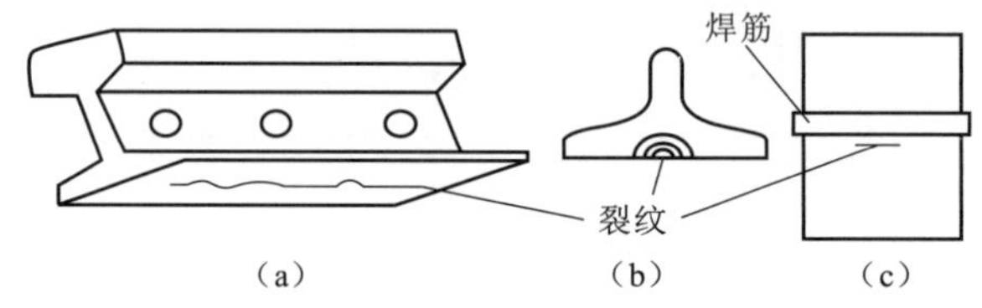

图 3-20　钢轨轨底裂纹

（五）钢轨焊缝缺陷

焊接设备、焊接材料、气温条件和操作工艺等因素都会影响焊接质量,在焊缝内部或表面可能会产生焊接缺陷。如:光斑、灰斑、未焊合、气孔、夹渣、夹砂、疏松和裂纹等缺陷。

复习思考题

1. 钢轨的作用有哪些?
2. 简述钢轨的机械性能。
3. 钢轨与车轮的相互作用产生的三个力分别是什么?
4. 钢轨伤损的分类包括哪五部分?
5. 钢轨在使用过程中有哪些要求?
6. 50 kg/m 钢轨截面尺寸分别是多少毫米?
7. 60 kg/m 钢轨截面尺寸分别是多少毫米?
8. 钢轨的标志有哪些?
9. 钢轨的生产过程包括哪些?
10. 钢轨生产的长流程工艺包括哪些?
11. 螺孔裂纹产生的原因是什么?
12. 钢轨核伤产生的原因是什么?
13. 由于钢轨与车轮接触产生的竖向力可能造成的钢轨伤损有哪些?
14. 钢轨中 C、Si、Mn、Cu 元素的作用分别是什么?
15. 轨面鱼鳞状剥离裂纹产生的原因及发展规律是什么?

第四章　钢轨探伤设备

第一节　钢轨模拟、数字超声波探伤仪及探头

超声波探伤仪是根据超声波的传播特性和电声转换原理，利用电子技术而制造的。超声波探伤仪的种类很多，有模拟式和数字式、通用式和专用式、固定式和便携式、单通道和多通道等。

一、模拟式超声波探伤仪

下面简要介绍A型显示脉冲反射式模拟式超声波探伤仪的工作原理和主要性能定义。

（一）工作原理

A型显示脉冲反射式模拟式超声波探伤仪的种类很多，功能不一，但基本电路和工作原理大致相同。它们一般都由同步、发射、扫描、接收、显示、电源、辅助单元（报警和深度补偿）和探头组成。图4-1为A型脉冲反射式超声波探伤仪的电路方框图。

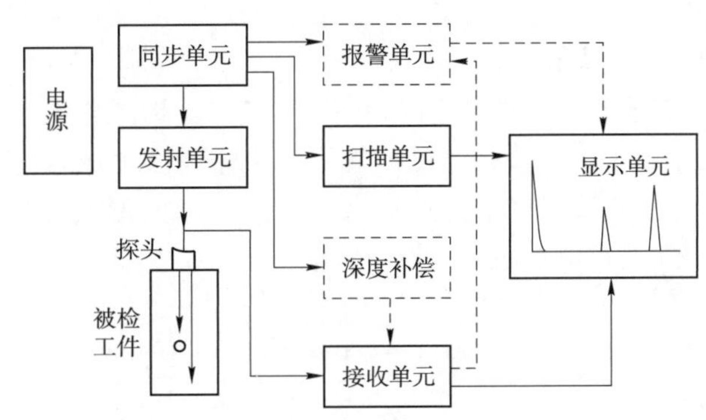

图4-1　A型显示脉冲反射式探伤仪方框图

在方框图内同步单元是探伤仪的指挥中心，由它产生周期性的同步脉冲信号一路输入扫描单元产生线性良好的锯齿波，经示波管水平偏转板在荧光屏上产生一条水平扫描线（时基线）；同时另一路输入发射单元，产生一个持续时间很短的高频电脉冲输入到探头内的压电晶片上产生超声脉冲波；超声波透过耦合剂射入工件，如遇工件界面或缺陷即产生反射，由探头接收转换成电脉冲输入接收单元，经放大、检波和视频放大后加到示波管的垂直偏转板上。这时荧光屏上的亮点受水平偏转板和垂直偏转板上电压的同时作用，产生一幅与探头接收到的超声波传播时间和回波强度相对应的图形。此外，具有报警和深度补偿功能的仪器，也受同步脉冲的控制，产生报警和进行深度补偿。这就是A型脉冲反射式超声波探伤仪的工作原理。为更详细了解探伤仪各部分工作原理，现将各单元电路组成及其功能简介如下。

1. 同步单元

同步单元一般由多谐振荡器和输出电路组成(图 4-2)。由可调的多谐振荡器产生每秒钟数十次至数千次周期性矩形同步信号,经微分后变为触发脉冲去同时触发发射、扫描、报警和深度补偿单元,使它们同步工作。输出电路的功能是增强带负载能力,输出一定功率的信号去触发下一级电路工作。

同步脉冲的频率即为仪器的重复频率。每一个触发脉冲持续时间很短,因此,在两次脉冲间隔时间内,发射单元处于充电状态,探头晶片不发射超声波而处于接收状态,接收单元处于工作状态。

2. 发射单元

同步单元送来的触发脉冲,输入发射电路可控硅的控制极,使可控硅导通,在其阳极产生约 500 V 以上的高压负脉冲加到晶片上,经过电-声转换产生超声波,如图 4-3 所示。

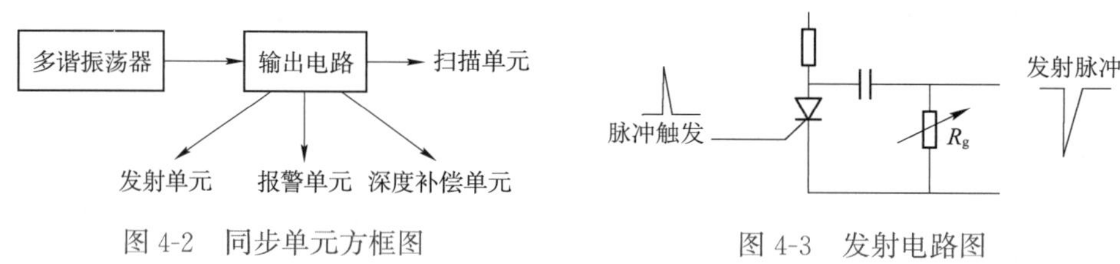

图 4-2 同步单元方框图

图 4-3 发射电路图

发射电路中的 R_g 称为阻尼电阻。R_g 的大小对发射强度和脉冲宽度有一定影响,电阻大,阻尼小,发射强度大,脉冲宽,仪器分辨率低,适宜于探测厚度大、分辨率要求不高的工件。电阻小,阻尼大,脉冲窄,仪器分辨率高,在探测工件近表面缺陷或对分辨率要求高的工件采用。

3. 扫描单元

扫描单元一般由扫描开关电路、释抑电路、锯齿波产生电路和锯齿波放大电路组成(图 4-4)。在同步信号的触发下产生锯齿波电压,经电压放大电路放大后加在示波管水平偏转板上,使荧光屏上亮点沿水平方向移动而形成扫描线。扫描开关电路和释抑电路控制锯齿波起点和终点,锯齿波产生电路决定水平线性好坏。

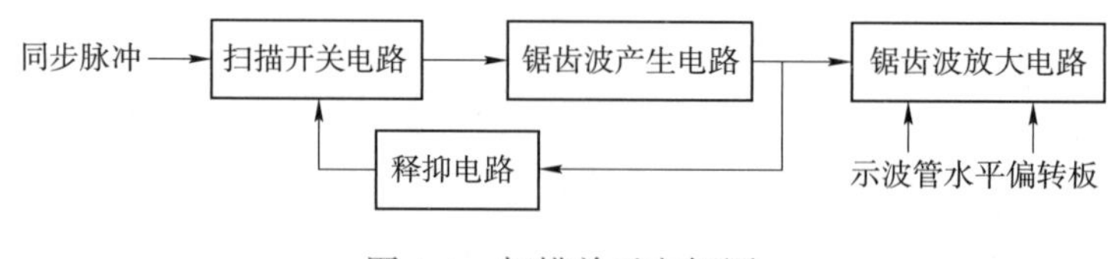

图 4-4 扫描单元方框图

仪器面板上的“扫描量程”、“扫描微调”、“脉冲位移”和“扫描延迟(有些仪器无此功能)”都是扫描电路中的调节旋钮,探伤时应根据被探工件的探测深度选择适当的“扫描量程”挡次,利用“扫描微调”和“脉冲位移”旋钮配合调节,使荧光屏扫描线上每一格表示一定的距离。

4. 接收单元

接收单元由衰减电路、高频放大电路、检波电路和视频放大电路组成(图 4-5)。将探头送来的微弱回波信号经多级放大后在示波屏上显示。衰减电路主要是对信号幅值作定量的评定和显示幅度的控制，其他电路则是将回波放大、检波和视频放大后输出到示波管上。

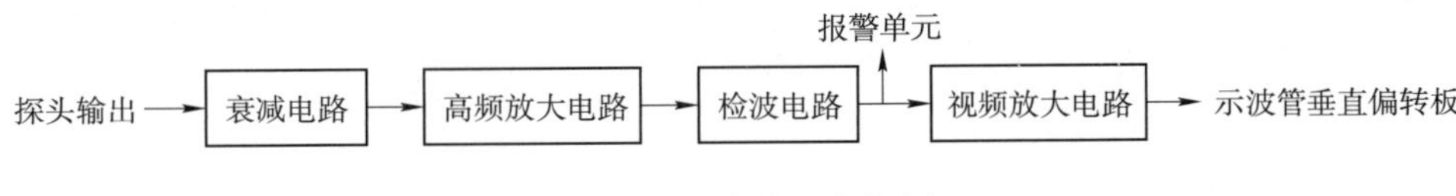

图 4-5　接收单元方框图

接收电路的性能直接影响到探伤仪的垂直线性、动态范围、探伤灵敏度、分辨力等重要技术指标。而接收电路内的抑制和阻塞对探伤波形识别和缺陷的检出都有影响，抑制适当可减小杂波显示，有利于对伤波识别(图 4-6)，抑制过大会失去有用信号，导致小缺陷的漏检。在以收发并用的单晶片探头探测中，由于很高的发射电脉冲在激励晶片的同时也直接进入接收电路，此时，在短时间内放大器的放大倍数会降低或没有放大作用，这种现象称为阻塞。阻塞会影响靠近发射脉冲的一定探测范围内缺陷的检出。

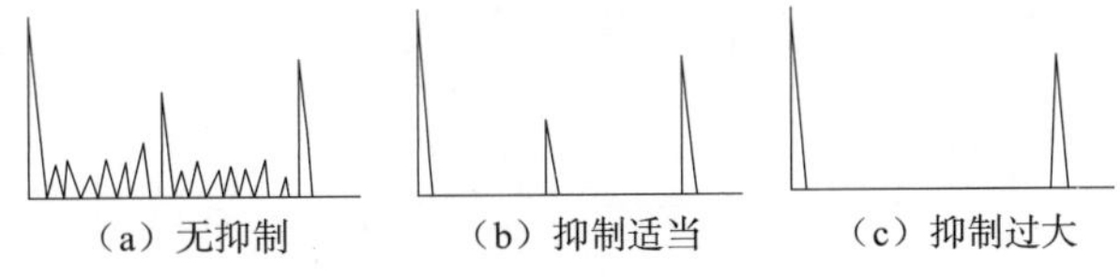

图 4-6　放大电路中抑制的作用

5. 显示单元

显示单元由示波管和外围电路组成。示波管由电子枪、偏转板和荧光屏三部分组成(图 4-7)。电子枪发射的电子束则按垂直偏转板(接收单元送来的信号电压)和水平偏转板(扫描单元送来的锯齿波电压)所加电压发生偏转，在荧光屏上显示扫描线和波形。外围电路主要用于控制扫描线显示清晰度，仪器中“聚焦”、“辅助聚焦”和“亮度”电位器都是外围电路中的一部分。

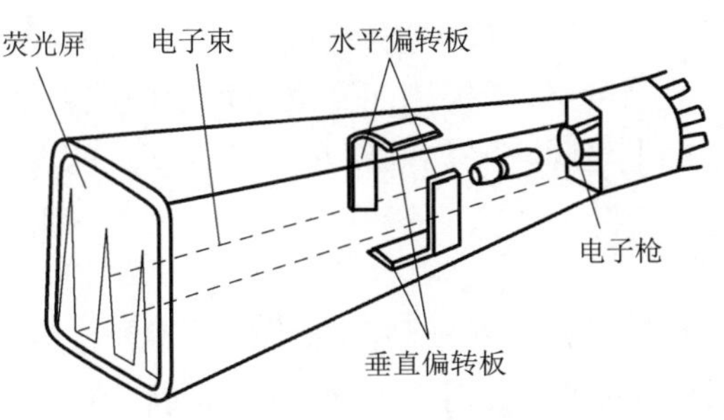

图 4-7　示波管的基本结构

6. 辅助单元

辅助单元是指部分具有延时、报警、深度补偿、存储、计算等功能的探伤仪特有的单元电路。下面主要介绍钢轨探伤仪中常见的报警和深度补偿单元。

(1)报警单元：由闸门产生电路、报警识别电路和音响电路组成(图 4-8)。在同步脉冲触发下产生报警闸门输入示波管垂直偏转板，当接收单元送入的回波信号落入报警门内或报警门内回波消失时，探伤仪产生报警声提示探伤人员注意。

(2)深度补偿单元：常与接收放大电路相连，控制接收放大电路的放大倍数随时间而改变，以提高远距离回波的放大量，使工件内两个不同深度相同性质的缺陷，深度大的回波幅度得到提升(图 4-9)，有利于声程较远的缺陷检测和回波观察。

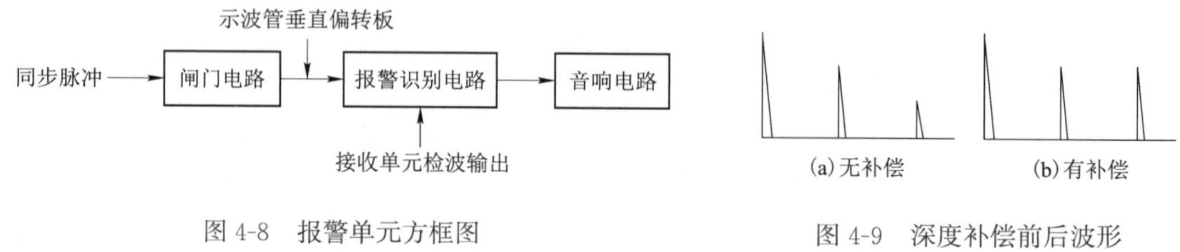

图 4-8　报警单元方框图

图 4-9　深度补偿前后波形

7. 电源

电源一般由整流电路、稳压电路和变流器组成。整流电路是把交流电转变为直流电；稳压电路则是将直流电压控制在设定的范围内，使各电路工作在稳定状态；变流器是将直流电转变为交流电，以便通过变压器转变成不同的电压。

（二）主要性能定义

(1)水平线性：探伤仪荧光屏时间或距离轴上显示的信号与输入接收信号成正比关系的程度。

(2)垂直线性：探伤仪荧光屏上显示的信号幅度与输入接收器的信号幅度成正比关系的程度。

(3)动态范围：在增益调节不变时，探伤仪荧光屏上能分辨的最大与最小反射面积波高之比，即反射波高从 100%到消失所需要的衰减量。

(4)灵敏度余量：超声探伤系统中，以一定电平表示的标准缺陷探测灵敏度与最大探测灵敏度之间的差值。其含意是仪器和探头组合检测最小缺陷的能力。

(5)分辨力：有效辨别两个紧密相邻不连续的能力。

(6)盲区：在一定探伤灵敏度下，从探测面到最近可探缺陷在被检工件中的深度。

(7)电噪声电平：荧光屏上电噪声平均幅度在垂直刻度上的百分比。

二、数字式超声波探伤仪

数字式超声波探伤仪是计算机技术和超声探伤仪技术相结合的产物。它是在模拟式超声探伤仪的基础上，采用计算机技术实现仪器功能的精确和自动控制、信号获取和处理的数字化和自动化、检测结果的可记录性和可再现性。因此，它具有模拟式超声探伤仪的基本功能，同时又增加了数字化带来的数据测量、显示、存储与输出功能。近年来，数字式仪器发展很快，有逐步替代模拟式探伤仪的趋势。

所谓数字式超声探伤仪，主要是指发射、接收电路的参数控制和接收信号的处理、显示均采用数字式方式的仪器。不同的是制造商生产的数字式超声探伤仪，可能会采用不同的电路设置，保留的模拟电路部分也不相同。但最主要的一点是，探头接收的超声信号需经模-数转换、数字处理后显示出来。

（一）数字式与模拟式超声探伤仪的异同

1. 基本组成

典型A型脉冲反射式数字式超声探伤仪的电路框图如图4-10所示。从它的基本构成来看，数字式仪器发射电路与模拟式仪器是相同的，接收放大电路的前半部分，包括衰减器和高频放大器等，与模拟式仪器也是相同的。但信号经放大到一定程度后，则由模-数转换器将模拟信号变为数字信号，由微处理器进行处理后，在显示器上显示出来。对于模拟式超声波探伤仪上的检波、滤波、抑制等功能，数字式超声波探伤仪可以通过对数字信号进行数字处理完成，也可在模-数转换前采用模拟电路完成。数字式超声波探伤仪的显示是二维点阵式的，与模拟式仪器的显示方式有很大的不同，不再像模拟式仪器由单行扫描线经幅度调节显示波形，而是由微处理器通过程序来控制显示器实现逐点扫描。发射电路和模数转换器的同步控制不再需要同步电路，而是由微处理器通过程序来协调各部分的工作。

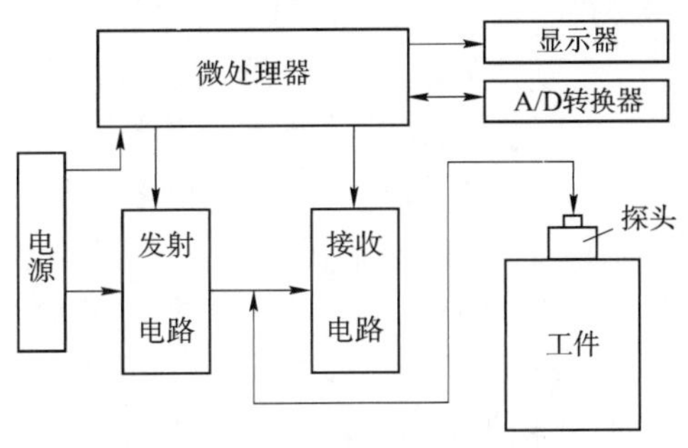

图4-10 数字式超声探伤仪电路框图

2. 仪器的功能

从基本功能来看，数字式仪器可提供模拟式仪器具有的所有功能，但是，各部分功能的控制方式是不同的。在模拟式仪器中，操作者直接拨动开关对仪器的电路进行调整，而在数字式仪器中，则要通过人机对话，用按键或菜单的方式，将控制数据输入给微处理器，然后，由微处理器发出信号控制各电器的工作。微处理器还可以按照预先设定的程序，自动对仪器进行调整，这就给自动检测系统提供了极大的方便。

此外，数字化控制使得控制参数可以存储，可以自动按存储的参数重新对仪器进行调整，从而方便了检测过程的重复再现。检测波形的数字化使得仪器可进一步提供波形的记录与存储、波形参数的自动计算与显示（波高、距离等）、距离波幅曲线的自动生成、时基线比例的自动调整以及频谱分析等附加功能。

3. 仪器的性能

从影响仪器性能的最基本的部分——发射电路和接收电路来看，数字式仪器与模拟式仪器是相同的，因此，仪器的灵敏度、分辨力、放大线性等与模拟仪器差别不大。最主要的差别是数字式仪器中的模-数转换、信号处理和显示部分。这部分的性能决定着显示的信号是否失真。失真严重时，会影响缺陷的判定，造成漏检、误检。仪器这部分性能的主要影响参数有模-数转换器的模-数转换频率、字长和存储深度，以及显示器的刷新频率。

模-数转换（又称A/D转换）是通过对连续变化的模拟信号进行高速度、等间隔的采样，将其变换为一列大小变化的数字量的过程（图4-11）。对这些数字量可以进行计算、处理、显示。如果以数字的大小作为幅度，将这列数字仍按相同的间隔在直角坐标系中描绘出来，则重新构成了一个由分离的点组成的曲线，这就是数字化的波形。可见，若要重建的波形不失真，则需尽可能地增加采样密度，或者说，提高采样频率。模-数转换器的模-数转换频率，也就是每一秒钟脉冲的个数，是固定的。这个频率决定了可采集的超声波信号的最高频率。若模-数转换频率与超声波频率的比值不够大，则可能采集不到最大峰值，严重时可引起漏检。

模-数转换器的字长是指一个数字量用几位二进制数来表达，它决定幅度读数的精度。一个8位的模-数转换器可表示的数字是256，也就是说，可将幅度分为256个等级。采用数字检波后，半波幅度为128级，则理论精度约为1%。但实际上，由于数字化过程的幅度误差，实际精度要比这个数值要差一些。

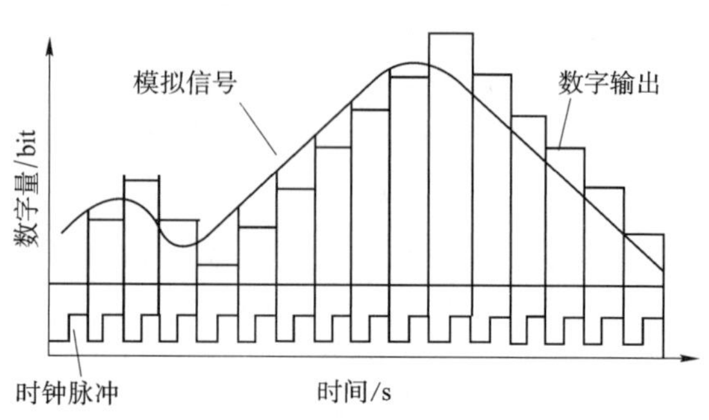

图4-11　模-数转换示意

模-数转换器的另一个参数是存储深度，即一个波形可存储的数据点的多少，或称数据长度。这个参数与采样频率有关联，决定着检测范围的大小。对于一定的检测范围，采样频率越高，则要求存储深度越大；对于一定的采样频率，存储深度越大，则检测范围也越大。

模-数转换后的数据，经计算处理后送到显示器显示，能否实时地把超声信号全部显示出来，与显示器的响应速度以及数据处理速度有关。显示器的刷新频率应与超声脉冲重复频相一致，这样才能保证所有信号得到显示，否则，也可能造成缺陷漏检。这个问题在早期的数字式仪器上表现得比较严重。

（二）数字式超声波探伤仪的优势与问题

数字式仪器与模拟式仪器相比的优势在于：接收信号的数字化使超声信号的存储、记录、再现十分方便，改变了传统超声检测缺乏永久记录的缺点；同时，也方便了信号的分析与处理，从而可从接收的超声信号中得到更多的量化信息；显示器不需要传统的示波管，使得仪器可小型化；仪器参数的数字式控制使检测参数可以存储、检测过程的重现方便；还便于实现遥控等功能，为自动检测系统提供了更方便的条件。数字化使仪器功能可用软件不断扩展，可实现使一台仪器满足不同使用者的需求。

但是，数字式仪器也有一些不利因素，因其模-数转换器的采样频率、数据长度、显示器的分辨率、刷新速度等带来的信号失真，可能对检测信号的评价带来一定的影响。在使用数字式仪器时，必须对这些因素加以考虑，以免造成缺陷的漏检、误检等问题。

三、超声波探头

超声波探头是进行超声波探伤不可缺少的器件之一，它承担发射或接收超声波的任务，实现声能与电能的相互转换，故又称换能器。

（一）探头的分类

为适应各类工件和各种探测方式的需要，探头的种类很多，分类方式也各不相同，按其用途和结构可作以下分类：

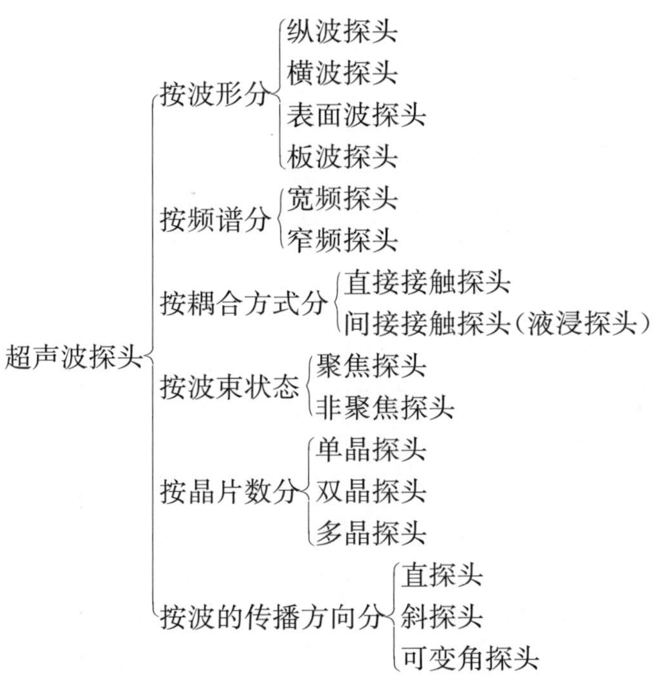

此外还有高温探头、微型探头等特殊用途的探头。下面介绍几种典型探头:

(二)探头的作用和特点

1. 接触式探头

直接接触工件表面进行检测的探头称为接触式探头。该类探头种类较多,有纵波直探头、纵波斜探头、横波斜探头、表面波探头、兰姆波探头及可变角探头等。

(1)纵波直探头:探头发射垂直于探测面传播的纵波进行检测。主要用于检测与检测面平行或近似平行的缺陷,如板材、锻件检测等。纵波直探头的主要参数是频率和晶片尺寸。

钢轨探伤中主要用于探测焊缝缺陷(图 4-12)。除按频率和晶片尺寸划分系列外还按不同频率响应(频谱)分为宽频探头和窄频探头,前者灵敏度高,后者分辨率高。

(2)纵波斜探头:入射角为 $\alpha_L<\alpha_{\mathrm{I}}$,利用小角度的纵波进行缺陷检测,或在横波衰减过大的情况下,利用纵波穿透能力强的特点进行纵波斜入射检测。使用时注意工件中同时存在的横波的干扰。

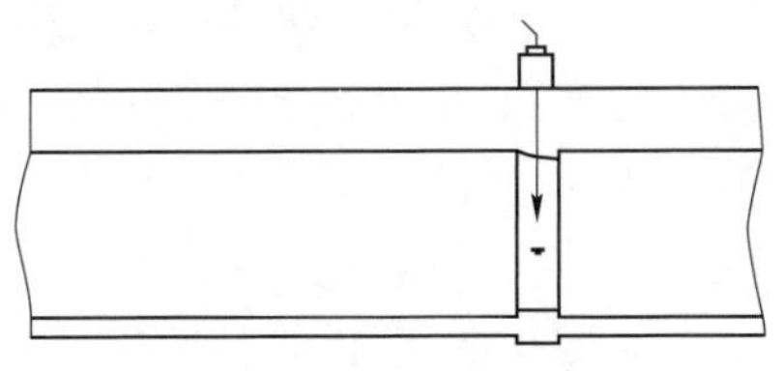

图 4-12 直探头探伤示意

(3)横波斜探头:入射角为 $\alpha_L=\alpha_{\mathrm{I}}\sim\alpha_{\mathrm{II}}$,且折射波为纯横波,横波斜探头实际上是直探头加斜楔块组成的。主要用于检测与检测面成一定角度的缺陷,如钢轨焊缝检测、汽轮机叶轮检测等。横波斜探头的标称方式有三种:一是纵波入射角 α_L 来标称,常用 $\alpha_L=30°$、40°、45°、50°等;二是以横波折射角 β_S 来标称,常用 $\beta_S=40°$、45°、50°、60°、70°等;三是以钢中折射角的正切值 $K=\tan\beta_S$ 来标称,常用 $K=0.8$、1.0、1.5、2.0、2.5 等,这是我国提出来的,在计算钢中缺陷位置时比较方便。目前国产横波斜探头大多采用 K 值标称系列。横波斜探头上的主要参数为工件频率、晶片尺寸和 K 值。

为了与国际上的表达方式接轨,《多通道 A 型显示钢轨超声波探伤仪技术条件》(TB/T 2340—2000)标准用的横波斜探头统一用折射角表示。常用斜探头的折射角、入射角和K值的关系见表 4-1。钢轨探伤中主要用于焊缝缺陷探测,目前常用折射角有 $K0.8$、$K1$、$K1.5$、$K2$、$K2.5$ 和 $K3$。

表 4-1　常用斜探头的折射角、入射角和 K 值(有机玻璃/钢)

α	30.6°	36.7°	44.7°	49.1°	50°	51.7°	52.6°	53.3°
β	37°	45°	56.3°	63.4°	65°	68.2°	70°	71.6°
K 值	0.8	1.0	1.5	2.0	2.1	2.5	2.7	3.0

说明:1. β 为钢中横波折射角,α 为有机玻璃的纵波入射角;

2. 由于材质、温度及探头制作工艺等因素,实测值、标称值和理论计算值会有差异。

(4)表面波(瑞利波)探头:入射角需在产生瑞利波的临界角附近,通常比 α_{II} 略大。表面波探头用于对表面或近表面缺陷进行检测。表面波探头的结构与横波探头一样,唯一的区别是斜楔块角度不同。

(5)兰姆波探头:角度根据板厚、频率和所选定的兰姆波模式而定,主要用于薄板中缺陷的检测。

(6)可变角探头:入射角是可变的,其结构如图 4-13 所示。转动压电晶片可使入射角连续变化,一般变化范围为 0°～70°,可实现纵波、横波、表面波或兰姆波检测。

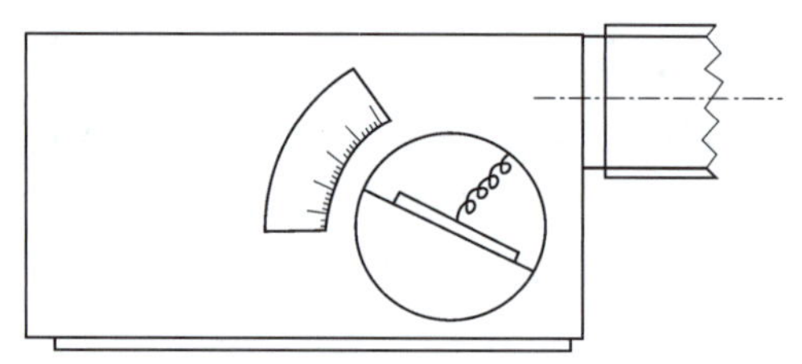

图 4-13　可变角探头结构示意

(7)双晶片探头:双晶片探头有两块压电晶片(图 4-14),一块用于发射超声波,另一块用于接收超声波,中间夹有隔声层。根据入射角 α_L 不同,分为双晶纵波探头($\alpha_L<\alpha_{\mathrm{I}}$)和双晶横波探头($\alpha_L=\alpha_L\sim\alpha_{\mathrm{II}}$)。双晶探头主要用于检测近表面缺陷和已知缺陷的定点测量。双晶探头的主要参数为频率、晶片尺寸和声束汇聚区的范围。

双晶探头的优点:

①灵敏度高:双晶探头的两块晶片,一发一收,发射晶片用发射灵敏度高的压电材料制成,如 PZT。接收晶片由接收灵敏度高的压电材料制成,如硫酸锂。这样探头发射和接收灵敏度都高,这是单晶探头无法比拟的。

②杂波少盲区小:双晶探头的发射与接收分开,消除了发射压电晶片与延迟块之间的反射杂波。同时由于始脉冲未进入放大器,克服了阻塞现象,使盲区大大减小,为检测近表面缺陷提供了有利条件。

③近场区小:双晶探头采用了延迟块,缩短了工件中的近场区长度,这对检测是有利的。

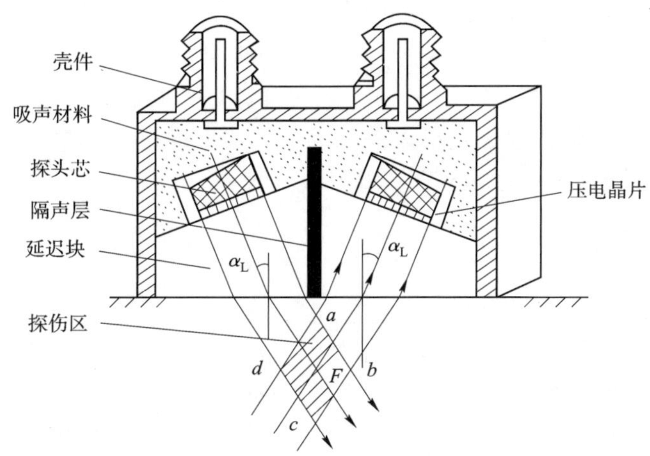

图 4-14 双晶探头结构图

④检测范围可调：双晶探头检测时，对于位于棱形 $abcd$ 内的缺陷灵敏度较高。而棱形 $abcd$ 是可调的，可以通过改变入射角 α_L 来调整。α_L 增大，棱形 $abcd$ 向表面移动，在水平方向变扁。α_L 减小，棱形向内部移动，在垂直方向变扁。

(8)钢轨探伤用双晶探头：钢轨探伤所用探头基本上都是双晶片探头，0°探头属双晶直探头，37°、70°和小角度(18°)探头属双晶斜探头，而 0°+37°组合探头是双晶直探头和双晶斜探头的组合。

①双晶片直探头：钢轨探伤中习惯上称为 0°探头，它与钢轨探伤仪组合后，具有反射式和穿透式两种探伤功能，主要用于检测轨腰投影范围内的水平裂纹、纵向裂纹和有一定长度的斜裂纹。

②双晶片斜探头：它与钢轨探伤仪连接后，用于反射式探伤，目前共有三种：一是 70°探头主要检测钢轨头部横向裂纹，如轨头核伤；二是 37°探头主要检测钢轨轨腰投影范围内的斜裂纹、轨底横向裂纹和与轨端或螺孔相连的水平裂纹；三是 18°探头，该探头目前有一部分铁路局集团公司在使用，主要用于检测倾斜角度较小的螺孔裂纹。

(9)多晶片组合探头：多晶片组合探头是将多个晶片按一定的规律排列组合在一个探头中(图 4-15)。它可以提高探伤工作效率，实现一次对多个部位进行探伤的目的。目前钢轨焊缝探伤中已经采用，探伤时由手动或仪器自动切换接通其中一组探头，固定对焊缝某一区域进行探伤，主要检查垂直于探测面的缺陷。

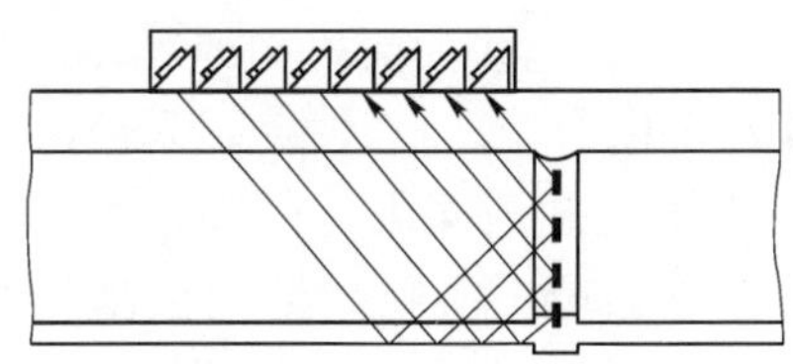

图 4-15 多晶片组合探头探伤示意

(10)轮式探头：随着制造技术发展，我们会使用到安装在钢轨探伤仪上的轮式探头，结构类式钢轨探伤车使用的轮探头。该探头与目前使用的探头作用相同，但定期保养工作会有所不同，不需要定期更换磨损的保护膜工作，取而待之的是不定期给泄漏耦合液的轮式探头充液或更换损坏的探头轮皮。

(11)聚焦探头：聚焦探头种类较多，根据焦点形状不同分为点聚焦和线聚焦。点聚焦的理想焦点为一点，其声透镜为球面；线聚焦的理想焦点为一条线，其声透镜为柱面。接触聚焦是探头通过薄层耦合介质与工件接触。接触聚焦根据聚焦方式不同又分为透镜式聚焦、反射式聚焦和曲面晶片式聚焦(图 4-16)。透镜式聚焦是平面晶片发射超声波通过声透镜和透声楔块来实现聚集，反射式聚焦是平面晶片发射超声波通过曲面楔块反射来实现聚焦，曲面晶片式聚集探头的晶片为曲面，通过曲面楔块实现聚焦，但曲面晶片很难制作，目前已很少采用。

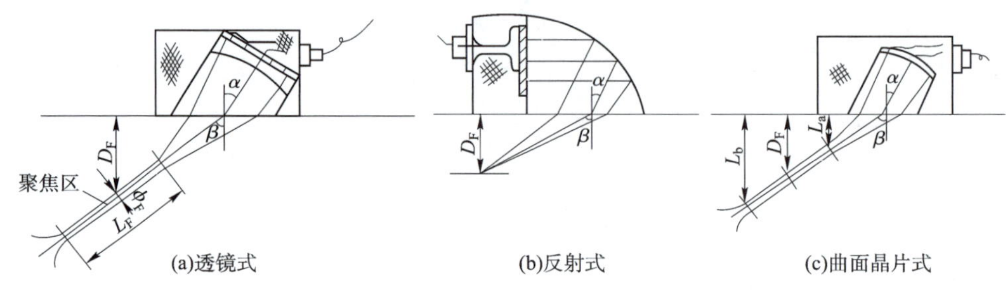

图 4-16　聚焦探头

2. 水浸式探头

水浸式探头主要特点为检测时探头与工件不直接接触，且探头部分或全部浸入耦合液中。常见有水浸平探头和水浸聚焦探头两种。

(1)水浸平探头：相当于可在水中使用的纵波直探头，当改变探头倾角使声束从水中倾斜入射至工件表面时，也可通过折射在工件中产生纯横波。

(2)水浸聚焦探头：在水浸平探头前加上声透镜则可产生聚焦声束，常用于探测管材和板材。水浸聚焦探头的结构如图 4-17 所示，声透镜的作用就是实现声束聚焦。

3. 高温探头

常规探头只能用于检测常温下的工件，然而实际生产中有时需要对高温工件进行检测。如原子反应堆中的某些部件，这时必须采用高温探头来进行检测，高温探头中的压电晶片需选用居里温度较高的铌酸锂(1 200 ℃)、石英(550 ℃)、钛酸铅(460 ℃)来制作，外壳与阻尼块为不锈钢，电缆为无机物绝缘体高温同轴电缆，前面壳体与晶片之间采用特殊钎焊，使之形成高温耦合层。这种探头可在 400～700 ℃高温下进行检测。

4. 电磁超声探头

电磁超声探头物理结构由高频线圈和磁铁两部分组成(图 4-18)，高频线圈用于产生高频激发磁场；磁铁用来提供外加磁场，它可以是永久磁铁或直流电磁铁，也可以是交流电磁铁或脉冲电磁铁。当置于工件表面上的高频线圈通过高频电流时，它在工件的表层内产生涡流(或感应磁场，相当于电动机的转子)，此涡流在外加磁场(相当于电机定子磁场)的作用下，也会像电动机那样受到机械力的作用，产生高频振动，于是在工件中形成了超声波波源。在接收超声波时，如同发电机的转子在定子的磁场中旋转，会在转子中产生感应电流一样，工件表面的振荡也会在外加磁场力的作用下，在高频线圈中感应出电压而被仪器接收。

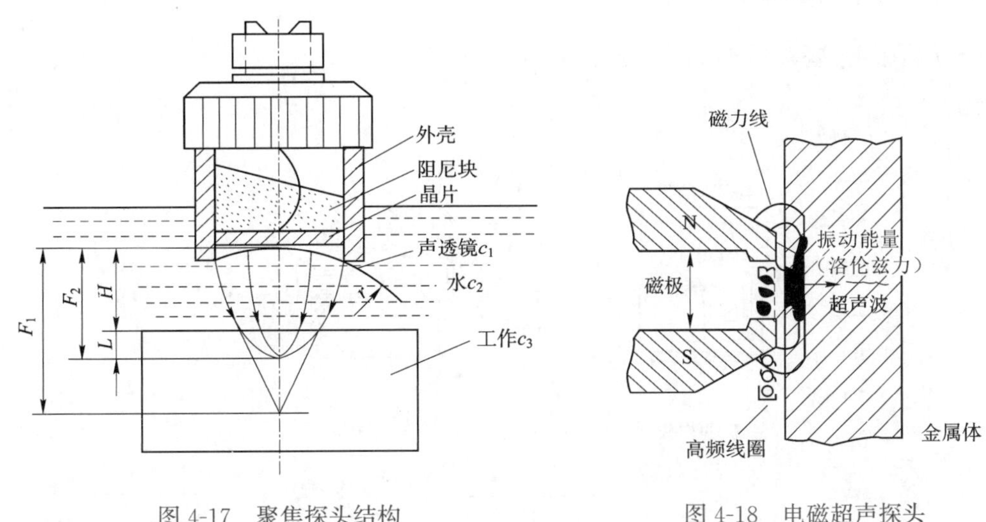

图 4-17　聚焦探头结构　　　　图 4-18　电磁超声探头

5. 爬波探头

当纵波以第一临界角 α_{I} 附近的角度入射到界面时，就会在第二介质中产生表面下纵波，即爬波。但是，爬波在自由表面的位移有垂直分量，不是纯粹的纵波。爬波与表面波不同，表面波是入射角大于或等于第二临界角时产生的表面下横波。

爬波探头的结构与横波斜探头类似，爬波探头辐射的声场在入射平面内存在一系列波瓣[图 4-19(a)]，第一波瓣幅度极大值对应的折射角($\theta_{\max}$)随入射角 α 增大而增大，但其极大值随之下降。另外 $\theta_{\max}$ 还与频率 f 及晶片直径 D 的乘积($f \cdot D$)有关，$\theta_{\max}$ 随($f \cdot D$)增加而增加[图 4-19(b)]。

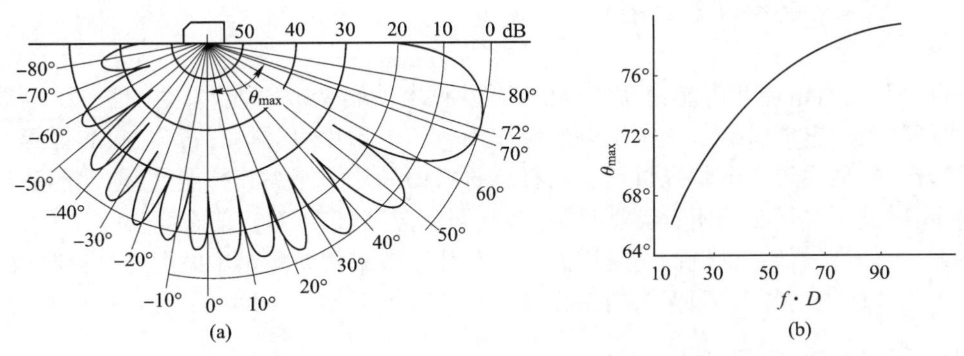

图 4-19　爬波探头辐射的声场及折射角与频率和晶片直径的关系

一般爬波探头的入射角 $\alpha=\alpha_{\mathrm{I}}$，可通过改变 $f \cdot D$ 来改变 $\theta_{\max}$，以便检测不同深度的缺陷。爬波受工件表面刻痕、不平整、凹陷等的干扰较少，同时爬波衰减比表面波小，检测深度较表面波大，因此常用于表面较粗糙的工件的表层和近表层缺陷检测。

四、探头的结构和部件作用

（一）探头的基本结构（图 4-20）。

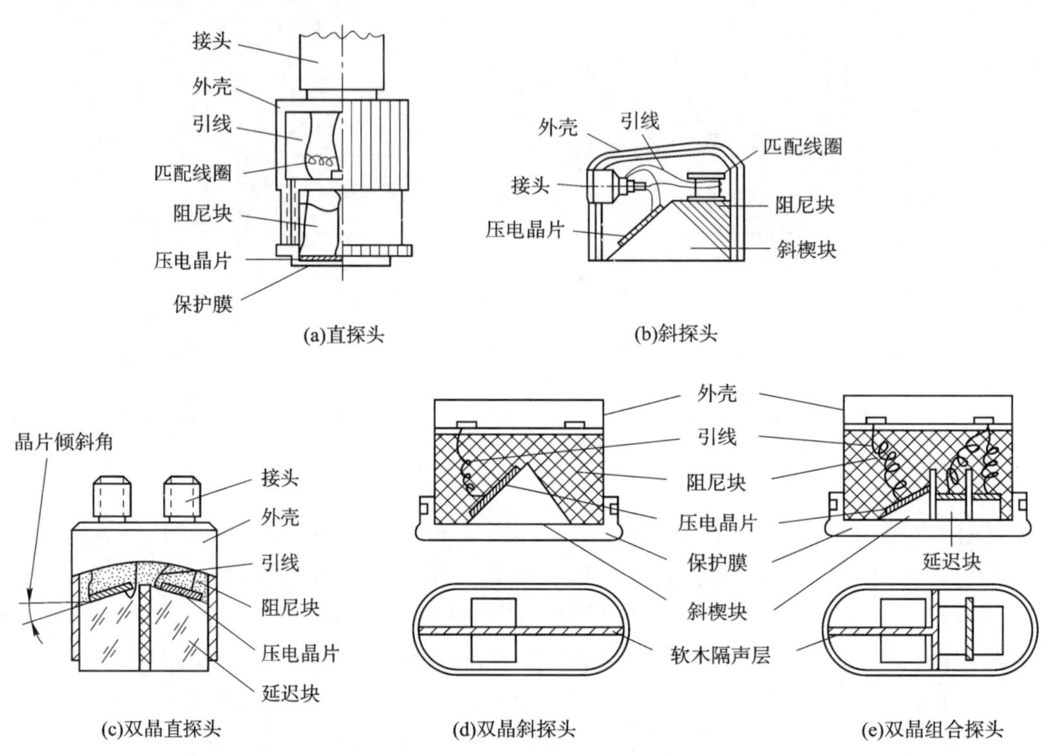

图 4-20　探头基本结构

（二）探头主要部件的作用

1. 压电晶片

压电晶片具有电能和声能相互转换的功能，将电能转变成声能（发射）是逆压电效应作用，将声能转变成电能（接收）是正压电效应作用。压电晶片的材料有石英、硫酸锂等单晶材料和钛酸钡、钛酸铅等压电陶瓷材料。用石英材料做晶片的探头其特点是：电性能和机械性能最稳定，因此标准探头均用石英晶片制作，其居里点高（570 ℃），能在高温下工作，但电声转换率差，灵敏度较低。钢轨探伤所用的探头晶片多数采用钛酸铅压电陶瓷材料制成。

压电晶片的振动频率，即探头的工作频率（f）取决于晶片厚度（T_g）和超声波在晶片材料中的传播速度（c），它们之间的关系式：$f=\dfrac{c}{2T_g}$。

从上式可知，晶片的振动频率与晶片厚度成反比关系，即晶片厚度越薄，振动频率越高，反之，晶片越厚，振动频率越低。

2. 阻尼块

与晶片或楔块组合具有高阻尼效率的块状物体称为阻尼块。其作用是阻止晶片的惯性振动和吸收晶片背面辐射的声能，以减小脉冲宽度和杂信号干扰。通常用钨粉和环氧树脂或其他特种材料按一定比例配制而成。

3. 保护膜

为使探头与工件接触移动中不损坏晶片，常在晶片前面覆一层保护膜。保护膜有硬质保护膜（如陶瓷、金属片等）和软质保护膜（如有机玻璃、聚氨酯薄膜、尼龙等），硬质保护膜虽耐磨但耦合条件要求高，透声性能差。软质保护膜一般比硬质保护膜的透声性能高3～5倍，且具有较好的耦合条件，为此对探测面光洁度较差的工件多数使用软质保护膜。钢轨探伤使用的探头保护膜一般选用尼龙1010材料，其衰减系数为5 dB/cm左右，具有良好的透声性。

4. 连接线

探头须用高频电缆与探伤仪连接，常用同轴电缆作高频电缆，其作用是为消除外来电波对探头内激励脉冲和回波脉冲的干扰，同时防止高频脉冲以电波形式向外辐射，但这种电缆比一般电缆脆弱，弯曲过大易损坏，使用时应多加注意。

5. 斜楔块

斜探头与直探头的不同就是多了一块透声的斜楔块。其作用是产生波形转换和改变声束传播方向，它可以将纵波转换成横波或表面波或板波，转换后的波形种类取决于斜楔块的倾角和组成界面（楔块和工件或耦合层）的两种介质声速。为降低斜楔内返回晶片的声能，常在斜楔块前端和上部制作成齿状的消声槽，以减少楔块内反射造成的杂波干扰。斜楔块常用材料是有机玻璃，它具有加工方便，衰减系数适宜的优点。

6. 延迟块

为使超声发射脉冲持续时间等影响落在延迟过程中，而附加在探头晶片前的透声材料称为延迟块。如双晶片直探头前的块状物体，常用有机玻璃制作，它加工方便，透声效果较好。还可以根据探测的需要将两块延迟块制成一定的倾角，使声束能量集中在需要重点探测的区域内。如钢轨探伤中37°探头和0°探头的声束交区一般在声程为80～100 mm，这样有利于对螺孔裂纹的探测。

7. 隔声层

双晶片探头中为使接收晶片和发射晶片在声路上分割开来，在两片晶片之间夹一吸声性强的隔片，该隔片称为隔声层。常用软木制成，它具有价格便宜，隔声效果好的优点。如果隔声层不良会产生信号泄漏现象，超声信号穿过预设隔声层，进入接收放大电路，会产生异常回波显示，干扰对探伤回波的识别。

五、探头的型号编制和性能定义

（一）探头型号组成

型号的组成项目及其排列顺序规定如下：

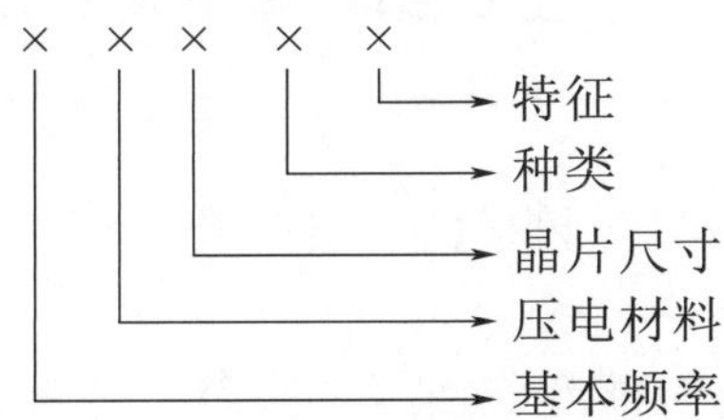

（1）基本频率：用阿拉伯数字表示，单位为 MHz。

（2）压电材料：用化学元素缩写符号表示（表 4-2）。

表 4-2　压电材料用化学元素缩写符号

压电材料	代号	压电材料	代号
锆钛酸铅陶瓷	P	铌酸锂单晶	L
钛酸钡陶瓷	B	典酸锂单晶	I
钛酸铅陶瓷	T	石英单晶	Q
其他压电材料	N		

（3）晶片尺寸：用阿拉伯数字表示，单位为 mm。其中圆形晶片用直径表示；方形晶片用长×宽表示；分割探头用分割前的晶片尺寸表示。

（4）种类：用一个或二个汉语拼音缩写字母表示（表 4-3），其中直探头可以不标出。

表 4-3　种类表示代号

种　类	代号	种　类	代号
直探头	Z	表面波探头	BM
斜探头（用 *K* 值表示的）	K	可变角探头	KB
斜探头（用折射角表示的）	X	水浸探头	SJ
分割探头	FG		

（5）特征：斜探头钢中折射角正切值（*K* 值）和折射角用阿拉伯数字表示，折射角单位为度；分割探头钢中声束交区深度用阿拉伯数字表示，单位为 mm，分割直探头和分割斜探头分别用汉语拼音字母 Z 和 X 作为代号。

例 1

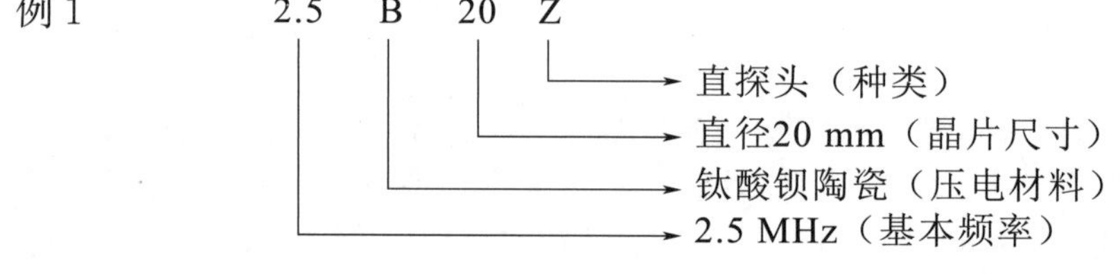

例 2

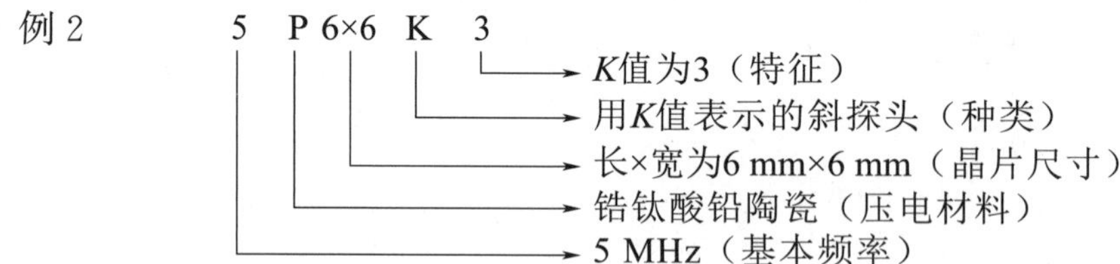

（二）探头性能定义

（1）相对灵敏度：被测探头与同频率的石英晶片固定试块在回波高度相同情况下的差值。

（2）始波宽度：始脉冲起始点（前沿）和结束点（后沿）之间的间距。

(3)回波频率:回波在时间轴进行扩展观察所等到的峰值间隔时间的倒数。

(4)声轴偏移:探头理论声轴线与实际声轴线偏差量。

(5)声束宽度:用 6 dB 法测出的声束宽度。

(6)斜探头折射角:斜探头折射声波与法线的夹角。

(7)探头楔内回波幅度:斜探头楔块内的反射回波幅度。

第二节　单轨探伤仪(以 GCT-8C 单轨探伤仪为例)

一、钢轨探伤仪的主要特点

(一)性能特点

目前国内使用的钢轨探伤仪型号较多,不同型号的仪器性能和功能各有差异,除以往使用的 A 型显示超声波钢轨探伤仪外,目前已经有多个生产厂制造出具有 B 型显示的超声波钢轨探伤仪。由于钢轨探伤的特殊条件,仪器一般应具有表 4-4 所列性能。

表 4-4　钢轨探伤仪应具有的性能

序号	性　能	内容说明
1	适应环境温度范围广	工作温度范围普通型为－15～45 ℃,低温型为－25～40 ℃,超低温型为－35～40 ℃
2	多通道多探头同时工作	5～9 个通道,具有 5～6 条基线(A 型显示超声波探伤仪),可同时用 5～9 只探头对钢轨进行全面探测。常规探伤按 1 个 0°探头、2 个 37°探头、多个 70°探头(根据通道数多少确定)配备。9 通道仪器最多使 6 个 70°探头,采用 2 个 70°探头偏斜放置朝内、2 个 70°探头无偏角放置、2 个 70°探头偏斜放置朝外,分别检测轨头不同部位核伤
3	抗电磁干扰性能较强	在电气化铁路和电台附近能正常工作
4	适用于多种轨型探测	通过轨型选择开关,可实现 43～75 kg/m 任一种钢轨的探测
5	各通道探伤灵敏度分开调节	每个通道都有独立的粗、细衰减器(和增益旋钮),调节方便,互不牵制
6	具有两种探伤方式	反射式探伤方式(70°、37°和 0°探头),主要检测钢轨轨头、轨腰和轨底(轨腰投影范围)裂纹;穿透式探伤方式(0°和 45°探头),主要探测钢轨轨腰和焊缝的伤损
7	具有反报警功能	0°和 37°探头连接的通道均设有反报警闸门,以满足螺孔波不报警的要求。其中 37°探头连接的通道反报警闸门内还具有双波或前后出波报警功能
8	多种报警音响	不同通道回波发出不同报警音响,有利于探伤人员对各个通道报警声音的分辨

以上是不同型号的钢轨探伤仪一般都具有的功能,随着探伤仪制造技术的进步,部分生产厂开发了数字钢轨探伤仪,该仪器不仅保持原有模拟型钢轨探伤仪的相关报警、发光二极管显示通道回波、探头自检、灵敏度自动跟踪等功能外,由于采用电脑芯片处理技术,增加了

B 型显示、伤损识别和探伤数据记录、回放、打印、输出等功能，以满足钢轨探伤工作者不同的探伤工作需要。

（二）结构特点

为适应钢轨探伤流动作业的特点，钢轨探伤仪由仪器和手推小车两大部分组成。图 4-21 为钢轨探伤仪手推小车外形示意图，各种型号钢轨探伤仪的手推车结构与此大同小异。

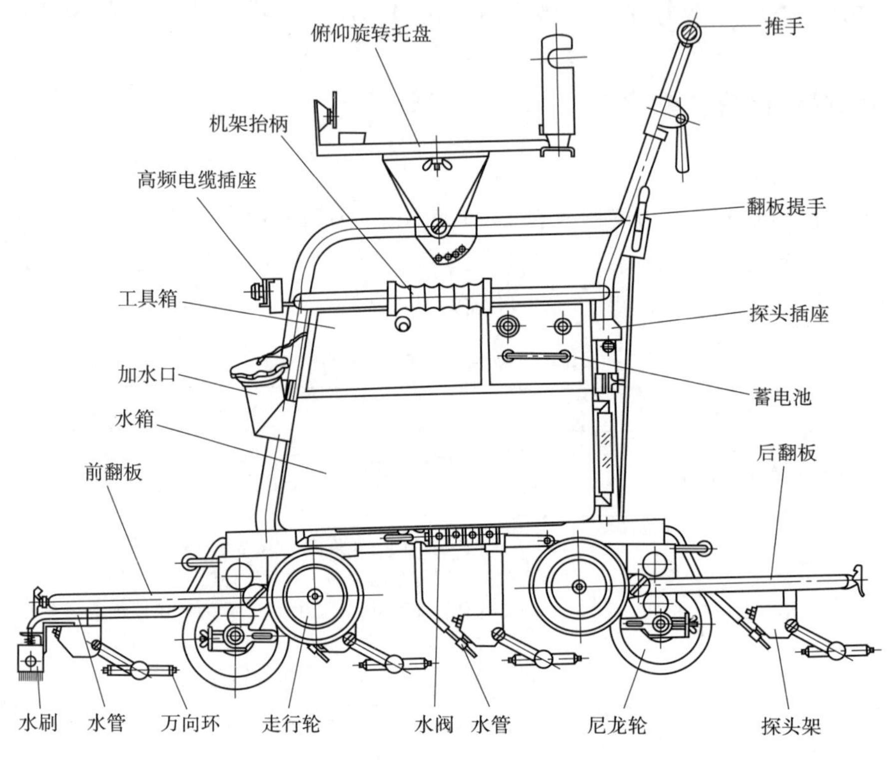

图 4-21　钢轨探伤仪手推小车外形示意

1. 俯仰旋转托架

手推车上的俯仰旋转托架是固定仪器的装置，具有上下左右的俯仰和旋转功能，以适应不同高度人员的探伤和现场伤损校验需要。不同厂家生产的钢轨探伤仪，其俯仰旋转托架结构有所不同，但作用是相似的。目前有些型号仪器已经取消该俯仰旋转托架，采取荧光屏独立调节，满足探伤人员不同角度对荧光屏观察需要。

2. 电讯连接插座

手推车上装有高频电缆和探头插座，安装探伤仪时，应将高频电缆线连接仪器和高频电缆插座；安装探头时，应将探头的连接插头按通道编号插入探头插座上。有些钢轨探伤仪为了减少接触点过多带来的能量损失和接触不良的问题，采用探头直接与仪器连接的方式，探头插座安装在仪器上，组装探伤仪时，探头引出线插头直接插在仪器相应的探头插座上。

3. 工具箱和蓄电池座

水箱上方有一只工具箱和蓄电池座，用于存放日常用工具和安放探伤仪的蓄电池。蓄电池插入蓄电池座后应锁定,以免蓄电池滑出摔坏。

4. 翻板结构

翻板结构由前后翻板架和翻板提手组成。为使多组探头同时工作,减少各探头过钢轨接缝时互不干扰,手推车架上安装翻板结构,探伤时需将前后翻板架放下并锁定,在公路上或不探伤在钢轨上推行,应按压"翻板提手"将翻板翻起。随着 B 型显示钢轨探伤仪检测可靠性提高,能直观、同时显示多个通道回波,不会影响探伤人员对各通道回波识别,可取消翻板结构,降低钢轨探伤仪机架自重。

5. 给水系统

给水系统由水箱、水阀和水管组成。探伤时打开水阀为探伤提供耦合剂。有些探伤仪水箱底部设有排污口,可打开槽口螺帽排除水箱污物。

6. 走行系统

走行系统由尼龙轮、保险轮和橡胶轮组成。尼龙轮采用单面轮缘结构,供探伤仪在钢轨上滚动走行。每个尼龙轮外侧装有一只保险轮,其作用是防止探伤仪推行中从钢轨上滑落,每个尼龙轮轴上还装有走行方向调节杆,以调节尼龙轮的滚动方向。橡胶轮是供探伤仪在平整道路上推行或停放,并随着前后翻板架的起落而自行放下和收起。B 型显示钢轨探伤仪由于需要获取探头在轨面移动参数,一般在尼龙轮上安装小车位移计数器。

7. 探头架

探头架主要用于固定探头和控制探头偏角,在手推小车上安装有 4~5 个探头架,其中 2~3 个探头架安装于水箱底下部,具有简易手动升降装置,可纵向、横向调节。前后翻板上各安装 1 个探头架,可以松开蝶形螺帽进行横向调节。4~5 个探头架均有横向细调装置,以便将探头调至轨面适当位置。

二、钢轨探伤仪的主要性能指标

(一)钢轨探伤仪部分性能(表 4-5)

表 4-5 钢轨探伤仪部分性能汇总

序号	项　目	GT-2	GCT-8	SZT-8	JGT-10
1	类型	数字型	数字型	数字型	数字型
2	显示方式	A/B	A/B	A/B	A/B
3	通道数	9	8	7	6~9
4	工作频率	2~4 MHz	2 MHz	2~5 MHz	2 MHz
5	重复频率	400 Hz	300 Hz	400 Hz	400 Hz
6	增益	90 dB	80 dB	80 dB	70 dB
7	检测轨型	43~75 kg/m	43~75 kg/m	43~75 kg/m	43~75 kg/m
8	水平线性误差	≤1%	≤2%	≤2%	≤2%
9	垂直线性误差	≤15%	≤15%	≤15%	≤15%

续上表

序号	项　目	GT-2	GCT-8	SZT-8	JGT-10
10	衰减器误差(每 12 dB)	≤1 dB	≤1 dB	≤1 dB	≤1 dB
11	探伤灵敏度余量(70°)	≥40 dB	>40 dB	≥40 dB	≥40 dB
12	探伤灵敏度余量(37°)	≥40 dB	>40 dB	≥40 dB	≥40 dB
13	探伤灵敏度余量(0°)	≥36 dB	>36 dB	≥36 dB	≥36 dB
14	动态范围(大)	≥16 dB	≥16 dB	>16 dB	≥16 dB
15	动态范围(小)	2～6 dB	2～6 dB	2～6 dB	2～6 dB
16	阻塞范围	≤20 mm	≤20 mm	≤20 mm	≤20 mm
17	缺陷检出能力	达铁标	达铁标	达铁标	达铁标
18	使用电源	DC 12 V	DC 24 V	DC 12 V	DC 11.1 V
19	连续工作时间	>8 h	>8 h	>8 h	>8 h
20	工作环境温度	−30～55 ℃	−40～50 ℃	−30～50 ℃	−30～55 ℃
21	总质量	27 kg	28 kg	30 kg	28 kg
22	水箱容量	>17 L	20 L	15 L	20 L

（二）GCT-8C 型数字钢轨探伤仪

随着科学技术的不断发展完善，探伤仪的种类发展至今已有许多，其工作原理基本大同小异，本章内容我们就以现在铁路局集团公司最常使用的邢台先锋超声电子有限公司生产的 GCT-8C 钢轨探伤仪(数字式)为例做一下介绍和说明。

1. 概述

GCT-8C 钢轨探伤仪是手推车式数字钢轨超声波探伤仪，执行《钢轨超声波探伤仪》(TB/T 2340—2012)。适于探测国产和进口的 43～75 kg/m 钢轨母材中存在的各种缺陷。

仪器特点如下：

包含 9 个探测通道：其中包括 0°通道一个，37°通道两个(前 37°、后 37°)，70°通道六个(前 70°、后 70°、前内 70°、前外 70°、后内 70°、后外 70°)。

包含两种显示方式，即 A 型脉冲显示和 B 型图像显示。

包含全程自动记录探伤数据功能，包括作业信息、仪器参数、B 显图像等，可连续自动记录并保存 30 天的探伤数据，也可手动存储探伤数据。

配套计算机回放软件，仪器记录的探伤数据可以通过回放软件进行播放和分析。

具有 GPS 卫星定位功能。

8.4 寸彩色高亮度显示屏，可以显示 2 m 以上的 B 型图像，可以在各种环境中清晰显示图像，各个通道的 A 型脉冲和 B 型图像用不同颜色分开，便于观察。

该仪器配有 40 个按键，主要功能包括灵敏度调节、报警开关、轨型选择、导出文件、里程校对等，可一键操作，简便快捷。

具有探头草状波积分值计算功能，通过此功能仪器可帮助无损检测员监测发生故障或耦合不良的探头，回放软件可帮助分析员考核现场设定的灵敏度是否合适。

环境适应性好，可以在－35～45 ℃温度环境下工作，全防水结构，可在雨中作业工作。

2. 仪器结构

仪器主要由手推车和机头两部分组成。

(1)手推车

手推车主要部分和零配件如图 4-22 所示，其中下方探头分布如图 4-23 所示。

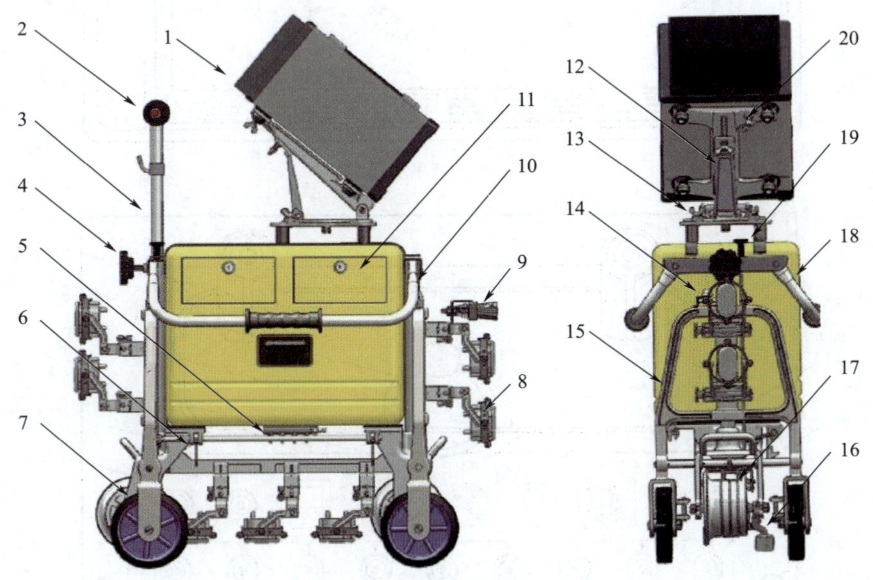

1—主机；2—标记键；3—车把；4—车把顶丝；5—水阀；6—翻板挂钩；7—橡胶轮；8—探头及探头架；9—水刷；10—抬手；11—工具箱；12—俯仰紧固丝；13—旋转紧固丝；14—翻板销；15—翻板；16—侧轮；17—尼龙轮；18—抬手；19—翻板提升拉线；20—主机固定丝。

图 4-22 手推车结构

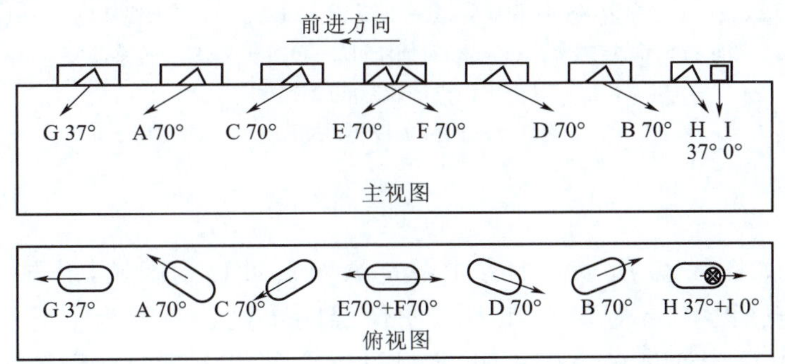

图 4-23 探头分布

(2)主机

仪器前置与后置面板如图 4-24 所示，主要部分按序号进行说明。

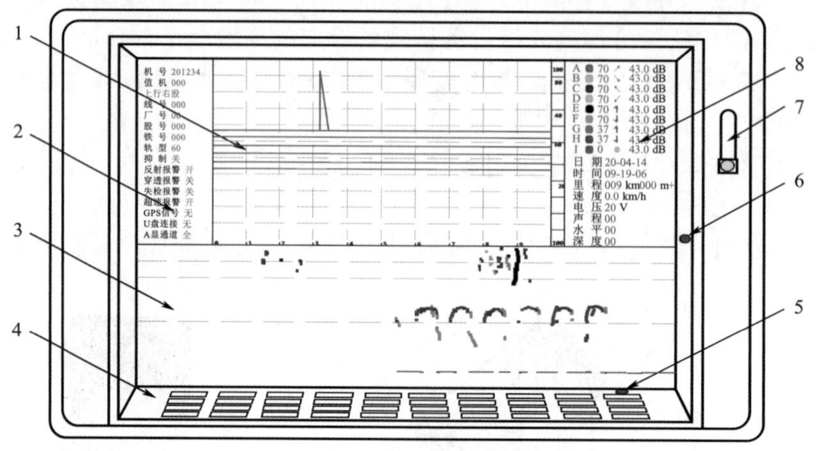

（a）仪器前置面板

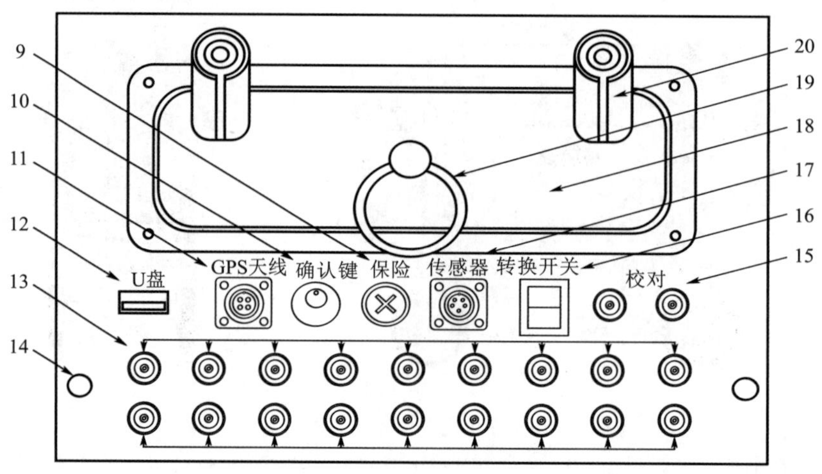

（b）仪器后置面板

1—A 型显示区；2—作业参数区；3—B 型图像区；4—键盘；5—电源指示灯标；6—低温加热指示灯；7—Wi-Fi 天线；8—动态参数区；9—保险管；10—确认键插口；11—GPS 天线插口；12—USB 接口；13—接探头插座；14—固定螺丝孔；15—校对插座；16—转换开关；17—传感器接口；18—电池；19—电池拉环；20—电池挡板。

图 4-24　仪器主机

(3)显示

仪器主界面如图 4-25 所示。上方中部是 A 型脉冲显示区域，下方是 B 型图像显示区域。仪器行进过程中，A 显脉冲和 B 显图像会同步显示。因为 B 显图像区域可显示范围长达 2 m，所以当通过完整接头时，B 显可以全部显示实时（精确）和拼孔两种图像结果。

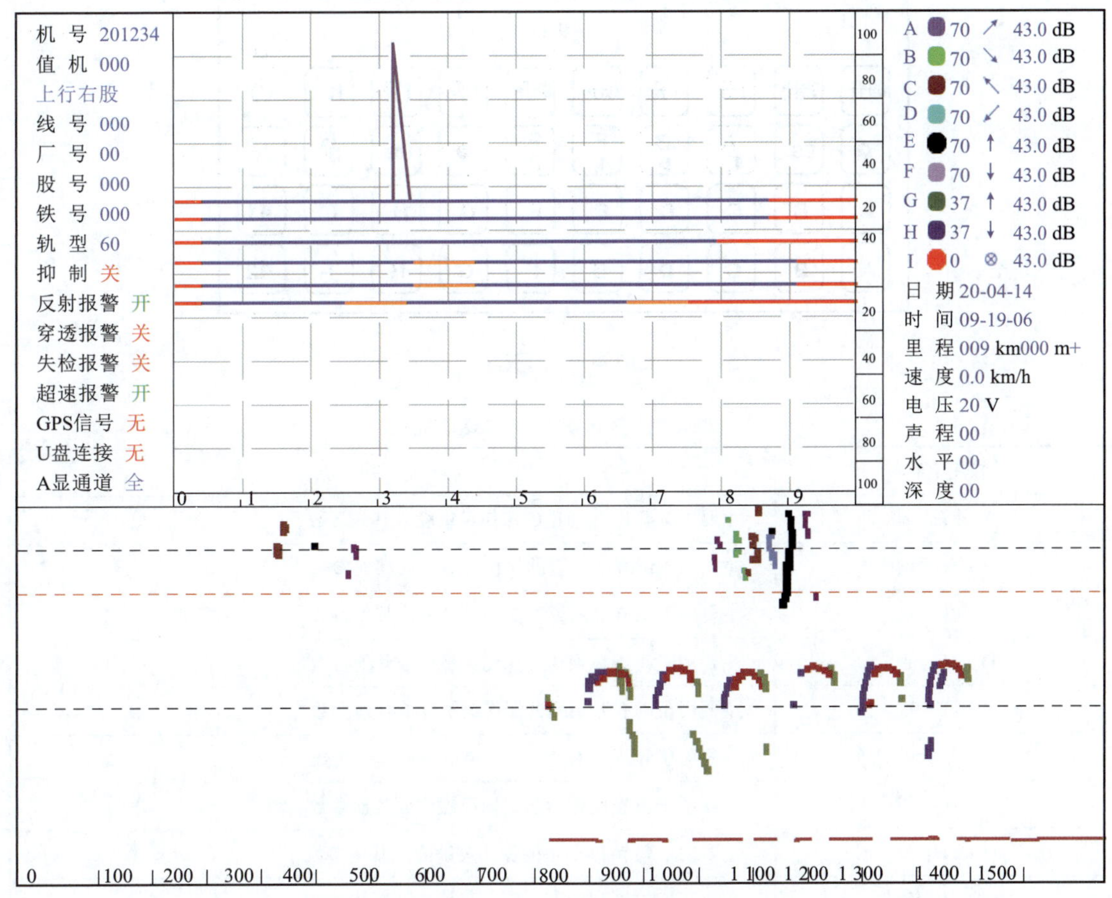

图 4-25 显示主界面

该仪器具有 9 个探测通道，为了使界面简洁，使用 6 条扫描线，70°探头每两个探头共用一条扫描线，扫描线从上到下分别对应通道为 1:AB;2:CD;3:EF;4:G;5:H;6:I。右侧的通道参数区域详细指示了各个通道配置及符号，详见表 4-6。

表 4-6 通道配置和符号

通道	A	B	C	D	E	F	G	H	I
配置	前外 70°	后外 70°	前内 70°	后内 70°	前直 70°	后直 70°	前 37°	后 37°	0°
符号	70↗	70↘	70↖	70↙	70↑	70↓	37↑	37↓	0

(4)键盘

本仪器键盘共有 40 个单键(图 4-26)。常用功能可一键完成操作，方便快捷。各个单键在不同菜单下可能有不同功能，如增益键在通道参数菜单下也可以调整闸门等其他参数。一旦进入特定菜单，屏幕上会有相应的提示，操作者可根据提示进行操作，不必专门记忆这些键的复合功能。为方便下方引用论述，表 4-7 列出按键名称和基本功能。

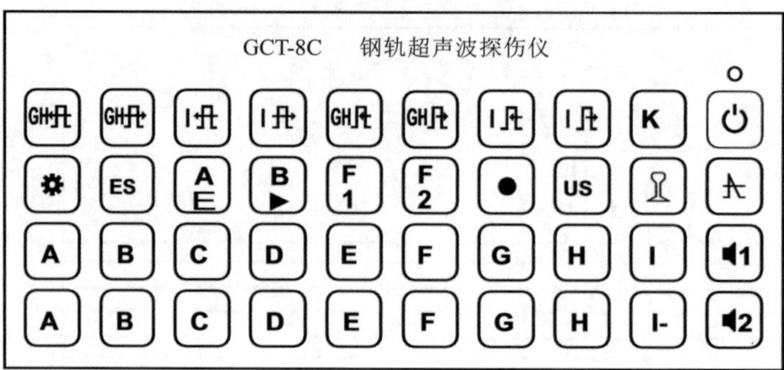

图 4-26 键盘

表 4-7 按键名称及主要功能

按键名称	主 要 功 能
A+/A−键	主要用于调节 A 通道的探伤灵敏度或其他参数
B+/B−键	主要用于调节 B 通道的探伤灵敏度或其他参数
C+/C−键	主要用于调节 C 通道的探伤灵敏度或其他参数
D+/D−键	主要用于调节 D 通道的探伤灵敏度或其他参数
E+/E−键	主要用于调节 E 通道的探伤灵敏度或其他参数
F+/F−键	主要用于调节 F 通道的探伤灵敏度或其他参数
G+/G−键	主要用于调节 G 通道的探伤灵敏度或其他参数
H+/H−键	主要用于调节 H 通道的探伤灵敏度或其他参数
I+/I−键	主要用于调节 I 通道的探伤灵敏度或其他参数
GH 通道小门门位键	分别用于整体左移或右移 GH 通道小门
GH 通道小门门宽键	分别用于左移或右移 GH 通道小门后沿
I 通道小门门位键	用于整体左移或右移 I 通道小门
I 通道小门门宽键	用于左移或右移 I 通道小门后沿
抑制键	循环打开/关闭抑制功能
轨型键	循环切换轨型
反射报警键	循环打开/关闭反射报警声音
穿透报警键	循环打开/关闭穿透报警声音
开关机键	控制主机电源开关
后退键	返回到上一菜单或状态
F1 键/上键	主要用于显示常用标记
F2 键/下键	主要用于显示更多标记
A 键/左键	进入 A 型扫描单基线模式

续上表

按键名称	主　要　功　能
B键/右键	进入全屏B显模式或B显拼孔设置菜单
里程校对键	用于里程整公里校准
设置键	用于进入设置菜单
USB键	向U盘导出当天的探伤数据
确认键	开始手动记录或执行多种功能

(5)仪器操作

①开关机

开启仪器:安装电池,按开关机键显示启动界面后自动进入探伤工作界面。关闭仪器:在开机状态下按开关机键后仪器关机。

自动关机:充满电的电池电压为26 V,当电压低于18 V时仪器将自动关机。

②增益调整

在主界面或者A显单基线状态下,按键盘上的A+/A-到I+/I-按键可直接调整对应通道A到I的增益。

③小门

又称小闸门或者小方门,用于锁定螺栓孔和轨底固定位置的回波,G/H通道扫描线各有一个锁螺孔闸门;I通道有2个小闸门,左边的用于锁定螺孔回波,右边的锁定轨底回波。

探伤作业时应调整小闸门位置与宽度以精确地罩住螺孔波和轨底波。去掉锁螺孔闸门:在无缝线路作业时可将锁螺孔小闸门去掉,消除盲区。G/H通道小闸门利用宽度按键调到最小。I通道向右调整小闸门位移,当锁底波的小闸门被移到边缘时锁螺孔小闸门被压缩成一个点,再向左调整小闸门位移,使锁底波的小闸门罩住底波。恢复锁螺孔小闸门时向左调整小闸门位移,当锁底波闸门调节到4格左右时螺孔闸门自动恢复。

仪器可记忆不同轨型的小闸门宽度和位置,如果用户事先在不同的轨型上校准好小闸门的宽度和位置,在以后的探伤作业中改变轨型时,只需选择相应轨型即可,无需重复设置。

(6)轨型转换

探伤时需根据探测钢轨转换轨型。转换方法:按轨型键切换4种轨型相对应的参数,包括探伤灵敏度、大闸门和小闸门位置等,按动一次,轨型改变一次,循环顺序是43→50→60→75→43→50…停止按动时仪器自动执行并记忆操作者的设定。

(7)报警开关设置及报警逻辑

探伤作业时应通过反射报警键和穿透报警键打开报警。如果某通道报警,右显示栏对应的通道号将显示红色背景。各种报警逻辑如下:

①进波报警

报警频率:70°通道250 Hz(斜)、750 Hz(直),37°通道500 Hz,0°通道1 000 Hz。满足条件:大闸门范围内小闸门范围外出现1个或多个高于满幅度50%的回波。

锁定螺孔的小闸门内同时出现 2 个回波，且波幅均不小于满幅度的 50%。

②失波报警

报警频率：0°通道 1 000 Hz，双 45°穿透式 1 000 Hz。

报警条件：0°通道扫描线上的两个小闸门内都没有回波或回波高度小于满幅度的 30%。

F 通道改用双 45°穿透式检测时，其小闸门内的钢轨底面回波小于满幅度的 30%。

③接头提醒

注：仪器复位模式 2，使用双 45°穿透式检测时，穿透式报警开关也将同步控制双 45°穿透式报警。

(8)里程校准

探伤作业到整公里路标时，仪器显示的公里数可能与实际公里数存在误差，通过按 KM 键，进行一键校准。校准最大允许范围为±50 m，超过该范围时，需进入设置菜单调节里程。

(9)常用标记

F1 键用于探伤作业中做 5 种常用标记，包括非伤损 *、轻伤△、重伤△△△等(本机在手推车推手上设计了一个快捷按键，功能完全等效于 F1)。不论是按下 F1 键还是车把标记键，都可以触发常用标记，在 A 显左侧作业信息区域最下一项可以看到，多次按下可以切换选择，选择完毕后，推动手推车，系统将确认标记，并在 B 型显示区的下方显示出来。

(10)线路标记

本机设置了 40 种线路标记，便于用户回放探伤记录时了解探伤现场钢轨线路的情况。按 F2 键进入线路标记录入菜单(图 4-27)，按屏幕提示操作即可。道岔号录入，按 F2 键进入标记 1 菜单，再按 A+/A−输入千位道岔号；按 B+/B−输入百位道岔号；按 C+/C−输入十位道岔号；按 D+/D−输入个位道岔号。随探伤小车前行，在 B 型显示区的下方显示四位数字，表示操作完成。计算机回放时将在此位置显示道岔号标记。

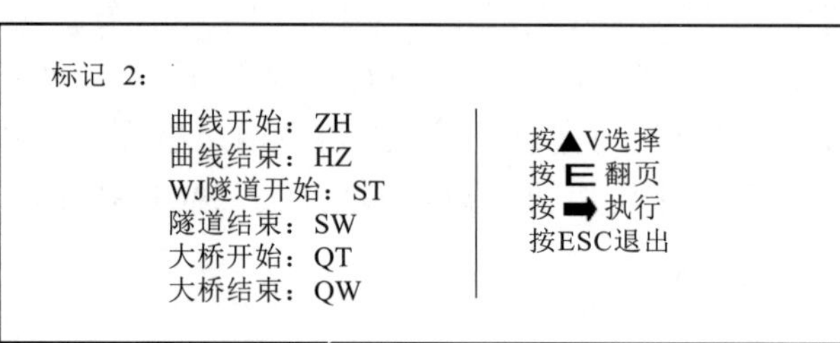

图 4-27　标记菜单

(11)A 显单通道

在主界面按 A 键进入 A 显单通道界面，默认显示 A 通道，屏幕作业信息区“A 显通道”处显示“A”，如图 4-28 所示。这种方式可以单独观察某一通道的回波，并且激活显示屏动态参数区的 S(声程)、L(水平)和 H(深度)的参数值，数值表示反射点相对于探头入射点的位置。

进入单显示界面后，如果想选择某一通道，例如 B 通道，按一次 B+键或 B−键即可。选定 B 通道后再按 B+/B−则是用来调节该通道的灵敏度值。

机 号 20170
执 机 00F
上行右股
线 号 00M
场 号 00
股 号 000
铁 号 000
轨 型 60
抑 制 关
反射报警 开
穿透报警 关
失检报警 关
超速报警 开
GPS信号 无
U盘连接 无
A通道 A显标识

100 90 80 70 60 50 40 30 20 10 0%

0 1 2 3 4 5 6 7 8 9

A 70 ↗ 42.5 dB
B 70 ↘ 42.5 dB
C 70 ↖ 42.5 dB
D 70 ↙ 42.5 dB
E 70 ↑ 42.5 dB
F 70 ↓ 42.5 dB
G 37 ↑ 48.5 dB
H 37 ↓ 48.5 dB
I 0 ⊗ 58.5 dB
日 期 20-04-14
时 间 19-19-08
里 程 0009 km000 m+
速 度 0.0 km/h
电 压 20 V
声 程 107 mm
水 平 100 mm
深 度 040 mm

图 4-28 A 显单通道界面

(12)B 显拼孔操作

由于探头架安装位置改变，可导致 B 型图像相对位置错位，此时应进行拼孔（拼图）操作。在主界面按 B 键，显示屏 A 型显示区域显示拼孔值菜单。

一般情况下，是将小车推过一个完整接头，之后根据图像调整拼孔值。由于 70°通道有 6 个，过接头时，六个接头图像将重叠到一起，建议 ABCDEF 六个通道的图像拉开小的距离以便观察，如图 4-29 所示。

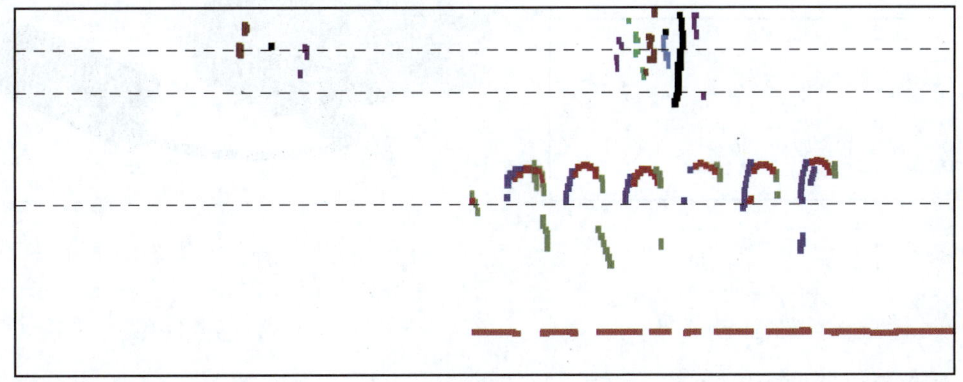

图 4-29 B 显拼孔界面

(13)手动记录操作

在主界面按确认键，显示屏提示“是否开始手动记录？是按确认键，否按退出键”。再按确认键，电源指示灯开始闪烁，仪器开始记录，完成记录内容后再按确认键，结束手动记录操作。记录的数据可在辅助功能菜单的手动记录列表中查看并回放。

(14)B 显数据仪器播放

在主界面按 B 键再按确认键，进入 B 显全程记录播放菜单，通过左右键可进行小幅前进后退的精细连续播放，通过上下键可进行大幅前进后退的跳跃快速播放。仪器只能回放当天的 B 显作业数据，若当天没有探伤作业则无法进行回放操作，如图 4-30 所示。

全程记录播放：

日 期：23-01-01
时 间：10:20:15
里 程：××12 km 003 m

按 ➡ 键前进
按 E 键后退

图 4-30　全程记录播放菜单

(15)快捷导出数据

作业完毕后，将随机配备的 U 盘插入仪器后面板的 USB 接口，显示屏的作业信息区将显示“U 盘连接有”，按 USB 键，屏幕显示如图 4-31 所示。仪器在文件导出完成后自动返回主界面。

(16)电池与充电器

GCT-8C 探伤仪工作电源采用可充电锂电池组供电，电池供电电压范围为 18～26 V，容量 4 400 mAh，正常待机时间 10 h 以上。充电时，电池须从仪器内取出，通过随机的充电器进行充电，电池在完全放电状态充电时间不超过 8 个小时，充电器示意图如图 4-32 所示。探伤仪充电器是随仪器配带的专用设备，请勿使用其他充电器对电池进行充电。

全程记录文件
文件 18
正在导出　80%

图 4-31　数据导出界面

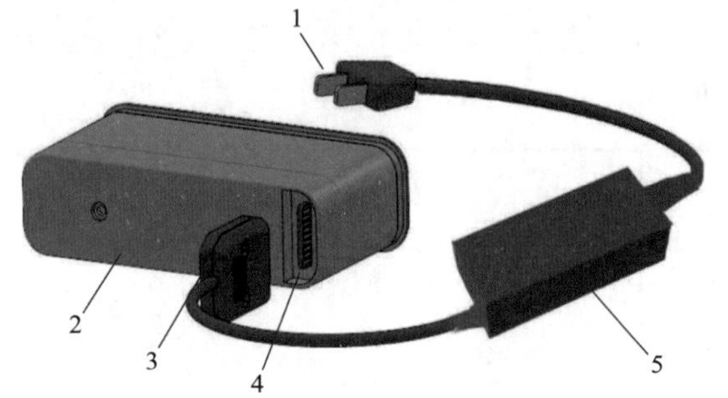

1—交流电源插头；2—电池；3—充电插头；
4—充电插座；5—充电器。

图 4-32　充电器示意

探伤仪充电器性能指标：输入电压：AC 180 V～260 V；电网频率：50 Hz；输出电压：DC 26 V；输出电流：1 000 mA。

(17)推手

推手用于辅助探伤仪在陆地和钢轨上推行，推手上装有可旋转角度挂钩，用于悬挂水壶和油漆桶等。操作者可以根据推行的舒适度调整推手的高度，松开推手紧固丝，将推手升降至适宜高度，然后拧紧推手紧固丝。挂钩可以左右旋转 45°，向上抬起挂钩，使定位丝对准定位槽，放下挂钩即可。

(18)主机俯仰

主机下方的俯仰结构可以用于调整主机仰角和水平转角，方便执机人观察屏幕。调整仰角方法：松开俯仰紧固螺母，将仪器升至合适的仰角后拧紧。

调整水平转角方法：松开水平旋转紧固螺母，将仪器转至便于观察的角度后拧紧主机俯仰示意图如图 4-33 所示。

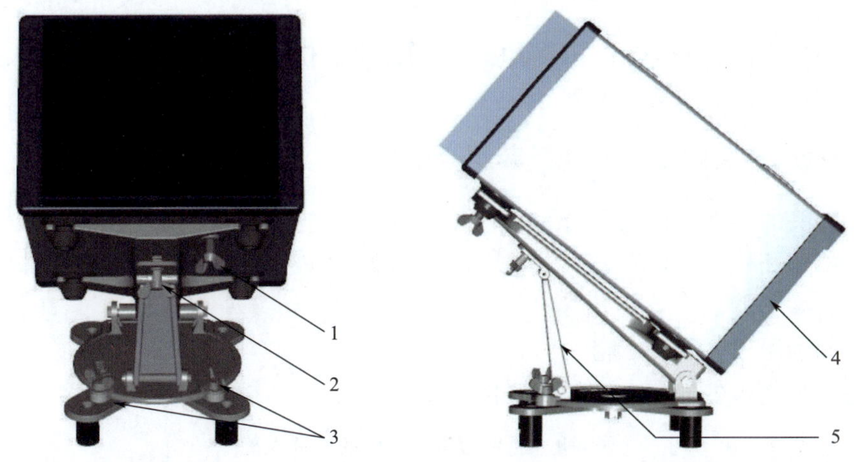

1—主机固定丝；2—俯仰紧固丝；3—水平旋转紧固丝；4—主机后框；5—俯仰横梁。

图 4-33 主机俯仰示意

(19)探头架

探头架是用于固定探头和保证探头与钢轨探测面可靠接触的重要部件。前探头架装有水刷，可清扫轨面灰尘并使洒水均匀。

探头架调节丝杆用于调整探头的左右位置，作业时应将探头调至轨面中间位置。探头的左右位置对探伤灵敏度影响比较大，使用中应经常检查，探头偏离轨面中心位置应控制在 2 mm 以内，否则 0°探头易接收到颚部回波造成误报警，影响探伤效果探头架示意图如图 4-34 所示。

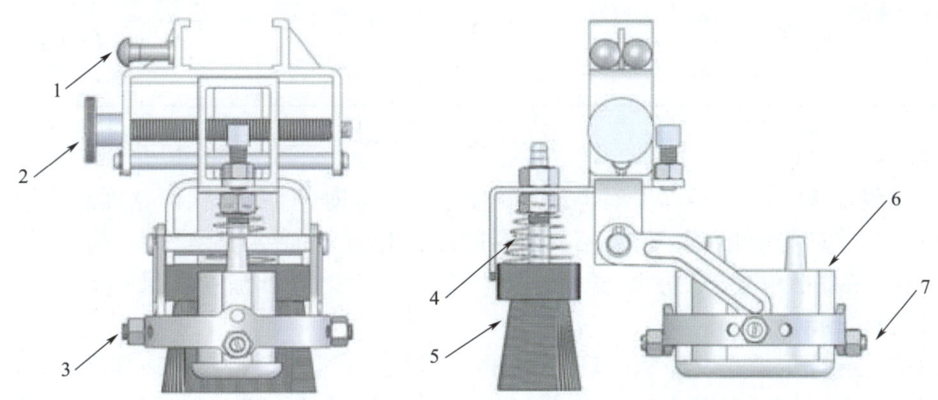

1—探头架顶丝；2—探头架调节丝杆；3—探头环顶丝；4—水刷滑道；5—水刷；6—探头；7—探头顶丝。

图 4-34 探头架示意

(20)探头更换

更换探头时，应保证探头晶片方向正确，确保沿探头两个顶丝轴方向有 0.2～0.5 mm 间隙，以保证探头转动灵活，并且与探测面可靠接触，最后应将探头线装入相应探头线卡中。

第三节　通用超声探伤仪性能简介

通用超声探伤仪的种类繁多，目前主要有模拟型探伤仪和数字型探伤仪两大类，不同型号探伤仪的调节方法和功能各有差异。

一、探伤仪、探头的主要性能及其组合性能

仪器和探头的性能包括仪器、探头的性能以及仪器与探头的组合性能。了解这些性能，并定期进行测试和校验，对正确选用探伤设备，确保检测结果的可靠性，保证超声检测工件的质量是十分必要的。

（一）探伤仪的主要性能

通用超声探伤仪各部分电路的主要性能见表 4-8。

表 4-8　通用超声探伤仪的主要性能

<table>
<tr><th>项　　目</th><th>内　　容</th><th>项　　目</th><th>内　　容</th></tr>
<tr><td rowspan="5">脉冲发射部分</td><td>脉冲重复频</td><td rowspan="9">接收部分
（包括与示波管结合的性能）</td><td>垂直线性</td></tr>
<tr><td>发射脉冲频谱</td><td>频率响应</td></tr>
<tr><td>发射电压（发射脉冲幅度）</td><td>噪声电平</td></tr>
<tr><td>脉冲上升时间</td><td>最大使用灵敏度</td></tr>
<tr><td>脉冲持续时间</td><td>衰减器准确度</td></tr>
<tr><td rowspan="4">数字超声仪器额外的性能</td><td>数字采样和采样位数</td><td>垂直偏转极限</td></tr>
<tr><td>数字采样误差</td><td>垂直线性范围</td></tr>
<tr><td>A 型显示的像素数量</td><td>动态范围</td></tr>
<tr><td>数字式超声仪器的响应时间</td><td>水平线性</td></tr>
<tr><td></td><td></td><td></td><td>水平偏转极限</td></tr>
<tr><td></td><td></td><td></td><td>水平线性范围</td></tr>
</table>

1. 脉冲发射部分

脉冲发射部分性能主要有发射电压、发射脉冲上升时间、发射脉冲宽度和发射脉冲频谱。其中脉冲频谱与前几个参数是相关的。脉冲上升时间直接与频谱的带宽相关，脉冲上升时间越短，则频带越宽。在仪器技术指标中，常给出发射电压幅度和脉冲上升时间，作为发射部分的性能指标。

发射电压幅度也就是发射脉冲幅度，它的高低主要影响发射的超声波能量，脉冲上升时间则与可用的超声波频率有关，上升时间短，频带宽，频率上限也高，则可配用的探头频率相应也高。同时，脉冲上升时间短，脉冲宽度也可减小，从而可减小盲区，提高分辨力。

2. 接收部分

接收部分的性能主要有垂直线性、频率响应、噪声电平、最大使用灵敏度、衰减器准确度以及与示波管结合的性能，包括垂直偏转极限、线性范围和动态范围。

（1）垂直线性：是指输入到超声探伤仪接收电路的信号幅度与其在超声探伤仪显示器上

所显示的幅度成正比关系的程度。在用波幅评定缺陷尺寸的时候，垂直线性对测试准确度影响较大。

(2)频率响应：又称接收电路带宽，常用频带的上、下限频率表示。采用宽带探头时，接收电路的频带要包含探头的频带，才能保证波形不失真。

(3)噪声电平：是指空载时最大灵敏度下的电噪声的幅度。它的大小会限制仪器可用的最大灵敏度。

(4)最大使用灵敏度：是指信噪比大于 6 dB 时可检测的最小信号的峰值电压。它表示的是系统接收微弱信号的能力。

(5)衰减器准确度：反映的是衰减器读数的增减与显示的信号幅度变化之间的对应关系。它对仪器灵敏度调整、缺陷当量的评定均有重要意义。

(6)垂直偏转极限：是指示波管上 Y 偏转最大时，对应的刻度位。通常要求大于满刻度值(100%)。

(7)垂直线性范围：是在规定了垂直线性误差值后，垂直线性在误差范围内的显示屏上的信号幅度范围。通常用上、下限刻度值(%)表示。

(8)动态范围：是指在增益不变的情况下，超声探伤仪可运用的一段信号幅度范围，在此范围内信号不过载或畸变，也不至过小而难以观测。动态范围通常用满足上述条件的最大输入信号与最小输入信号之比的分贝值表示。

3. 时基部分

时基部分的性能包括水平线性、脉冲重复频率以及与示波管结合的性能，包括水平偏转极限和线性范围。

(1)水平线性：又称时基线性，或者扫描线性。水平线性指的是输入到超声探伤仪中的不同回波的时间间隔与超声探伤仪显示屏时基线上回波的间隔成正比关系的程度。水平线性主要取决于扫描电路产生的锯齿波的线性。水平线性影响缺陷位置确定的准确度。

(2)水平偏转极限：是示波管上 X 偏转最大时，对应的刻度值。通常要求大于满刻度值(100%)。

(3)水平线性范围：是水平线性在规定误差范围内的时基线刻度范围。在使用时可根据水平线性范围调整仪器的时基线，使要测量的信号位于该范围内。

（二）探头的主要性能

探头的主要性能包括频率响应、相对灵敏度、时间域响应、电阻抗、声束扩散特性、斜探头的入射点和折射角、声轴偏斜角和双峰等。

(1)频率响应：是在给定的反射体上测得的探头的脉冲回波频率特征。

(2)相对灵敏度：是以脉冲回波方式，在规定的介质、声程和反射体上，衡量探头电声转换效率的一种度量。具体表达方式在不同标准中有不同的规定，如《无损检测　超声检验　探头及其声场的表征》(GB/T 18694—2002)中规定为探头输出的回波电压峰—峰值与施加在探头上的激励电压峰—峰值之比；而《超声检测用探头　性能测试方法》(JB/T 10062—1999)中则规定为被测探头在规定的反射体上的回波幅度与石英晶片固定试块回波幅度之比。

(3)时间域响应：是通过回波脉冲的形状、脉冲宽度(长度)、峰数等特征来评价探头的性能。脉冲宽度与峰数是以不同形式来表示所接收回波信号的持续时间。脉冲宽度为在低于峰值幅度的规定水平上所测得的脉冲(回波)前沿和后沿之间的时间间隔。峰数为在所接收信号的波形持续时间内,幅度超过最大幅度的20%(−14 dB)的周数。脉冲宽度越窄,峰数越少,则探头阻尼效果越好。这样的探头分辨力好,但灵敏度略低。

(4)声束扩散特性:是指不同距离处横截面上声压下降至声轴上声压值的−6 dB时的声束宽度。由于声束扩散,所以不同距离处声束宽度也不同。相同距离处不同探头的声束宽度变化情况与半扩散角有关。

(5)斜探头的入射点和折射角:是实际超声检测中经常用到的参数,每次检测时均要进行测量。入射点指斜楔块中纵波声轴入射到探头底面的交点;折射角的标称值指钢中横波的折射角,由斜楔的角度决定。两者均是探头制作完成时的固定参数,但随着使用中探头斜楔的磨损,两个参数均会改变。

(6)声轴偏斜角:反映的是声束轴线与探头的几何轴线偏斜的程度。

(7)双峰:是指声束轴线沿横向移动时,同一反射体产生两个波峰的现象。

声轴偏斜角和双峰均是与声束横截面上的声压分布相关的性能,反映的是最大峰值偏离探头中心轴线的情况。此性能将会影响到缺陷水平位置的确定。

（三）探伤仪和探头的组合性能

组合性能包括灵敏度(或灵敏度余量)、分辨力、信噪比和频率等。

1. 灵敏度

超声检测中灵敏度广义的含义是指整个检测系统(仪器与探头)发现最小缺陷的能力。发现的缺陷越小,灵敏度就越高。

仪器与探头的灵敏度常用灵敏度余量来衡量。灵敏度余量是指仪器最大输出时(增益、发射强度最大,衰减和抑制为零),使规定反射体回波达基准高所需衰减的衰减总量。灵敏度余量大,说明仪器与探头的灵敏度高。灵敏度余量与仪器和探头的综合性能有关,因此又叫仪器与探头的综合灵敏度。

2. 分辨力

超声检测系统的分辨力是指能够对一定大小的两个相邻反射体提供可分离指示时两者的最小距离。由于超声脉冲自身有一定宽度,在深度方向上分辨两个相邻信号的能力有一个最小限度(最小距离),称为纵向分辨力。在工件的入射面和底面附近,可分辨的缺陷和相邻界面间的距离,称为入射面分辨力和底面分辨力,又称上表面分辨力和下表面分辨力。实际检测时,入射面分辨力和底面分辨力与所用的检测灵敏度有关,检测灵敏度高时,界面脉冲或始波宽度会增大,使得分辨力变差。探头平移时,分辨两个相邻反射体的能力称为横向分辨力。横向分辨力取决于声束的宽度。

3. 信噪比

信噪比是指示波屏上有用的最小缺陷信号幅度与无用的最大噪声幅度之比。由于噪声的存在会掩盖幅度低的小缺陷信号,容易引起漏检或误判,严重时甚至无法进行检测。因此,信噪比对缺陷的检测起关键作用。

4. 频率

频率是超声仪器和探头组合后的一个重要参数,很多物理量的计算都与频率有关,例如超声场近场区长度、半扩散角、规则反射体的回波声压等。探头的公称频率是制造厂在探头上标出的频率，该频率是根据驻波共振理论设计的，由 $f=\frac{N_t}{t}=\frac{C_L}{2t}$ 计算得到。仪器和探头的组合频率取决于仪器的发射电路与探头的组合性能，与公称频率之间往往存在一定的差值。为衡量该差位，实践中往往采用回波频率误差表征。回波频率误差是指当仪器与探头组合使用时，经工件底面反射回的超声波的频率与探头公称频率间的误差极限。

二、通用探伤仪的操作简介

1. CTS-9002 型数字通用探伤仪

CTS-9002 型数字探伤仪为掌上型全数字化仪器，由于质量轻，显示屏大，功能全，它适用于工务系统的钢轨焊缝和轨道车车轴探伤，图 4-35 为该仪器的面板图，仪器面板上各按键、旋钮的名称和作用见表 4-9。

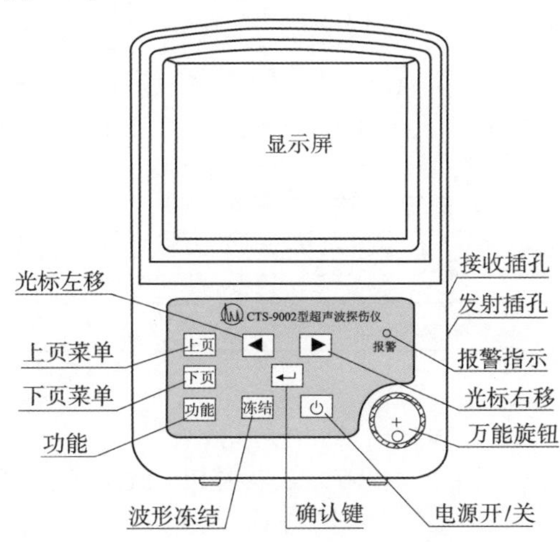

图 4-35　CTS-9002 型探伤仪面板示意

表 4-9　仪器面板上各按键、旋钮的作用

序号	按键、旋钮	名称	作　　用
1	◁ ▷	光标移动键	所有菜单的所有项都响应这一对键
2	上页	上页键	除第一个菜单外，都响应本键。即在目前菜单情况下，按该键后，进入上一级菜单。若连续按该键，总能回到第一个菜单
3	下页	下页键	如有同级别菜单时，按该键，进入下一页
4	↲	回车键	对某一参数设定完毕或功能选择后进行确认并执行
5	⏻	电源开关键	在电源未接通时，按该键接通电源；在电源接通情况下，按该键则关电源
6	功能	功能键	在探伤情况下，响应本键，可选择各种辅助功能（包括 DAC、包络、峰值、扩展、存储、打印、通信等功能），并用 ↲ 键确认和执行
7	冻结	冻结键	在探伤时按该键对波形进行冻结，便于进行波形存储、回放、打印等操作
8	◎	万能旋钮	用于快速对光标所指定的参数进行设置

注：以上各键和旋钮在任一菜单下面都有所响应的操作提示符号，不列入提示的按键或旋钮均不响应，凡列入提示的均会有相应的动作。

2. CTS-2020 型数字通用探伤仪

CTS-2020 型数字通用探伤仪，适合于大锻件、粗晶材料、焊缝等探伤；彩色 TFT 液晶显示屏快速的响应时间，确保快速扫查回波显示无遗；配以 DAC、大容量存储器和 USB 接口等新技术、新功能，使 CTS-2020 成为一台小巧轻便、性能卓越的超声探伤仪，图 4-36 为该仪器的面板图。

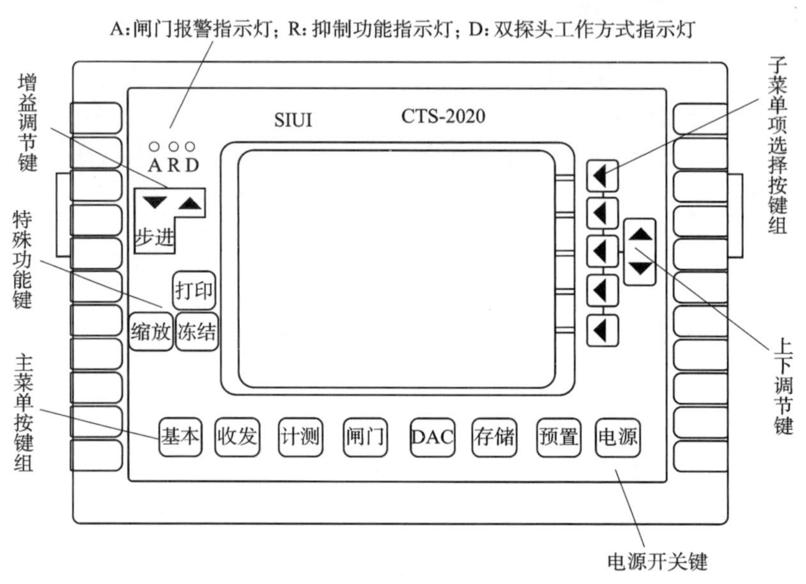

图 4-36　CTS-2020 型探伤仪面板图

仪器面板下方从左到右分别是基本、收发、计测、闸门、DAC、存储、预置，每个主菜单包括若干项子菜单。根据需要进行相应的选择，当某一个主菜单被选择时，屏幕右方将显示（图 4-37）与该主菜单相关的子菜单内容（表 4-10）。

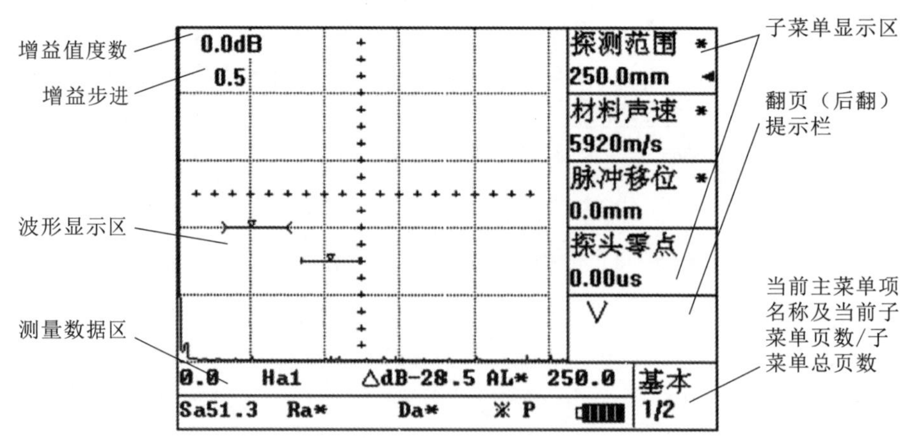

图 4-37　CTS-2020 型探伤仪主画面

表 4-10　主菜单与子菜单汇总

主菜单	页码 1	页码 2	页码 3	页码 4
基本	探测范围 *	∧		
	材料声速 *	参照物 1		
	脉冲移位 *	参照物 2		
	探头零点	校正		
	∨	a 闸门起位 *		
收发	发射强度	∧	∧	
	阻尼	工作频率	增益微调	
	双探头	检波方式	自动增益	
	重复频率	抑制		
	∨	∨		
计测	角度 *	∧	∧	
	K 值 *	孔径	显示选择	
	角度测量	前沿长度 *X*	峰值记忆	
	反射孔深度	工件厚度 *	测试点选择	
	∨	∨		
闸门	a 闸门方式	∧		
	a 闸门起位 *	b 闸门方式		
	a 闸门宽度 *	b 闸门起位 *		
	a 闸门电平	b 闸门宽度 *		
	∨	b 闸门电平		
DAC	DAC 曲线	∧	∧	
	DAC 回波	判废线	DAC 修正	
	a 闸门起位 *	定量线	增益校正	
	DAC 帮助	评定线	曲线选择	
	∨	∨		
存储	存储号	∧	∧	
	调出	测试信息	删除所有	
	存入	预览	转存 U 盘	
	删除	目录	转存选项	
	∨	∨		
预置	区域	∧	∧	∧
	波形填充	波形颜色	日期	语言
	报警器	背景颜色	时间	单位
	打印格式	字符颜色	LCD 亮度	自动波高
	∨	∨	∨	回出厂状态

一个主菜单下包含若干子菜单页，其中“∨”符号表示可以进行向下翻页操作，“∧”是向上翻页，见表 4-11 菜单目录。

仪器面板右边有 5 个◀按键指向 5 个子菜单项（包括翻页键），选取后子菜单会显示“◀”提示符，其中出现“＊”号提示的表示此菜单项处于微调状态。

仪器面板右方有向上和向下两个调节键▲和▼，用于改变已被选取的子菜单项的值或功能。

仪器面板左方共排列 6 个功能键，包括：增益调节键▼▲、步进、打印、缩放和冻结。一个功能按键代表一项功能（表 4-11），按下其中一个按键就会执行相应功能。

表 4-11　特殊功能键作用

按键名	功　能
步进	转换增益调节的挡级大小
打印	打印图片或报告，记录参考点（制作 DAC 曲线时）
缩放	放大/缩小屏幕上的波形显示区域
冻结	冻结波形显示
电源	电源开/关

第四节　双轨探伤仪

一、双轨式探伤仪

双轨式探伤仪如图 4-38 所示。双轨式探伤仪系统构成如下：

1. 原理图及总成

双轨式探伤仪主要包括驱动系统、对中系统、电气控制系统和探伤系统四个子系统。

（1）驱动系统包括车架、驱动桥和从动桥等部件，主要实现双轨式探伤仪在被检钢轨上的走行功能，并为伺服系统、探伤系统和电气控制系统提供搭载平台和驱动力。

（2）对中子系统包括导向轮、导向犁、对中伺服机构和喷淋耦合机构等，主要用于调整探伤子系统的超声波探轮相对于钢轨顶面的位置，保证探轮与轨面对中耦合良好，确保超声波的无损传播。

图 4-38　双轨式探伤仪

(3)电气控制系统将控制器、电源、驱动电机及操作台连接,实现钢轨探伤系统的走行、对中伺服和喷淋耦合控制,并与其他系统集成。

(4)探伤系统包括超声波探轮、多通道高速超声波信号采集卡和伤损数据分析软件,其采用高速采集设备对信号进行采样,通过软件对采集后的数据进行分析处理,对钢轨探伤进行一定的预判。

双轨式钢轨超声波探伤仪总成如图 4-39 所示,采用车架、驱动桥和从动桥可拆装的方式,方便操作人员搬运;车架尺寸 1 800 mm×1 110 mm×750 mm。

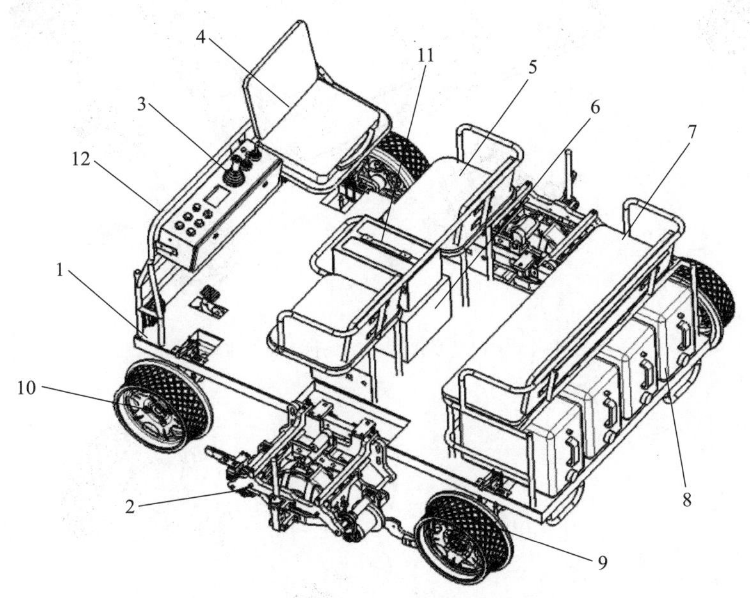

1—车架;2—对中机构;3—控制台;4—军用笔记本;5—前座椅;6—电池;7—后座椅;8—水箱;9—驱动桥;10—从动桥;11—千兆网主机箱;12—前挡板。

图 4-39 双轨式钢轨超声波探伤仪总成图

驱动系统和对中系统的控制台、探伤系统的数据军用笔记本放在前挡板平台上。

在前座椅中间下方放置电池为小车和千兆网主机提供动力源。电池内部装了过滤器不会使电池对信号产生干扰。

耦合液喷淋机构的水箱组集成在后排座椅下方,分别为两侧的喷嘴提供耦合液。

对中系统的对中结构位于车架的两侧(图 4-40)。驱动系统的传动轴通过驱动桥和从动桥在钢轨上行走。

2. 驱动系统

(1)驱动桥、从动桥

图 4-41 为驱动系统中走行轮的总成图,两端为铝合金轮毂和 PU 耐磨材料,中间为桥壳与一体式差速电机组合而成。轮毂上的 PU 耐磨材料具有绝缘、高承载、高动态负荷、耐磨、低噪声和轻质的特点,差速电机高负荷,低噪声,特别是车子过弯道提供转向差速。踏板刹车固定在从动桥上,一体式刹车制动方便,不用二次安装,方便快捷,编码器固定在从动桥半轴上,前桥转动是采集数据。

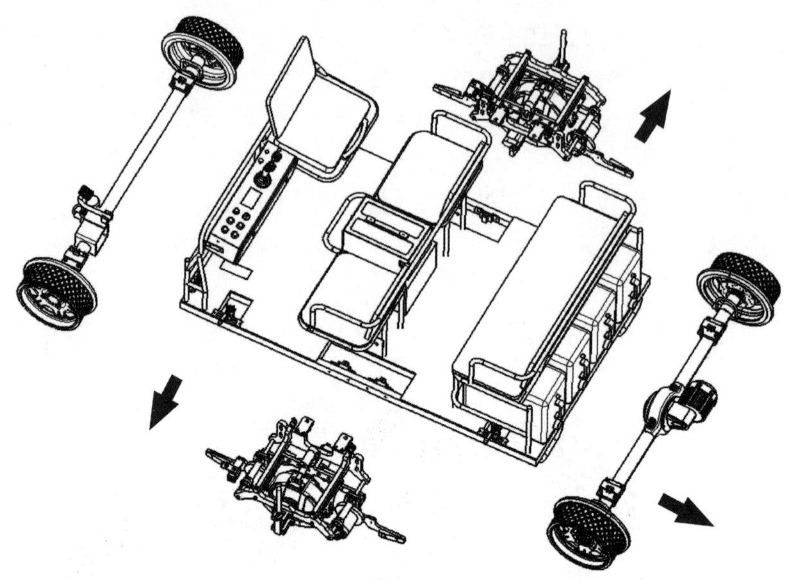

图 4-40　双轨式钢轨超声波探伤仪拆解示意

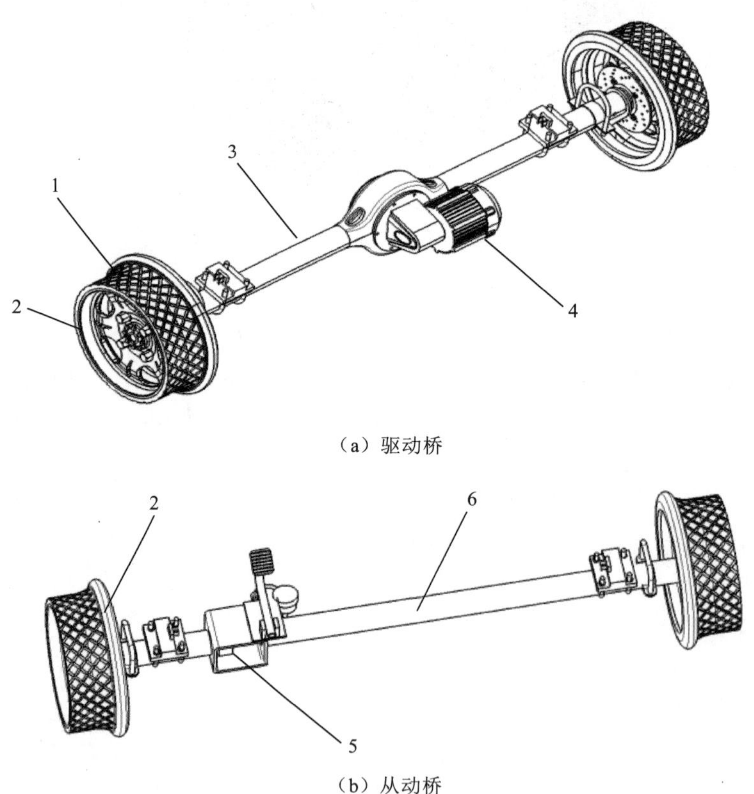

（a）驱动桥

（b）从动桥

1—PU 耐磨材料；2—铝合金轮毂；3—桥壳；4—一体式差速电机；5—编码器；6—从动桥半轴。

图 4-41　走行轮的总成图

(2)车架

钛合金车架如图 4-42 所示。整体车架具有足够的强度和刚性,同时采用钛合金材料,质量较轻,搬运方便,不用拼装的车架不易生产变形,可以快速轻松的上下道。

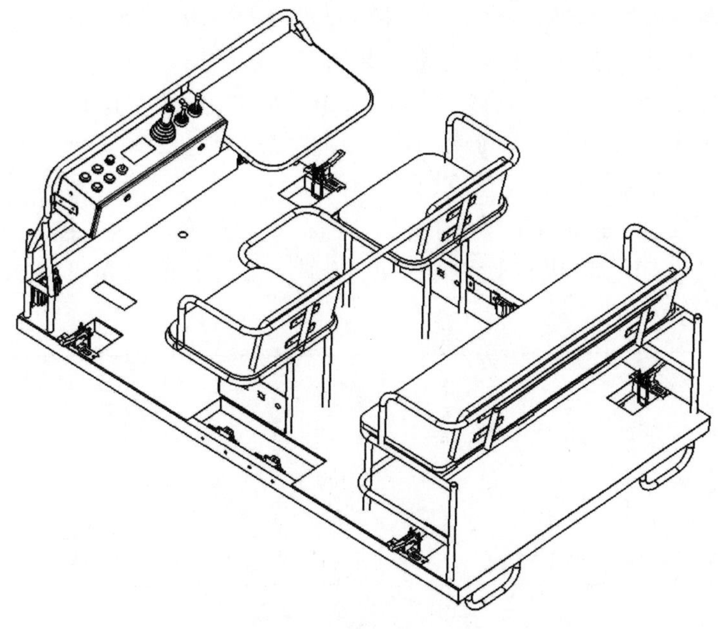

图 4-42 钛合金车架

(3)对中系统

对中机构如图 4-43 所示,探轮被安装在对中机构的水轮帽上,水轮帽通过螺栓结构固定于角度调整模块上,角度调整模块通过角度调节电机固定在水平调整块上,导向轮通过导向轮支架连接在主框架上,紧贴轨道的工作面,保证超声波探轮能够时刻在钢轨的中心线上运行。

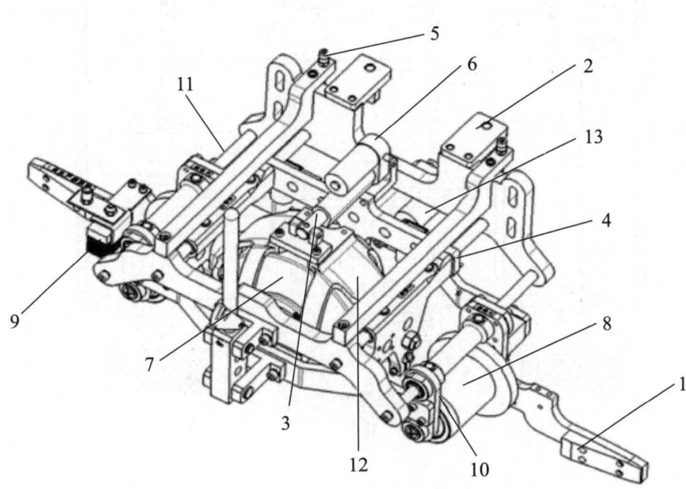

1—导向犁;2—固定块;3—角度调整块;4—水平调整块;5—高度调节模块;6—角度调节电机;7—探轮;8—导向轮;9—水刷;10—导向轮固定板;11—对中弹簧;12—水轮帽;13—水平调节电机。

图 4-43 对中机构总成图

导向犁安装在导向轮支架上，随着导向轮沿轨道横向移动，防止对中结构在过道岔有害空间时发生脱轨、掉落等情况的发生。

固定块与车架连接，通过2个手拧螺栓实现锁紧；对中机构能保证超声波探轮的调节控制，水平位置调节电推杆能够调节水平调节模块，使超声波探轮独立于导向轮在轴向左右移动，并通过弹簧的预警作用，使导向轮对钢轨侧面有一定的压紧力；通过高度调整模块，可以手动对超声波探轮进行上下调整；通过角度调节电机的伸缩，改变探轮与轨面的角度。通过水轮可以清除轨道上的碎石和其他杂物，防止轮皮被异物划破。

(4)电气控制系统

图4-44为电气控制系统总成图。控制台主要负责整车的电气控制及监控，包括：小车行进控制、对中机构调整机构控制、水泵、喇叭控制、电池电量监视及小车行进速度监视。

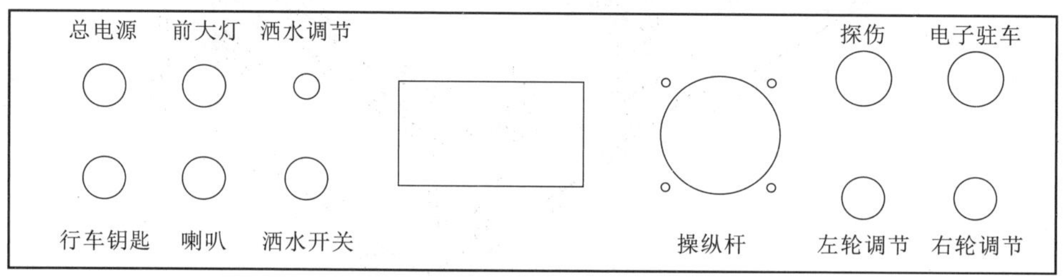

（a）电气控制系统布局图

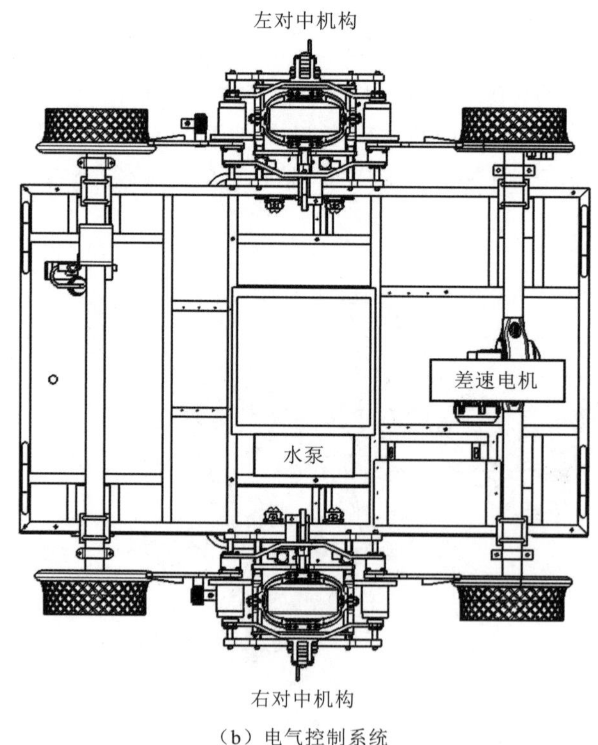

（b）电气控制系统

图4-44 电气控制系统总成图

(5)RT18-D 软件系统

RT18-D 双轨钢轨超声波探伤仪是最新的双轨自走行钢轨超声波探伤设备。它能在探伤小车的自行走过程中，检测钢轨头部、腰部和轨底的各种缺陷和裂纹。该系统有 A 扫和 B 扫两种模式，B 扫是实际检测时使用的扫描模式。B 扫描以编码器驱动，连续采集并记录相应信息。编码器每 2.89 mm 产生一个脉冲，探伤小车根据脉冲信号，实时采集左右两轨上的探头信号(图 4-45)。

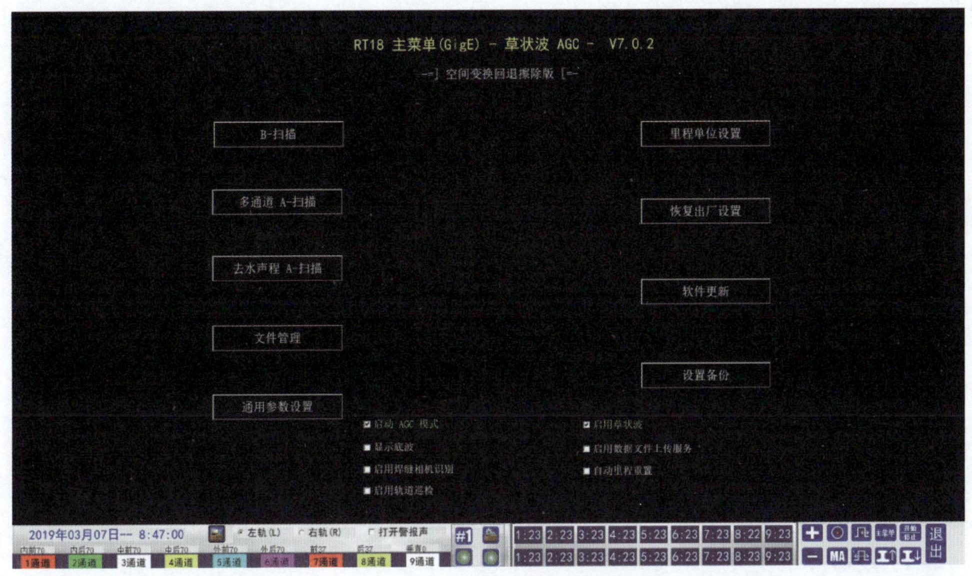

图 4-45　RT18 探伤主菜单

二、技术指标

(一)环境条件

(1)海拔高度：4 000 m 及以下。

(2)环境温度：普通型－30～45 ℃。

(3)相对湿度：最湿月月平均最大相对湿度不大于 90%(该月月平均最低温度为 25 ℃)。

(4)能承受自然环境如风、沙、雨、雪的侵袭。

(5)能满足昼夜作业的要求。

(二)线路条件

(1)轨距：1 435 mm。

(2)最大超高：175 mm。

(3)最小曲线半径：160 m。

(4)最大坡度：33‰。

(三)系统构成

(1)双轨式钢轨超声波探伤仪由探头、仪器、探头对中机构、走行平台及附属装置等组成。

(2)走行平台由车体、走行轮、传动装置、制动装置、电源等组成。

(3)附属装置由安全防护装置、照明装置、仪表、耦合水箱等组成。

（四）技术要求

1. 基本要求

(1)能适用于43～75 kg/m铁路线路钢轨的超声波探伤作业。

(2)探头配置满足检测钢轨轨头、轨腰、轨底中部(轨腰延伸部位)等部位伤损的需要。宜配置直探头、斜探头(35°～45°间的某个角度)检测轨腰及其延伸部位，斜探头(70°或其他有利于检测轨头横向裂纹的角度)检测轨头部位。

(3)具有一次波和二次波检测轨头横向裂纹的能力。

(4)整体布局便于各部件调整和维修。应采用轻量化、模块化设计，单个模块质量不超过60 kg，总质量不超过240 kg(不含电池和耦合水)，随乘人员可在5 min内完成上道组装或下道拆卸。

(5)走行操控与检测系统可分别操控，可双向行驶。

(6)最高走行速度：不小于20 km/h。

(7)最高持续检测速度：不小于15 km/h。

(8)续航能力：连续运行不少于60 km或4 h。

(9)定位里程精度误差：不大于5‰。

(10)载重：不小于460 kg，可承载4人。

(11)配有不小于100 L耦合水箱，水量可直观检查。

2. 安全性要求

(1)配备安全带、喇叭、风挡、照明灯、尾灯、停车信号灯、警示灯、扫石器、防倾覆装置等安全防护装置。

(2)照明灯在50 m处的照度不低于2 lx，适应夜间作业的需要。

(3)各种仪表齐全，有速度、电量、警示等信息显示，夜间可视。

(4)探伤仪有较强的抗干扰能力，能够在电气化线路和电台附近正常工作。探伤仪的电磁兼容性符合《测量、控制和实验室用的电设备　电磁兼容性要求　第1部分：通用要求》(GB/T 18268.1—2010)中(性能判据A)的规定。

(5)操作台、电控箱等电器设备外壳防护达到《外壳防护等级(IP代码)》(GB/T 4208—2017)规定的IP55级。

(6)各安全保险及紧固零部件，均齐全有效。螺栓、螺母有可靠的防松脱措施。

(7)水管、电缆等分布、排列整齐，固定可靠。无漏水、漏电现象。

(8)整体布局合理，无偏载现象；在175 mm超高情况下，静态减载率不大于0.65。

3. 探头

(1)探头(或探轮)外观无损伤，连线应柔韧，接头插接可靠。

(2)探头(或探轮)有铭牌，标明厂名、编号、生产日期和类型，普通型探头用字母A表示，低温型探头用字母B表示。

4. 仪器

(1)具有各通道探头工作状态实时显示功能。

(2)具有 A、B 型探伤数据实时处理、显示、标记、存储、回放功能。A 显和 B 显可同时显示也可切换分别显示。

(3)具有距离补偿功能。

(4)具有不少于 120 km 检测数据的主机存储能力。

(5)具备里程校准、限速设置(或超速报警)等功能。

(6)保证在最高持续检测速度下,每个探头(晶片)超声脉冲发射距离间隔不大于 3 mm。

5. 仪器、探头(或探轮)综合性能

直探头探测 5 mm 螺孔水平裂纹、35°～45°探头探测 37°倾角 3 mm 螺孔上裂、直 70°探头探测距踏面 50 mm 深 Φ4 mm 平底孔、斜 70°探头探测 26°倾角 Φ4 mm×20 mm 平底孔。当探测规定人工伤损的回波幅度达到 50%波高时,闸门范围内的杂波(固定波除外)幅度不得大于 10%波高。

6. 检测能力

探伤仪调整到实际钢轨探伤状态,以 15 km/h(±0.5 km/h)速度,分别连续 5 次不间断检测直标定线和曲标定线,除轨底锥孔、GTS-60SG-3 试块中的人工伤损外,其他人工伤损应能全部检出,并能正常报警。

如探伤仪具备 15°螺孔裂纹或垂向伤损等的检测能力,则应全部检出相应人工伤损,并能正常报警。

7. 检测软件

(1)具有友好的中文操作界面,能显示 B 型图和超声作业参数。

(2)超声 B 型显示方式如下:

①显示方向为从左向右;

②上方为前进方向的左股钢轨,下方为前进方向的右股钢轨;

③所有通道合并或部分通道分开显示方式可选择;

④通道线条及背景颜色。

(3)采用双轨彩色横向显示。

(4)具备异常回波辅助提示功能,可将伤损 B 型显示图像弹出放大。

(5)可对作业信息(单位、人员、时间、线名、行别、里程等)、速度、探伤灵敏度、数据等进行记录、回放、转存。

(6)检测数据保存为单个文件,文件名中应包括:检测日期(8 位,如:20160418)、设备型号、编号等信息。

(7)数据回放软件适用于常用版本的计算机操作系统。

8. 探头对中机构

(1)在走行和检测条件下,超声探头(或探轮)及其机械装置能保证运行安全。

(2)配备对中调整装置。对中调整装置应灵活可靠、不应有松脱、阻塞现象。

(3)在静态下,能够手动或电动调整对中。探头横向对中调整量±15 mm;若采用轮式探头,倾角调整量±10°。

(4)具有对中偏移量监控功能。

(5)检测中,对中偏差不大于 4 mm。

(6)若配有探头(或探轮)导向轮,导向轮应采用绝缘设计,绝缘阻值不小于 1 MΩ。

9. 走行平台

(1)车体强度满足整机运行和探伤作业等乘载要求,挠跨比不大于 1/150。

(2)走行轮采用 LM 磨耗型踏面,踏面、轮缘廓形应符合《机车车辆车轮轮缘踏面外形》(TB/T 449—2016)要求。同一车轮相互垂直的直径差不大于 0.5 mm;同一轮对的两车轮直径差不大于 1 mm。

(3)走行轮与钢轨踏面接触材料应采用聚氨酯制作,正常运行或紧急制动时,不应产生明显擦伤。

(4)走行轮应采用绝缘设计,绝缘阻值不小于 1 MΩ。

(5)车轴通过磁粉、超声探伤检验。磁粉探伤不允许存在表面及近表面裂纹;超声探伤不允许存在超过 $\Phi 3$ mm 平底孔当量的缺陷。

(6)车体宽度不大于 2 m,轴距不小于 1.2 m,轮对内侧距为 1 353 mm±2 mm。

(7)在 33‰上坡道,可从静止状态实现坡起。

(8)配备实现减速、停车和驻车的制动装置,且行车制动的控制装置与驻车制动的控制装置应相互独立。当行车制动装置失效时,驻车制动装置可实现制动。当驾驶员离开驾驶位时,可自行驻车。在动力缺失情况下,可解除制动、驻车,实现人工推行。

(9)在钢轨踏面淋水条件下,以行车制动装置实施制动的距离不大于 20 m,以驻车制动装置实施制动的距离不大于 30 m。

(10)可在钢轨踏面淋水的 33‰坡道稳定驻车。

(11)各操纵手柄的方位、挡位等有鲜明的标记。应操纵灵活、可靠,不应有卡滞和冲击现象。

三、焊缝探伤仪及探头测试方法

(一)探伤灵敏度余量

1. 直探头

用 2.5 MHz、$\phi 20$ mm 直探头 CS-1-5 或 DB-PZ20-2 型标准试块。

连接探头并将仪器灵敏度置最大,即发射置强,抑制置零或关,增益置最大。若此时仪器和探头噪声电平(不含始脉冲处的多次声反射)高于满幅度的 10%,则调整衰减或增益,使噪声电平等于满幅度的 10%。记下此时衰减器的读数 S_0。

将探头置于试块端面上探测 200 mm 处 $\phi 2$ mm 平底孔,移动探头使 $\phi 2$ mm 平底孔反射波幅度最高,用衰减器将该波调至满幅度的 50%,记下此时衰减器的读数 S_1,则该探头的相对灵敏度(探伤灵敏度余量)S 为 $S=S_1-S_0$(dB)。

2. 斜探头

连接被测探头并将仪器灵敏度置最高,既发射置强、抑制置零或关、增益置最大。按直探头的方法测量噪声电平 S_0,然后将探头置于 CSL-ⅠA 试块上探测 $R100$ mm 圆弧面,耦合良好并保持声束方向与试块侧面平行,前后移动探头,使 $R100$ mm 圆弧面回波幅度最高,调节衰减器将其调至满幅度的 50%,设此时衰减器的读数为 S_2。则斜探头的灵敏度余量 S 为 $S=S_2-S_0$(dB)。

3. 组合阵列探头灵敏度相对偏差

各子探头(各晶片)灵敏度的最大偏差即为组合或阵列探头的灵敏度相对偏差。

(二)垂直线性误差

连接直探头并在试块上探测任一反射波(一般声程大于 50 mm)作为参照波,调节探伤仪灵敏度,使参照波的幅度恰为垂直满刻度的 100%,且增益或衰减器至少有 30 dB 的调节余量。测试时允许使用探头压块。

用增益或衰减器降低参照波的幅度,并依次记下每衰减 2 dB 时参照波幅度的读数,直至衰减 26 dB 以上。然后将参照波幅度实测值与表中的理论值相比较,取最大偏差 $d(+)$ 与最大负偏差 $d(-)$,则垂直线性误差为 $\Delta d = |d(+)| + |d(-)|$,$\Delta d$ 为垂直线性误差(%)。

(三)动态范围

(1)连接直探头并在试块上探测任一反射波(一般声程大于 50 mm)作为参照波。

(2)调节衰减器或增益器降低参照波,并读取参照波自满幅度的 100%下降至刚能辨认之最小值(一般为 3%~5%)时的衰减器或增益器的调节量,此调节量则定为该探伤仪在给定频率下的动态范围。

按(1)和(2)方法,测试不同频率不同回波的动态范围。

(四)水平线性误差

测试方法与钢轨探伤仪测试方法相同(各探测通道分别测试)。

(五)阻塞范围

测试方法与钢轨探伤仪测试方法相同。

(1)连接探头并置于 DB-D1 试块 48 mm 厚处(图 4-46),使用一次底波 B_1 最高,调节探伤仪使此底波幅度恰为垂直满刻度的 80%。

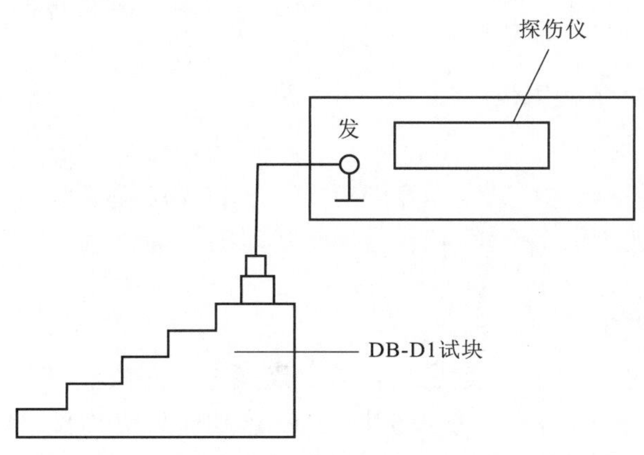

图 4-46 阻塞范围回波法测量

(2)在 DB-D1 试块上由厚至薄测量底波 B_1 的幅度,找出此幅度保持在垂直满刻度的 70%以上的最小板厚 L,L 即为在这一探伤灵敏度下的阻塞范围,并以钢中纵波传播距离表示。

(3)宽频带和工作频率取分挡式的探伤仪,分别用 2.5 MHz 和 5 MHz 探头测试阻塞范围。

(4)伤仪的发射强度如取分挡式，应测试发射最强时仪器的阻塞范围，并在测试结果中注明发射强度的挡级。

（六）探测范围测定

1. 利用直探头和阶梯试块或ⅡW试块校定探伤仪的纵波探测范围。

2. 利用斜探头和ⅡW试块较定探伤仪的横波探测范围。

3. 利用直探头和ⅡW试块较定探伤仪的横波探测范围。

连接直探头并置于ⅡW试块的91 mm探测面上，则第一次底面回波在水平基线上出现的位置即相当于横波声程的50 mm。

用此基准可对探伤仪不同探测范围的横波探测通道进行校定(对250 mm横波声程的通道可同时进行探测范围和水平线性的测试)。

（七）探头回波频率及其误差

连接被测探头并置于CSK-ⅠA或1号标准试块上，一般可使用质量约2.5 kg的探头压块。直探头用试块25 mm厚的底波作为标准波，斜探头用R100 mm圆弧面反射波作为参考波。

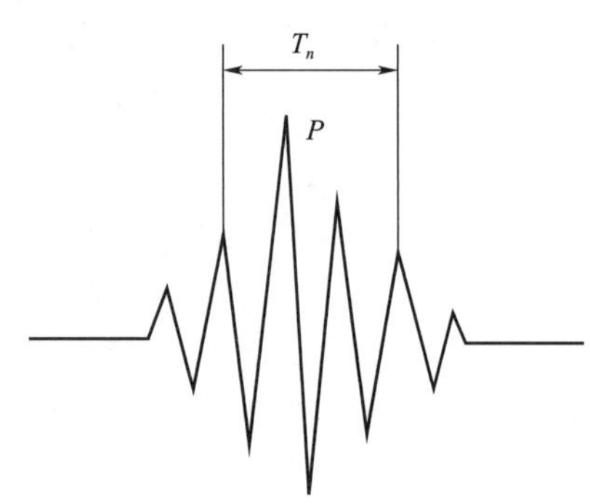

图4-47　探头回波频率测量

用示波器在探伤仪的接收输入端观察参考波的扩展波形，如图4-47所示。在此波形中，以峰值点P为基准，读出在其前一周期和后两个周期共三个周期的时间T_3，然后根据下式计算探头的频率f_e，$f_e=3/T_3$。当波形发生畸变无法得到3个完整波形时，则可在峰值点P前后读取2个或1.5个或1个完整周期的时间T_a，然后分别用2、1.5或1取代上式中的3计算探头的回波频率。

求出探头的频率f_e后，再按下式计算回波频率误差：$\Delta f_e=|f_e-f_0|/f_0\times 100\%$。式中，$\Delta f_e$为探头回波频率误差；$f_0$为探头的标称频。

（八）探头的分辨力

测量探头分辨力的探伤仪，其动态范围应不小于26 dB，垂直线性误差不大于4%，可优先使用模拟探伤仪。使用数字探伤仪时，应使测距范围尽量小，水平刻度线全长一般可调整在150 mm钢中纵波声程以内。

1. 直探头分辨力测量

仪器抑制置零或关，其他旋钮置适当位置。连接探头并置于CSK-ⅠA标准试块上，探测声程分别为85 mm和91 mm反射面的反射波，移动探头使两波等高。

改变仪器灵敏度使两波幅同时达到满幅度的100%，记下此时仪器衰减器的dB值D_1。

调整衰减器使波谷高度达到满幅度的100%，记下此时仪器衰减器的dB值D_2，则直探头的分辨力为$\Delta D=D_1-D_2$。ΔD为探头分辨力。

2. 斜探头分辨力测量

仪器状态同上，连接探头并置于CSK-ⅠA标准试块上，探测试块上ϕ50 mm和ϕ44 mm孔，移动探头使两回波等高。调节仪器灵敏度和探头位置，使ϕ50 mm和ϕ44 mm回波幅度同时达到 100%，然后测量波谷高度 h，则该探头分辨力 $R=20\lg(100/h)$，若两波能完全分开则取分辨力大于 30 dB。

（九）横波单探头空载始脉冲宽度测量

连接被测探头将仪器抑制置关，发射强度调节到与被测探头阻抗相匹配。利用 CSK-ⅠA 试块 R50 mm 和 R100 mm 圆弧面回波校准仪器测距，使水平刻度全长代表钢中声程 100 mm。

探测 CSK-ⅠA 试块 R100 mm 圆弧面，前后移动探头，注意保持声束方向与试块侧面平行，使 R100 mm 圆弧面回波最高并调整到垂直刻度的 50%。

将探头置于空气中，擦去探头表面油层，然后再增益 40 dB，则此时水平刻度的“0”点至始波后沿与垂直刻度 20%线交点所对应的水平距离 W_0，即为该探头始脉冲宽度（用钢中横波传播距离表示），单位为 mm。

（十）组合或阵列探头各子探头入射点相对偏差

测出各子探头的入射点及前沿长，并通过计算找出入射点间隔的最大值。入射点间隔的最大值与各子探头（晶片）间隔的标称值之差为组合或阵列探头各子探头入射点相对偏差。

（十一）抑制电平测试

(1)连接探头并固定与试块上，调节被检探伤仪使在抑制置最大时，使荧光屏上显示的多次底波中某次底波 B_n 的幅度为垂直刻度的 5%。

(2)将抑制调至最小，读取此时底波 B_n 的幅度并以垂直刻度的百分数表示。

（十二）电噪声电平测试

将仪器灵敏度置最高（抑制关）不接探头，电噪声高度低于 10%时的衰减器读数。

第五节　钢轨探伤车

钢轨探伤车属自带动力，能同时对两股钢轨进行探测，并能分析、处理和记录探测结果的大型探伤设备，其结构复杂，功能齐全，集超声、电子、微机信息处理于一体。现将 GTC-4 型钢轨探伤车的结构、原理、功能和探伤图形识别简介如下。

一、功能概述

钢轨探伤车具有许多较为完善的检测功能，其功能简介见表 4-12。

表 4-12　钢轨探伤车功能简介

序号	项目	功能内容
1	检测功能	两股钢轨四个轮探头共有 24 个检测通道，除用于缺陷检测外，其中有 2 个 0°通道轨底波作为监视信号，以便操作人员控制轮探头位置。它可在 60 km/h 的速度下进行探伤（目前新制的钢轨探伤车检测速度达 80 km/h），具有探测轨头 ϕ3 mm～ϕ5 mm 不同深度的横孔和长度为 8 mm 的不同方向裂纹的能力（包括螺孔裂纹）

续上表

序号	项目	功能内容
2	显示方式	Frontier检测系统具有三种显示方式：一是系统控制计算机的彩色显示，显示系统控制操作中的设置参数；二是显示控制计算机的B型显示，包括缺陷的两维数据及这些数据的重放，以帮助操作人员验证检测结果；三是四台双踪示波器的A型显示，使操作人员可通过切换转换开关同时监视任意两个换能器通道的超声波波形
3	参数设定和调用	每一种轨型的测定参数，由操作人员根据需要预置，并可在示波器和显示屏上监视显示的数据和测试结果。这些预置数据可通过专用键盘存储或修改，轨型变化时，预置参数可以在很短时间内完成调用
4	增益控制	因轨面状态变化，引起底波波动时，将通过0°探头底波通道的放大器进行自动增益控制。因轨面状态不好等原因引起45°、70°晶片反射状态不好时，亦可通过该通道的放大器进行增益控制
5	声程补偿	为了弥补超声波在钢轨中传播的衰减，在放大器中采用声程补偿，使不同声程相同缺陷的回波幅度相同
6	报警提示	若0°探头因耦合不良或探头未对中或监视数据通道失灵，将导致底波消失，此时会在显示控制计算机的B型扫描显示图形的轨底显示彩色线条，该线条与螺孔相遮盖的底波所显示的情况相同
7	存储和打印探伤结果	超声波探伤信息除在显示控制计算机上显示外，还将全部存入显示控制计算机的硬盘上，探伤结束后，操作人员可调用硬盘上的数据进行复核。同时，系统显示计算机可将检测中的各部分工作参数、工作状态及检测结果B形图，按时间、里程打印出来

二、结构简介

（一）车体组成

探伤车外型类似于重型轨道车，通常由两节车组成，车内有四个功能区：一是机车动力和驾驶区；二是探伤作业区；三是维修作业区，内有检修设备；四是生活区，内有炊事用具和卧室。

探伤车内有成套的超声波探伤设备；车底部有探伤车（图4-48），它由起吊装置、垂直锁紧装置、牵引装置、加压装置、走行轮、车轮架、轮探头和气动、液压、供水系统等组成，后走行

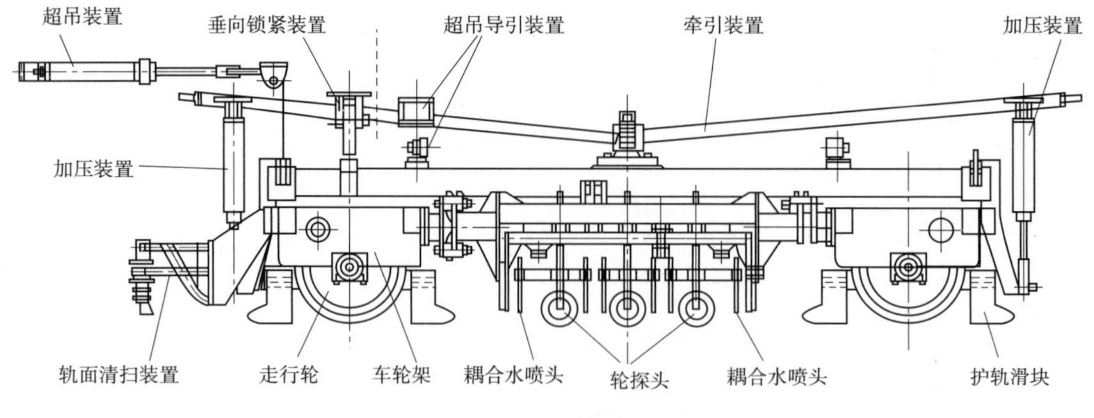

图4-48　探伤车

轮上装有测速的发电机组，测定速度、计算里程和作采样依据；探伤车的起落及轮探头位置调整均由操作者按动操作台上的“按钮”来实现；车下装有摄像头，操作台上装有专用监视屏幕，监视探伤车的工作状态。

（二）探伤主要设备

探伤主要设备如图 4-49 所示。

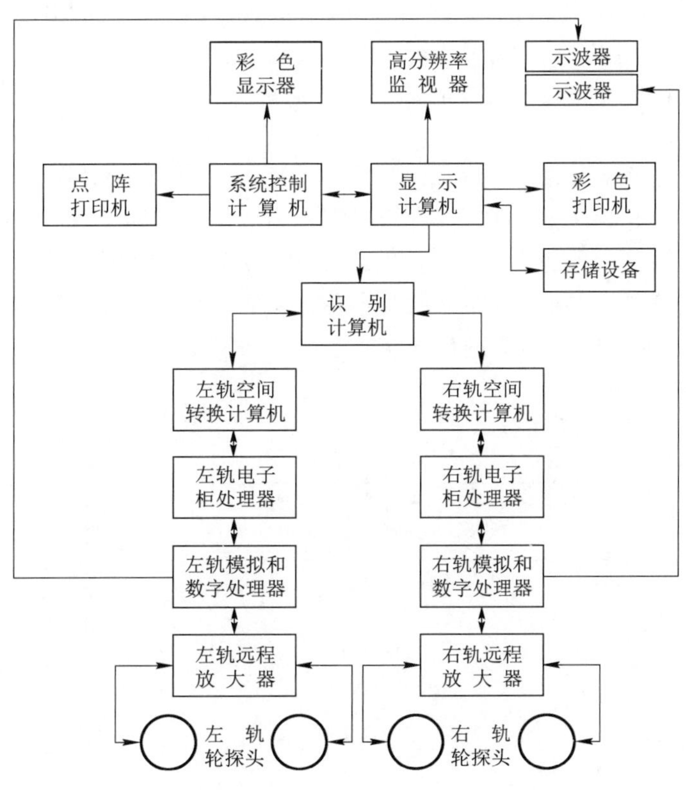

图 4-49 探伤主要设备示意

（三）轮 探 头

轮探头（图 4-50）外面是透声树脂材料制成的轮胎状柔性探测包，包内充满水和乙二醇混合的透声液，轮轴上装有固定探头芯，探伤时外轮胎随探伤车的运动而转动，但晶片固定，保持声波的发射和接收。

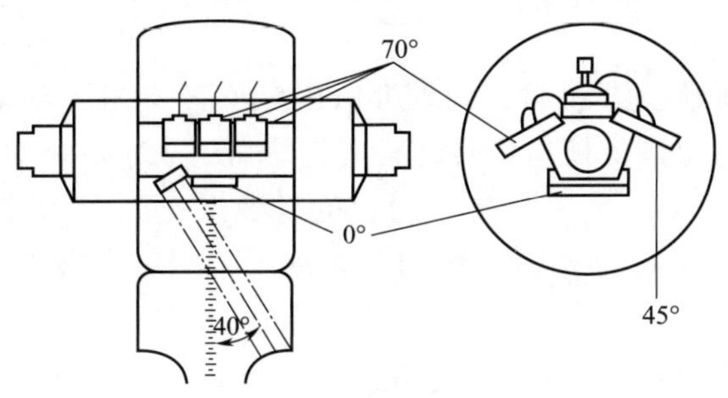

图 4-50 轮探头结构示意

轮探头实际上是个组合探头，内含四种不同角度的六组晶片：

(1)0°晶片：主要探测轨头至轨腰间的水平裂纹，同时，以底波作为轮探头对中的信息，用以控制探头位置的依据。

(2)45°晶片：用于对螺栓孔裂纹、焊接接头和轨腰条状夹杂以及特殊取向的横向裂纹检测。

(3)70°晶片：共有三块矩形晶片，各自独立，并排放置，声束方向相同，用一次波探测，声束覆盖整个轨头截面，主要探测轨头核伤和横向裂纹。

(4)40°晶片：声束方向与钢轨纵向垂直，以折射角为 40°指向轨头内(外)侧，主要检测轨头纵向劈裂。

上述四种晶片工作频率除 0°为 3.5 MHz 外，其余均为 2.25 MHz。

探伤车下的四个轮探头结构完全一样，以钢轨为单位分成两个独立单元，左右两股轨上的轮探头无任何联系。每股钢轨两个轮探头，按相反方向安装(图 4-51)。探伤时同股轨上的两个轮探头不完全独立，判伤需要借助两个轮探头的信息来确定，若某股钢轨有一个轮探头工作不正常，则该股钢轨就不能进行探伤。

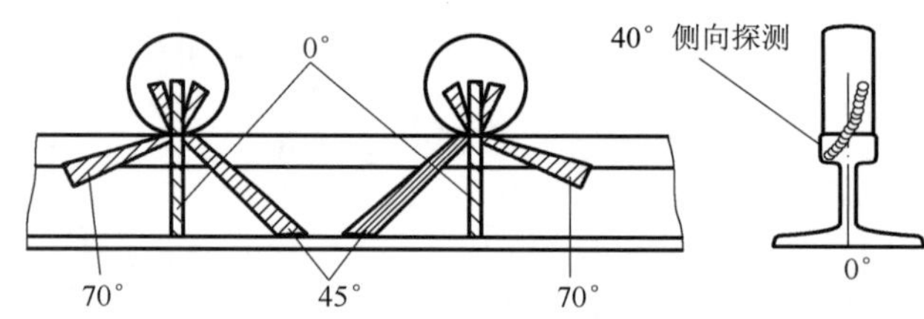

图 4-51 轮探头声束方向示意

三、探伤信息处理

钢轨探伤车的探伤信息处理由 Frontier 检测系统计算机及电子系统完成。这个系统包括两大部分，一是嵌入系统部分，二是操作员屏显部分。

1. 嵌入系统部分

嵌入系统部分由以下部件组成。

(1)远程放大器：由 12 块双脉冲收发板组成，主要产生超声波发射的激励脉冲和对接收轮探头晶片的回波信号进行放大，还产生用于系统诊断的测试脉冲，输出信号送入模拟和数字处理器。

(2)模拟和数字处理器：模拟处理器处理模拟超声波信号，并产生显示在示波器上的 A 型显示波形；数字处理器将得到的模拟信号转换成计算机可识别的信息格式。

(3)电子柜处理器：主要采集来自各个通道的已数字化的超声波信息，并将其传送给空间转换计算机，同时还完成钢轨高度测量，进行诸如模拟测试和嵌入系统测试等的系统诊断工作。

(4)空间转换计算机：将各通道超声波信息以钢轨里程位置为参照进行空间转换。

(5)识别计算机：主要分析超声波信息并为操作员提供识别信息。

2. 操作员屏显部分

操作员屏显部分由一台系统控制计算机和一台显示控制计算机组成。

(1)系统控制计算机主要完成超声探测系统控制、显示计算机控制、系统诊断、探伤参数的编辑及打印等工作。

(2)显示控制计算机主要完成实时显示超声信息、实时显示检测区域的识别信息、显示缺陷及特征的准确位置、回放检测数据、打印超声波检测彩色B扫描图形、显示操作员输入信息(曲线、道岔和平交道口等)工作。

3. 探伤工作原理

操作人员通过系统控制计算机将系统中各部分设定的参数进行自检,自检后 Frontier 检测系统系统各部分硬件处于待命状态,当系统控制计算机发出命令,远程放大器按超声脉冲同步信号的频率推动轮探头中压电晶片产生超声波。同时还接收来自轮探头的超声回波信号,将微弱的信号放大后,送入模拟和数字处理器、电子柜处理器、空间转换计算机和识别计算机进行处理,根据系统控制计算机送来的缺陷鉴别信号与接收到的回波信号进行比较,找出相关性最大的模式,完成对超声回波信号的性质分析,确定缺陷的种类及大小,并将处理结果分别输入系统控制计算机和显示控制计算机。根据识别计算机识别的结果,在显示计算机系统内已显示的两股钢轨B型扫描的彩色图像下,显示出表示缺陷类型的图形符号(图4-52),同时系统控制计算机也同步显示相应的缺陷大小。操作人员按照图像和数据来判定缺陷。

四、探伤资料识读和伤损复核

掌握钢轨探伤车B型显示图形的识别,对探伤结果的复核和伤损钢轨的监视工作很有帮助。在识读探伤图形前要了解探伤车B型显示图中各种图形和符号的意义,掌握正常伤损图形,分析非缺陷图形类型。在复核中根据探伤车B型的显示信息,有针对性的检查对应部位,及时处理有危害的伤损钢轨。

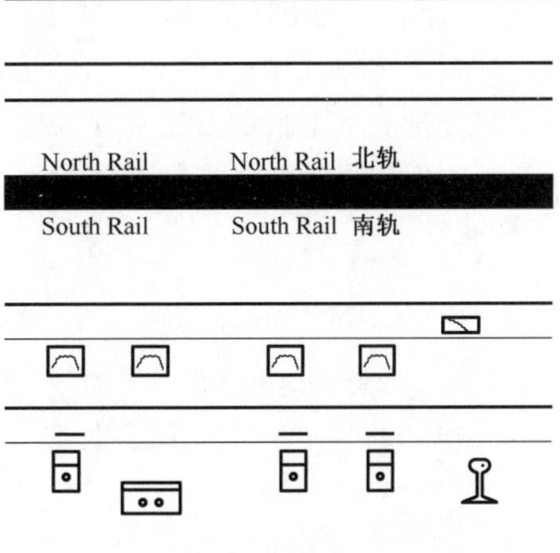

图4-52 探伤B形显示图

(一)部分图形符号的意义

探伤车B形显示图中常见的图标有两种(表4-13),一种是由系统识别器输入图标,另一种是由操作员输入的图标。

表4-13 部分图标的意义

系统识别输入图标				操作员输入图标			
图标	表示意义	图标	表示意义	图标	表示意义	图标	表示意义
	正常螺孔		核伤在轨头外侧和中部		对中不良		绝缘接头

续上表

系统识别输入图标				操作员输入图标			
	正常接头		轨头 水平劈裂		导线孔		信号机
	螺孔裂纹		轨头 垂直劈裂		桥梁		隧道
	核伤在轨头 内侧		轨颚 水平裂纹		道岔		铝热焊接头
	核伤在轨头 中部		轨腰裂纹		波浪磨耗		轨头偏磨
	核伤在轨头 外侧	LER	0°探头失波		头部损伤		轨端破损
	核伤在轨头 内侧和中部				机车擦伤		

一般有缝线路接头无伤损情况下显示如图 4-53 所示，为了区别各探头回波，在探伤图形右上角分别由透明栅格式颜色块表示各探头回波，掌握探头的表示颜色，对分析探伤结果很有帮助，正常螺孔显示“╱—╲”，两边斜线是 45°探头的回波显示，中间的横线由两种颜色表示，它分别表示来自前后轮 0°探头的回波，“”图标表示正常接头，在识读伤损图形时，要利用伤损显示颜色来判断探头声束方向，根据伤损形成和发展规律，综合分析伤损存在的可能性。

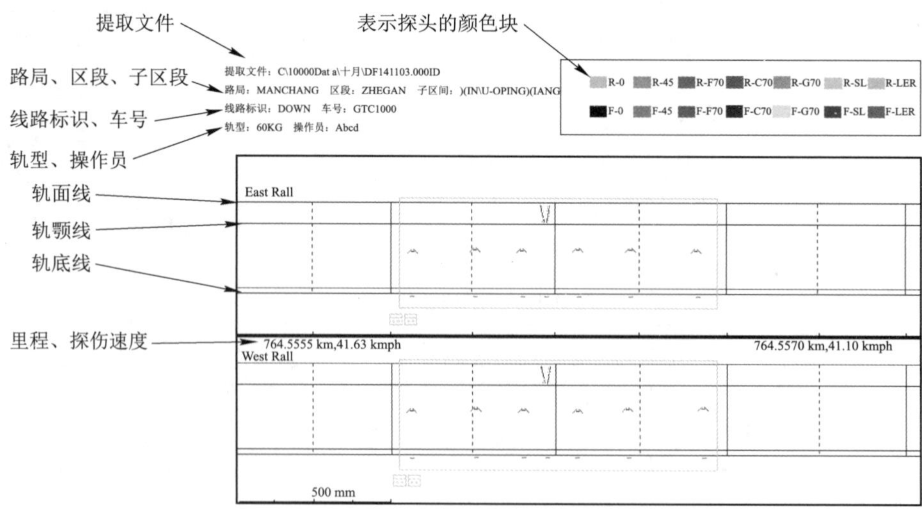

图 4-53 有缝线路无缺陷探伤 B 型显示图

（二）伤损显示图形的识别

1. 核伤显示图形

在B型显示图中，核伤在轨头的水平位置可根据系统识别输入图标来判断（图4-54），伤损距轨面的垂直位置，可根据图中伤损显示距离轨面线的距离来判断，如果伤损显示图靠近轨颚线，则说明核伤离轨颚较近，核伤的垂直高度可根据B型显示的点数多少来确定，但判定精度不是很高，因图中点数与探伤灵敏度调节、伤损取向、位置、形状、表面状态等因素有关。

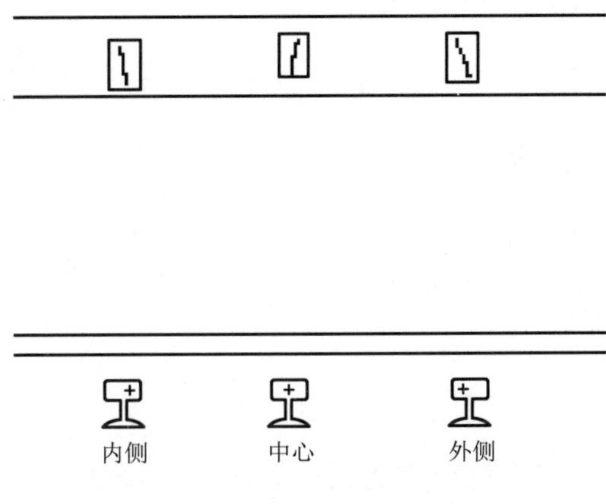

图4-54　轨头核伤B型显示图

2. 螺孔裂纹显示图形

螺孔裂纹的图形识别，与70°探头的核伤相比，判定难度相对要容易一些，裂纹显示图很直观（图4-55），螺孔向上裂纹显示于螺孔图形一侧，与螺孔图相似的高度上；螺孔向下裂纹显示与螺孔图形一侧下方位置；螺孔水平裂纹图与螺孔向下裂纹图不同，由于45°探头的水平裂纹回波是裂纹与螺孔柱面形成的角反射，因此伤损图形比向下裂纹更高一些，当裂纹较长时还会有0°探头的回波显示。螺孔裂纹长度与显示的点数一般具有显示点数越多裂纹越长的关系，但遇有取向不良的螺孔裂纹显示点数与实际长度对应关系不成比例。

第一孔朝轨端向下裂纹常称为“倒打螺孔裂纹”，是因轨端到第一螺孔间的水平距离不能满足45°探头直接扫查到裂纹的条件，而是利用超声波在轨端面上的反射特性来检查这一特殊裂纹[图4-56(a)]，由于仪器无法识别这一反射现象，因此“倒打螺孔裂纹”回波往往显示在接头另一则的螺孔上[图4-56(b)]，在识别第一孔裂纹时要注意。

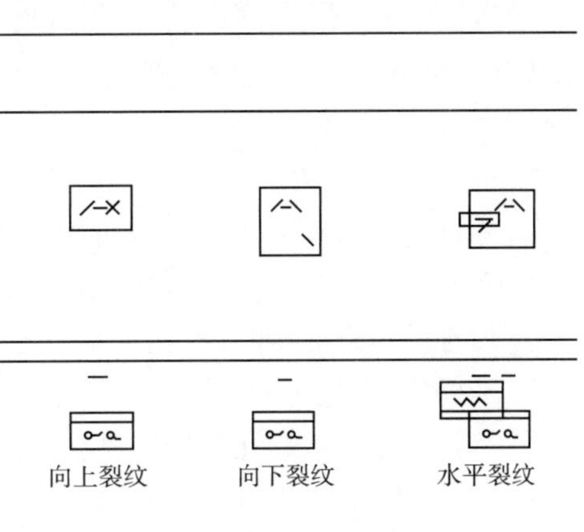

图4-55　螺孔裂纹B型显示图

3. 水平裂纹显示图形

从图标显示和伤损B型显示图中都可以判断出伤损存在的大致位置（图4-57）。

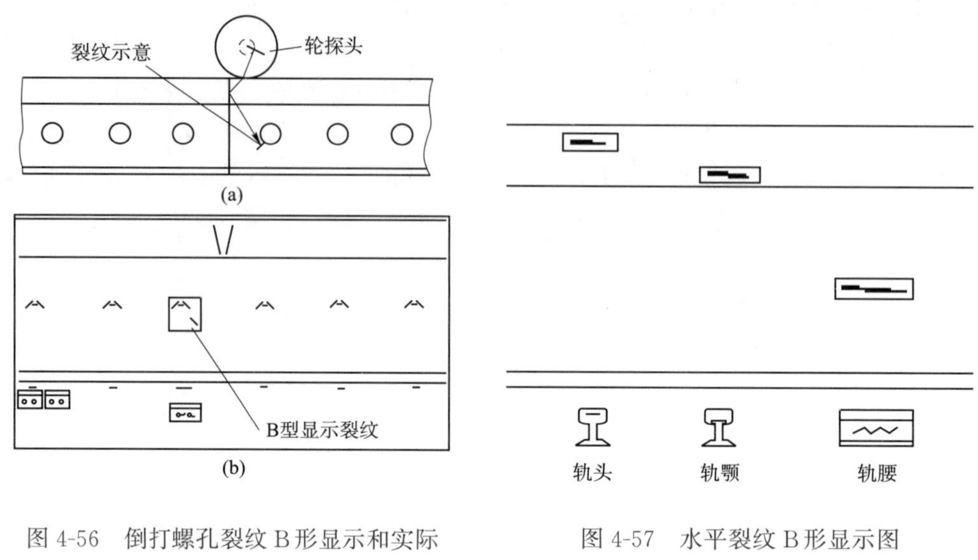

图 4-56　倒打螺孔裂纹 B 形显示和实际裂纹示意

图 4-57　水平裂纹 B 形显示图

4. 纵向裂纹显示图形

由于纵向裂纹会造成垂直入射轨底的超声波损失，影响轨底面回波显示，因此，纵向裂纹可根据 0°探头的显示情况来判定。在 B 型显示图轨底线旁有一连续的失底波信号和显示“LER”文字(图 4-58)，同时，0°探头无伤损回波显示或轨头或轨腰有不规则的回波显示，这些都是纵向裂纹的显示特点。如果在显示失波信号和“LER”文字的同时显示 0°探头“表面”连续回波显示，这一般为表面擦伤或剥离引起，但要注意的是造成 0°探头失波原因很多，在判定上要慎重。

LER

图 4-58　纵向裂纹 B 形显示图

（三）非缺陷探伤图形的识别

由于超声波在传播过程中遇到异质屏显产生折射和反射作用，在探伤图形中经常会出现非缺陷的异常显示，有些显示几乎与伤损图形相似，正确判定探伤图可减少无效的复核，提高判伤的准确性。

1. 非核伤图形的显示

遇表面大面积剥离，0°探头表面水平裂纹和“LER”探头失波显示的情况下，发现核伤的可能性比较小，因表面剥离后，造成超声波无法入射钢轨内部，这种情况下，70°探头要探出剥离层下的核伤是困难的，核伤显示图形有可能来自剥离层中的多次反射引起(图 4-59)。

2. 非螺孔裂纹图形显示

由于螺孔裂纹从螺孔周边上产生，它与螺孔的相对位置不会差距过大，因此一般螺孔裂纹显示于螺孔图形附近，如遇伤损图形与螺孔显示图间距过大、伤损显示点扭曲、不连续，这就有可能是轨腰上的凹型标志产生的非螺孔裂纹图形(图 4-60)。

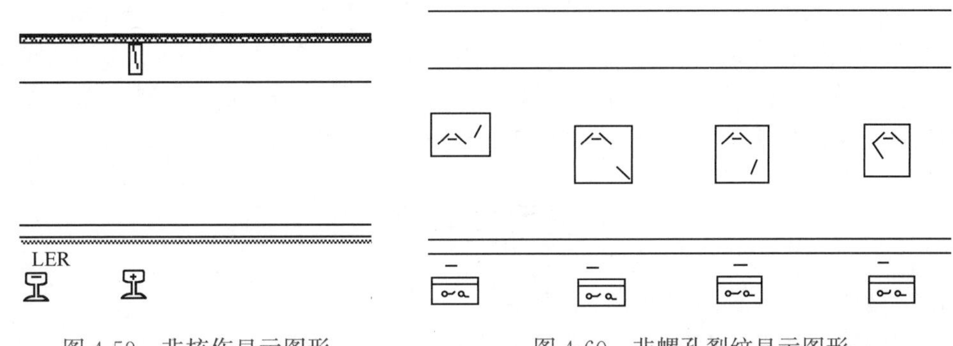

图 4-59 非核伤显示图形　　图 4-60 非螺孔裂纹显示图形

（四）复核伤损注意事项

(1)复核前了解探伤车运行方向，以便掌握探头的声束方向，有利于阅读和分析探伤资料。认真阅读探伤结果汇总表和探伤 B 型显示图，从探伤资料上复核是否存在数据差错。由于探伤操作员的疏忽，难免会产生探伤汇总资料中差错，有可能出现上下行或螺孔裂纹处于接头的端向错误，通过探伤汇总资料与探伤 B 型显示图对比，从中发现问题，避免因差错而造成盲目复核。

(2)注意进出站地段伤损位置确定，防止复核地段的误差。由于进出站道岔地段钢轨不列入正线钢轨编号之中，使同一千米内轨号与长度对应关系产生误差，如果用轨号来判断伤损的准确位置，就会造成复检范围与实际需要复检地点的错位，因此对进出站地段伤损的复检，应先检阅设备图表资料，了解道岔群地段的相应长度，确定轨号和里程的对应关系，缩小复核的范围，加强关键部位的复核，切不可盲目以轨号来推算需要复核伤损的具体里程。

(3)综合分析核伤产生与发现的因果关系，提高伤损判定的准确性。钢轨中的核伤复核，要根据 B 型显示图中伤损显示的颜色，确定是由哪个方向 70°探头发现的核伤，根据核伤产生发展方向与探头方向声束方向关系，结合 0°探头的反映情况来判定核伤存在的可能性。尤其是轨面剥离区段的核伤复核更需引起重视，因该地段核伤产生的几率高，剥离层的复杂反射又多，容易产生非核伤回波显示，仔细综合分析核伤存在的可能性，对核伤复核准确性起到事半功倍的效果。

(4)注意无缝线路中的核伤判断，认真区别焊筋波和核伤回波。由于焊缝接头轨颚的焊筋，正常情况下都会产生焊筋显示图形，一般显示于轨颚线上下，它与钢轨颚部的核伤或钢轨颚部焊缝内的横向裂纹，有相似的 B 型显示图形，因此，在复核无缝线路中的核伤中，要注意焊缝内和焊缝附近的伤损复核，不要盲目把焊筋回波判为核伤，也不要把焊缝中的伤损回波判为焊筋波。

(5)观察探伤车 B 型显示中螺孔和轨缝的图形，从中了解探伤灵敏度的高低，对分析探伤结果有一定的帮助。螺孔和轨缝的图形在正常探伤灵敏度下显示的点数和排列形状是相似的，灵敏度高，图形中的点数多，异常的非缺陷显示会增多，灵敏度低，图形中的点数则少，有可能显示点数少的伤损存在可能性大，通过观察螺孔和轨缝显示的图形，可初步了解灵敏度高低，以此判定伤损存在的可能性。

(6)建立钢轨探伤二级网络，完善探伤车检查出伤损的复核、监视、处理工作。复核探伤车发现的伤损时，要提高探伤灵敏度，增强仪器发现缺陷的能力，加大水量，确保超声波的正常耦合，重点检查探伤车提供的关键部位，慢走细看，认真分析仪器的回波显示；对探伤车检查后提供的“判定”伤损和“疑似”伤损，如果第一次复核没有发现伤损，应列入探伤工区监视范围之中，在日常探伤中注意观察，确保钢轨伤损的及时发现。

复习思考题

1. 试述模拟式超声波探伤仪的工作原理。
2. 试述数字式超声波探伤仪与模拟式超声波探伤仪的异同。
3. 试述超声波探头的作用及特点。
4. 试述斜探头的折射角、入射角与 K 值的关系。
5. 试述双晶片探头的优点。
6. 试述探头的基本结构。
7. 简述压电晶片的作用。
8. 简述斜楔块的作用。
9. 探头性能指标包括哪些部分？
10. 数字探伤仪性能指标包括哪些部分？
11. 探头与探伤仪组合性能包括哪些部分？
12. 简述单轨探伤仪的优缺点。
13. 简述通用探伤仪与焊缝探伤仪的优缺点。
14. 简述双轨探伤仪的优缺点。
15. 探伤仪应具备的性能包括什么？
16. 探伤车伤损复核应注意什么？

第五章 检测、检修设备

第一节 试　　块

一、试　　块

用于鉴定超声检测系统特性和探伤灵敏度的样件称为试块，如图 5-1 所示。

图 5-1　试块

二、试块的用途

试块是超声波探伤中不可缺少的工具，主要用途有以下几点：

（一）确定合适的探伤方法

根据被测工件可能产生缺陷的部位和取向，或需要探测的区域，采用人工方法在试块上制作人工缺陷，来摸索探伤方法，验证探伤工艺的可行性。一般来说，在这样的试块上摸索到的规律，适用于与试块材质、几何形状相同的工件。

（二）确定和校验探伤灵敏度、评估缺陷大小

探测不同工件或不同缺陷时，所使用的灵敏度各不相同，为了确定符合探伤要求的灵敏度，就需要使用试块；评价工件中某一深度处缺陷的大小，对被检工件评级或判废，可以利用试块中的人工缺陷回波与工件缺陷回波相比较，以此来判断工件内的缺陷大小，这种方法称为当量法。

（三）测试和校验探伤仪、探头的性能

超声波探伤可以用电子仪器来测试超声波探伤仪的性能，但对于使用者来说，往往不具

备这种测试手段，因此只有通过试块来检验仪器及测试探头和仪器的性能，校验仪器的探测范围，根据缺陷回波来确定缺陷位置。

此外，试块还能用于测量材料衰减系数和确定耦合补偿等用途。

三、试块的分类和作用

试块根据检定部门和使用环境可分为标准试块、对比试块和专用试块三类。

（一）标准试块

标准试块指材质、形状、尺寸及性能均经主管机关或权威机构检定的试块，用于对超声检测装置或系统的性能测试及灵敏度的调整。如ⅡW 试块是荷兰人在 1955 年首先提出，1958 年焊接学会通过的标准试块，故又称荷兰试块。现将钢轨探伤工作中常用的国家标准试块简介如下。

1. CSK-ⅠA 试块(图 5-2)

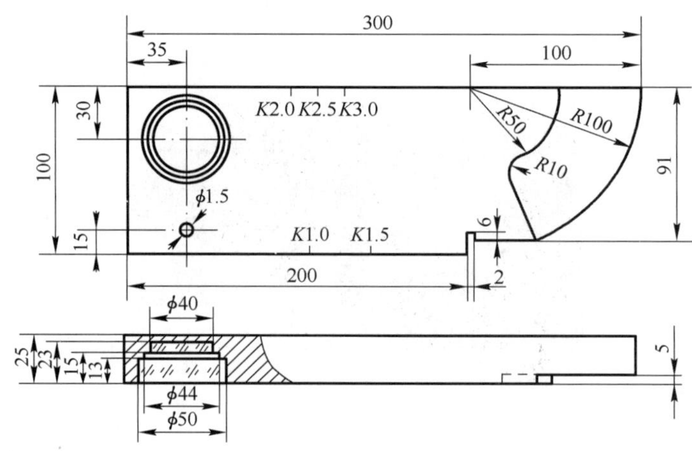

图 5-2 CSK-ⅠA 试块(单位：mm)

该试块是国家标准《锅炉和钢制压力容器对接焊缝超声波探伤》(JB 1152—1981)规定的试块，它与国际标准试块ⅡW 相比有以下三处不同：一是将 $R100$ mm 圆曲面改为 $R50$ mm、$R100$ mm 阶梯圆曲面，可同时获得两个反射回波，校正横波扫描速度；二是将 $\Phi50$ mm 孔改为 $\Phi40$ mm、$\Phi44$ mm、$\Phi50$ mm 台阶孔，有利于测定斜探头的分辨率；三是将折射角改为 K 值。其用途有以下几点：

(1)利用厚度 25 mm 和高度 100 mm，测定探伤仪的水平、垂直线性、动态范围和调整纵波探测范围、校正时基线。

(2)利用 $R50$ mm 和 $R100$ mm 调整横波探测范围、零位校正和测定斜探头的入射点(前沿长度)。

(3)利用高度 85 mm、91 mm、100 mm 测定直探头分辨力，利用 $\Phi40$ mm、$\Phi44$ mm、$\Phi50$ mm 曲面测定斜探头分辨力。

(4)利用 $\Phi50$ mm 曲面和 $\Phi1.5$ mm 横孔测定斜探头 K 值。

(5)利用 $\Phi50$ mm 有机玻璃块测定直探头盲区和穿透力。

(6)利用试块直角棱边测定斜探头的声轴偏斜角。

2. SH-1 型半圆试块(图 5-3)

该试块最大优点是体积小携带方便。可调整探测范围,测定仪器的水平线性、垂直线性和动态范围,测定斜探头的入射点、折射角及调整探伤灵敏度。

3. CS-1-5 试块(图 5-4)

CS-1 试块属成套试块,主要用于绘制振幅-当量曲线和当量法确定被检工件内的缺陷大小;测定直探头声束偏移量;测量探伤仪衰减器精度。CS-1-5 试块是 CS-1 系列中的一块,其平底孔径为 Φ2 mm,常用于测试直探头和仪器组合的灵敏度余量。

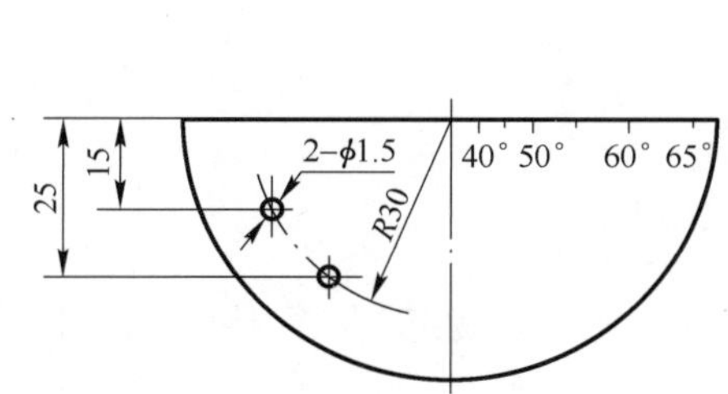

图 5-3 SH-1 型半圆试块(单位:mm)

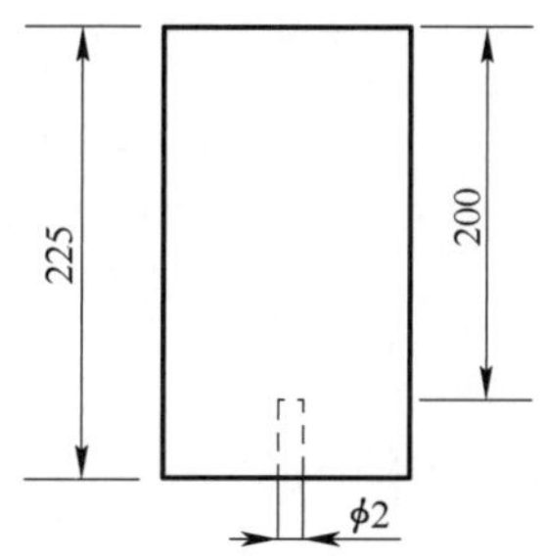

图 5-4 CS-1-5 试块(单位:mm)

(二)对比试块

对比试块指调整超声检测系统灵敏度或比较缺陷大小的试块,属非标准试块,一般采用和被检材料特性相似的材料制成。

1. WGT-3 试块(图 5-5)

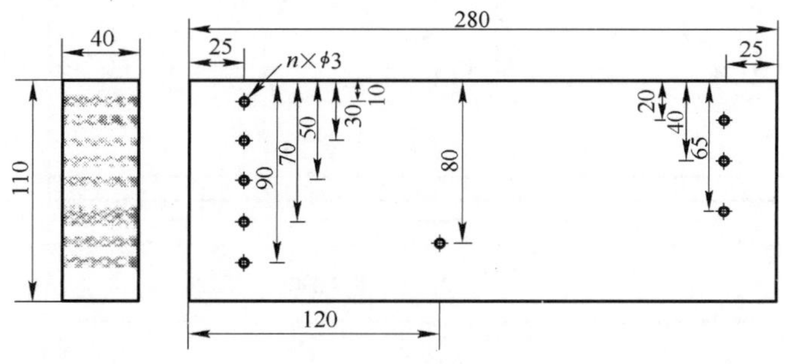

图 5-5 WGT-3 试块(单位:mm)

该试块主要作用如下:

(1)利用 110 mm 底面测定仪器 0°探头通道和 0°探头的灵敏度余量。

(2)利用深度 65 mm 的 Φ3 mm 横通孔测定仪器 37°、70°探头通道和探头的灵敏度余量及楔内回波幅度,测定各种探头的声束宽度。

(3)利用深度为 80 mm 的 Φ3 mm 横通孔测定 0°探头的声轴偏斜角度。

(4)利用不同深度的 Φ3 mm 横通孔测定斜探头通道的距离幅度特性。

2. 阶梯试块(图 5-6)

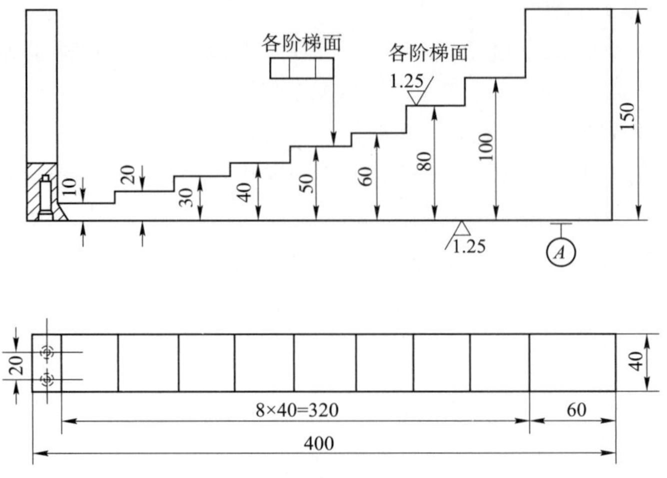

图 5-6　阶梯试块(单位:mm)

该试块主要用于测定 0°探头(即直探头)通道的距离幅度、阻塞特性和 0°探头的楔内回波幅度。

(三)专用试块

专用试块是指专供钢轨探伤灵敏度校验用的试块,按其作用也属对比试块。

1. GTS-60 试块(图 5-7)

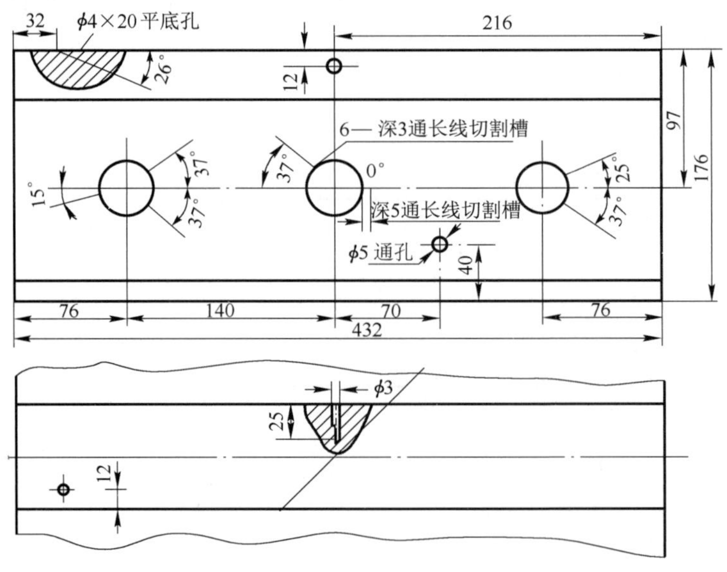

图 5-7　GTS-60 试块(单位:mm)

该试块是在全路使用的对比试块之一,主要用于钢轨探伤仪各探头检测性能的检验。

(1)轨头中设有 Φ4 mm 平底孔和 Φ3 mm 横孔,两者都是检验 70°探头的探测性能。

(2)螺孔上线切割槽是检验 0°和 37°探头的探测性能。

(3)轨腰上 Φ6 mm 横通孔是检验 0°探头的探测性能。

2. GTS-60 加长测试轨(图 5-8)

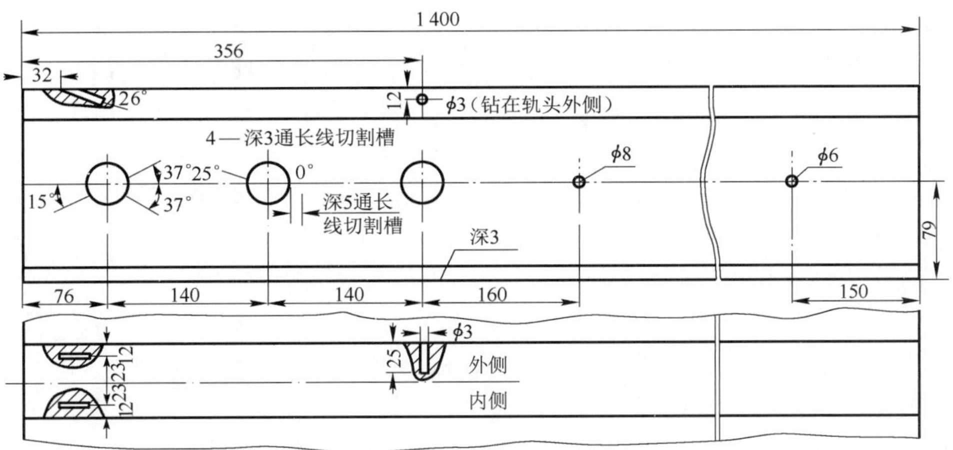

图 5-8 GTS-60 加长测试轨(单位:mm)

该测试轨一套两块,分为 A 型和 B 型。测试轨的长度 1.4 m,加工时 A 型和 B 型两根轨配套成一个自然钢轨接头,各种人工缺陷的方向及位置以轨缝为中心左右对称,其中轨头横孔,一根加工在外侧(A 型),另一根加工在内侧(B 型),它除了保持 GTS-60 试块的作用外,还具有以下作用:

(1)轨头增加了一个 Φ4 mm 平底孔,方便 70°探头不同组合形式下的探测性能检验。

(2)轨腰内增加了和标准孔位等高的 Φ8 mm 横通孔,用于双 45°探头穿透探伤灵敏度的校验。

(3)轨底中心部位(第三螺孔下方)有一深 3 mm、宽 0.5 mm、长 10 mm 的“月牙形”裂纹,用于检验 37°探头对轨底横向裂纹的检测能力。

3. GTS-60C 试块(图 5-9)

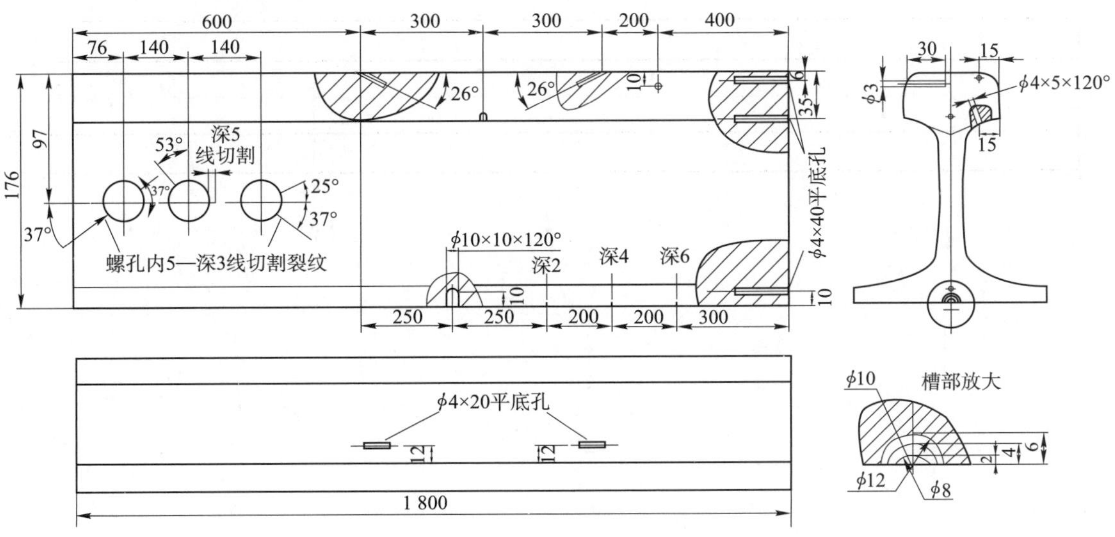

图 5-9 GTS-60C 试块(单位:mm)

GTS-60C 试块是新推出的钢轨探伤实物试块，除具有 GTS-60 加长测试轨的功能外，新增人工反射体的作用如下：

(1)轨头颚部增加了一个 Φ4 mm 锥底孔，用于校验 70°探头一次波探伤灵敏度。

(2)轨底部增加了一个 Φ10 mm 锥底孔，用于校验 0°探头失波探伤灵敏度。

(3)轨底部原来 1 处横向裂纹增加到 3 处，除了用于校验 37°探头探伤灵敏度外，还可用于制作轨底横向裂纹距离波幅曲线。

(4)轨端部增加三个 Φ4 mm 平底孔，用于校验焊缝探伤(单、双探头法)灵敏度。

4. 双轨仪试块

主要用于双轨探伤仪各通道静态灵敏度余量、信噪比及动态条件下对各通道检出能力的测试。

双轨仪专用试块共有 4 块，分别是 GTS-60SG 试块、GTS-60SG-1 试块、GTS-60SG-2 试块、GTS-60SG-3 试块。下面分别进行介绍。

GTS-60SG-1 试块、GTS-60SG-2 试块、GTS-60SG-3 试块上加工的人工伤损检出难度依次增加。

(1)GTS-60SG 试块(图 5-10)

该试块长度 1 800 mm，可用于室内测试，试块上共有 24 处人工伤损，包含了轨头、轨腰和轨底伤损，适用于不同角度探头的灵敏度标定。

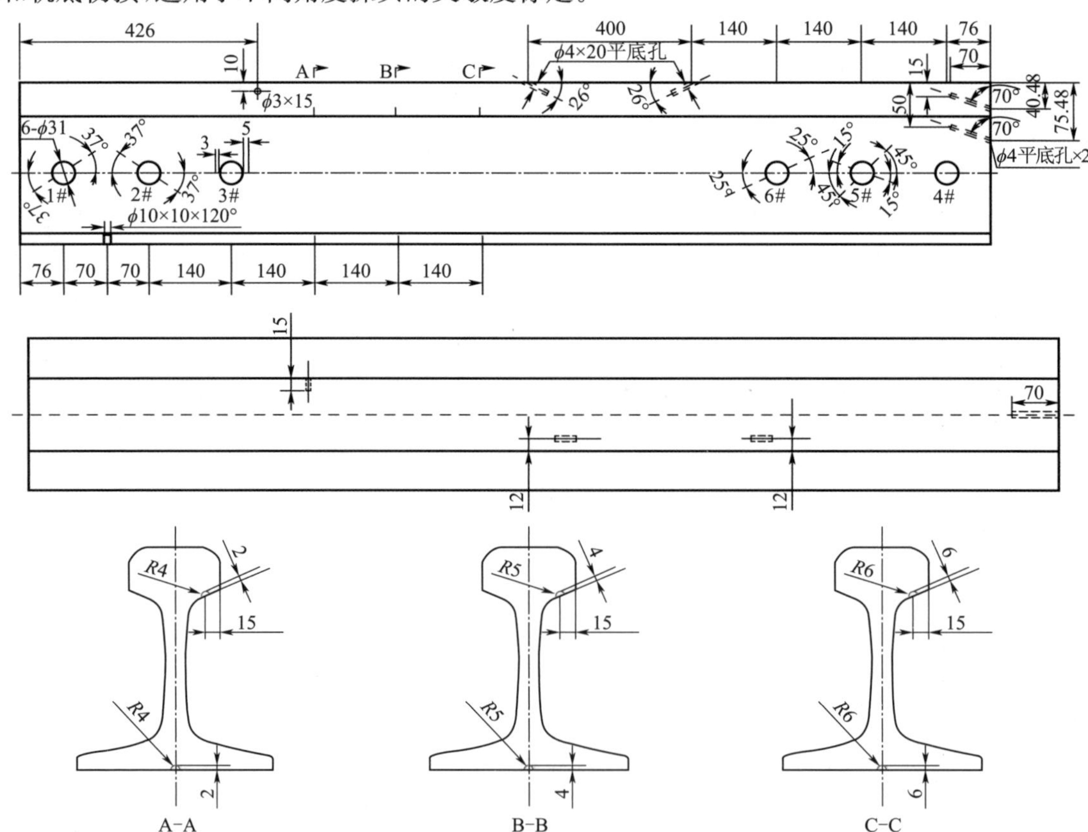

图 5-10　GTS-60SG 试块(单位：mm)

①螺孔上有12个线切割槽，用于检验0°和37°探头的探测性能。其中15°切割槽2个、25°切割槽2个、45°切割槽2个、37°切割槽4个、0°切割槽2个。其中水平切割槽长度分别为3 mm和5 mm，其余均为3 mm切割槽(作为静态标定)。

②距踏面10 mmΦ3 mm×15 mm横孔1个，用于斜70°探头二次波灵敏度校验(作为静态标定)。

③自踏面向下斜钻26°Φ4 mm×20 mm平底孔2个，用于斜70°探头二次波灵敏度校验。

④自轨端向上斜钻20°距踏面15 mm，Φ4 mm平底孔1个，用于直70°探头一次波(近)校验(作为静态标定)。

⑤自轨端向上斜钻20°距踏面50 mm，Φ4 mm平底孔1个，用于直70°探头一次波(远)校验。

⑥$R4H2$、$R5H4$、$R6H6$轨颚横向刻槽各1个，用于斜70°探头一次波灵敏度校验(作为静态标定)。

⑦$R4H2$、$R5H4$、$R6H6$轨底横向刻槽各1个，用于37°探头灵敏度校验(作为静态标定)。

⑧Φ10 mm×10 mm×120°锥孔，用于校验0°探头穿透灵敏度(作为静态标定)，由于水平距离不够，37°不会显示该波形)。

(2)GTS-60SG-1试块(图5-11)

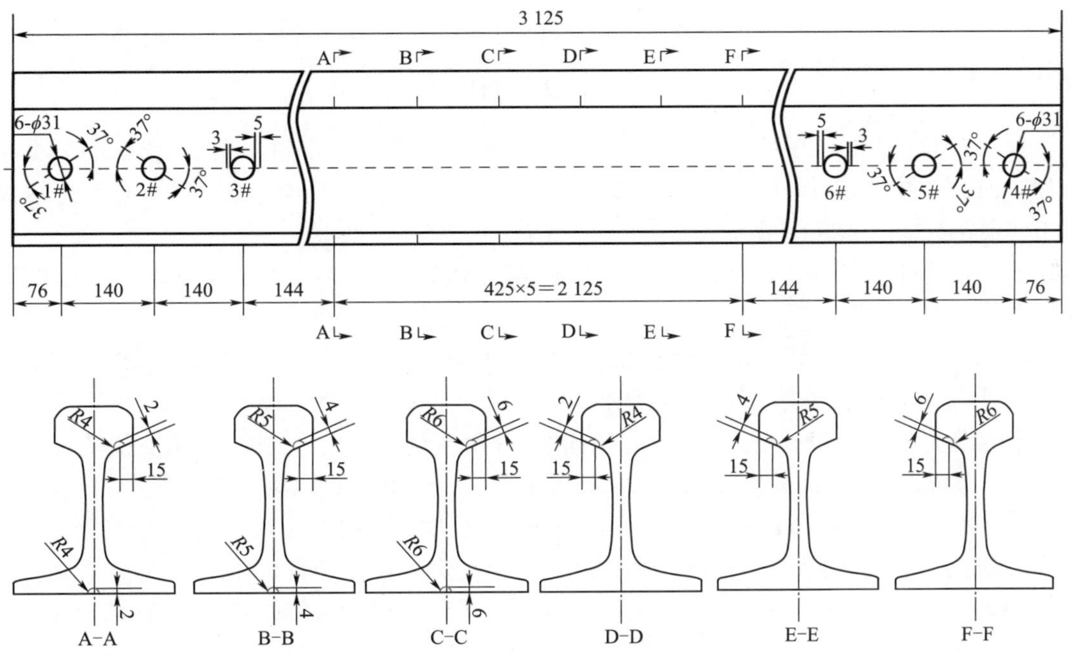

图5-11 GTS-60SG-1试块(单位:mm)

具有GTS-60SG试块中的部分人工伤损，是标定线组成用轨。用于直标定线时，长3.125 m；用于曲标定线时，长6.25 m，螺孔刻槽的相对位置不变，其他人工伤损在纵向分布间距适当加大。

该试块共计21处伤损。所有伤损与超声波束都接近垂直或利用角反射发现，因此，该试块伤损最易发现。

①螺孔上有 12 个线切割槽是检验 0°和 37°探头的探测性能。其中 37°切割槽 8 个、0°切割槽 4 个。其中水平切割槽分别为 3 mm 和 5 mm,其余均为 3 mm 切割槽。

②$R4H2$、$R5H4$、$R6H6$ 轨颚横向刻槽各 2 个,用于斜 70°探头一次波灵敏度校验。

③$R4H2$、$R5H4$、$R6H6$ 轨底横向刻槽各 1 个,用于 37°探头灵敏度校验。

(3)GTS-60SG-2 试块(图 5-12)

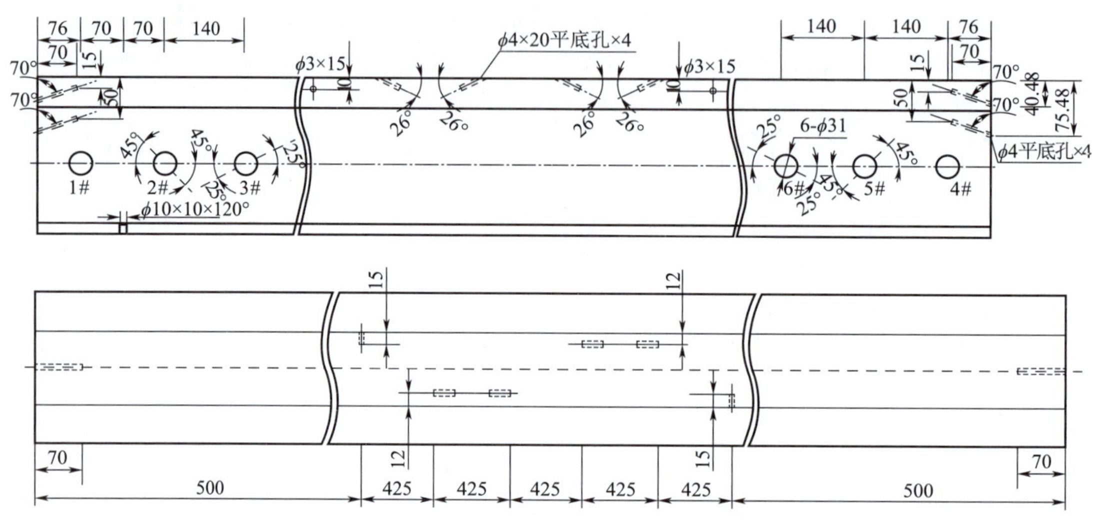

图 5-12　GTS-60SG-2 试块(单位:mm)

具有 GTS-60SG 试块中的部分人工伤损,是标定线组成用轨。用于直标定线时,长 3.125 m;用于曲标定线时,长 6.25 m,螺孔刻槽、轨端钻孔、轨底锥孔的相对位置不变,其他人工伤损在纵向分布间距适当加大。

该试块共计 19 处伤损。该试块伤损发现难度较 GTS-60SG-1 试块有所增大,因为该试块螺孔有 4 个 25°线切割槽。

①螺孔上有 8 个线切割槽是检验 37°探头的探测性能。其中 25°切割槽 4 个、45°切割槽 4 个,均为 3 mm 切割槽(最难发现的是 25°上斜裂,其次是 45°裂纹)。

②距踏面 10 mmΦ3 mm×15 mm 横孔 2 个,用于斜 70°探头二次波灵敏度校验。

③自踏面向下斜钻 26°Φ4 mm×20 mm 平底孔 4 个,用于斜 70°探头二次波灵敏度校验。

④自轨端向上斜钻 20°距踏面 15 mm,Φ4 mm 平底孔 2 个,用于直 70°探头一次波(近)校验。

⑤自轨端向上斜钻 20°距踏面 50 mm,Φ4 mm 平底孔 2 个,用于直 70°探头一次波(远)校验。

⑥Φ10 mm×10 mm×120°锥孔,用于校验 0°探头穿透灵敏度(由于水平距离不够,37°不会显示该波形)。

除轨底锥孔、GTS-60SG-3 试块中的人工伤损外,其他人工伤损应能全部检出,并能正常报警。如仪器具备 15°螺孔裂纹或垂向伤损等的检测能力,则应全部检出相应的人工伤损,并能正常报警。

(4)GTS-60SG-3 试块(图 5-13)

GTS-60SG-3 试块长度 1 800 mm,可用于室内测试。作标定线组成用轨时,长度增加(用于直标定线时,长 3.125 m;用于曲标定线时,长 6.25 m),螺孔刻槽、轨端钻孔的相对位

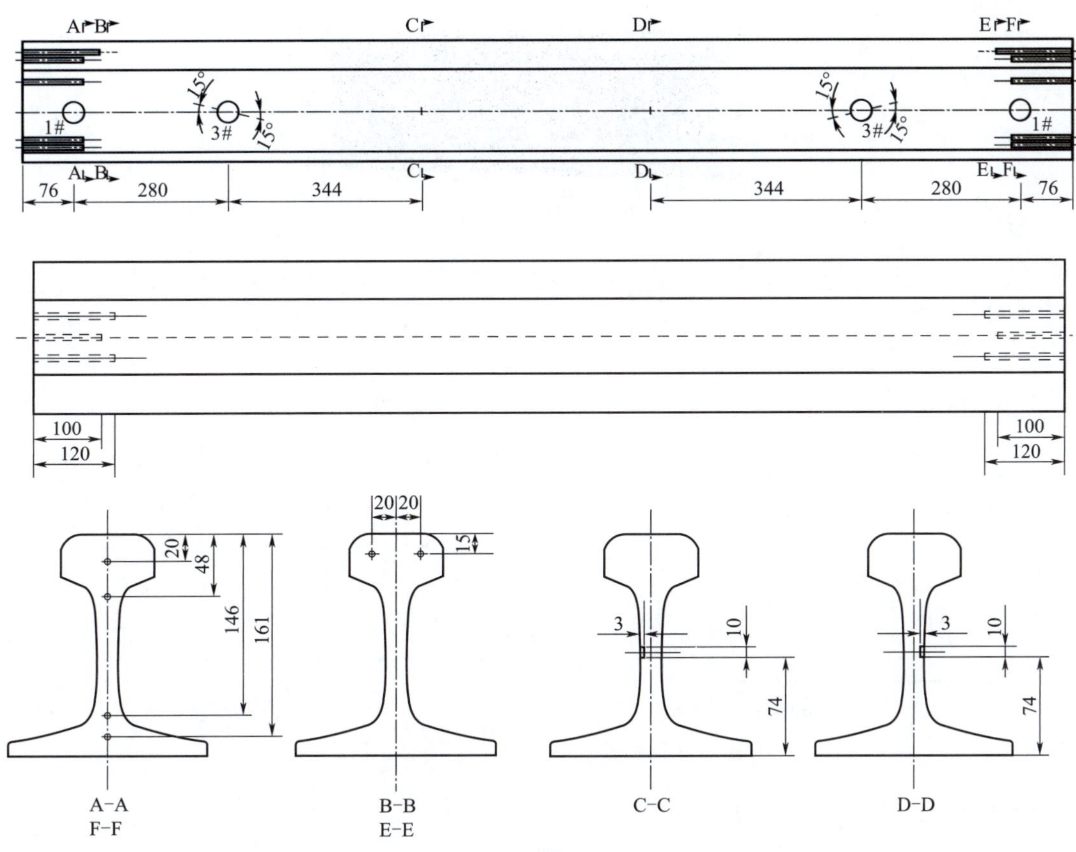

图 5-13 GTS-60SG-3 试块(单位:mm)

置不变,轨腰刻槽在纵向分布间距适当加大。

该试块共计 18 处伤损。该试块螺孔线切割槽与超声波束夹角进一步加大,增大了超声波发现伤损的难度,同时该试块增加了 12 个平底孔,可用于双探头灵敏度的标定。

GTS-60SG-3 试块属于非型式检验必检伤损,不作要求。

①螺孔上有 4 个线切割槽是检验 37°探头的探测性能,均为 15°切割槽,均为 3 mm(从 GTS-60SG-1 到 GTS-60SG-3 试块,难度依次增大,15°上斜裂最难发现)。

②自轨端钻 Φ4 mm×120 mm 平底孔轨头两侧 4 个,用于轨头双 $K1$ 灵敏度校验。

③自轨端钻 Φ4 mm×100 mm 平底孔轨头中部 2 个,用于轨头双 $K1$ 灵敏度校验。

④自轨端钻 Φ4 mm×100 mm 平底孔轨头、轨腰结合部 2 个,用于轨腰双 $K1$ 灵敏度校验。

⑤自轨端钻 Φ4 mm×100 mm 平底孔轨腰、轨底结合部 2 个,用于轨腰双 $K1$ 灵敏度校验。

⑥自轨端钻 Φ4 mm×100 mm 轨底中部平底孔 2 个,用于轨腰双 $K1$ 灵敏度校验。

⑦轨腰 3 mm×10 mm 垂向刻槽 2 个,用于轨腰双 $K1$ 灵敏度校验。

5. 焊缝试块

(1)GHT-1 试块(图 5-14)

该试块两端共钻有 13 个 ϕ3 mm、深为 40 mm 的平底孔,主要用于 60 kg/m 钢轨焊缝探伤双斜探头 K 型或串列式探伤灵敏度的校准。

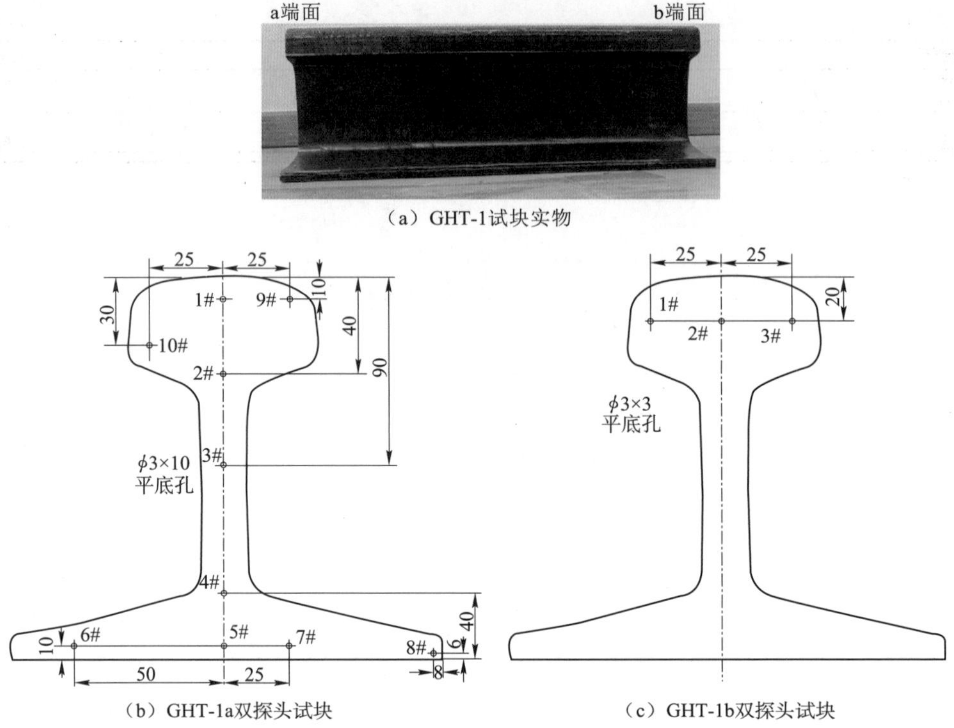

（a）GHT-1试块实物

（b）GHT-1a双探头试块

（c）GHT-1b双探头试块

图 5-14　GHT-1 试块(单位:mm)

(2)GHT-5 试块(图 5-15)

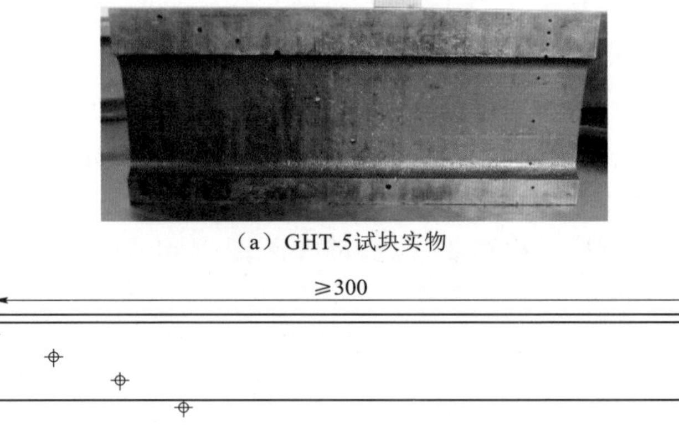

（a）GHT-5试块实物

（b）GHT-5试块分区示意

图 5-15　GHT-5 试块(单位:mm)

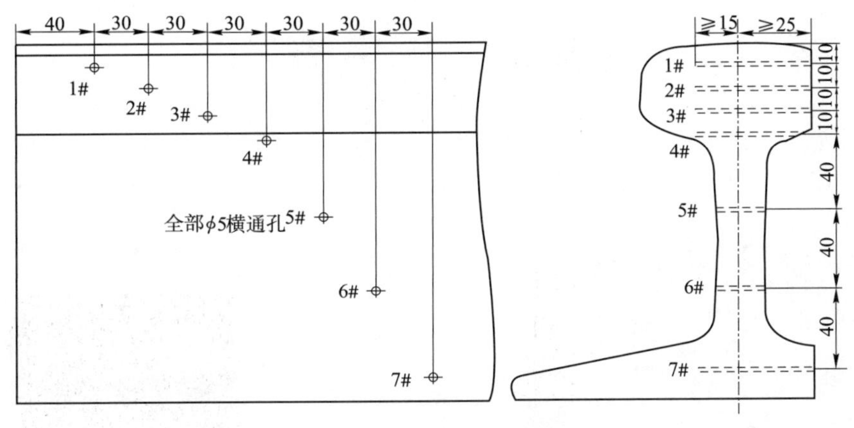

（c）GHT-5试块0°探头区(A区)

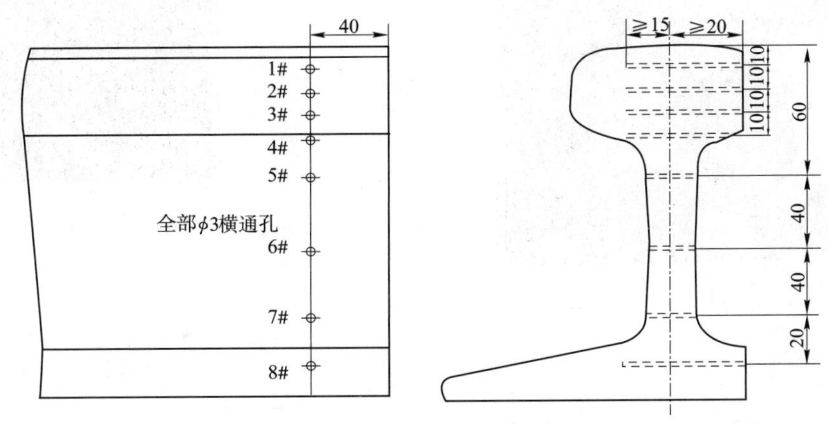

（d）GHT-5试块轨头和轨腰探头区(B区)

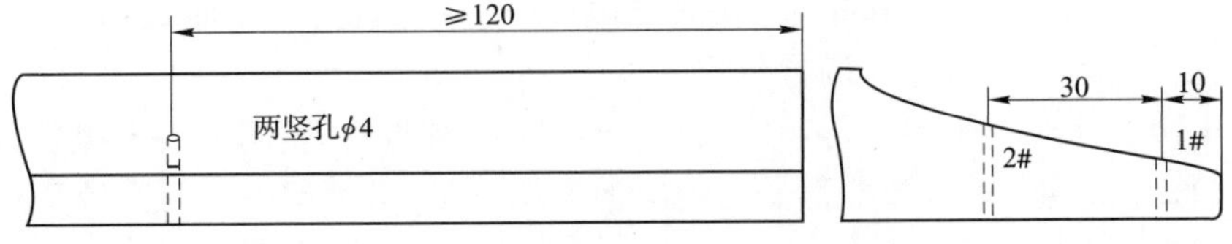

（e）GHT-5试块轨底探头区(C区)

图 5-15　GHT-5 试块(单位:mm)(续)

该试块主要用于 60 kg/m 钢轨焊缝探伤灵敏度的校准:

①A 区[图 5-15 中(c)]钻有 7 个 Φ5 mm 横通孔,主要用于 0°探头探伤灵敏度的校准。

②B 区[图 5-15 中(d)]钻有 8 个 Φ3 mm 横通孔,主要用于轨头和轨腰单斜探头探伤灵敏度的校准。

③C 区[图 5-15 中(e)]钻有 2 个 Φ4 mm 竖孔,主要用于轨底单斜探头探伤灵敏度的校准。

第二节　万用表

一、万用表(图 5-16)

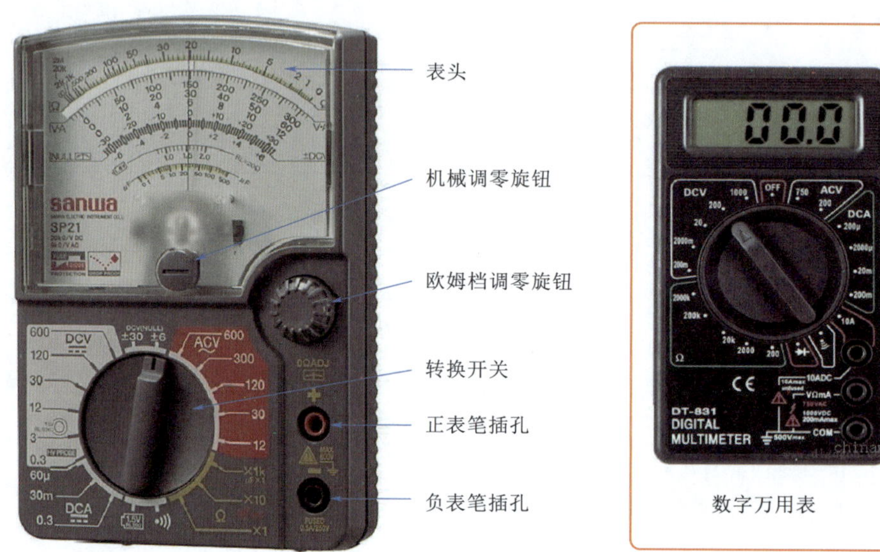

图 5-16　万用表

二、万用表操作方法

(1)按规定要求放置万用表(垂直或水平)，若静止时表针不指零时需校正零位。

(2)选择合适的测量挡位和量程，在测量电压、电流时若不知所测数值应将万用表置最大量程挡，并根据表针偏转情况调整量程。

(3)测电阻时需对万用表进行零位校正，方法是短路两表笔，调节校零电位器，使指针在零欧姆处，若无法校正，一般情况都是表内电池电压不足，可更换电池后再校正。

(4)测量电压时，万用表和所测电路并联，测电流时和所测电路串联。

(5)为了提高测量精度，测量时选择量程最好使表针指在表盘中间部位。

(6)电阻测量时，计算电阻值需乘以所选择的倍率(如选择 $R\times100$，测得结果应乘以 100)。

三、万用表使用注意事项

(1)严格按万用表使用规范进行各项测试。

(2)准确测量、读数和计算，以保证所测数据的准确性。

(3)测量电阻时双手不要接触电阻两端，以防影响测量精度。

第三节 示波器

一、示波器(图 5-17)

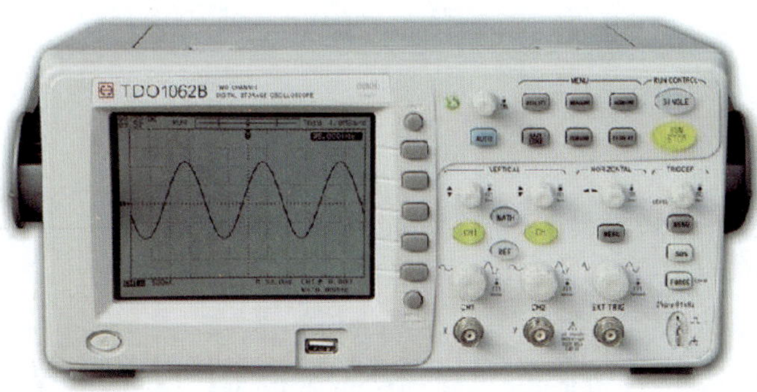

图 5-17 示波器

二、示波器操作方法

(一)使用前的校正

使用示波器方波信号(标准信号)输出端口的输出信号来校正,具体步骤如下(方波信号:$f=1$ kHz,$V_{pp}=50$ mV):

(1)打开电源,调节辉度、聚焦电位器使基线清晰。

(2)Y 通道 U/cm 置“0.01 V/cm”,扫描 t/cm 置“0.1 ms/cm”,输入耦合置“AC”,扫描触发置“自动”,触发方式置“AC”,通道微调置“校正”。

(3)连接 Y 输入端和方波输出端,调节触发电平,得到一稳定的方波信号,标准时其幅度为 5 格(cm),周期为 10 格(cm),如图 5-18 所示。

(二)时间(频率)测量

用示波器测出各种信号的时间参数,经过换算可得到相应的信号频率,测量步骤如下:

(1)将 t/cm 置于 a/cm,例如 2 ms/cm 挡。

(2)根据 X 轴刻度读出被测波形上所需测定的两点 a、b 之间的距离为 D;例如 $D=$ 6 cm,如图 5-19 所示。

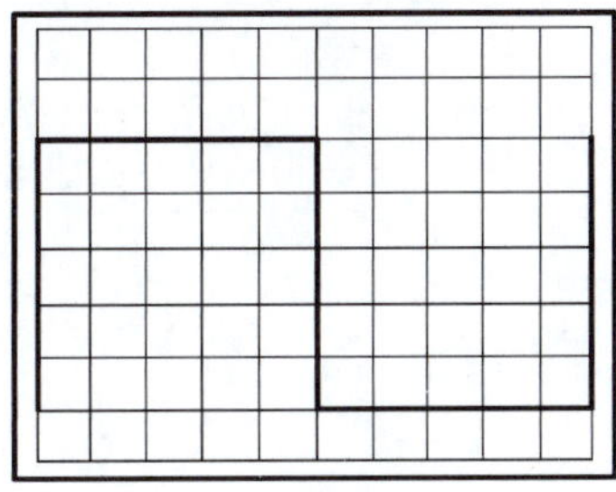

图 5-18 示波器方波图

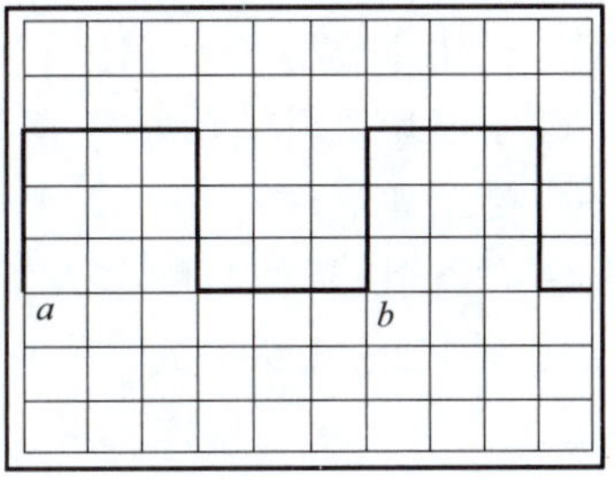

图 5-19 时间(频率)测量示意

(3)被测两点间的时间为：

$D\times a=6\ \text{cm}\times 2\ \text{ms/cm}=12\ \text{ms}$。

(4)该讯号的频率 $f=1/(12\times10^{-3})\ \text{Hz}=83\ \text{Hz}$。

3. 信号电压峰-峰值测定：

在钢轨探伤仪检修中一般测的都是交流信号，所以这里只介绍信号峰-峰值电压测定方法：

(1)Y 输入选择置 AC。

(2)Y 微调置“校准”，调节 V(cm)开关到 A(V/cm)，使波形在示波器有效读数范围内(图 5-20)。

(3)读取波形最高、最低两点在示波管上的读数 a 和 b，a、b 间距离为 D，则信号峰-峰值$=D(\text{cm})\times A(\text{V/cm})$。

(4)若使用的探头有衰减应乘上衰减因数，例如 $A(\text{V/cm})=1\ \text{V/cm}$，$D=2\ \text{cm}$，使用10∶1 探头，则峰-峰值电压$=2\ \text{cm}\times1\ \text{V/cm}\times10=20\ \text{V}$。

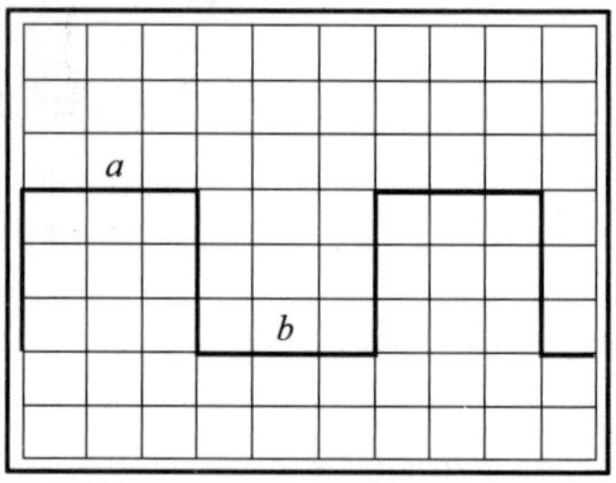

图 5-20　峰-峰值测量示意

三、示波器使用注意事项

(1)正确调节、使用示波器面板开关旋钮。

(2)正确读取测量结果。

(3)测量时，人体勿接触设备带电部位，防止触电。

(4)严禁测试超过示波器允许输入最大电压值的信号电压(如示波管阳极高压)，以防损坏测试设备。

复习思考题

1. 试块的用途有哪些？
2. CSK-ⅠA 试块可测定仪器和探头的哪些性能？
3. 在钢轨探伤仪的测试中，WGT-3 试块的作用是什么？
4. 阶梯试块可测定仪器和探头的哪些性能？
5. GTS-60 试块有哪些用途？加长型 GTS-60 试块增加了哪些作用？
6. 双轨探伤仪专用试块的作用是什么？有哪几种试块？
7. GTS-60SG 试块主要有哪些用途？
8. GTS-60SG-1 试块具体有哪些人工伤损？
9. GTS-60SG-2 试块具体有哪些人工伤损？
10. GTS-60SG-3 试块具体有哪些人工伤损？
11. 钢轨焊缝探伤应配备哪些试块？它们有哪些用途？
12. 万用表操作方法有哪些具体要求？
13. 万用表使用时，应注意哪些事项？
14. 示波器使用时，应注意哪些事项？

第六章　钢轨探伤

以探测 60 kg/m 钢轨、仪器按声程 1∶2.5 标定方式进行论述，由于钢轨探伤仪种类多，探测范围标定方式有所不同，以及各探头厂生产的探头折射角误差，因此，论述中的出波和探头位置与实际工作中遇到的会有差别，这一点在学习与实践中予以注意。

第一节　70°探头探伤

70°探头采用横波在钢轨轨头内进行反射式探伤，主要探测轨头核伤和钢轨焊缝轨头的夹渣、气孔和裂纹等。

一、声波的传播途径

（一）偏角扫查

为了一次性检查较大范围轨头内、外侧伤损，采用 70°探头置轨面与钢轨纵向呈一定的偏角扫查，使入射钢轨中的横波经轨颚反射来扩大扫查范围。

一次波：探头发射的超声波在未被轨头下颚反射之前，由伤损或轨端断面反射的回波（图 6-1）声束 0～1 段。

二次波：超声波经轨头下颚反射后，尚未被轨顶面反射之前，由伤损或轨端断面反射的回波（图 6-1）声束 1～2 段。

（二）无偏角扫查

为了有效检测轨头中心区域的横向裂纹，采用 70°探头置轨面中心，声束方向与钢轨纵向平行，入射钢轨中的声波由轨面向轨头三角区传播（图 6-2），有利于发现钢轨轨头中心区域横向裂纹。

二、轨端回波显示

（一）A 型显示的偏角扫查

当 70°探头入射点距轨端（60 kg/m 钢轨）216 mm 左右［图 6-3（a）］，荧光屏刻度 9.2 左右（仪器标定为横波声程 1∶2.5），将显示轨端顶角反射波；随着探头向轨端移动，由位置 0 移至位置 1，回波由刻度 9.2 向 5.0 移动［图 6-3（b）］，这时二次波由轨端顶角向轨颚方向移动，同时，在荧光屏刻度 4.8 处显示轨颚底角波［图 6-3（c）］，探头位置距端轨 108 mm 左右，继续前移，二次回波波幅下降，一次回波波幅上升［图 6-3（d）］，并随着探头从位置 1 移向位置 2，一次回波由刻度 4.6 向 1.0 处移动［图 6-3（e）］。

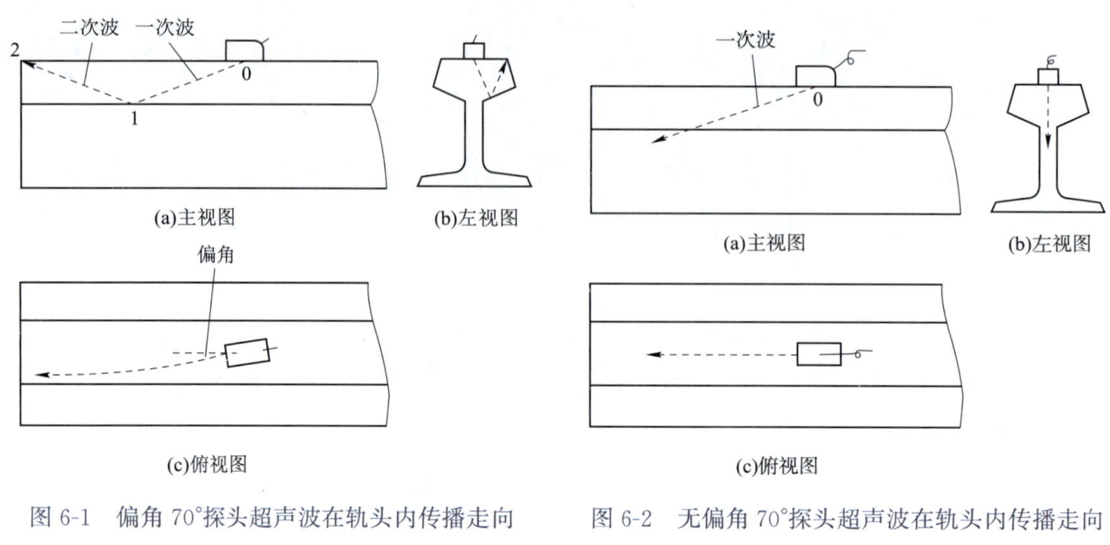

图 6-1　偏角 70°探头超声波在轨头内传播走向　　图 6-2　无偏角 70°探头超声波在轨头内传播走向

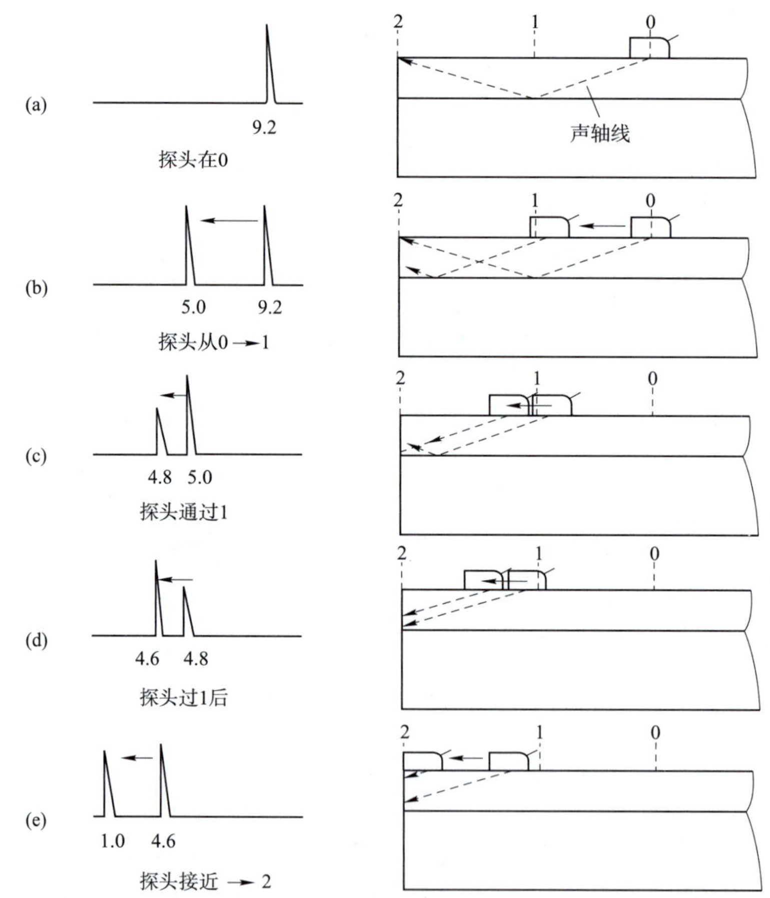

图 6-3　偏角 70°探头轨头端面回波 A 型显示过程

已知：60 kg/m 钢轨、轨颚面中心距轨顶面约为 39.5 mm、折射角 70°、标定比例 1∶2.5，二次波 F：F=(39.5÷cos70°)×2÷25=9.24。

(1)上述是70°探头发射方向和探头移动方向相同的显示过程,由于钢轨探伤仪上还装有向后发射的70°探头,即探头移动方向与发射方向相反,因此,该探头轨端断面回波显示正好与上述过程相反,回波从刻度值小向刻度值大的方向移动,先显示一次回波,再显示二次回波。

(2)为提高二次波探伤灵敏度,钢轨探伤仪接70°探头的通道,接收放大电路中采取远距离补偿方式,加上二次波是经轨颚反射,受声束扩散、轨头侧面和顶面的影响,二次波在轨头内的反射较复杂,呈多支波交替显示现象;另外,为防止近区杂波而产生频繁报警,在接收电路中又采取近区抑制方式,使一次回波移不到0刻度。这些均属于正常现象,切勿为追求一次回波位移到0刻度或二次回波单支波显示,而采取提高或降低探伤灵敏度,这样不利于钢轨探伤。

(二)A型显示的无偏角扫查

当无偏角70°探头入射点距轨端(60 kg/m钢轨)140 mm左右[图6-4(a)],荧光屏刻度10.0(仪器标定为横波声程1∶1.5),显示轨端反射波;随着探头向轨端移动,探头距轨端距离越来越小,回波由刻度大向刻度小移动[图6-4(b)],它的显示特点与偏角70°探头端面回波显示不同,只有一次波,无二次波。

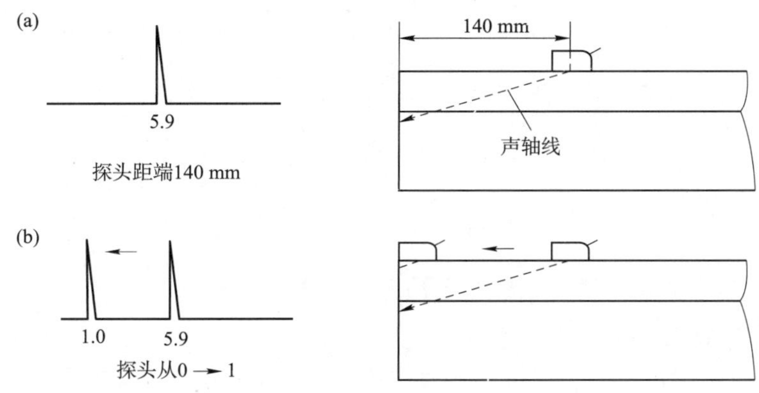

图6-4 直70°探头轨头端面回波A型显示过程

(三)B型显示

B型显示与A型显示不同,某处反射回波,在屏幕上只以一个点表示回波的空间位置。当70°探头入射点距轨端(60 kg/m钢轨)216 mm左右,荧光屏轨颚线下开始出现回波反射点[图6-5(a)],由于二次回波反射,声程大于一次波,折算出的深度大于轨颚厚度,因此显示回波的“点”出现在轨颚线下部;随着探头向轨端移动,探头由位置0接近位置1,回波声程越来越小,B型显示回波点向上延伸接近轨颚线[图6-5(b)];探头移过位置1时,回波显示图会出现继续向上延伸和在轨颚线上同时出现回波显示点,这是一、二次波交替中出现的现象[图6-5(c)];当探头由位置1移至位置2(轨端),回波显示点由轨颚线向上延伸接近轨面线[图6-5(d)、(e)]。

三、声束覆盖范围

了解和掌握声束覆盖范围,对实际探伤中波形分析有很大帮助。目前,钢轨探伤仪的探伤工艺一般都采用70°探头在轨面偏角和无偏角两种扫查方式,偏角扫查是利用轨颚反射作

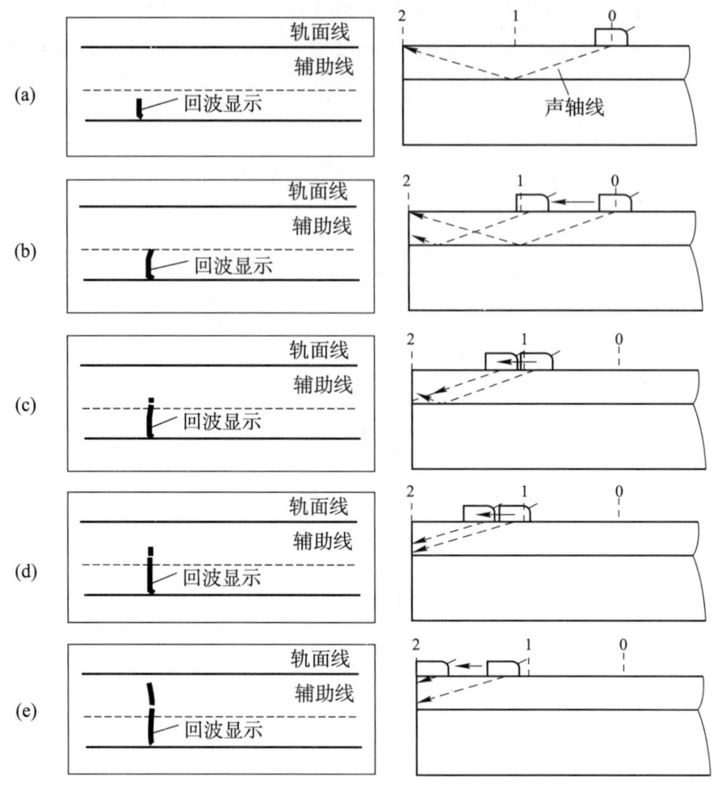

图 6-5　70°探头轨头端面回波 B 型显示过程

用，扩展扫查范围；无偏角扫查是为弥补偏角扫查未检测的区域。

（一）偏角扫查声束覆盖范围

（1）一次波声束覆盖范围约占轨头总面积约 20%[图 6-6(a)]，实际扫查面积大小与探头偏角、位置和探伤灵敏度等有关。

（2）二次波声束覆盖范围约占轨头总面积约 45%[图 6-6(b)]。

（3）同时用两个 70°探头，一个检查轨头内侧，另一个检查轨头外侧，由于探头偏角的因素，在轨头中下部仍存在一个“盲区”[图 6-6(c)]。

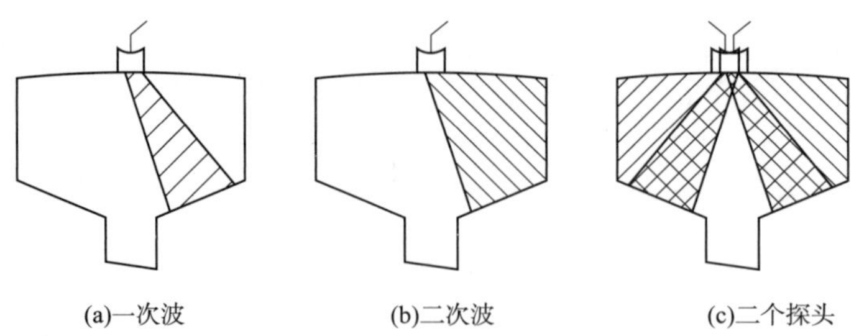

图 6-6　偏角 70°探头声束覆盖范围示意

声束覆盖范围的检验方法是在轨端不同位置上向内纵向钻平底孔(图 6-7)，模拟不同位置的核伤，按正常探伤方法对每一个平底孔进行探测，并记录回波位移情况，见表 6-1。

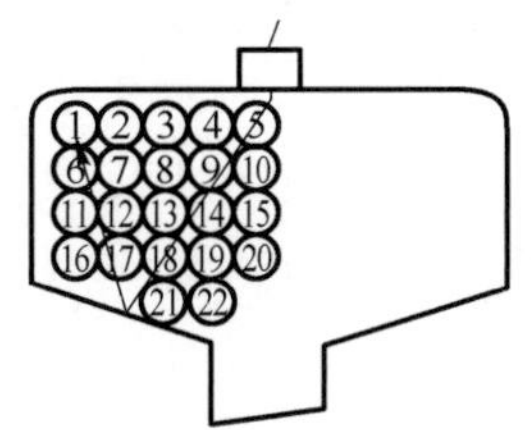

图 6-7 平底孔试块孔位示意

表 6-1 平底孔回波显示记录

孔号	回波位移	孔号	回波位移	孔号	回波位移	孔号	回波位移	孔号	回波位移
1	6.3～7.7	2	6.0～8.4	3	6.4～8.6	4	0.9～1.1 8.5～9.2	5	7.7～7.8
6	5.5～6.5	7	5.8～6.6	8	1.2～1.5 7.2～7.6	9	1.1～1.8	10	—
11	4.6～5.8	12	2.2～2.7 5.2～6.0	13	1.8～2.5 7.2～7.4	14	2.0～2.3	15	—
16	3.4～4.4 4.5～5.1	17	3.0～3.6 4.6～5.7	18	2.4～3.4	19	2.2～2.6	20	—
				21	3.1～4.4	22	3.4～4.4		—

从表中可以看出，轨头中部检测灵敏度比较低，正常探伤灵敏度下，10、15、20 号孔无回波，如伤损处于该区域是无法检测出；9、14、18、19、21、22 号孔只有一次回波，说明 70°探头偏角扫查，对轨头侧面灵敏度较高，对轨头中部检测困难，因此，采用 70°探头偏角扫查，轨头中部存在一定的“盲区”，必须使用无偏角 70°探头来弥补。

（二）无偏角扫查声束覆盖范围

根据晶片宽度和声束扩散特性，无偏角 70°探头的声束覆盖范围约为轨头总面积的 20%（图 6-8），从图中可知，主要探测轨头中部。

根据两个偏角 70°探头声束覆盖范围[图 6-9(a)]，再增加一个无偏角 70°探头探测，三个 70°探头同时使用，声束可覆盖整个轨头范围，满足轨头全面扫查的目的[图 6-9(b)]。

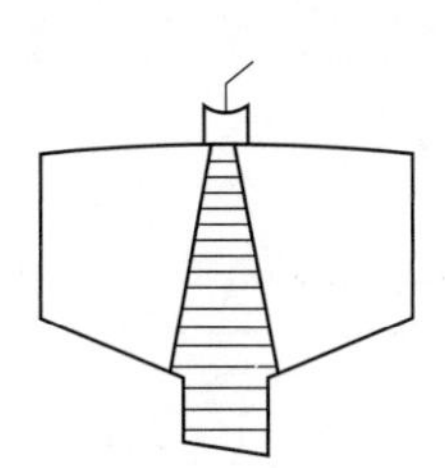

图 6-8 无偏角 70°探头声束覆盖范围示意

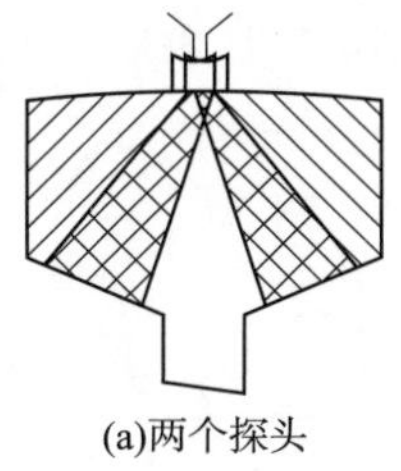

(a)两个探头

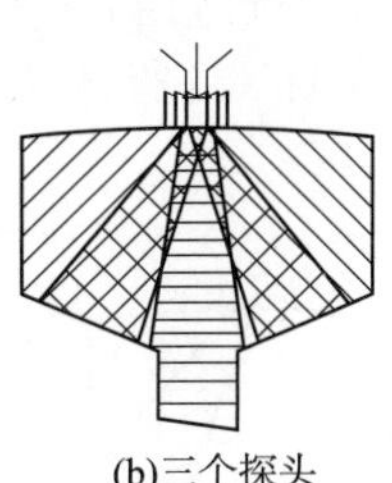

(b)三个探头

图 6-9 两个偏角加一个无偏角 70°探头声束覆盖范围示意

四、核伤回波显示

70°探头属反射式探伤法，探伤中无伤损存在时，一般不会有回波显示，当遇有伤损，且反射回波能被探头接收时，荧光屏显示伤波并报警，探伤人员可根据回波显示特点，大约确认伤损存在的位置和大小。

（一）规则核伤的显示

规则核伤是指核伤反射面与钢轨纵向基本垂直。

1. 偏角检测核伤回波显示

(1)核伤位于轨颚附近

由于伤损存在于一、二次波扫查区，且接近轨颚，因此，A 型显示在荧光屏刻度 5.0 左右，一、二次回波连续显示(图 6-10)；B 型显示在轨颚线附近，且伤波图形较长。

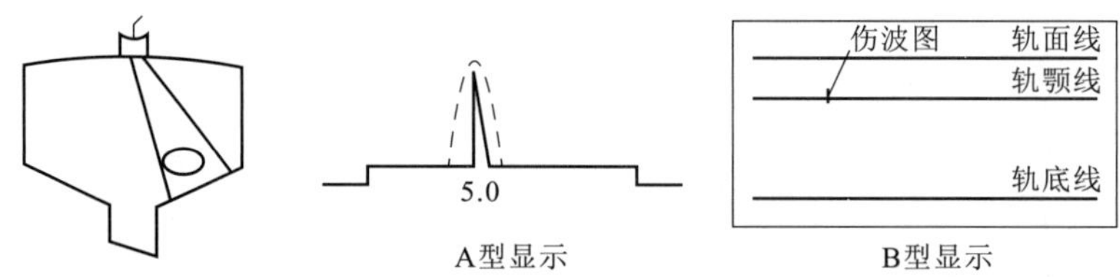

图 6-10　核伤位于轨颚附近回波显示

(2)核伤位于轨头上方

一、二次波扫查区，A 型显示回波在荧光屏扫描线上分两次显示，两次显示越靠近扫描线两端，则核伤距轨面越近(图 6-11)；B 型显示在轨面线附近和离轨颚线较远的下方。

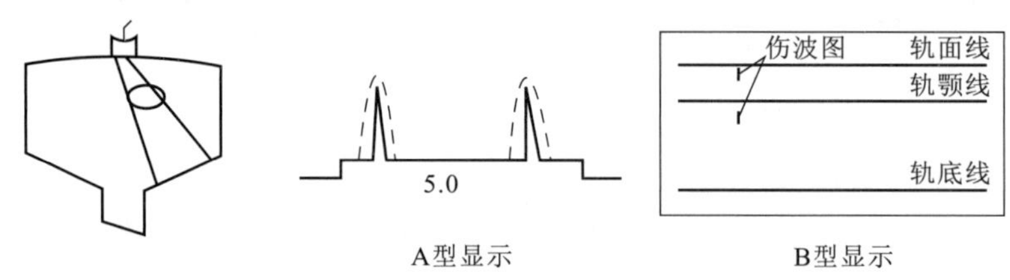

图 6-11　核伤位于轨头上方回波显示

(3)核伤位于轨头一侧上角

处于二次波扫查区内，A 型显示回波显示于荧光屏刻度 5.0 以后，回波位置刻度越大，核伤距轨面越近(图 6-12)；B 型显示伤损图形在轨颚线下方，离轨颚线距离越大，核伤越靠近轨面。

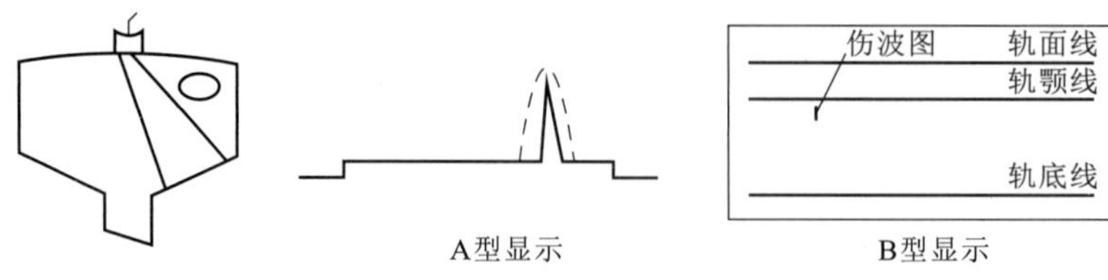

图 6-12　核伤位于轨头一侧上角回波显示

规则核伤回波显示规律一般具有伤损垂直高度越大，A 型显示回波位移越大、B 型显示伤损图形越长的特点；伤损位于一、二次重叠扫查区时，则 A 型显示一、二次波都有，B 型显示在同一垂线附近出现两个伤损图形；若核伤处于一次波扫查范围之外，则 A 型显示仅有二次波显示，B 型显示在轨颚线下方仅有一个伤损图形；如果核伤直径已经很大，则 A 型显示伤波近似与轨端回波，B 型显示较长的伤损图形从轨颚线下方至轨面线附近。

2. 无偏角检测核伤回波显示

核伤的位置与回波显示刻度相对应(图 6-13)，伤损越浅，A 型显示回波位置靠近起点，B 型显示靠近轨面线，反之，伤损越深，A 型显示回波位置靠近基线后端，B 型显示靠近轨颚线。

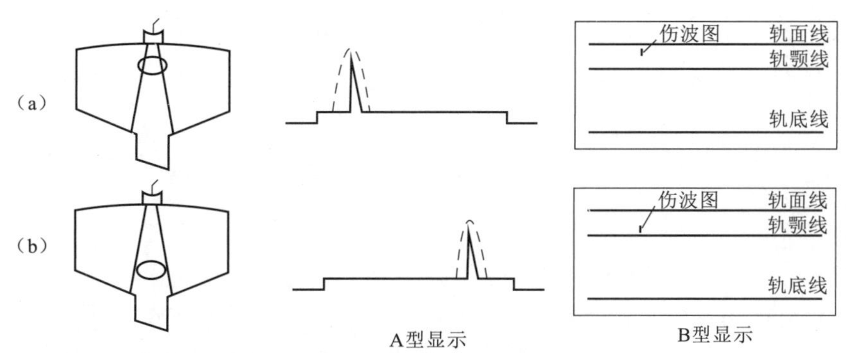

图 6-13　无偏角探测核伤位置和回波显示

(二) 倾斜核伤的显示

由于疲劳源的倾斜，以及双线地段列车单向运行或单线地段上、下行列车运量悬殊，使核伤早期呈倾斜性发展，给核伤检查带来难度。由于核伤倾斜后，伤损回波途径发生改变，伤损回波的显示规律与规则性核伤不相同，认识倾斜性核伤回波显示规律，对波形分析、防止核伤漏检有益。

1. 偏角检测倾斜核伤回波特点

(1)核伤位于轨颚附近

虽然伤损存在于一、二次波扫查区，当探头接收不到二次波时[图 6-14(a)]，A 型显示回波在 5.0 之前，B 型显示在轨颚线之上；当探头接收不到一次波时[图 6-14(b)]，A 型显示回波在 5.0 之后，B 型显示在轨颚线之下。

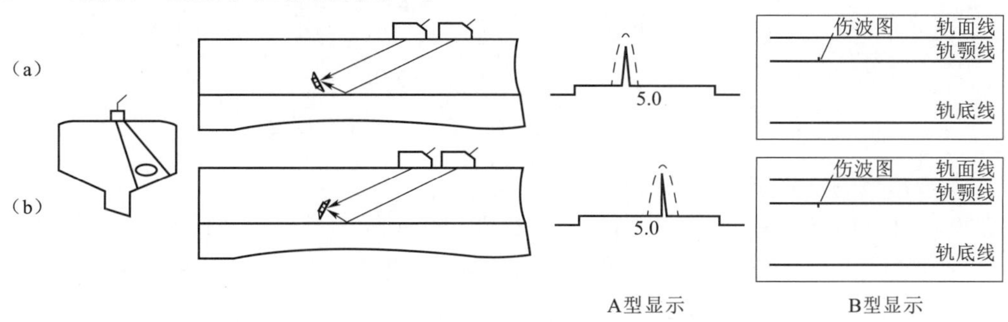

图 6-14　偏角探测倾斜核伤位于轨颚附近回波显示

(2)核伤位于轨头上方

虽然在一、二次波扫查区内，由于核伤倾斜后，使一次回波探头无法接收到[图 6-15(a)]，从波形显示上会误以为核伤位于内侧上角处；当二次波探头无法接收到[图 6-15(b)]，会误以为核伤位于轨头中心处。

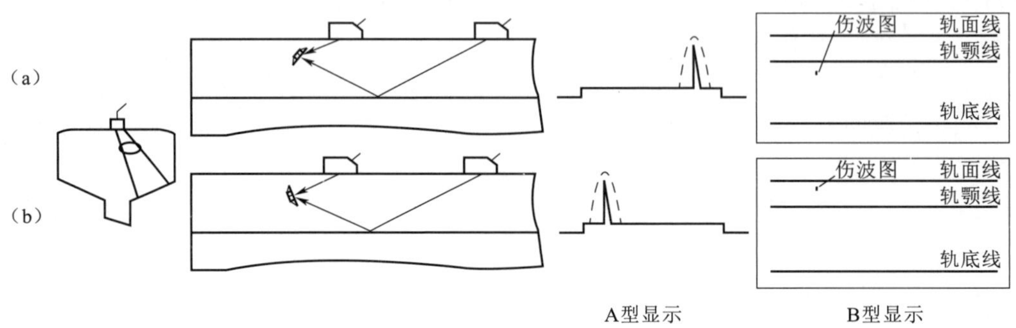

图 6-15　偏角检测倾斜核伤位于轨头上方回波显示

(3)核伤位于轨头一侧上角

虽然核伤在二次波扫查区内，因核伤倾斜后，当核伤反射面正好与二次波正交时[图 6-16(a)]，会有回波显示；当核伤与二次波的入射角过大[图 6-16(b)]，回波无法被探头接收，会造成漏检，这一漏检往往在不知不觉中发生。为防止倾斜性核伤漏检，最有效的方法是增加探头[图 6-16(c)]，从另一侧检查，或定期调换 70°探头的发射方向，即原来一个探头向前向内，另一个探头向后向外，调整为一个探头向前向外，另一个探头向后向内，以便提高核伤检出的可靠性。

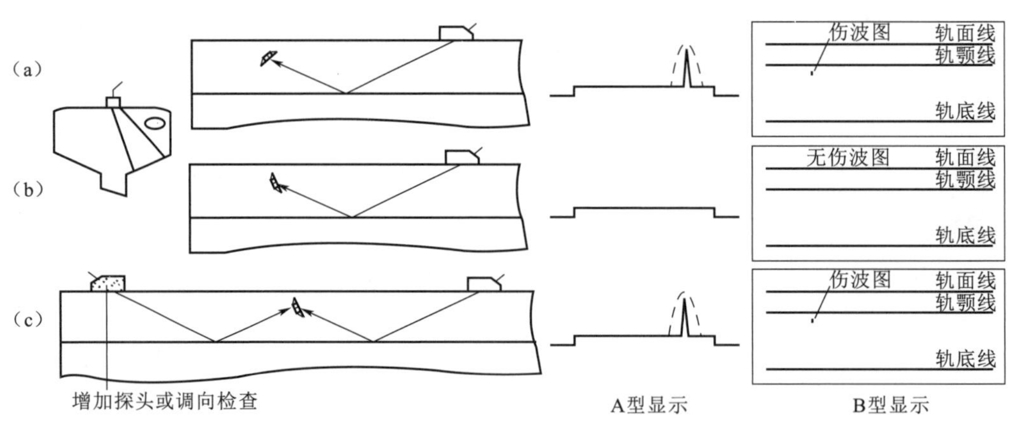

图 6-16　偏角检测倾斜核伤位于轨头一侧上角回波显示

2. 无偏角检测倾斜核伤回波特点

当倾斜核伤与声束正交时[图 6-17(a)]，在仪器显示屏上会出现核伤波(A 显示)或图(B 显示)；当倾斜核伤与声束不正交时[图 6-17(b)]，虽然核伤处于声波扫查范围之内，因核伤回波无法返回到探头中，荧光屏上无伤波显示，为防止倾斜性核伤漏检，应采取增加探头或调向检查的方式弥补[图 6-17(c)]。

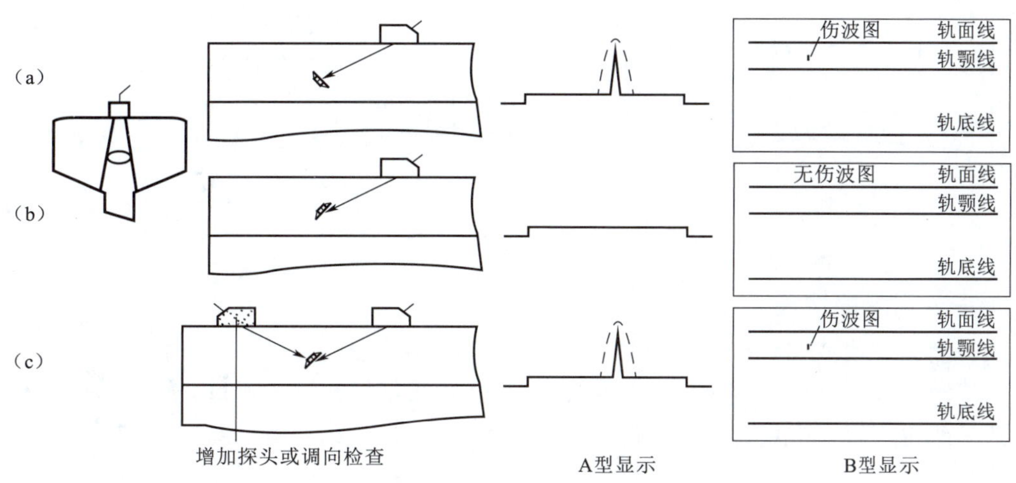

图 6-17 无偏角检测倾斜核伤位置和回波显示

五、非核伤回波识别

(一)剥离层多次反射波

钢轨制造和淬火不良,产生轨头表层剥离,形成不规则的薄层(图 6-18)。超声波在薄层中多次反射后被探头接收,A 型显示的荧光屏一次波范围会出现单支或多支回波同时显示的现象;B 型显示轨面线附近会有不规则的、密集分布的点,同时会在轨底线上显示 0°探头的失波。

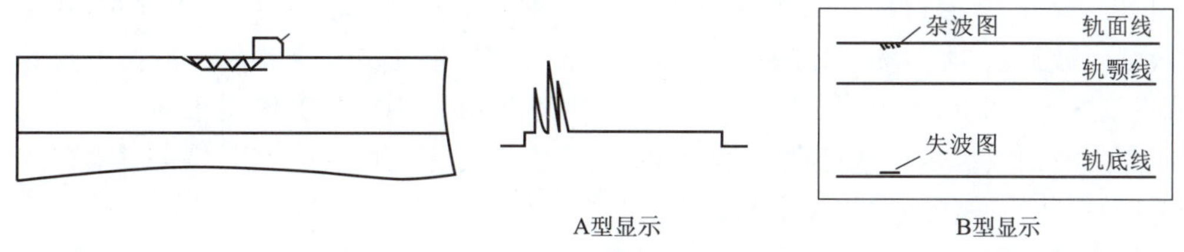

图 6-18 剥离层多次反射波

该类伤损可根据回波和探头位置对应关系来进行识别,如果探头入射点在剥离层上或是回波定位正好在裂口上,则属剥离层回波。但剥离层末端很容易产生核伤,如遇回波定位在剥离层末端,则很可能已经形成核伤。

(二)鱼鳞剥离反射波

由于钢轨接触疲劳强度不足,曲线上股或部分直线地段形成鱼鳞状剥离(图 6-19)。向轨头内侧发射的通道,A 型显示的荧光屏刻度 7.5～8.5 间会出现有规律、连续、循环回波显示(由于轨头磨耗、探头位置不同和仪器探测范围校正误差,回波位置会有所不同);B 型显示轨颚线下会形成连续图形,且离轨颚线较远。探测中应慢走细看,重点注意波幅强、位移大和二次波靠近 5.5 刻度的回波,因为鱼鳞剥离末端很容易产生核伤。

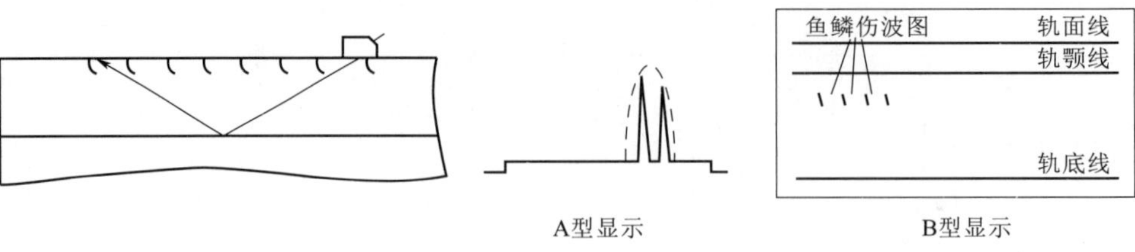

图 6-19　鱼鳞剥离反射波

（三）剥落掉块波

轨头侧面肥边或曲线内侧剥落掉块，形成一定的反射面，引起超声波的反射(图 6-20)。剥落掉块向轨头中心扩展，有时一、二次波都会显示，很像核伤回波，可用校对方法区别。由于飞边易产生应力集中点而形成核伤或剥落严重会向轨头内裂，所以对这种异常反应，要认真细查。

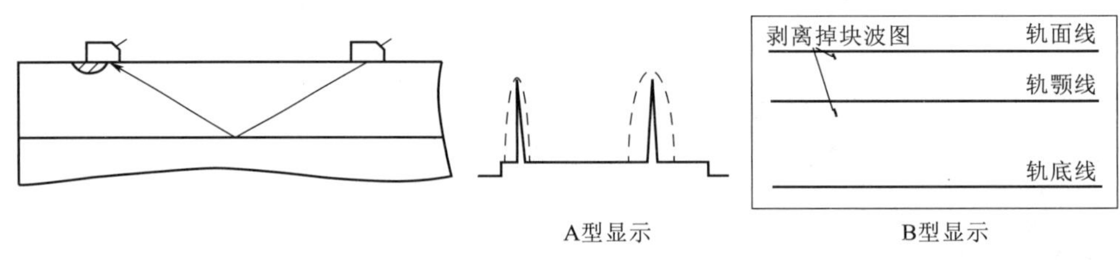

图 6-20　剥落掉块波

（四）轨面擦伤波

机车空转或制动过程中，轮轨间剧烈摩擦，使钢轨表面擦伤，后形成网状碎裂，在探伤中呈不规则回波显示，类似剥落掉块回波，但波幅弱一些。擦伤波碎裂程度不同回波显示也不同，靠近刻度零点显示不规则的跳跃波或移动很短的回波，则擦伤的深度很浅。当一次或二次波范围内有回波显示，一般擦伤较深或存在“锅底”“月牙”型损伤，这时应把仪器调向复查或进行校对，防止擦伤引发的核伤漏检。

（五）侧面锯齿波

液压匀缝器进行拉轨作业地段，由于匀缝器卡钳的卡齿作用，使钢轨接头轨头侧面呈斜条状齿痕(图 6-21)。探伤中二次波在齿痕上产生反射，A 型显示的荧光屏刻度 6.0 左右显示连续、位移短、重复的回波；B 型显示在轨颚线下出现等距离图形，可根据外观和波形显示来区别。

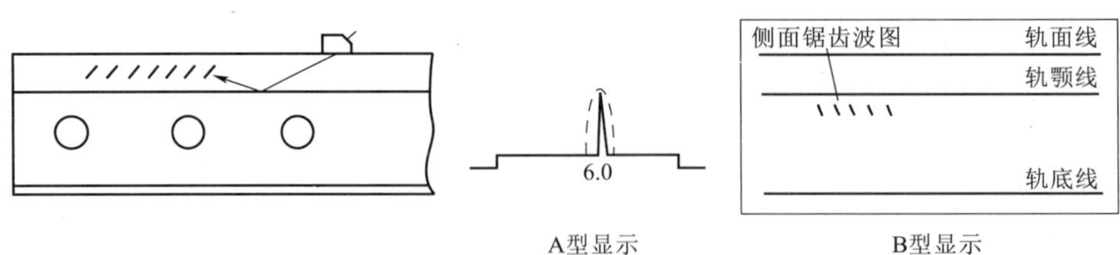

图 6-21　侧面锯齿波

(六)颚部锈蚀波

轨头颚部锈蚀严重时,较深的锈损坑使超声波产生反射。会出现间断而短促的报警声,在荧光屏一、二次波交替处,显示没有移动的跳跃波(图 6-22)。用砂纸打磨钢轨颚部,跳跃波会减弱或消失。为防止连续报警而干扰探伤,可打开“位移报警”功能(有些钢轨探伤仪具备此功能),实现位移小的回波不报警。

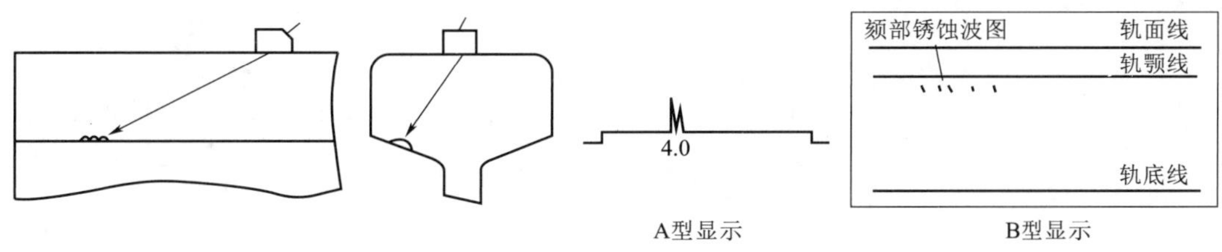

图 6-22 颚部锈蚀波

(七)夹板卡损波

钢轨接头连接件夹板端头与钢轨长期摩擦,形成一定深度的磨损台阶(图 6-23),探伤中会产生回波。探头入射点距夹板(60 kg/m 钢轨)108 mm 左右时,产生报警声,并在荧光屏一、二次波交替处显示波幅稳定的单支回波。通过目视或探头调向校对鉴别,要注意卡损处向内发展的横向裂纹。

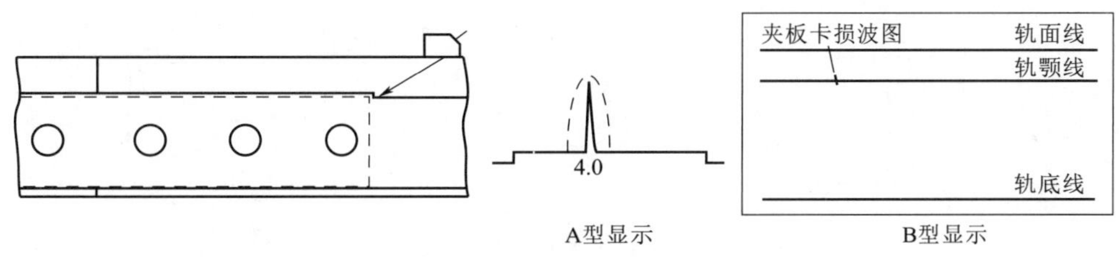

图 6-23 夹板卡损波

(八)螺孔反射波

探伤中遇钢轨磨耗严重、探头偏角和位置不当等,使入射轨头内声束方向变化,部分声波射入螺孔上产生回波。探头距螺孔 210 mm 左右,A 型显示的荧光屏刻度 9.0 左右显示螺孔反射波(图 6-24);B 型显示有轨颚线下出现斜线的图形。可以通过测量探头与螺孔间的距离,调节探头的横向位置,使螺孔反射波消失。

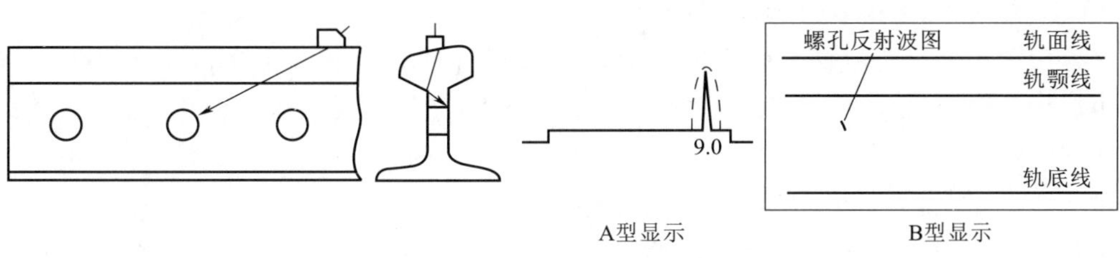

图 6-24 螺孔反射波

（九）夹板内螺孔反射波

遇接头夹板与钢轨颚部密贴，水渗入到密贴的界面处，超声波透过水耦合，入射夹板螺孔上（图 6-25），在荧光屏刻度 9.0 左右显示螺孔反射波，一般在接头第 2 螺孔上会产生这一现象，可以通过松开接头螺栓，使夹板与钢轨分离，破坏透声途径进行判别。由于这种透声现象，在探伤中也会出现夹板内的横向裂纹产生类似轨头核伤的回波，遇接头区明显核伤回波而校对不到时，很可能是夹板内有裂纹。

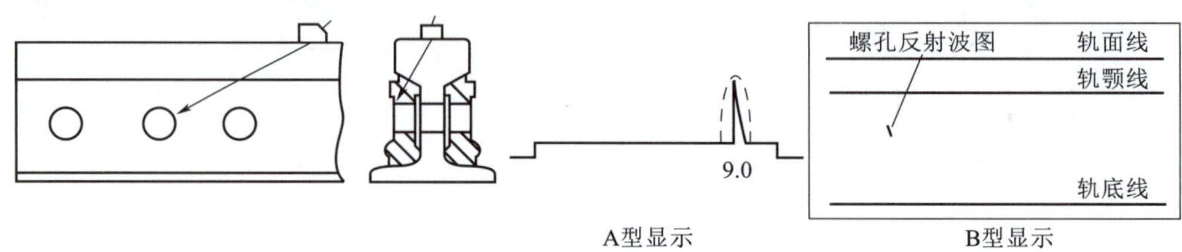

图 6-25　夹板内螺孔反射波

（十）焊筋轮廓波

无缝线路钢轨焊缝，轨头下颚都存在一个凸起的焊筋，探伤中一般都会产生回波。焊筋轮廓波在荧光屏刻度 4.5 左右显示（图 6-26），由于焊筋几何形状不一，回波显示的位移和强弱略有差异，铝焊接头回波强，气焊接头回波弱。要注意回波位移长、波幅强和多支回波同时显示的回波分析，防止焊缝内缺陷的漏检。

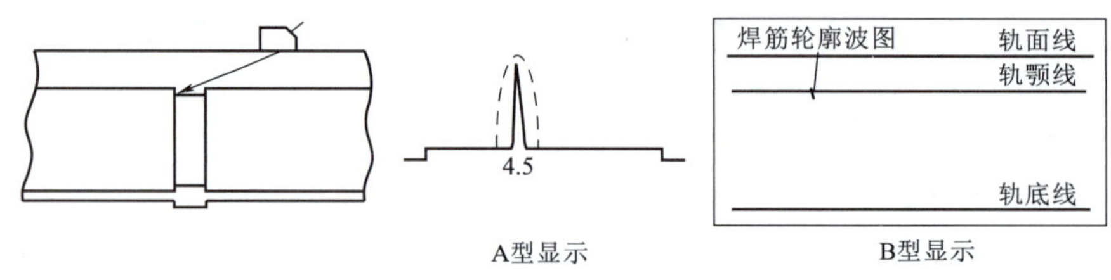

图 6-26　焊筋轮廓波

非核伤回波在不同仪器调节和轨型探测时，回波位置和位移略有差异，但基本规律相似。可以通过目视轨面状态、确定反射点位置、70°探头校对、调整探头位置和方向等方法区别核伤真假，要重视异常波形的分析，防止回波显示相似的核伤漏检。

六、探伤注意事项

（一）重视现场探伤灵敏度调节和修正

上道检测前做好现场探伤灵敏度调节，无杂波的情况下，尽可能提高探伤灵敏度，确保轨头小核伤及时发现；当轨面、轨颚锈损严重时，应及时提高增益，保证钢轨不良地段轨头核伤及时检出。

（二）防止接头 1 m 区域核伤的漏检

钢轨接缝二端各 1 m 区域是核伤的多发处，应加强该区域核伤检查；需慢走细看，认真分析仪器显示的回波图形。

（三）根据核伤存在规律综合判伤

在探伤中每个探伤人员应注意伤损规律的分析，根据伤损存在的部位、趋向，合理设置探头声束发射方向和组合排列形式，采取多种方式检查判断。对于焊补层下的核伤检测，因核源多数在焊补层下方最深点，由残余裂纹发展形成，应注意 70°探头的二次波探伤，同时结合 0°探头检查焊补层有否脱离。大运量区段曲线上股的鱼鳞伤，其特征存在纵、横两个面的倾斜（图 6-27），在复线区段仪器迎着列车方向推行时，应设置一个朝后向内发射的 70°探头，有利于对鱼鳞破损引起核伤的探测。

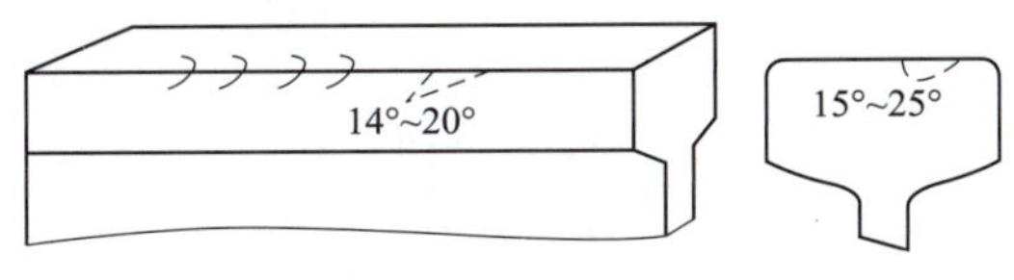

图 6-27 鱼鳞伤特征

（四）重视倾斜性核伤的检测

从大量探伤资料显示，双线区段由于列车单向运行，钢轨头部核伤常带有一定倾斜特点（图 6-28），为防止这类核伤漏检，应采用多个 70°探头，以多个不同发射方向检测轨头；若使用 2 个 70°探头检测时，应采用发射方向定期调换方式，通过调换 70°探头方向，使声束方向与核伤反射面正交，以保证对不同倾斜核伤的检查。

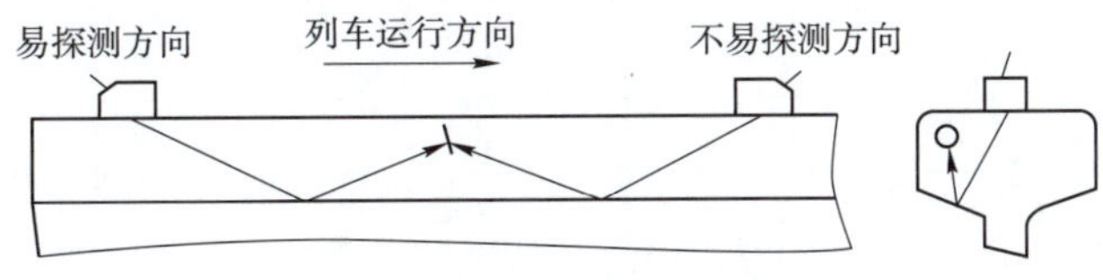

图 6-28 倾斜核伤的探测

（五）注意探头位置和偏角的检查

对于同样大小的核伤，探头的偏角与报警长度有直接关系，偏角过大会影响核伤的检测，因此，要重视探头位置和偏角的检查，发现探头位置不当应及时调整，探头偏角不准及时进行整修探头架。尤其是检查小半径曲线地段，应根据钢轨磨耗程度及时调整探头，使探头处于正确位置上，保证声束扫查预定区域。

（六）重视薄弱处所的检查和校对

应注意小腰内侧、曲线上股、坡道变坡点和道岔基本轨竖切部位的检查，由于尖轨高于曲基本轨，探伤时应擦去油污，正反向各查一遍，入冬前应进行仪器的校对检查，同时不能忽视擦伤、剥离、焊补层下核伤的检查和校对。

七、核伤定位和定量

钢轨核伤除判定伤损性质后，还应通过校对确定它的位置、大小，以便确定对钢轨的处理。目前采用的校对方法有四点法、基线法、半波高度法和试块对比法等。

（一）基 线 法

基线法又称二点定位法，它是根据核伤回波显示在荧光屏基线上的位置来确定核伤的位置和大小(图 6-29)。此法不仅操作简便，而且定位定量精度较高，适合各种类型核伤的校对。但要求所用仪器的探测范围和校对灵敏度标定准确，否则，影响定位定量精度。

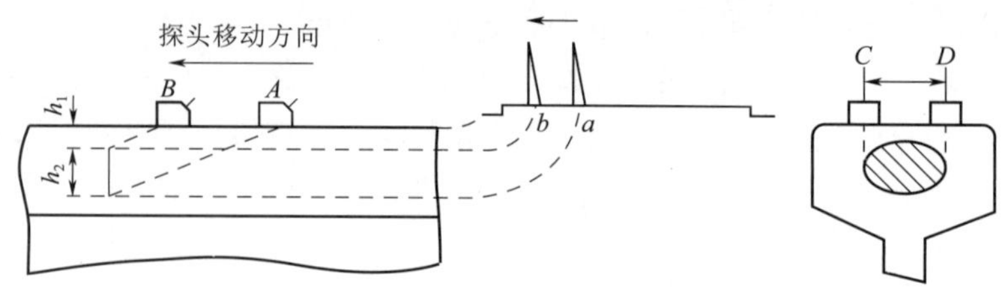

h_1—核伤深度；h_2—核伤高度。

图 6-29　基线法示意

1. 校对前准备工作

(1)测定探头的入射点和折射角

将探头入射点和前沿中心在探头外壳上做好标记。

(2)确定水平和垂直距离的系数

根据三角函数边角关系，按探头折射角和仪器标定声程比例值，求出荧光屏每毫米表示实际水平和垂直距离的系数(表 6-2)。

表 6-2　水平和垂直距离系数

仪器标定	计算公式	66°	67°	68°	69°	70°
声程 1∶2	水平距离＝$2\sin\beta$	1.83	1.84	1.85	1.87	1.88
	垂直距离＝$2\cos\beta$	0.81	0.78	0.75	0.72	0.68
声程 1∶2.5	水平距离＝$2.5\sin\beta$	2.28	2.30	2.32	2.33	2.35
	垂直距离＝$2.5\cos\beta$	1.02	0.98	0.94	0.90	0.86

通过实际操作和现场试验结果，常用的 70°探头，按声程 1∶2 标定后的仪器屏幕显示刻度，水平距离系数取 1.9，垂直距离系数取 0.7；按声程 1∶2.5 标定后的仪器屏幕显示刻度，水平距离系数取 2.3，垂直距离系数取 0.9。

(3)校正探测范围

将“抑制”开关置于“大”，校准仪器探测范围为声程 1∶2(50 kg/m 钢轨)或 1∶2.5(60 kg/m 钢轨)。

(4)确定校对灵敏度

在待校对钢轨上调节校对灵敏度，校对探头横向置于轨面上，声束方向朝钢轨外侧(图 6-30)。以轨头外侧一次反射波，显示在 2.5～3.0 范围内，波高 80%为基准，再增益 14～16 dB 就可。

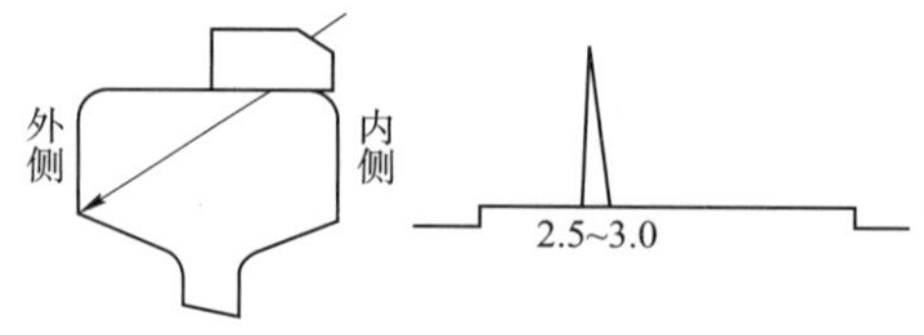

图 6-30　校对灵敏度调节

2. 核伤位置大小测量

(1)确定核伤近、远点波位置

使用一次波校对,在反射面较强的一侧确定近点波(b)和远点波(a),并在探头入射点对应的钢轨上打上标记 B、A(图 6-29)。

(2)确定核伤中心

近点波刻度(b)乘以水平距离系数,得出值从探头入射点(B)向前量,确定出核伤顶端在轨面投影位置(O_1);远点波刻度(a)乘以水平距离系数,得出值从探头入射点(A)向前量,确定出核伤底端在轨面投影位置(O_2);取 O_1 点到 O_2 点的中心 O 点,则 O 点就是核伤中心在钢轨纵向的位置。

(3)确定核伤深度(h_1)

近点波刻度(b)乘以垂直距离系数,得出值就是 h_1。

(4)确定核伤高度(h_2)

远点波减近点波刻度($a-b$)乘以垂直距离系数,得出值就是 h_2。

(5)确定核伤距侧边距离和横向宽度

核伤在轨头内的横向宽度一般采用延伸法测定,测定时将探头置于起、落波中点或回波幅值最大的位置(图 6-29)。然后横向移动探头,分别标出回波刚好跌落时探头前沿中心对应于钢轨处的 C、D 二点位置。则 C 点为核伤距侧边的距离。CD 间的距离为核伤横向宽度。

3. 核伤校对注意事项

(1)注意灵敏度修正和回波识别

使用具有远距离补偿特性的通道来校对核伤,校对灵敏度应采取"近高远低"的修正方法进行定量。

近高——测定核伤近点波时,在回波前方无杂波的前提下,应尽可能提高增益;向核伤方向移动探头,使近点回波前移,找到核伤顶端。

远低——测定核伤远点波时,应将衰减量恢复到修正前的校对灵敏度;对于较大核伤,由于轨颚反射作用,使一、二次波不间断连续显示,易造成核伤定量过大,因此,要注意观察一、二次波交换显示。

(2)注意探头移动方向的选择

对存在轮轨作用面顶端的小核伤可采用"近斜远直"的校对方法,测定近、远两点。

近斜——测定核伤近点波时,探头方向应根据回波强弱,选择合适的探头移动方向,因处于作用面顶端的小核伤,起点在轨头圆弧边,采用斜移探头法,可避开探头与圆弧面接触,更容易找出核伤回波的最近点。

远直——测定核伤远点波时,斜移探头,使声束与核伤主反射面入射角增大,回波下降,对测定核伤底端不利,因此,必须采用直移探头。

(二)校对方式选择

因轨面状态不良、核伤不规则性,以及擦伤和剥离下核伤校对难度较大等原因,核伤的定位定量应选择有针对性的方式,以满足各种核伤的校对。

1. 直移校对法

探头移动方向与钢轨纵向平行(图 6-31)。它适用于核伤与轨头侧面近似垂直的校对。

2. 斜移校对法

探头移动方向与钢轨纵向呈一定夹角。它适用于校对与钢轨纵向不垂直的核伤(图 6-32)。

3. 轨颚校对法

探头放置轨头下颚，对核伤进行定位(图 6-33)。它适用于产生在轨头内侧上角，轮轨作用面边缘小核伤的校对。校对时应尽可能将声束发射方向指向作用面边缘，如果是倾斜小核伤，要选择声束指向核伤最佳反射面的一侧。校对灵敏度以钢轨表面校对灵敏度再增益 10～12 dB。

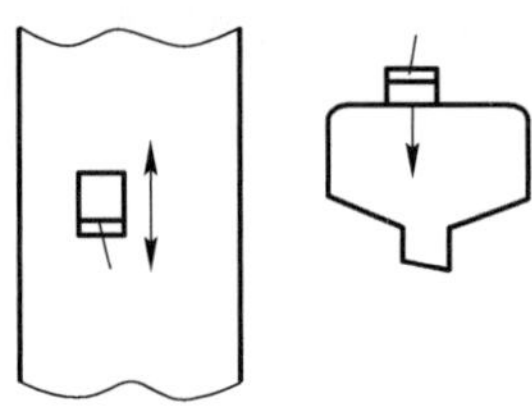

图 6-31　直移校对法

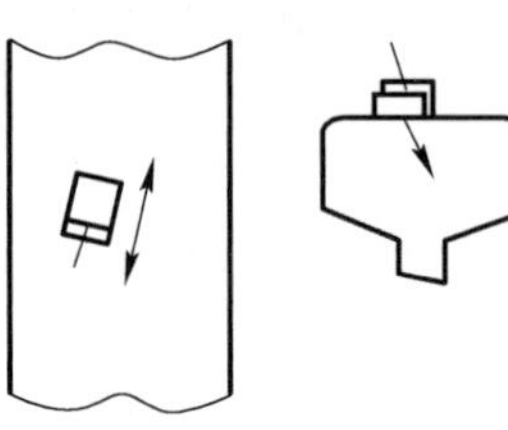

图 6-32　斜移校对法

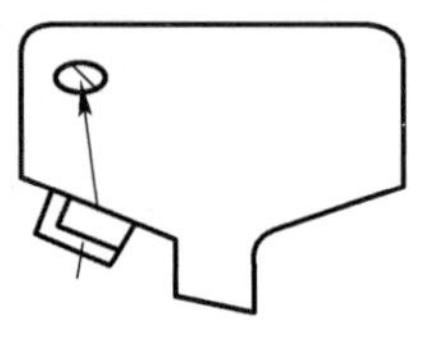

图 6-33　轨颚校对法

4. 侧面校对法

探头放在轨头侧面进行核伤校对(图 6-34)。它适用于严重侧磨轨下颚形成的横向裂纹或擦伤、剥离和焊补层下的核伤定位定量。校对灵敏度同轨颚一样，如果核伤处于探测面的另一侧，应适当修正校对灵敏度。校对波形显示要注意分辨，如果仪器标定为声程 1∶2，荧光屏刻度“10.0”之前均为一次波，因轨头宽为 70 mm(50 kg/m 钢轨)，侧面校对最深为 70 mm，不要把刻度“5.0”之后的回波误认为二次波。

5. 二次波校对法

运用轨颚反射的二次波对核伤进行校对(图 6-35)。它适用于擦伤、剥离和焊补层下核伤定位定量，也可用于测定擦伤深度，以二次波估算确定。

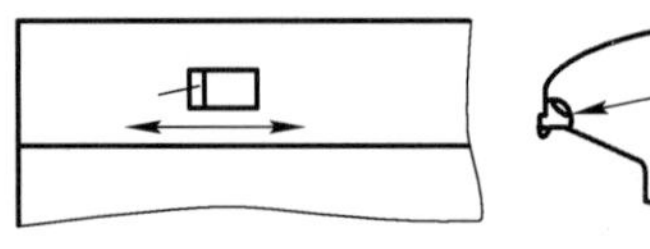

图 6-34　侧面校对法

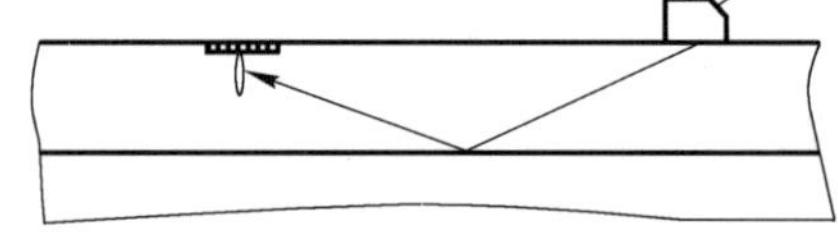

图 6-35　二次波校对法

6. 直探头校对法

用直探头对轨头水平裂纹和水平状核伤定深定量(图 6-36)。在核伤校对出现异常，用直探头进行鉴别，如发现近表面有多次反射波或失波报警，可依据探头在轨面位移确定长度，根据回波显示刻度确定深度。

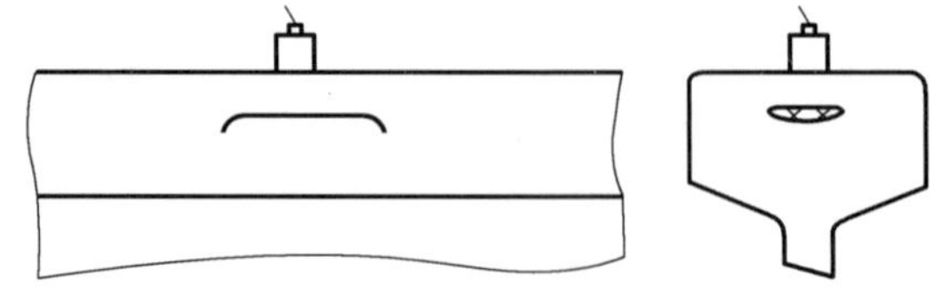

图 6-36　直探头校对法

7. 通用探伤仪校对法

通用探伤仪对核伤进行定位、定量以核伤最大反射波高 80%，再增益 12 dB 作为校对灵敏度，前后左右移动探头，使核伤边缘回波降至 80%，来确定核伤大小；以最大反射回波显示的刻度来确定核伤位置。

第二节　37°探头探伤

37°探头（以往按入射角的大小称之为 30°探头）属反射式探伤，其发射的超声波从轨头以折射角 37°方向传播到轨底（图 6-37）。主要探测轨腰投影范围的螺孔裂纹、斜裂纹和特殊部位水平裂纹，以及轨底横向裂纹。

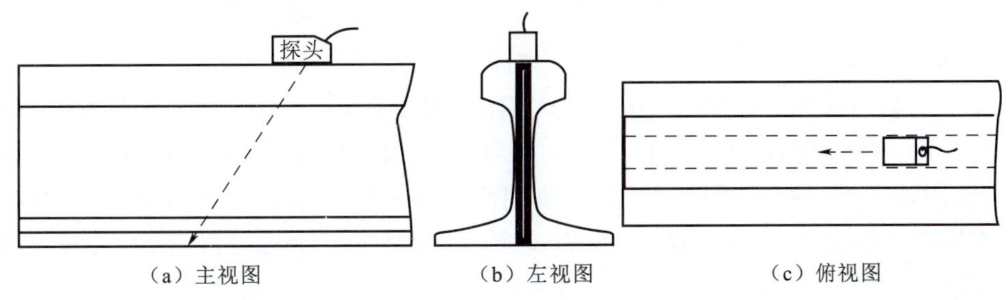

图 6-37　37°探头探测区域

一、正常钢轨内回波显示

掌握好 37°探头探伤方法，必须了解正常情况下钢轨内的回波显示规律，在熟知各种回波与探头位置对应关系的基础上，才能识别异常回波或裂纹回波。钢轨接头第一螺孔裂纹是探测的重点和难点，掌握 37°探头在钢轨接头的波形显示，以及一孔裂纹探测的方法和要领是本节学习的重点。

（一）螺孔回波

37°探头探伤扫查中距离螺孔中心 73 mm 左右，A 型显示的荧光屏刻度 4.2 左右出现螺孔回波，前 37°探头（朝仪器推行前方发射的探头）螺孔回波由刻度大向刻度小的方向移动（图 6-38），后 37°探头螺孔回波由刻度小向刻度大的方向移动，由于两个探头声束方向不同，螺孔波显示移动过程正好相反；B 型显示在轨颚线下方显示与螺孔回波深度相对应的两条斜线。

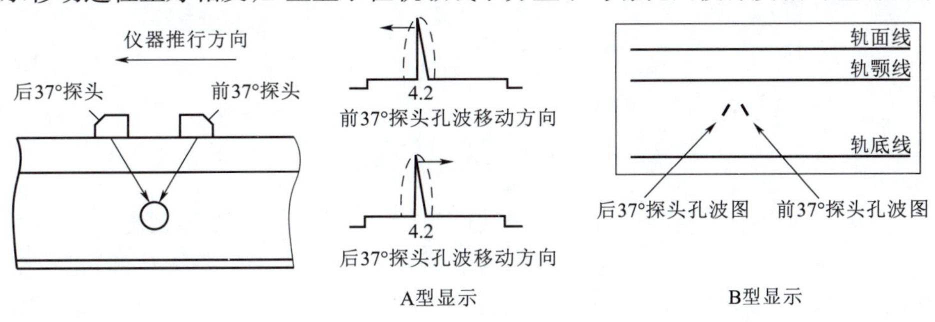

图 6-38　37°探头螺孔回波显示

（二）第一螺孔至轨端部回波

37°探头探测钢轨接头第一孔至轨端间，因钢轨类型、螺孔位置和轨面状的影响，以及钢轨端面、顶角、颚部、腰部等反射作用，会产生很多固有回波，容易与第一螺孔裂纹或轨端裂纹混淆。现以前 37°探头探测 60 kg/m 钢轨接头回波的显示规律为例（仪器按声程 1∶2.5 调节），说明各种回波规律。后 37°探头回波规律与前 37°探头相反。

（1）37°探头探测遇到第一螺孔时，A 型显示的荧光屏对应基线刻度 4.2 左右显示完整的第一螺孔回波（图 6-39 探头位置 1）；B 型显示在轨颚线下显示一斜线图。

（2）探头入射点移至距轨端约 100 mm 处，A 型显示的荧光屏刻度 6.5 左右有时会显示轨头顶角波（图 6-39 探头位置 2），该回波是由轨颚和轨面多次反射至端角上产生的回波，由于 43 kg/m、60 kg/m 钢轨下颚的斜度大，反射波的途径有所改变，因此，显示回波有一定差异；B 型显示在轨颚线下靠近轨端位置（图 6-39 中虚线），会显示一长度较短的斜线，这是仪器根据回波时间换算得出。

（3）探头入射点移至轨端约 40 mm 左右时，A 型显示的荧光屏刻度 2.8 左右显示轨端颚部反射波（图 6-39 探头位置 3），它是由轨端面与轨颚面形成的端角，37°探头扩散声束在端角上的反射；B 型显示在轨颚线上，靠近轨端位置显示一长度较短的斜线。正常探测条件下，每个钢轨接头都会显示轨颚波，且波幅较强，如果无显示，除轨面状态不良外，一般为探伤灵敏度偏低，应及时进行修正。

（4）探头入射点移至距轨端 5 mm 左右（一般探头外壳 1/3 已移出本轨），超声波经过轨端端面反射至第一孔，A 型显示的荧光屏刻度 4.3 左右显示不完整螺孔波（图 6-39 探头位置 4），又称倒打螺孔波；B 型显示在轨端位置的另一侧，螺孔图的位置，显示长度小于正常螺孔图。该螺孔波与正常螺孔波不同，是受一孔至轨端距离、轨端反射面平整度、轨端顶面等的影响。

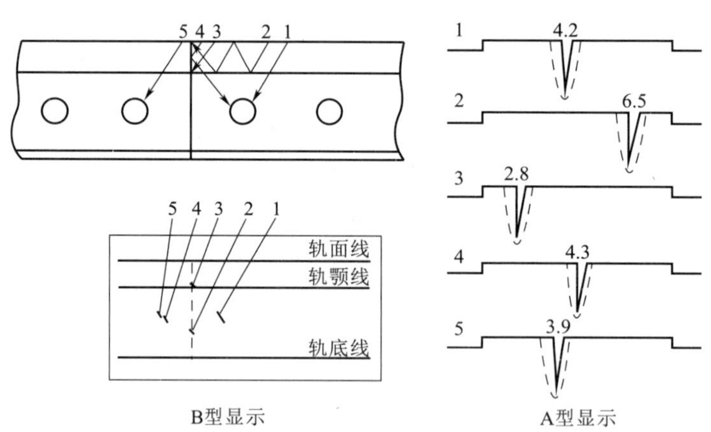

图 6-39　第一螺孔至轨端回波显示

（5）当探头入射点刚过轨缝进入另一根轨面时，A 型显示的荧光屏刻度约 3.9 左右显示半个螺孔波（图 6-39 探头位置 5），它和倒打螺孔波一样都属于不完整螺孔波，都是受一孔至轨端的距离影响，不能满足一个完整螺孔波显示的探测距离，只能显示螺孔波一部分；B 型显示在轨端位置的另一侧，螺孔图的位置，显示位置高于倒打螺孔波。当遇有高低接头、压塌或是擦伤(掉块)接头时,轨缝两端的不完整螺孔波很难显示,若使用了螺孔反报警门,则一孔向二孔向上裂纹不会产生报警,A 型显示容易导致漏检,因而需要加以重视,但 B 型显示从空间位置上可以很容易识别出裂纹图形。

二、探测螺孔裂纹范围

(一)第二、三螺孔

螺孔划成四个象限,各象限都有可能产生螺孔裂纹(图 6-40)。按其声束方向,前 37°将探头能发现Ⅱ、Ⅳ象限的斜裂纹及Ⅰ、Ⅳ象限的水平裂纹;后 37°探头能发现Ⅰ、Ⅲ象限斜裂纹及Ⅱ、Ⅲ象限的水平裂纹。从图 6-40 可知,通过两个探头两个方向的探测,能基本解决第二、三螺孔各个方向裂纹的检出。

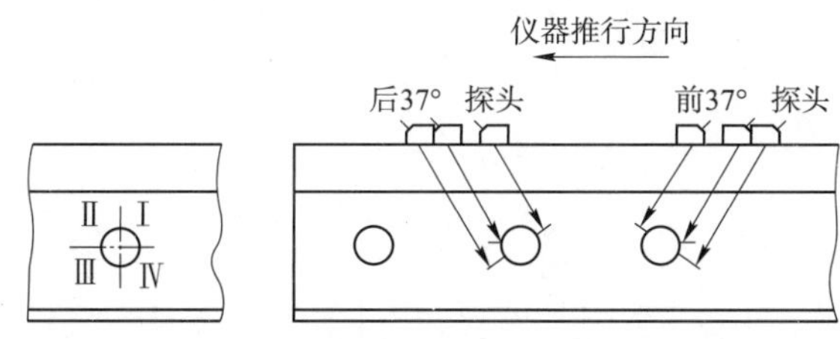

图 6-40 第二、三螺孔前后 37°探头探测范围

(二)第一螺孔和轨端

在钢轨端面、轨面状态和螺孔位置正常的情况下,由于钢轨端面对超声波的反射作用,前后 37°探头探测范围与在第二、三螺孔上有所不同。前 37°探头能探本侧第一螺孔除Ⅰ象限以外裂纹、轨端上的裂纹和迎端轨第一螺孔Ⅱ象限裂纹(图 6-41),而后 37°探头探测范围刚好弥补前 37°探头的不足。

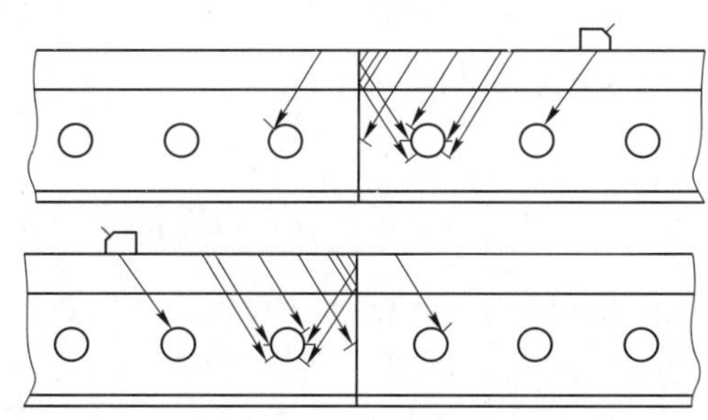

图 6-41 第一螺孔和轨端前后 37°探头探测范围

以上所说的斜裂纹,对 37°探头来讲是有一定范围限制,裂纹倾角过大或过小,都有可能无回波显示而造成漏检,因裂纹倾角过大或过小后,裂纹反射波无法被探头接收所致。

三、裂纹波显示规律

为叙述方便,以前 37°探头为例,后 37°探头可按其探测方向依理类推。根据钢轨接头的回波显示情况以及受力状态,一孔向轨端的下裂(或水平裂纹),以及一孔向二孔反向的上裂是探测的重点和难点,这些裂纹不仅发生频率高,而且是导致轨端揭盖的主要裂纹。

（一）螺孔向下斜裂纹

前 37°探头遇到Ⅳ象限向下斜裂纹(图 6-42)，因为裂纹在螺孔中心下方，反射面比螺孔声程更远，A 型显示的荧光屏对应基线 5.0 以后先显示螺孔向下裂纹波，裂纹波消失后，在 5.0 以前显示螺孔波，伤波位移长短与裂纹长度有一定的对应关系，一般为裂纹越长，显示裂纹波的起点刻度值越大、回波位移越长；B 型显示螺孔向下裂纹显示在螺孔图下方，图示裂纹长度与 A 型显示的回波位移长度和仪器推行距离呈正比关系。若裂纹与入射声束不正交，侧显示的比例关系不成正比。

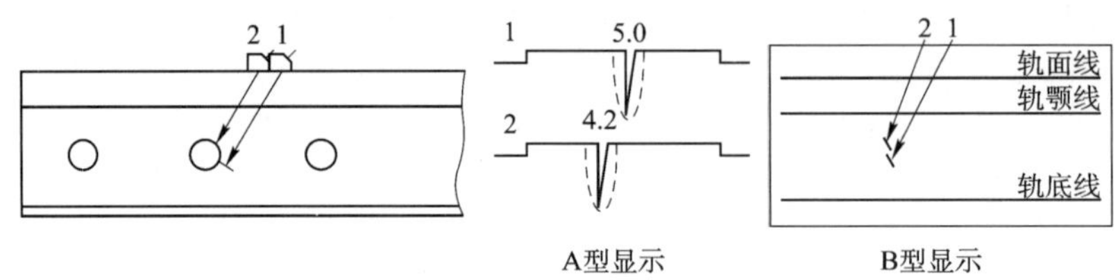

图 6-42　螺孔向下裂纹回波显示

（二）螺孔向上斜裂纹

前 37°探头探测遇到第Ⅱ象限向上斜裂纹时(图 6-43)，因为裂纹处于螺孔的后方，A 型显示特点为先螺孔波，后显示裂纹波，在螺波还没有消失时，在螺孔波之后就出现裂纹波。当向上斜裂纹端点低于螺孔顶面时，则伤波显示在螺孔波范围内；当向上斜裂纹较长，且裂纹端点超过螺孔顶面时，则裂纹的回波失落点超过螺孔波显示范围，裂纹回波位移长，回波失落点刻度值越小；B 型显示为螺孔图先显示，裂纹图后显示，与实际检测时，出波顺序相同。

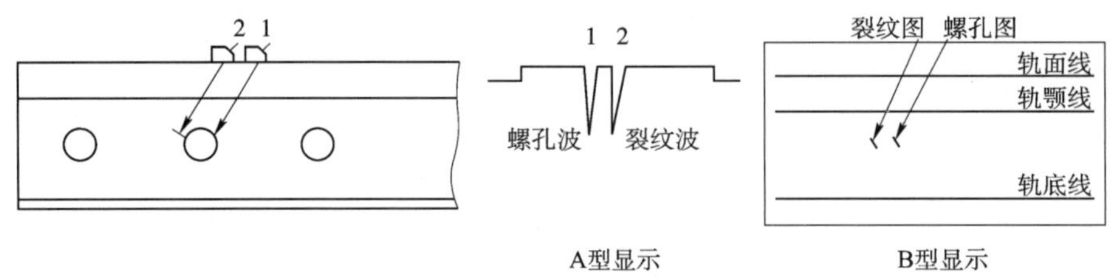

图 6-43　螺孔向上裂纹回波显示

对于无 B 型显示的钢轨探伤仪向上裂纹还可用“相关法”进行确认。在正常情况下 0°加后 37°组合探头探测同一螺孔时，先显示 0°探头螺孔波，在螺孔波结束的瞬间，再显示后 37°探头螺孔波。两波交换互不并存。当遇有向上裂纹时，在 0°螺孔波显示同时，后 37°探头在螺孔波显示范围内出现伤波，呈现双波并存现象(图 6-44)，它适于 43 kg/m、50 kg/m 钢轨。运用这个显示规律，对一孔向二孔向上裂纹鉴别，具有方便准确的效果。

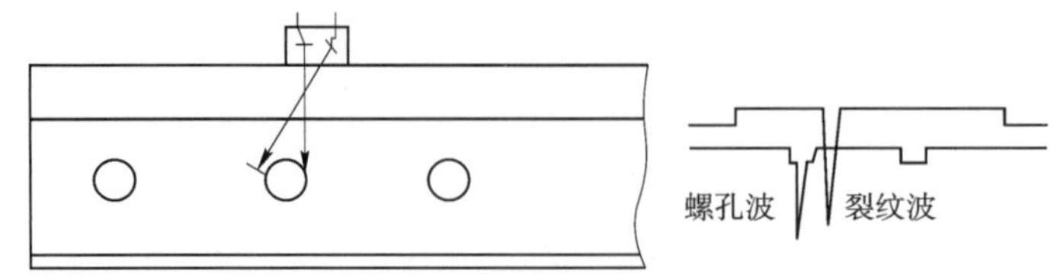

图 6-44　螺孔向上裂纹相关法回波显示

（三）螺孔水平裂纹

前37°探头遇到第Ⅰ、Ⅳ象限间的螺孔水平裂纹时（图6-45），由于螺孔周边和裂纹面之间构成角反射作用，能显示螺孔水平裂纹波。探头声束先射及水平裂纹角反射点，后射及螺孔反射面，因此，A型显示的荧光屏先显示裂纹回波后显示螺孔回波，因水平裂纹角反射点与螺波反射面高差小，则两个回波间隔很小，并有裂纹波未消失螺孔波就出现的同时显示过程；B型显示在螺孔图下方紧接着显示裂纹图，位置比向下裂纹要高些。

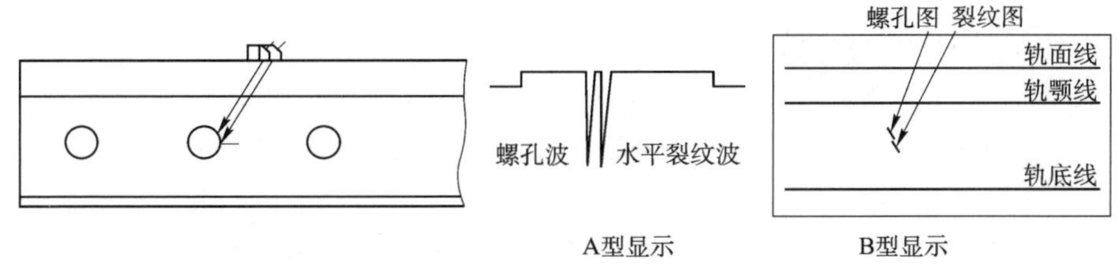

图6-45 螺孔水平裂纹回波显示

（四）一孔向轨端向下（或水平）裂纹

根据超声波反射原理，前37°探头发射的超声波，经轨端面按入射角等于反射角的方向向轨腰下方传播。前37°探头显示轨端颚部波同时，若声波射及螺孔向下（或水平）裂纹，A型显示的荧光屏5.0左右会显示裂纹波，这时探头入射点距轨端10～40 mm范围，如果斜裂纹越长，探头距轨端也越大，裂纹波显示的刻度也越大（图6-46），由于该部位各种回波很多，很难以听报警来确定裂纹，只有看清颚部波的同时，注意螺孔波出波位置后方回波的显示，这样才能发现裂纹；B型显示第一孔向轨端裂纹的位置有一特殊现象，它显示在轨缝线的另一侧，这是仪器对轨端面反射过程无法判断，按回波声程计算伤损位置显示的结果。

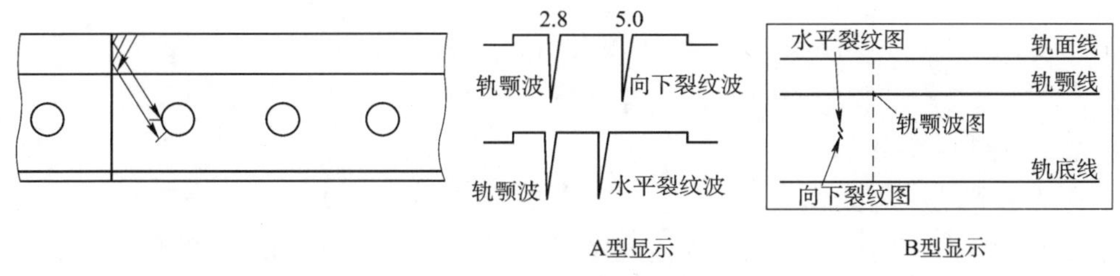

图6-46 一孔向轨端向下（或水平）裂纹回波显示

（五）一孔向二孔向上裂纹

前37°探头入射点进入另一根钢轨顶面时，显示不完整螺孔波。探头继续向前移动10 mm左右，显示向上裂纹波（图6-47），探头入射点离轨端约20 mm。由于轨端顶面不平，多数情况下第一螺孔波不能正常显示，因此，一旦发现荧光屏显示螺孔波的刻度上有回波，则要以观察探头位置方法来鉴别，认真区分是螺孔回波还是向上裂纹回波，防止误将向上裂纹波当成螺孔波来处理；B型显示对此伤损容易判断，无论不完整螺孔图是否出现，只要采用前后37°探头回波合并显示方式，很容易判断出是否存在一孔向二孔向上裂纹，这是B型显示的优势。

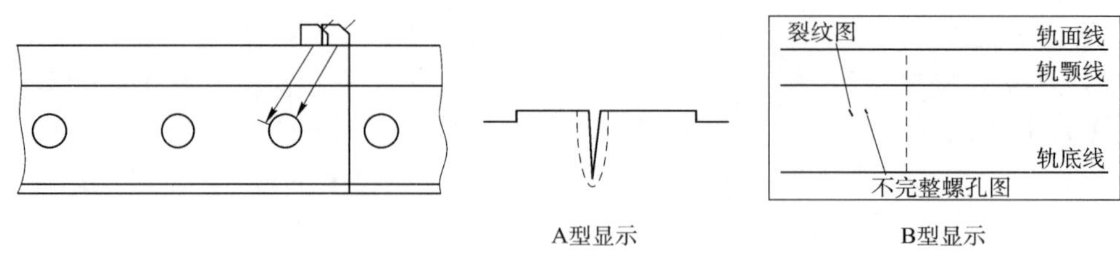

图 6-47　迎端轨一孔向上裂纹回波显示

（六）轨端水平和斜裂纹

37°探头发现轨端水平或裂纹，是通过轨端水平或斜裂纹与端面构成直角反射来实现。它们在荧光屏上显示回波（A 型显示）或图形（B 型显示）位置，根据裂纹在轨端上的深浅而定。要重视轨颚和轨腰（与螺孔等高部位）上的裂纹检出。一般钢轨下颚水平裂纹较多，应根据轨颚和轨颚裂纹回波强度、位移量不同来区别，防止裂纹回波误认颚部反射波（图 6-48）；轨腰（与螺孔等高部位）上的裂纹，A 型显示不仅要看出波位置，还需根据探头位置不同来区别，如接头第一螺孔显示后，探头前移动 76 mm 左右，在荧光屏螺孔波显示刻度上出现回波，且回波很强时，很可能轨端腰部有裂纹；B 型显示轨端水平或斜裂纹判断比较容易，只需根据屏显图形位置来判断，但也要求注意轨颚回波图与轨颚裂纹回波图的分辨。

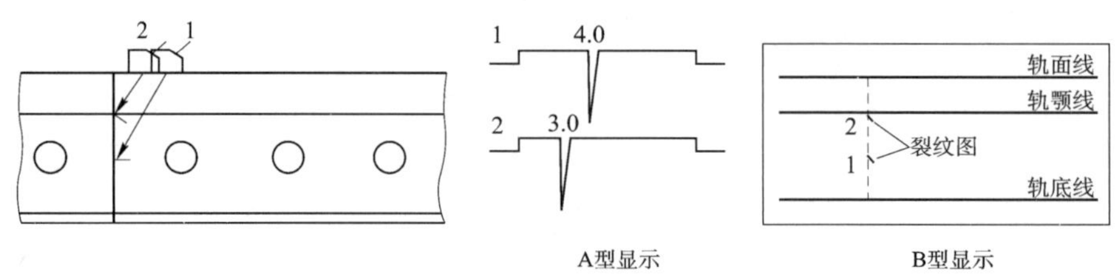

图 6-48　轨端裂纹回波显示

轨端裂纹是水平还是倾斜，可根据 0°探头回波情况进行鉴别，若 0°探头有回波反映，一般为水平裂纹或倾斜度较小的向上斜裂纹，若失底波而无回波则是轨端斜裂纹。

（七）轨腰斜裂纹

37°探头遇到轨腰斜裂纹（图 6-49），当裂纹方向同入射波方向正交，产生回波和报警。回波显示离基线 0 刻度（A 型显示）越远或图形显示（B 型显示）离轨面线越远，则裂纹距轨面越深；回波位移越大，一般裂纹越长。若 A 型显示探伤仪使用螺孔反报警门方式探伤，应注意反报警门范围内的轨腰斜裂纹因不报警而漏检，同时，也要注意因探伤灵敏度高，而产生年炉号回波导致的误判。

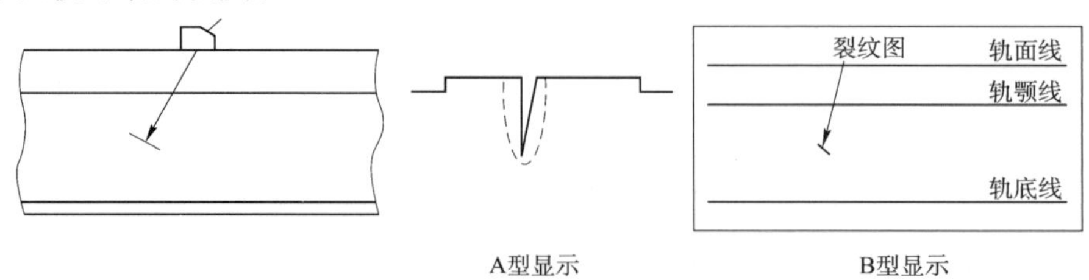

图 6-49　轨腰斜裂纹回波显示

（八）轨底横向裂纹

老杂轨区段或隧道、道口内，因轨底严重锈蚀或垫板磨损，在锈蚀严重部位或磨损的台阶边产生会产生横向裂纹；铝热焊接头轨底焊筋边沿或热影响区、接触焊热影响区钳口部位烧伤处也会产生轨底横向裂纹；特大桥上铺设的固定型温度调节器，异型尖轨的底部钻有防爬孔时，在防爬孔圆切面边也会产生横向裂纹（图 6-50）。

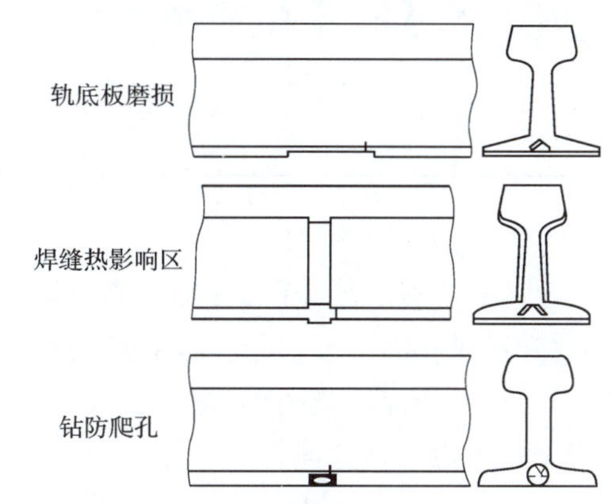

图 6-50 轨底横向裂纹产生部位

横向裂纹一般呈“月牙型”扩展，且与轨底面垂直，裂纹与轨底面构成直角反射点，在探伤中前、后 37°探头会产生两次回波（A 型显示）或图形（B 型显示）和报警（图 6-51）；对只有一次回波报警，且回波位移长的部位，要注意分析，有可能是倾斜度较大的横向裂纹，或者是轨底磨损形成的台阶和焊筋回波反映。

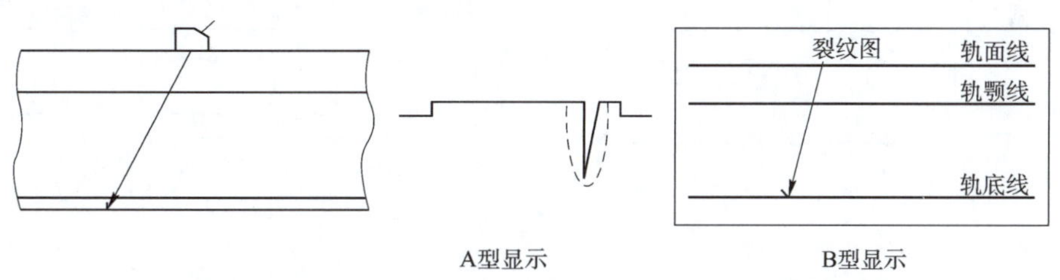

图 6-51 37°探头轨底横向裂纹回波显示

37°探头只能探测轨腰投影范围内的轨底横向裂纹，凡在这个区域与轨底垂直的裂纹且面积较大时，均有良好显示，若裂纹与轨底面夹角小于 84°回波明显下降，仪器检测困难。

四、非螺孔裂纹回波的鉴别

在实际探伤中，37°探头经常会遇上变形（或非标准）螺孔回波和其他异常现象对伤损判定的干扰，如何鉴别异常回波，需要掌握规律、观察分析和综合判断，去伪存真，防止误判和漏检。

（一）异常螺孔的鉴别（表 6-3）

表 6-3 常见异常螺孔波形特征及鉴别

名称	图示	易产生部位	波形显示基本特征	鉴别方法
导线孔	○ ○	自动闭塞区段	回波略低于标准螺孔波，且位移量小，两孔相邻时易误判螺孔裂纹	目视
大小孔	⬡○	自动闭塞区段的短尺轨	大小孔回波类似于螺孔向下裂纹	0°探头鉴别或拆检
双环孔	∞	短尺轨	前后 37°探头都有类似螺孔向上裂纹回波	
拉长孔	⌓	老杂轨和线路爬行严重区段	产生近似螺孔水平裂纹回波	

续上表

名称	图示	易产生部位	波形显示基本特征	鉴别方法
卷边孔		短尺轨	卷边回波显示在螺孔后方，且有同时显示的瞬间，一般卷边波消失后，螺孔波仍显示	拆检
气割孔		大修换轨或工程施工区段	螺孔波波形松散杂乱	

（二）螺栓回波

钢轨爬行、轨缝拉大后，螺栓与螺孔壁紧密接触，当雨水渗入接触面后，37°探头发射声波一部分在螺孔面上反射，另一部分透过接触面射入螺栓圆柱面上产生反射，荧光屏会同时显示螺孔和螺栓回波或图形（图 6-52）。可采用手工检查锤击打螺栓方法，使螺栓与螺孔接触面分离，螺栓回波会消失。

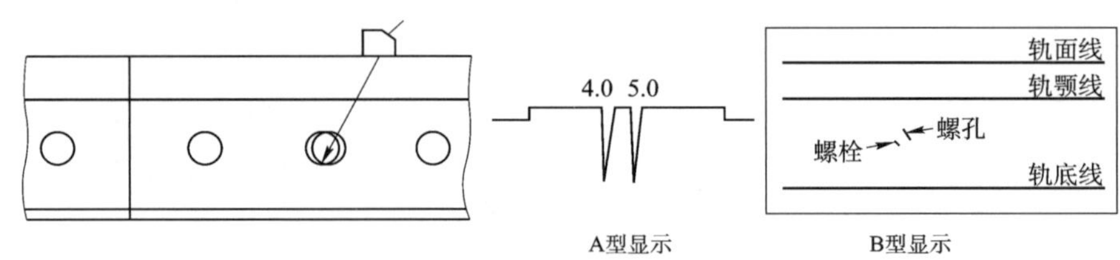

图 6-52　螺栓回波显示

（三）倒打螺孔波后移

道岔铺设配轨时，由于轨端锯切面不垂直，呈一定的斜度（图 6-53）。在 37°探头探伤中，声波在端面反射后，方向与垂直端面不同，增加传播距离，使倒打螺孔回波显示后移到 5.0 刻度左右，容易误认为螺孔向轨端水平裂纹，可以通过目视轨端方法进行区别。

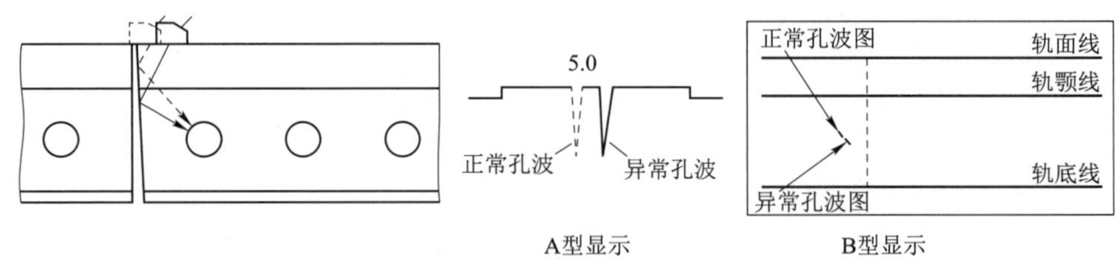

图 6-53　倒打螺孔回波后移

（四）螺孔顶面反射波

有缝线路 60 kg/m 钢轨探伤中，检测接头第 1 螺孔时，有些钢轨探伤仪 A 型显示第 1 螺孔波后会出现类似螺孔向上裂纹波，这支回波是由于螺孔顶面反射纵波致轨端面引起（图 6-54）。螺孔顶面反射波与螺孔向上裂纹波出波显示时间顺序有所不同，螺孔顶面反射波为螺孔回波出现后，紧接着出现，而且在螺孔波消失前先消失；螺孔向上裂纹波则是螺孔回波出现后，快消失时出现，而且在螺孔波消失前后消失。检测时应掌握出波前后顺序，认真分析，去伪存真。

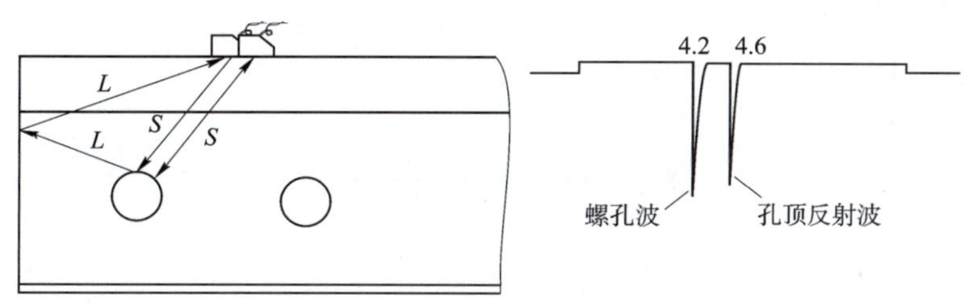

图 6-54 螺孔顶面反射波

五、探伤注意事项

(1)重视现场探伤灵敏度调节和修正。上道检测前做好 37°探头现场探伤灵敏度调节，使用正常接头螺孔进行调节，在孔波最强、波高 80%的前提下，增益 14 dB 以上，增益量越多越有利于较短螺孔裂纹的发现；当轨面锈损严重时，应及时修正探伤灵敏度，保证钢轨不良地段螺孔裂纹检出。

(2)注意异常波形的分析。遇仪器显示螺孔裂纹回波，拆检未见裂纹，有可能是螺孔周边的毛刺、黄油、钢轨生产标记引起，若排除上述因素，可作成记录，以便探伤人员观察波形变化。

(3)注意钢轨接头检查的“三看”。一看接头状态，是否翻浆冒泥、空吊板、高低、打塌、擦伤、掉块和塌砟接头，因这些病害造成接头列车冲击力加大，裂纹发生几率上升，探伤时应加大水量，确保探头与轨面耦合；二看波形显示，注意对各种回波位移大小、波幅强弱的观察，认真分析，从中发现异常回波显示，并做出准确判断；三看探头位置，根据接头区域各种回波与探头位置的对应关系，对异常回波进行判别，防止轨颚波与轨颚裂纹波、轨腰裂纹与螺孔波的混淆而发生漏检。

(4)注意道岔群钢轨接头的检查。岔后引轨接头是螺孔裂纹的高发部位，应通过双人复查、探头位置调整等方法来提高检查质量；加强对基本轨轨撑螺孔、尖轨活接头螺孔和顶铁螺孔的探测，必须慢走细看听警报，防止前后 37°探头干扰，而产生螺孔裂纹漏检。

(5)注意绝缘接头螺孔的检查。绝缘接头的尼龙片明显高于轨面，使第一螺孔至轨端间检查困难；绝缘衬垫加大了对螺孔周边的挤压，容易产生螺孔裂纹。探伤时应注意探头的耦合，掌握伤损发生规律，一般单线区段螺孔裂纹多数发生在第一孔，复线区段发生在迎着列车运行方向的轨端(简称迎端轨)第二孔。

(6)注意迎端轨一孔裂纹的检查。复线区段，由于列车单向运行，迎端轨一孔裂纹多，尤其道岔区域的连接短轨，曲线更换后的下股接头，道口，小钢梁桥的两端接头和无缝线路区段长轨末端等接头更应加强检查。

(7)注意薄弱地段、异常螺孔的检查。隧道、道口、灰坑、水沟地段是螺孔裂纹多发区域，要注意变形螺孔和螺孔裂纹回波的鉴别；有缝线路大修换轨和工程施工区段，要注意氧乙炔气割和烧孔的检查，发现气割螺孔，应立即通知养路工区更换。

(8)注意钻孔加固焊缝接头检查。无缝线路伤损焊缝接头采取钻孔后，提高焊缝再役安全性，但由于部分作业人员钻孔中未按要求进行倒棱工序，螺孔周边遗留的毛刺会形成应力集中点，容易引发螺孔裂纹的形成。探伤中要克服焊缝接头螺孔受力小的麻痹思想，认真分析仪器的螺孔回波图形，防止裂纹漏检。

第三节　0°探头探伤

0°探头放置钢轨顶面中心，发射声束从轨面至轨底，能探测的区域为轨腰投影范围内。它具有穿透和反射两种探伤功能：穿透式探伤时，由一个晶片发射的纵波从轨头经轨腰到轨底，被轨底面反射后，由另一个晶片接收，为使轨底波不报警，仪器均用反报警小方门罩住轨底波（图 6-55），如果钢轨内有纵向裂纹和斜裂纹，超声波在传播过程中改变方向，使探头接收不到轨底反射波而产生失底波报警现象；反射式探伤时，当遇有水平裂纹，超声波在裂纹面上反射并被探头接收，荧光屏上显示回波并产生报警。根据水平裂纹距轨面的深度，在基线上显示水平裂纹回波。所以，0°探头能探测轨头至轨底间的水平、纵向和斜裂纹功能。

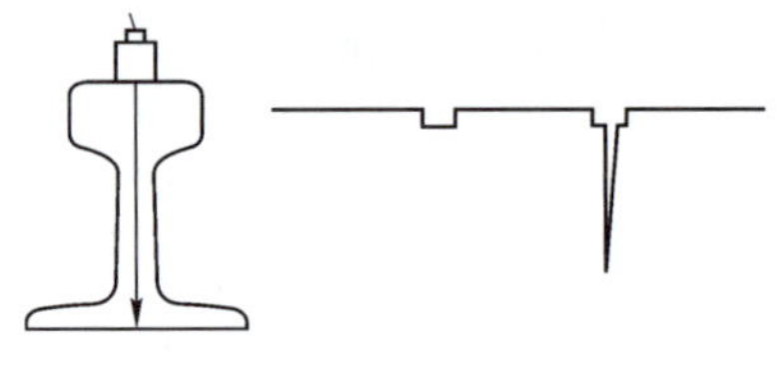

图 6-55　0°探头正常显示

0°探头穿透探伤从理论上说，对轨腰投影范围内任何取向和性质的缺陷，只要对超声波传播有阻碍都能被检出，但实际探伤中由于外界原因和探伤方法的影响，对纵向投影长度较小的缺陷检出有一定难度。

一、正常钢轨内回波

钢轨轨腰投影范围内无裂纹时，探头发射的超声波在轨底上产生反射，A 型显示的荧光屏对应基线刻度（声程 1∶2.5）50 kg/m 钢轨 6.0 左右、60 kg/m 钢轨 7.0 左右。当探头检测有螺孔部位，则螺孔波和轨底波会发生交替显示过程（图 6-56）：a 轨底波→b 轨底波和螺孔波→c 螺孔波→d 螺孔波和轨底波→e 轨底波。B 型显示在轨颚线下方呈两端稍倾的水平线——“孔波图”，该线位置与螺孔顶面在钢轨高度上的位置相对应，并在孔波图下方的轨底线上显示一条失波线（有些钢轨探伤仪无轨底波时，以轨底线呈断开方式显示）。

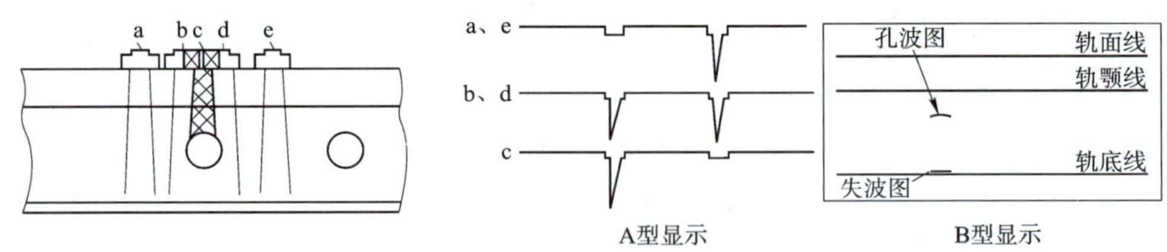

图 6-56　探头移过螺孔时显示过程

二、裂纹回波显示规律

0°探头穿透式和反射式探伤判伤方式各不相同，穿透探伤以失波报警来判定，反射式探伤以裂纹回波显示来判定。

（一）水平裂纹

0°探头发射超声束遇有水平裂纹时，A 型显示的荧光屏对应基线 0 位与轨底波间显示水平裂纹回波（图 6-57），同时，轨底波消失并报警；B 型显示在轨颚线下方，螺孔水平，显示在螺孔图旁，轨端水平裂纹，显示在轨端部位。水平裂纹距轨面越深，回波显示刻度值越大，如果水平裂纹长且表面平整，则会产生多次等间距水平裂纹回波的显示。

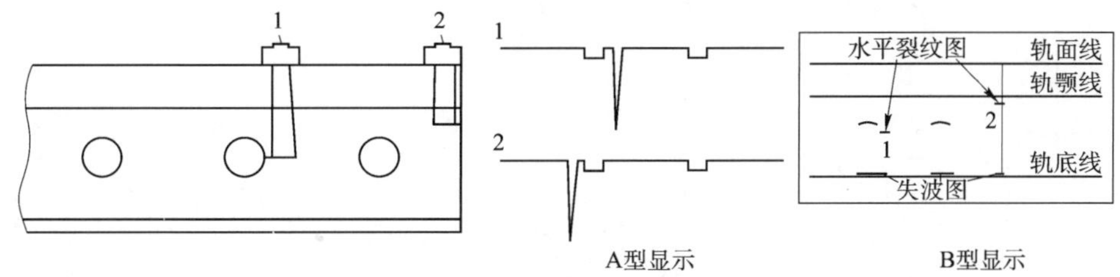

图 6-57 水平裂纹回波显示

（1）遇有钢轨轨腰单侧水平裂纹、轨头部一侧或颚部圆弧处有水平裂纹，裂纹进入声束扫查范围，A 型显示的荧光屏对应基线会同时显示底波和水平裂纹回波（图 6-58）；B 型显示根据裂纹距轨面高度，分别显示在轨面线下方的对应位置上。

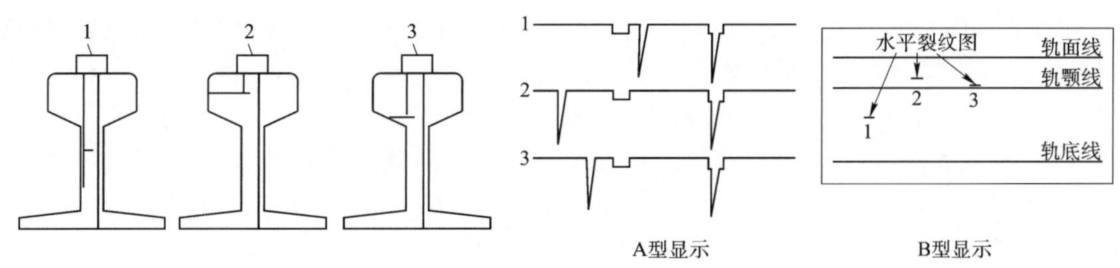

图 6-58 单侧水平裂纹回波显示

（2）螺孔单侧水平裂纹，A 型显示的荧光屏对应基线有时会出现螺孔波、水平裂纹波和轨底波三波并存的现象（图 6-59）；B 型显示与螺孔水平裂纹相同。当出现这种显示，应将探头横向移动，观察伤波变化情况，确定单侧裂纹的具体部位，由于单侧裂纹的横向深度不一或探头位置偏离轨面中心轴线等因素，有可能发生裂纹漏检，因而要经常注意探头位置的调整。

（3）横向倾斜的水平裂纹。由于钢轨内外侧受力不均或长期偏载作用下，轨腰裂纹呈纵向水平发展，在横截面上与水平呈一定的倾斜角（图 6-60）。裂纹因在一个方向倾斜后，产生回波不强或失底波的现象，有波形显示时，还会出现回波位置后移。

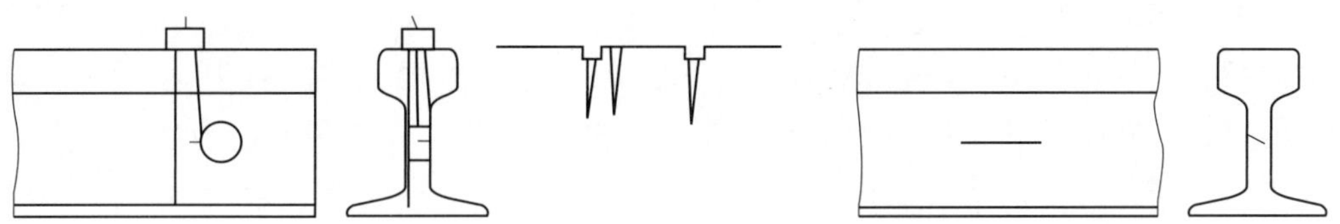

图 6-59 螺孔单侧水平裂纹回波显示

图 6-60 横向倾斜的水平裂纹

（二）斜裂纹

1. 轨腰斜裂纹

0°探头发射的超声波，在斜裂纹上产生反射声波，无法按原方向传播到轨底，因此，仪器发生无轨底波而报警的现象。当斜裂纹不规则或带有局部水平裂纹时，在探头移动过程中，A 型显示的荧光屏对应基线有可能出现不连续，波幅不强，一闪即消失的移动回波(图 6-61)；B 型显示在轨颚线下呈现不连续的点。

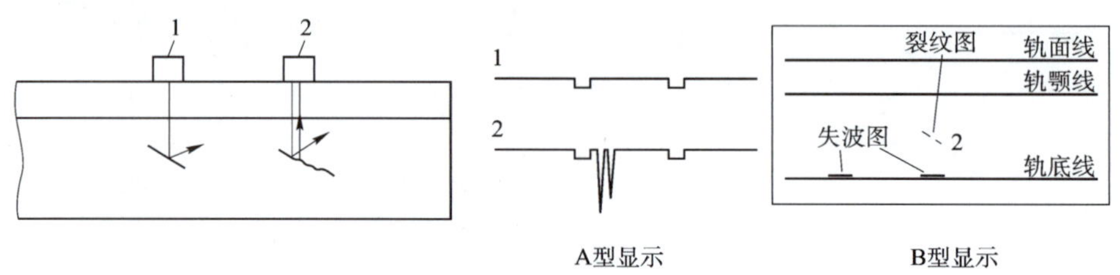

图 6-61　倾斜裂纹显示

2. 螺孔斜裂纹

0°探头遇螺孔向下裂纹，其倾角在 37°左右，一般长度大于 15 mm，会产生螺孔波与轨底交替过程中，两波均不显示而报警，裂纹越长，则失波探头位移也越长，在 B 型显示中失波图越长(图 6-62)，失波沿长部位与裂纹处于螺孔位置对应；螺孔向上裂纹，其倾角较小时，会有特殊显示形式，一般表现为底波、螺孔波交替显示迟缓或螺孔波变粗，这是因一部分声波在斜裂纹与螺孔形成的二面角上反射，当裂纹长度大于 15 mm 时也会产生失底波报警。

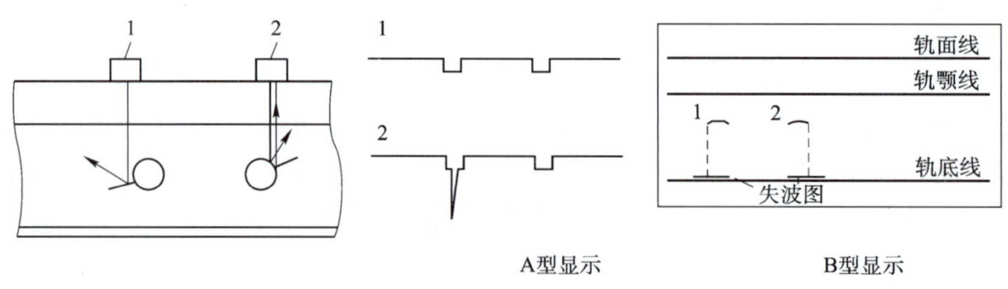

图 6-62　螺孔斜裂纹显示

（三）纵向裂纹

纵向裂纹它的长度不一，从几厘米至十几米，甚至纵贯整根钢轨。轨头、轨腰、轨底部位都有可能存在。在钢轨外观状态正常的条件下，0°探头探测中发生失底波或底波减弱报警，为避免因轨底(腰)严重锈蚀的干扰，一般应适当开大增益，观察底波有否显示。若有底波显示，可以不判伤；如果仍无底波显示，或在荧光屏扫描线上有回波显示，可初步判为纵向裂纹。各种纵向裂纹回波特点见表 6-4。

表 6-4　纵向裂纹回波特点

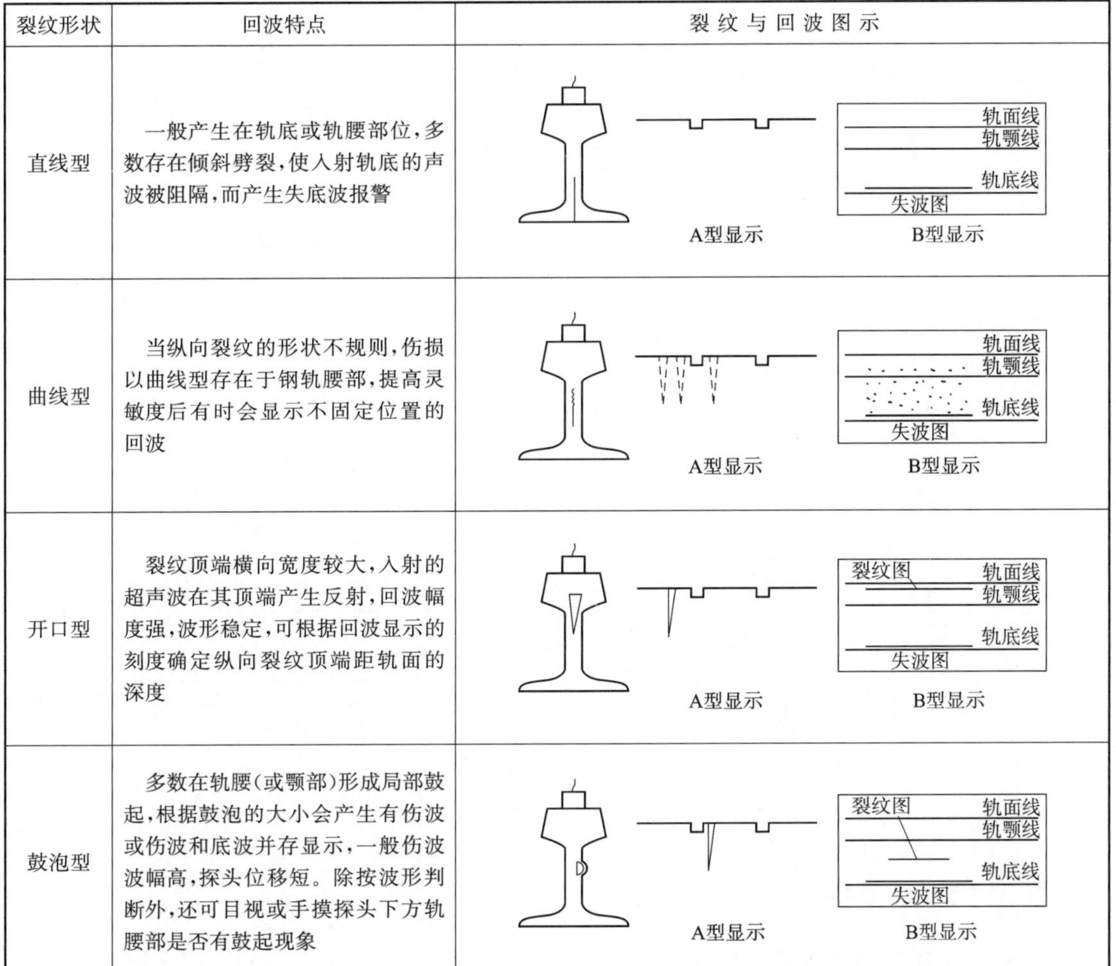

裂纹形状	回波特点	裂纹与回波图示
直线型	一般产生在轨底或轨腰部位，多数存在倾斜劈裂，使入射轨底的声波被阻隔，而产生失底波报警	轨面线 轨颚线 轨底线 失波图 A型显示 B型显示
曲线型	当纵向裂纹的形状不规则，伤损以曲线型存在于钢轨腰部，提高灵敏度后有时会显示不固定位置的回波	轨面线 轨颚线 轨底线 失波图 A型显示 B型显示
开口型	裂纹顶端横向宽度较大，入射的超声波在其顶端产生反射，回波幅度强，波形稳定，可根据回波显示的刻度确定纵向裂纹顶端距轨面的深度	裂纹图 轨面线 轨颚线 轨底线 失波图 A型显示 B型显示
鼓泡型	多数在轨腰(或颚部)形成局部鼓起，根据鼓泡的大小会产生有伤波或伤波和底波并存显示，一般伤波波幅高，探头位移短。除按波形判断外，还可目视或手摸探头下方轨腰部是否有鼓起现象	裂纹图 轨面线 轨颚线 轨底线 失波图 A型显示 B型显示

注：有些钢轨探伤仪纵向裂纹 B 型显示为轨底线呈断续显示现象。

三、非裂纹回波识别

(一)异常螺孔回波

老杂轨区段，因线路爬行，螺孔被螺栓挤压、磨耗成椭圆形或是插入人工锯制轨短，螺孔钻眼不良造成卷边或毛刺(图 6-63)。探测时会有类似螺孔水平裂纹波显示，其特点是波幅低，显示不稳定或一闪而过。

(二)迟到波

由于钢轨轨腰宽度较窄或 0°探头偏离钢轨横向中心，声束在钢轨侧壁上产生反射和波形转换(图 6-64)，部分入射螺孔或轨底的超声波声程增加，A 型显示的荧光屏对应基线螺孔波或轨底波之后，显示一个与螺孔波或轨底波同时出现同时消失的迟到波。螺孔迟到波容易与螺孔水平裂纹混淆，区别方法可以从回波显示规律上判断，水平裂纹显示规律是螺孔波与裂纹波交替显示，而迟到波则是同时出现同时消失。

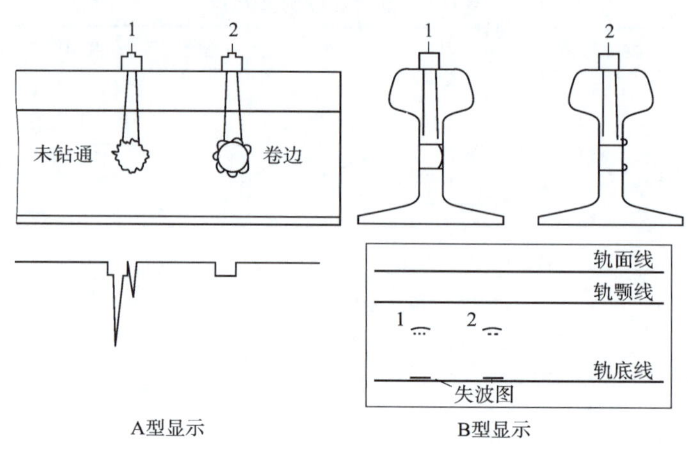

图 6-63　钻孔不良回波

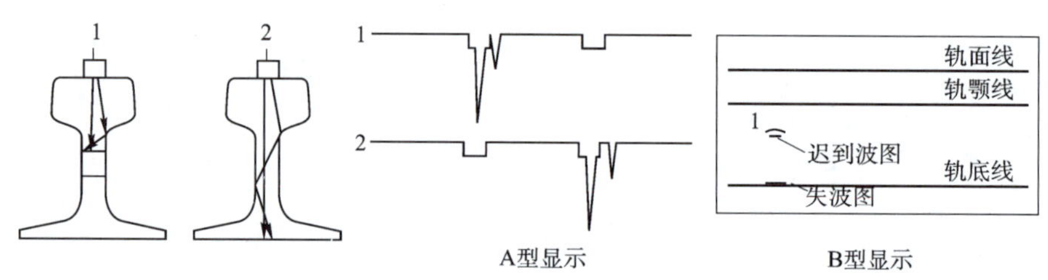

图 6-64　迟到波显示

四、探伤注意事项

（一）注意探伤灵敏度调节

0°探头具有穿透式和反射式探伤功能，按探伤灵敏度要求，两者调节方式正好相反，穿透式探伤增益数越大，探伤灵敏度越低；反射式探伤增益数越大，探伤灵敏度越高。因此，确定探伤灵敏度时，应兼顾穿透和反射两种探测方法的需要。利用钢轨底面回波调节现场探伤灵敏度，底波高 80%的前提下，增益 8～10 dB，新铺钢轨地段，为提高穿透式探伤灵敏度，宜选择较低的增益量，有利于钢轨纵向裂纹发现；老杂轨地段，为提高反射式探伤灵敏度，宜选择较高的增益量，有利于钢轨螺孔裂纹发现。

（二）注意小方门使用

在使用 A 型显示的钢轨探伤仪为避免螺孔水平裂纹或靠近轨底的水平裂纹进入小方门而造成不报警，应将螺孔波的后沿与第一个小方门后沿对齐[图 6-65(a)]；底波的前沿与第二个小方门的前沿对齐[图 6-65(b)]。同时，尽可能将小方门宽度调小，以减小螺孔反报警门产生的盲区宽度。由于使用螺孔反报警门后，当轨腰水平裂纹与螺孔顶面高度相当时，裂纹回波显示在小方门内[图 6-65(c)]，轨底波消失后是不会产生报警，因此，在检查中应注意回波观察，防止水平裂纹的漏检。

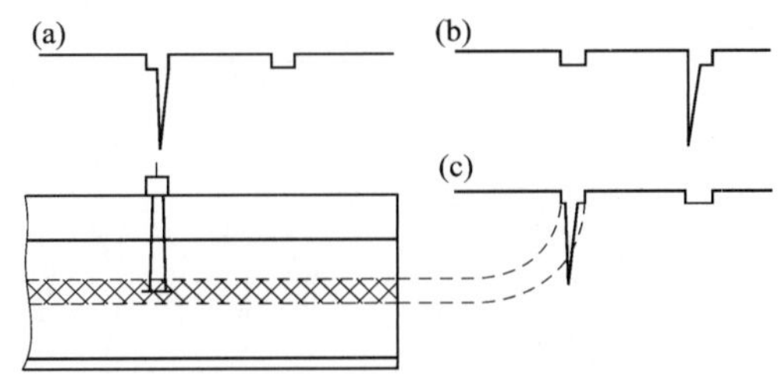

图 6-65　小方门调节与报警盲区带

(三)注意波形分析

如轨腰水平裂纹处于二分之一轨高时,裂纹二次反射波正好落在轨底波小方门内(图 6-66),仪器不产生报警,应注意识波确认。在站专线、线路爬行地段,由于螺孔变形,也会显示类似的回波现象,要注意分析,防止误判。

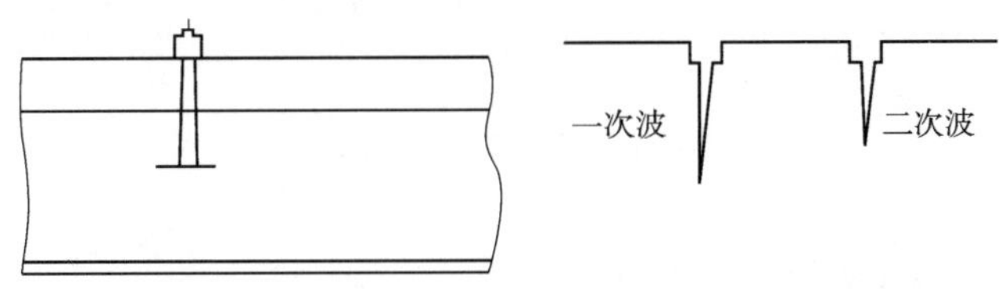

图 6-66　水平裂纹二次波落在轨底波报警门内

(四)重视仪器和手工相结合

0°探头引起失底波报警的因素很多,轨面擦伤、油污和灰砂,轨底(腰)锈蚀严重,探头位置偏离轨面中心等。需要通过目视、去污、调整探头排除。对于纵向裂纹已延至轨端可拆卸螺栓或在轨端面观察裂纹是否存在,而年炉号印记、轨腰鼓泡或调边使用钢轨的颚部疲劳裂纹都可采用眼看、手摸和镜照的方法加以确认。

五、纵向、水平裂纹定位和定量

(一)纵向裂纹定位和定量

1. 纵向裂纹的位置判断

(1)轨头纵向裂纹

可使用 0°探头测定,将探头置于轨头外侧(图 6-67),以无伤轨头侧面的等分波和有伤轨头等分波比较,估算伤损存在位置和正确测定长度。同时可目视轨面黑线和颚部有否透锈进行综合判断。

(2)轨腰纵向裂纹

可参照上述方法判断(图 6-68)由于轨腰宽度窄,等分波间隔小,应注意分辨。

(3)轨底纵向裂纹

用 70°探头接一通道,置于轨底角坡面(图 6-69)与轨腰垂直,先后在有伤和无伤部位进行比较,依据坡面回波差异判定。

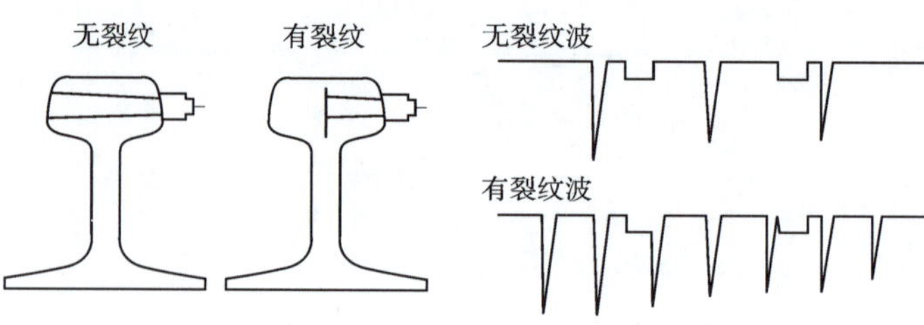

图 6-67　轨头纵向裂纹判断

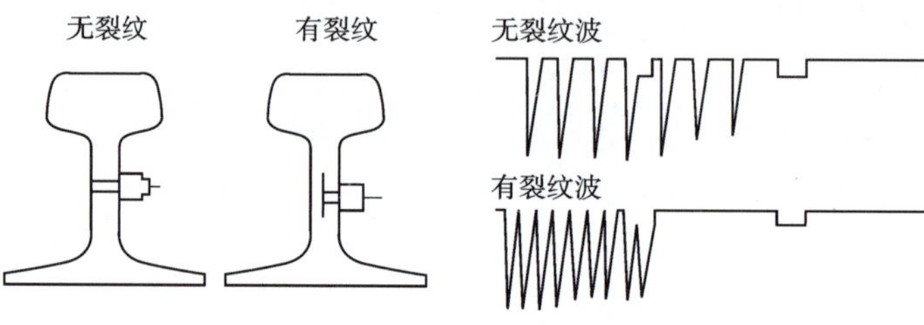

图 6-68　轨腰纵向裂纹判断

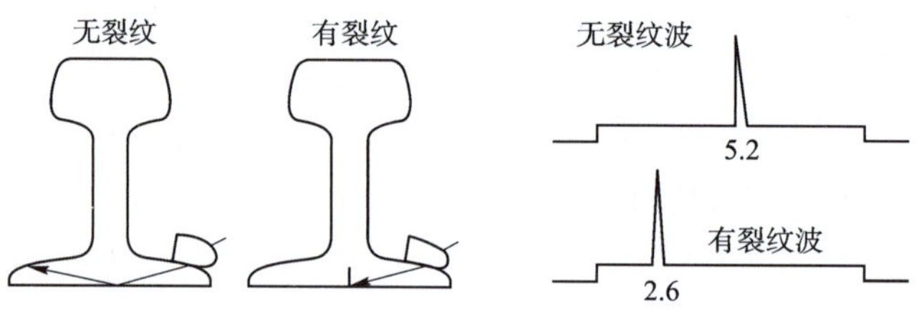

图 6-69　轨底纵向裂纹判断

2. 纵向裂纹长度判断

(1)失波报警法

0°探头置于轨面，在正常探伤灵敏度下，可根据 0°探头失波报警时的探头位移长度(A 型显示)或失波图形长度(B 型显示)确定(图 6-70)。一般为报警时探头位移距离就是纵向裂纹的长度，但由于现场裂纹实际状态和仪器探伤灵敏度调节的影响，测出长度与实际裂纹长度会有一些误差。

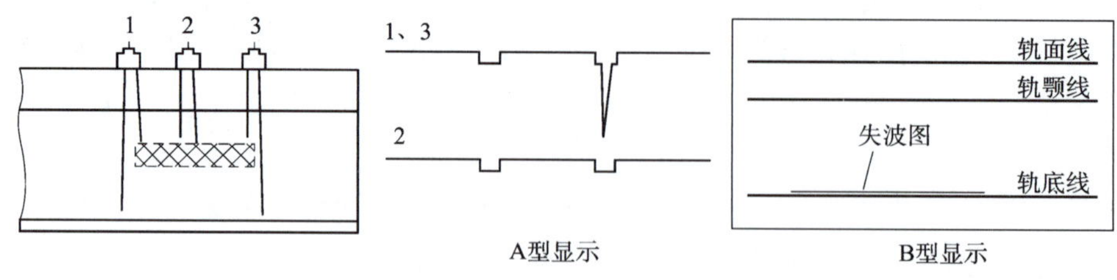

图 6-70　失波报警法测长

(2)裂纹回波法

采用与纵向裂纹位置判断相同的方法，轨头和轨腰用 0°探头，轨底用 70°探头(图 6-71)。在确定裂纹位置的同时，探头分别向裂纹两边移动，直至裂纹波刚消失，在探头中心对应的钢轨上做好标记，则两个标记的距离为纵向裂纹长度。此法测出值与实际长度也会有误差，其主要原因是裂纹两端的形状和探测面的影响。

(二)水平裂纹定位定量

根据基线所代表的探测声程和回波显示的刻度进行定位，如扫描线按声程 1∶2.5 调节时，水平裂纹回波在荧光屏刻度 3.0，则裂纹距轨面的深度为 75 mm 处(图 6-72)。在现场探伤中，因受仪器近区抑制的影响，轨头近表面的水平裂纹一次回波被仪器抑制而无法显示，实际显示的第一支回波已不是水平裂纹第一次回波，因此，会产生计算出的裂纹深度与实际裂纹深度不一致，这一点在水平裂纹定位中要注意。水平裂纹长度按延伸度法确定，根据回波有无时的探头位移，测得裂纹长度。

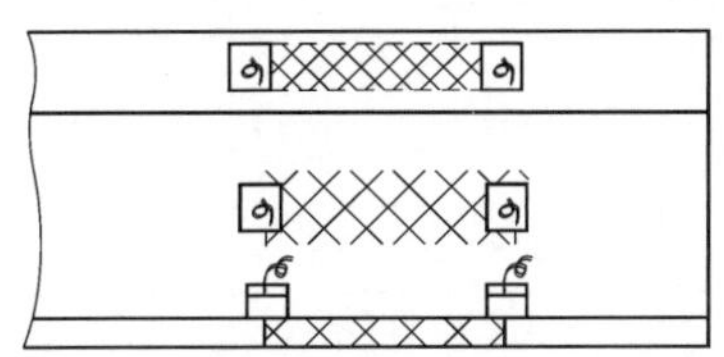
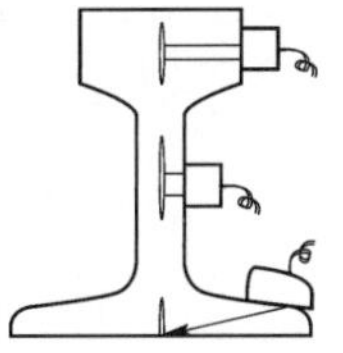

图 6-71 裂纹回波法测长

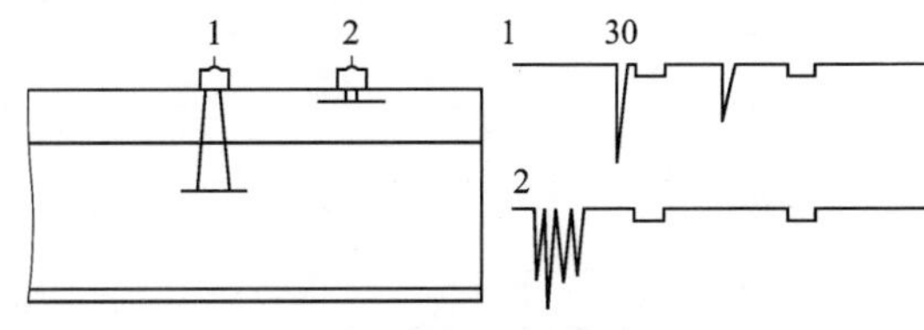

图 6-72 水平裂纹定位定量

第四节 钢轨探伤新方法

钢轨中裂纹产生的形貌存在规律性和偶然性，裂纹形成的特点除与钢轨生产有关外，还与列车运行中作用于钢轨上的力有关。随着列车速度加快，轴重增加，轮轨间作用力的变化，它影响着钢轨伤损形貌的产生和发展，在这新的伤损趋势面前，多了解一些探伤方法，对从事钢轨探伤工作有益。下面介绍部分铁路局集团公司目前研究和使用的探伤新方法。

一、螺孔小角度裂纹的探测

钢轨螺孔小角度裂纹是指裂纹与水平方向夹角为 5°～25°的螺孔斜裂纹。根据超声波反射原理，现有仪器配置的 37°探头对钢轨螺孔小角度裂纹检出有一定难度，尤其是螺孔向上裂纹，当裂纹倾斜角较小时，37°探头入射裂纹的声波朝另一方向反射(图 6-73)，因此，反射回探头的裂纹回波能量很弱，在正常探伤灵敏度条件下，回波很难从荧光屏上显示出来。

图 6-73 超声波在小角度螺孔裂纹上反射

(一)螺孔裂纹回波特点

超声波对钢轨螺孔裂纹检测，其反射机理可近似分为两种形式：一是裂纹的直接反射和散射；二是裂纹和螺孔柱面构成的二面角反射。图 6-74 是使用 A 型显示的钢轨探伤仪 37°探头探测不同倾角螺孔裂纹与反射回波幅度的极坐标图，图中曲线上 4 个峰值是螺孔裂纹两种反射机理的综合结果，在 −37°和 143°上的两个峰值是裂纹直接反射结果，另两个峰值是二面角反射结果。曲线的谷点表明 37°探头在探测螺孔裂纹中存在探测低灵敏区域，从人工模拟螺孔裂纹试块中实测中证实（表 6-5），以螺孔波高 80%释放 14 dB 为基准，探测不同倾角、长度为 5 mm 的螺孔裂纹（表 6-5），随着倾角减小，探头收到反射能量明显下降，当裂纹倾角小于 25°以后，在正常探伤灵敏度下回波微弱或无显示。

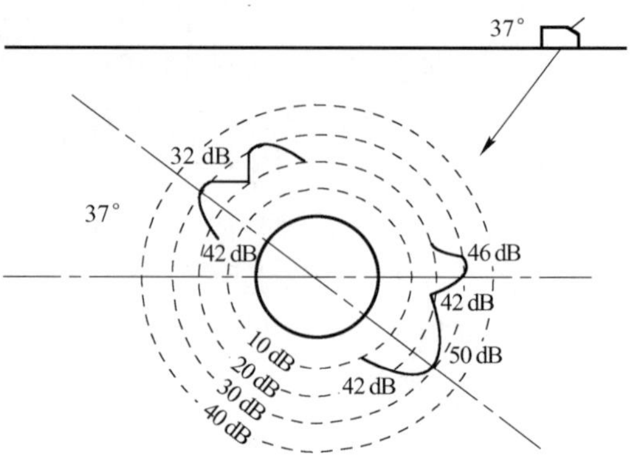

图 6-74 37°探头探测螺孔裂纹与反射

表 6-5 37°探头在人工模拟螺孔斜裂纹上测试

裂纹方向	裂纹与水平方向夹角								
	15°	17°	19°	21°	24°	27°	30°	33°	36°
向上裂纹	−21	−20	−18	−18	−14	−11	−6	−3	0
向下裂纹	—	—	−10	−10	−8	−10	−8	−8	−6

注：表中数据为裂纹波与螺孔波波高 80%时的 dB 差值。

（二）利用现有探头对小角度裂纹的探测

1. 提高 37°探头的探测能力

适当提高探测灵敏度，扩大对螺孔裂纹的探测范围，使部分倾斜角接近 20°的螺孔向上裂纹回波能在仪器上显示；根据裂纹与螺孔圆面间构成的二面角反射原理，注意螺孔波起始（对后 37°探头为跌落）时的波形观察，对规律近似于 37°探测螺孔水平裂纹的显示（图 6-75），认真分析，以防螺孔小角度向下裂纹的漏检。

2. 加强 0°探头的回波分析

当裂纹倾角小于 10°，长度大于等于 12 mm，因 0°探头声束扩散部分与裂纹间构成近似垂直反射，也会显示裂纹回波（图 6-76），且随着裂纹倾斜角变小，裂纹回波的幅度升高，更有利于裂纹的检出。

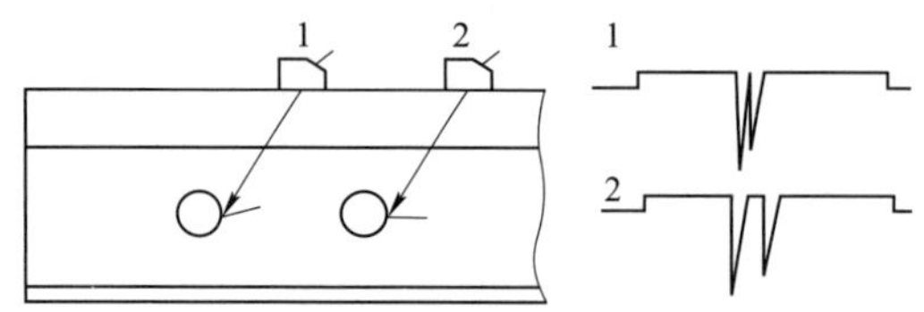

图 6-75 37°探头探测螺孔小角度裂纹回波

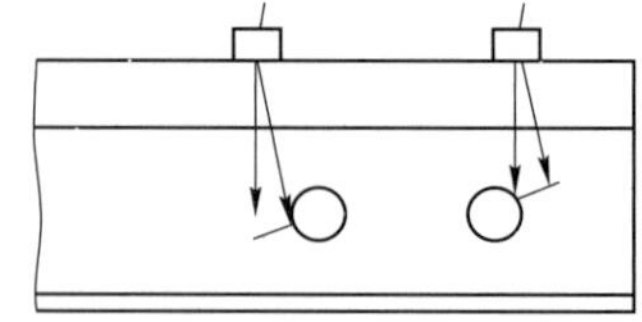
图 6-76 0°探头探测螺孔小角度裂纹回波

（三）增加 18° 探头的探测

从螺孔裂纹回波特点分析中可知，螺孔小角度裂纹难以检出的关键是螺孔小角度向上裂纹的探测，根据超声波反射式探伤原理和难以检出裂纹的倾斜角范围上选择，以折射角为

18°探头检测为最好。

1. 回波显示规律

18°探头利用折射纵波进行反射式斜角探伤，螺孔和裂纹的回波规律与37°探头或0°探头有一定差别，掌握回波规律是充分用好18°探头的关键。

(1)正常螺孔回波

通常把18°探头接在0°探头连接的通道，18°探头螺孔回波与0°探头的螺孔回波位置相近，但回波显示过程有所不同，0°探头螺孔回波属"固定"回波，只在荧光屏某一固定刻度上显示[图6-77中探头a对应图(a)]，18°探头螺孔回波属"移动"回波，在荧光屏某一刻度范围内移动显示[图6-77中探头b对应图(b)]。

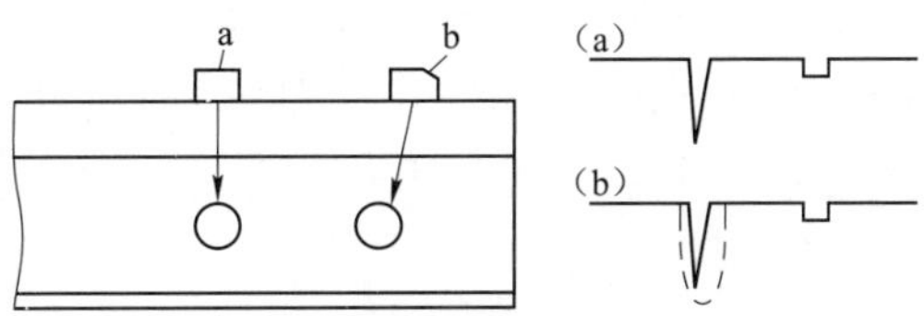

图6-77 18°探头正常螺孔回波

(2)裂纹回波

由于螺孔小角度向上或向下裂纹反射面声程大于螺孔反射面，因此，螺孔上下斜裂纹回波均显示在螺孔波的后方(图6-78)，而且，裂纹倾斜角较小时，裂纹起点与终点对18°探头而言，声程差不大，所以，会出现裂纹较长，回波显示位移不长的现象，不可误认为回波位移小，裂纹就小而予以忽视。

当裂纹倾角在5°～10°间，长度大于等于12 mm的上、下裂纹会有二次反射回波显示特点(图6-79)。经理论计算与试验分析，该回波是发射声束经裂纹反射至轨面的回波。

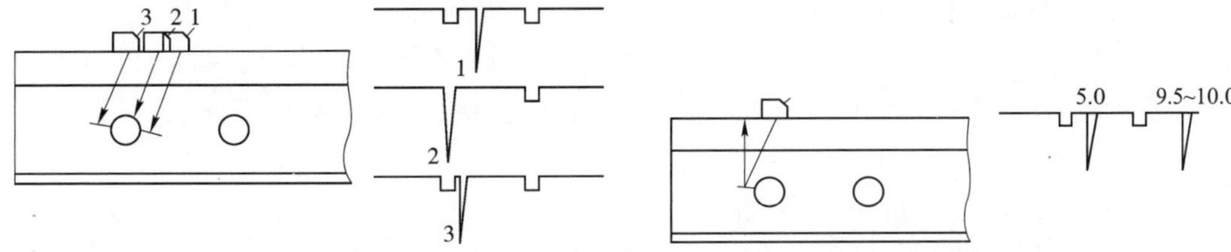

图6-78 纵波18°探头裂纹回波

图6-79 纵波18°探头5°～10°斜裂纹回波

2. 探测效果

(1)18°探头对螺孔小角度裂纹探测具有良好效果(表6-6)。经加工的小角度裂纹验证，以正常探伤灵敏度检测(螺孔最高回波80%、增益12 dB)，能发现长度大于等于3 mm的螺孔小角度裂纹。

表6-6 18°探头在人工模拟螺孔斜裂纹上测试

裂纹方向	裂纹与水平方向夹角				
	5°	10°	15°	20°	25°
向上裂纹	40	38	42	40	34
向下裂纹	38	36	38	38	34

注：(1)裂纹长度4 mm。

(2)正常探伤灵敏度32 dB。

(3)表中数据为裂纹波波高80%时的dB值。

(2)裂纹回波时探头入射点到裂纹的水平距离短。一孔向轨端向下裂，可以利用直接反射来发现(图 6-80 中探头 a)；一孔向二孔向上裂，探头入射点距轨端距离约 50 mm(图 6-80 中探头 b)，有利于轨端擦伤掉块下一孔裂纹的探测。

3. 探头组合和使用

18°探头与 37°探头组合成 18°+37°组合探头，为确保四个象限的探测，采用同向发射和异向发射二种组合方式(图 6-81)。通过轮换不同的组合探头或仪器调向反查，可满足四个象限的探测需要。在使用中，18°探头与 0°探头共用一个通道，通过转换装置分别使用。也可将 18°探头与前或后 37°探头共用一个通道使用，但要注意回波位置与 0°探头共用一个通道不同。

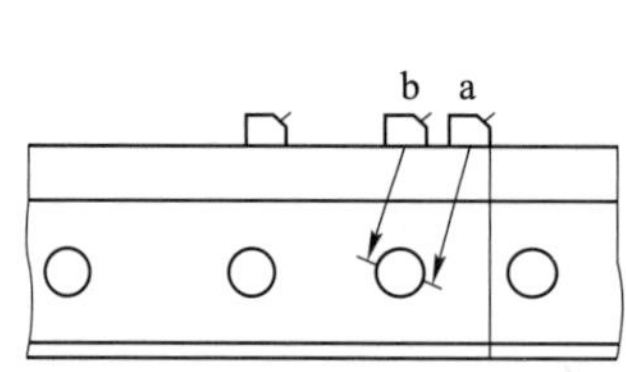

图 6-80　18°探头探测一孔裂纹

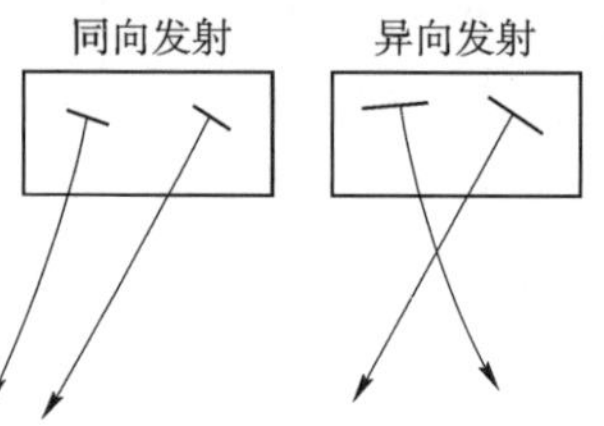

图 6-81　18°和 37°组合探头

4. 探伤要求及注意事项

(1)配置探头转换器

在钢轨探伤仪上配置 18°探头和 0°探头转换器，当需要用 18°探头检查时，将转换器上的开关拨向“18°”。转换器接收端上另增设可调电位器，以便平衡共用一个通道的两个探头灵敏度。

(2)注意现场探伤灵敏度调节

以螺孔波高 80％增益 12 dB 为宜，现场探伤灵敏度不易增益过多，因纵波 18°探头入射角小于第一临界角，在折射波中存在横波成分，当探伤灵敏过高时，会出现横波反射，干扰正常伤损回波识别。

(3)注意两个方向 18°探头轮换使用

同向和异向组合的 18°+37°探头定期轮换使用，以确保各方向小角度螺孔裂纹的检出。

(4)加强重点处所的螺孔小角度探伤

一般在岔后引轨、绝缘、异型、高低、轨端擦伤和掉块接头处，以及 37°和 0°探头探测中发现可疑波形时，用 18°探头复核确认。

(5)定期检测 18°探头的探伤性能

定期在 GTS-60 测试轨上检测 18°探头与仪器组合后的探伤性能，确保现场探伤可靠性。以螺孔波波高 80％再增益 12 dB 为基准，探测倾斜角为 25°和 15°的螺孔裂纹，其回波显示满幅清晰为好。

（四）采用广角 37° 探头探测

常规 0°和 37°探头检测螺孔小角度裂纹时，存在一定探测盲区，当采用提高灵敏度进行探伤后，荧光屏回波较多，给分析和判断带来一定的难度；当采用 18°探头，虽然能弥补 0°和 37°探头探测不足，但使用中往复转换探头和复查，增加作业难度，而且很难对每一个螺孔进行探测。扩束 37°探头是在不增加探头的前提下，可保持原有探测功能，增加对螺孔小角度裂纹的探测。

1. 探伤原理

根据超声波反射特性，缺陷检出最佳状态是缺陷反射面与声束垂直。用广角探头探伤，当缺陷反射面与声轴线不垂直，而与声束扩散边缘的声射线垂直时，反射波亦能被探头接收(图 6-82)，图中裂纹倾角(α)与广角探头后扩散角(Q)具一定关系，即 Q 越大，β_Q 越小，在一定范围内最佳反射条件 $\beta_Q=\alpha$，因此，扩散角越大，探测裂纹倾角越小。使用广角探头进行缺陷探测，相当于在同一探头中增加了两只声束方向不同的探头，扩大了探测范围。此法用于钢轨探伤仪上，在不增加探头个数和通道的情况下，达到增大探测螺孔裂纹范围的目的。

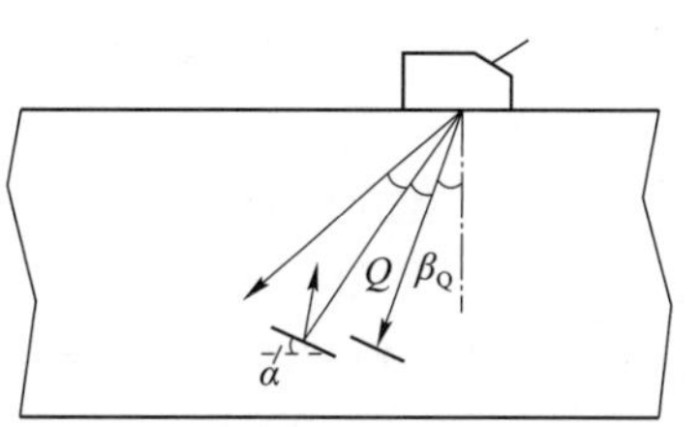

图 6-82 扩束探头探伤示意

2. 回波显示规律

广角探头主声束方向和波形没有改变，回波规律与常规探头基本相同，只是由于声束较宽，正常螺孔回波位移和报警时间大一些。轨端部回波比较多，需要通过分析予以识别。

3. 探测效果

(1)将广角探头在加工螺孔裂纹上实测(表 6-7)，从测试结果上说明，探测螺孔裂纹的范围扩大，检出小角度螺孔裂纹的能力提高。

表 6-7 广角探头在人工模拟螺孔斜裂纹上测试

裂纹方向	探头	裂纹倾角										
		15°	17°	19°	21°	24°	27°	30°	33°	36°	40°	45°
向上	常规	−21	−20	−18	−18	−14	−11	−6	−3	0	+2	0
	扩束	−11	−12	−10	−10	−7	−2	0	0	+1	+2	−1
向下	常规	—	—	−10	−10	−8	−10	−8	−8	−6	−8	—
	扩束	—	−11	−8	−9	−8	−10	−8	−8	−9	−10	—

注：(1)裂纹长度 5 mm。
(2)表中数据为裂纹波与螺孔波波高 80%时的 dB 差值。

(2)可延长缺陷显示时间，有利于缺陷的检出。由于扩束探头发射声束截面大，使缺陷被扫查时与常规探头相比，通过声束有效范围时间相对延长，伤波在探伤仪示波屏上显示时间和报警时间均增加，因此，有利于检测人员对裂纹确认，使缺陷易于检出。

(3)可保持重型钢轨“两波并存”的判伤特性，有利于螺孔向上裂纹的判断(图 6-83)。由于重型钢轨轨高度的增加，螺孔位置更深，使原 0°+37°组合探头对螺孔向上斜裂“两波并存”判伤特性不具备，因此，一些具有“两波并存”判伤报警力能的钢轨探伤仪性能无法发挥，当使用广角探头，由于声束截面增加，可使螺孔向上裂纹出现 0°探头有“孔波”和 37°探头有“伤波”同时显示，即“两波并存”的现象，以此提高伤损判定的准确性。

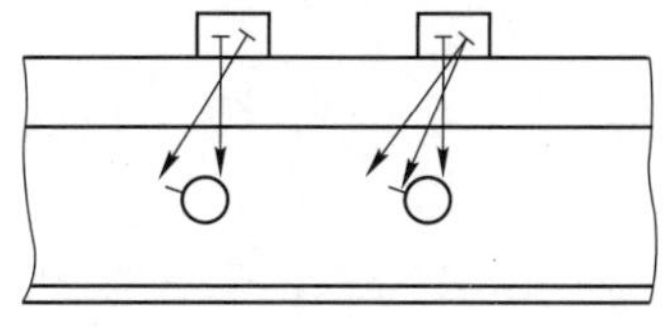
图 6-83 两波并存法判伤

第五节　提速道岔特种断面钢轨轨头探伤

随着提速道岔大量铺设，特种断面钢轨的伤损不断上升，AT 轨长大伤损和折断时有发生，其原因是常规探伤方法对 AT 轨轨头核伤效果不佳，给防断工作带来新的问题，若探伤问题长期得不到解决，会严重危及行车安全。

一、轨头探测难点

钢轨常规探伤以 70°探头放置轨面，并与钢轨纵向呈 20°偏角向轨头内发射超声波，经轨头颚部反射到轨头内外侧上角，实现对轨头核伤多发区域的探测。AT 型尖轨、尖基轨、导曲轨因钢轨截面几何形状变化，钢轨轨颚反射面减小，70°探头发射的声波经轨颚反射后，很难达到原探伤工艺设定的扫查区域。其原因：一是轨头增厚，使 70°探头一次波入射轨颚边缘，二次波不能反射到达预定部位（图 6-84 中探头 a）；二是轨颚窄，无足够的平面提供声波反射（图 6-84 中探头 b）；三是尖基轨刨切后，轨颚变窄（图 6-84 中探头 c）。这些几何形状的改变都使以二次波作为探伤重点的方法不能有效发挥。

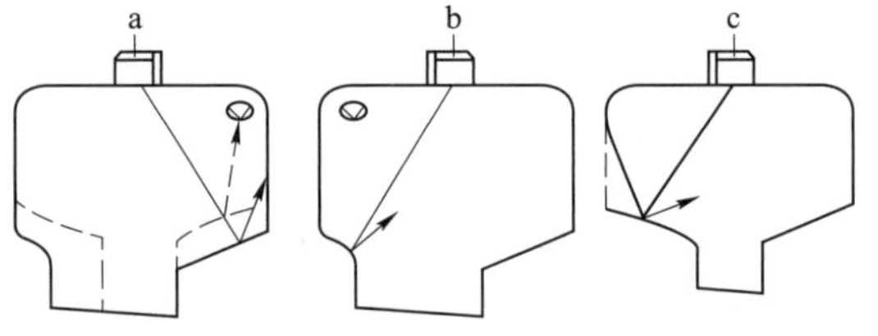

图 6-84　AT 轨轨头一、二次波指向示意

二、探测方法

（一）小偏角探测法

使用专用 70°探头置于轨面，以与纵向呈 10°偏角，用一次波对钢轨内外侧上角进行探测，此法操作简便，探伤可靠性高，在不用增加探伤人员的基础上，对 AT 道岔尖轨和尖基轨核伤多发部位探测。

提速道岔的 AT 尖轨和尖基轨常处于紧贴状态（图 6-85），要探测到尖轨外侧和尖基轨的内侧距侧面和顶面 10 mm 范围的核伤，由于轨颚反射面小，影响二次波探测方法运用，利用一次波又因目前钢轨探伤仪近区抑制大，因此需要减小钢轨探伤仪抑制范围，提高近区探伤灵敏度；其二，探测尖基轨内侧，为使探头声束入射核伤多发部位，探头不受紧贴尖基轨的尖轨影响，必须采用内偏角 70°探头，有利于探头置尖基轨内侧边缘。

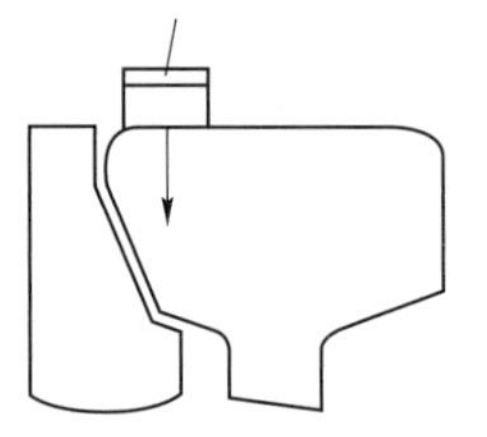

图 6-85　AT 道岔尖轨和尖基轨结构

(1)为提高探伤仪近区探伤灵敏度，探头接在仪器 37°通道。

(2)为满足提速道岔特种断面的尖轨和尖基轨轨头两个方向的探测需要，保证轨头一侧伤损的检出，探头采用内偏角 10°双晶片双 70°探头（图 6-86），通过减小偏角和探头向一侧移动来满足轨头核伤检出的需要。

(3)探测效果：接上内偏角 70°探头，探测轨头核伤多发部位 $\Phi 6$ mm 平底孔，其结果和通用仪探测基本相同。使用新的探伤方法可满足对 AT 道岔尖轨和尖基轨头核伤多发部位的探测。

(4)探伤方法使用:

①在钢轨探伤仪车架增加一个用于安装内偏角 70°探头的探头架;内偏角 70°探头和常规探伤 70°探头共用通道,通过加装探头转换器分别接转使用两种探头。

②内偏角 70°探头位置调至距轨头中心外移 15 mm 处;探测 AT 道岔尖轨外侧时,小车尼龙缘靠钢轨内侧行,探测 AT 道岔尖基轨内侧时,小车尼龙缘靠钢轨外侧行(图 6-87)。通过这样扫查,可弥补常规探伤的不足。

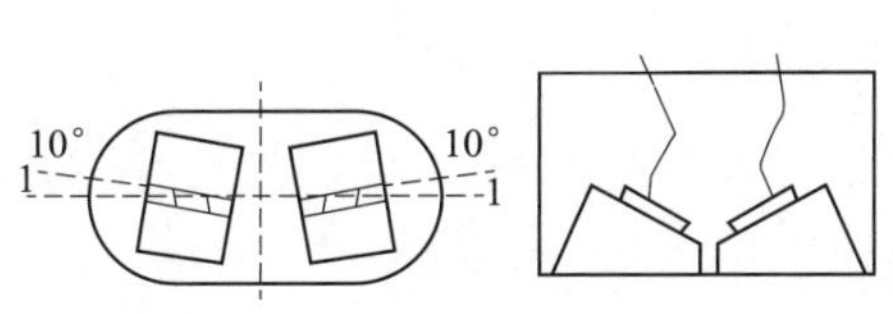

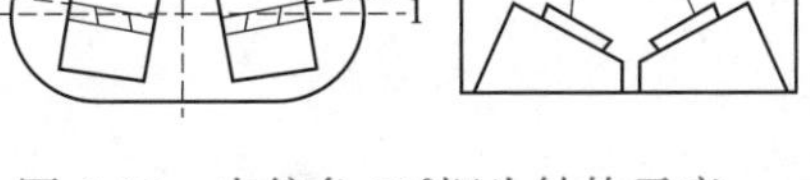

图 6-86　内偏角 70°探头结构示意

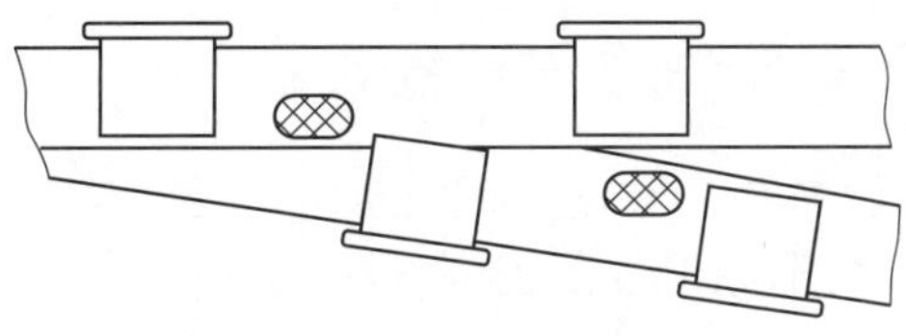

图 6-87　仪器推行示意

③内偏角 70°探头性能测试和探伤灵敏度调节与常规探伤用 70°探头方法一样,只是性能测试时要注意探头内偏 10°角。

(二)提高灵敏度法

目前提速道岔中 AT 轨的数量较多,使用钢轨探伤仪、路轨 70°专用探头,采取轨面 70°探头偏移、高灵敏度法,检测实用性好、方法简便。将钢轨探伤仪配备的向内或者向外偏 20°角的 70°探头,向内或外侧偏移 3 mm(视窄轨颚所在部位而定),利用窄轨颚面反射的二次波检测盲区部位(图 6-88),根据列车运行方向与伤损形成的规律,应采取 70°探头朝来车方向发射(按迎着列车方向检测,70°探头向前发射),探伤灵敏度采用在正常探伤灵敏度下再提高 3 dB。

(三)轨头侧面校对法

对于轨面剥离严重,无法经轨面对 AT 轨轨头核伤多发区进行探伤时,采取轨头侧面校对探伤方法,使用钢轨探伤仪、路轨 70°专用探头,检测 AT 轨窄轨颚一侧上部,将 70°探头放置于轨头侧面(图 6-89 中探头 1),用侧面校对探伤灵敏度检测轨头盲区部位,也可采取探头另一侧面探测(图 6-89 中探头 2),探测范围应不小于深度 70 mm。探伤灵敏度按轨头侧面 70°探头的核伤校对灵敏度。

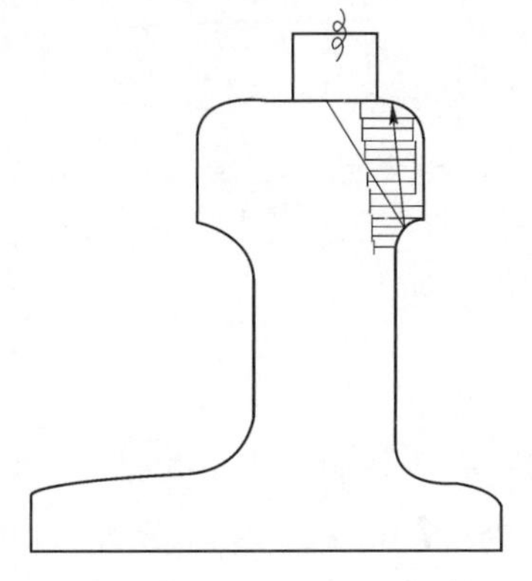

图 6-88　AT 型轨轨头探伤示意

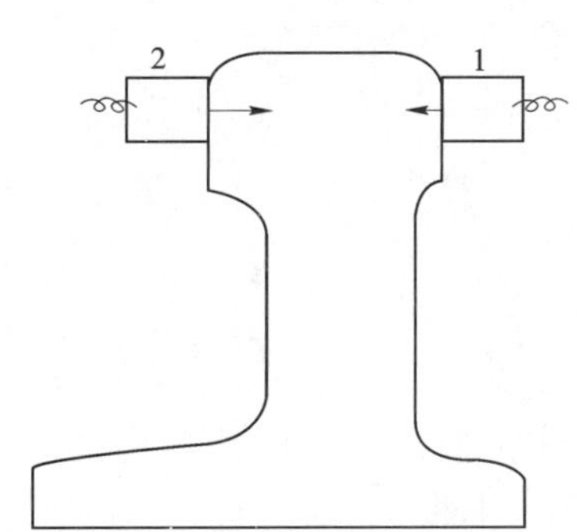

图 6-89　AT 型轨轨头侧面探伤示意

第六节　可动心道岔特殊钢轨检测

随着铁路提速的要求，正线铺设可动心道岔越来越多，解决可动心道岔特殊部位钢轨探伤的问题，是确保可动心道岔安全使用的前提，根据可动心道材料、结构、受力特点，采用有针对性方法对常规探伤无法检测部位进行探伤。

一、翼轨宽轨头部的检测

由于翼轨轨头加宽，加之该部位长心轨、第一动杆部件的影响，常规探伤无法对轨头部分有效检测，采取以下检测方法。

（一）检测范围

可动心道岔直股（正线），从可动心道岔咽喉连接铁起（图 6-90）至短心轨尖端对应的翼轨轨头。

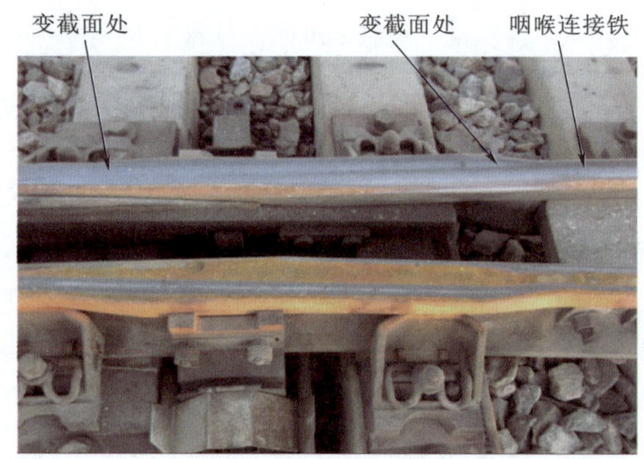

图 6-90　翼轨咽喉连接铁

钢轨探伤仪所安装配置的探头是以钢轨为探测主体固定排列和调整的，各通道探头均置于钢轨轨面纵向中心线位置移动（图 6-91）。

由于翼轨特种断面轨件的几何形状及尺寸与钢轨不同，翼轨的截面尺寸及轨面宽度变化，轨腰宽度增厚，外侧轨颚宽度变窄、内侧轨颚宽度加宽，造成常规探伤中翼轨轨件某些截面部位超声束无法射及覆盖产生盲区，存在于盲区的伤损也就不能被扫查到。

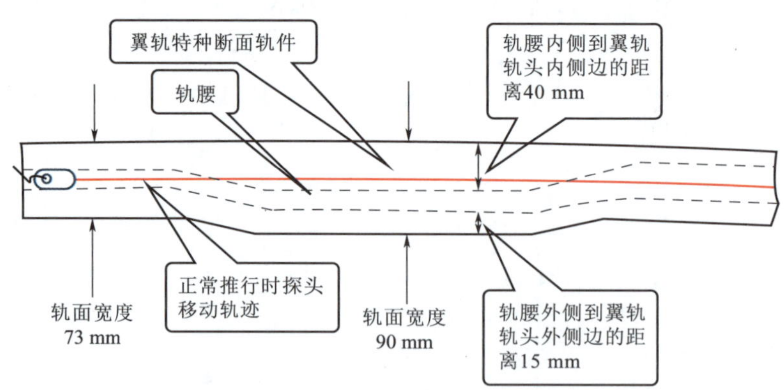

图 6-91　常规探伤中探头正常移动轨迹

常规探伤中探伤仪推行到翼轨中心段时，各探头超声束的扫查覆盖范围（图 6-92）0°、37°和直 70°探头对特种断面轨腰很大部分不能进行探测（图 6-92 中探头 a）；向外偏角 70°探头对翼轨外测轨头不能实现一二次波探测，存在的盲区大于特种断面轨头横截面的三分之一（图 6-92 中探头 b）。

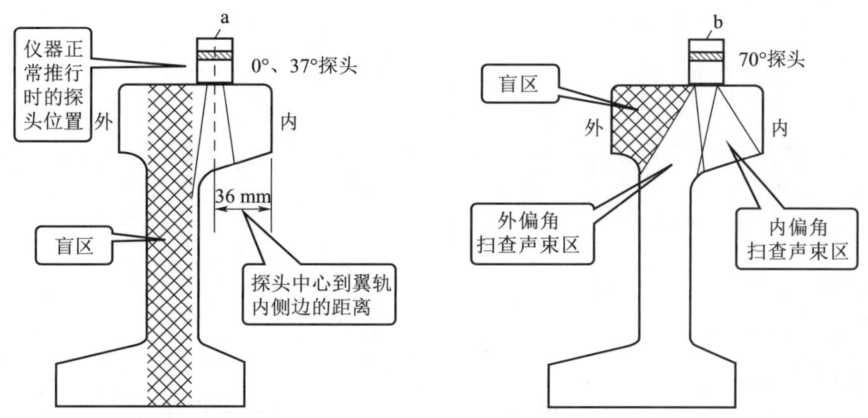

图 6-92 常规探伤中翼轨中心段各探头探伤情况示意

（二）检测方法

钢轨探伤仪、路轨 70°专用探头，以轨面为探测面。

1. 长心轨未靠翼轨时的检测

如长心轨未靠翼轨，可采取推行钢轨探伤仪按常规方法检测一遍轨头内侧，然后将 70°探头向外横移 20 mm，重复检测一次（图 6-93），以弥补常规检测的不足。探伤灵敏度仍按常规检测相同灵敏度。

2. 长心轨靠翼轨时的检测

如长心轨靠翼轨时，无法使用常规方法进行检测，采取手持 70°探头按偏 20°的校对方式对翼轨进行检测，分别检测翼轨轨头内、外侧（图 6-94）。探伤灵敏度按轨面核伤校对的灵敏度。

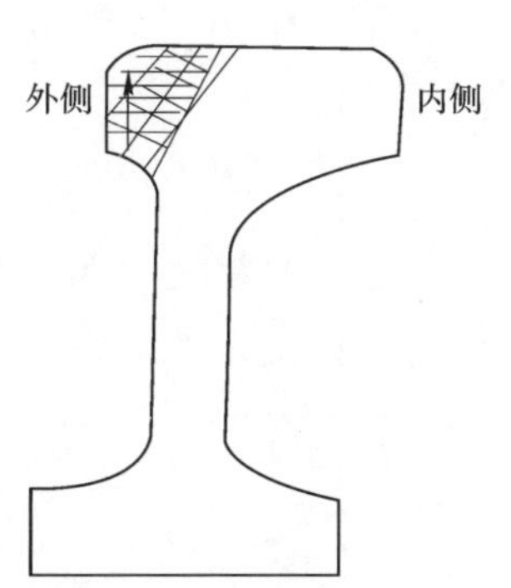

图 6-93 长心轨未靠翼轨时探伤示意

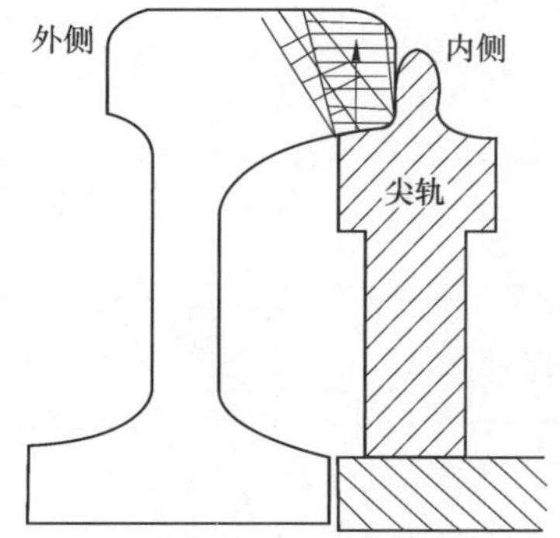

图 6-94 长心轨靠翼轨时探伤示意

二、长心轨轨底部位的检测

由于长心轨制造和养护问题，轨面宽度小于 50 mm 的凸轮边缘易发生钢轨折断，为保证长心轨正常使用，采取钢轨探伤仪、路轨 37°专用探头检测。

（一）检测范围

可动心道岔长心轨，从短心轨尖端对应处至长心轨凸轮边缘（图 6-95）。

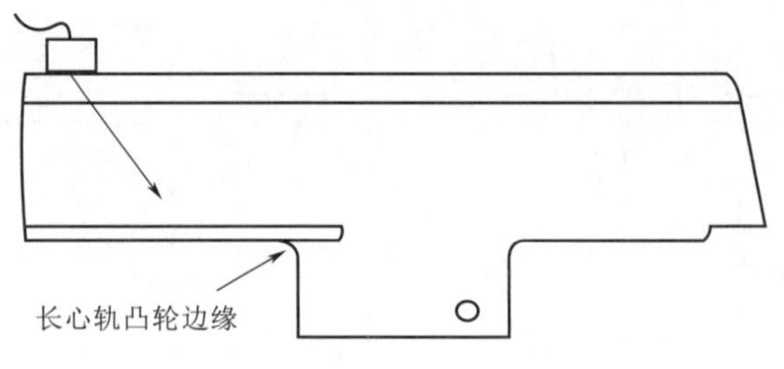

图 6-95　长心轨凸轮边缘示意

（二）检测方法

1. 探伤灵敏度

长心轨轨腰螺孔波 80%，增益 20 dB。在所探长心轨轨腰螺孔上调节，移动探头找出轨腰螺孔最大回波，调节仪器衰减器或增益，使螺孔回波为满幅的 80%，再增益 20 dB。然后根据探测面情况进行适当表面耦合补偿，一般提高 2～4 dB 作为探伤扫查灵敏度。

2. 扫查方式

(1)移动速度不大于 100 mm/s；相邻两次的扫查应有一定重叠，重叠宽度不小于扫查宽度 15%。

(2)探头发射声束方向朝长心轨尖端(图 6-96)，平行与钢轨长度方向纵向摆动式移动探头，摆动角度根据轨面磨耗倾斜度确定，轨面倾斜度越大则向边摆动角度越大。

(3)对两侧过车相同，轨面中心凸起的长心轨，采取内、外侧各扫查一次[图 6-97(a)]；如遇侧向过车较多，轨面呈单侧面倾斜的长心轨，则按侧、中各扫查一次[图 6-97(b)]。

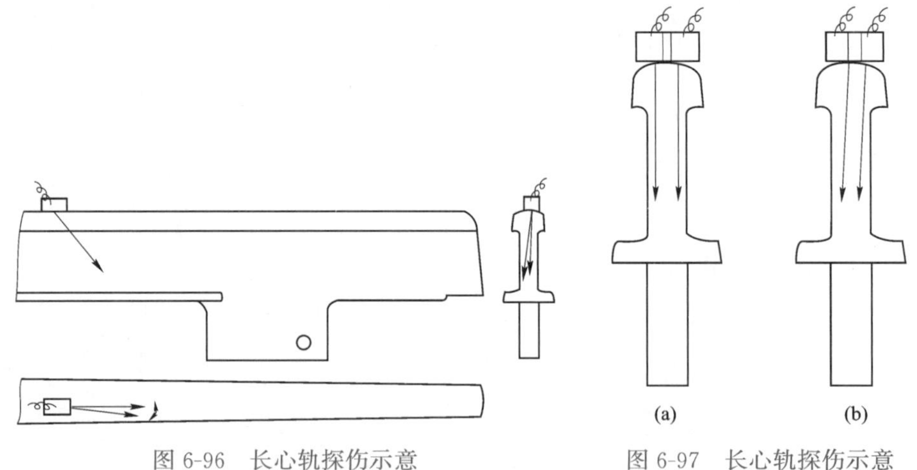

图 6-96　长心轨探伤示意　　图 6-97　长心轨探伤示意

第七节　双轨式钢轨超声波探伤仪探伤

双轨式钢轨超声波探伤仪(简称双轨探伤仪)探伤，采用轮式探头在轨面使用 0°、37°和 70°对钢轨进行超声波探伤检测，能有效地检测钢轨轨头、轨腰、轨底中部(轨腰延伸部位)等部位伤损。各角度探头的探测范围和超声波传播规律与本章前三节常规探伤原理是相同的，有所不同的是仪器电脑屏幕上显示图形图像有差异。所以，我们要想学好双轨探伤仪探伤就必须在掌握了常规 70°、37°和 0°探头探伤方法的基础上进行学习。

下面就以 RT18-D 双轨钢轨超声波探伤仪探伤进行学习。

一、A 扫描界面

单轨 9 个通道 A 扫描界面如图 6-98 所示，从图中我们可以看到通道 1、2、3、4、5、6 为 70°探头通道，通道 7 和通道 8 为 37°探头通道，通道 9 为 0°探头通道。分别是：通道 1(内前 70°)、通道 2(内后 70°)、通道 3(中前 70°)、通道 4(中后 70°)、通道 5(外前 70°)、通道 6(外后 70°)、通道 7(前 37°)、通道 8(后 37°)、通道 9(0°)，共 9 个探头通道显示界面。

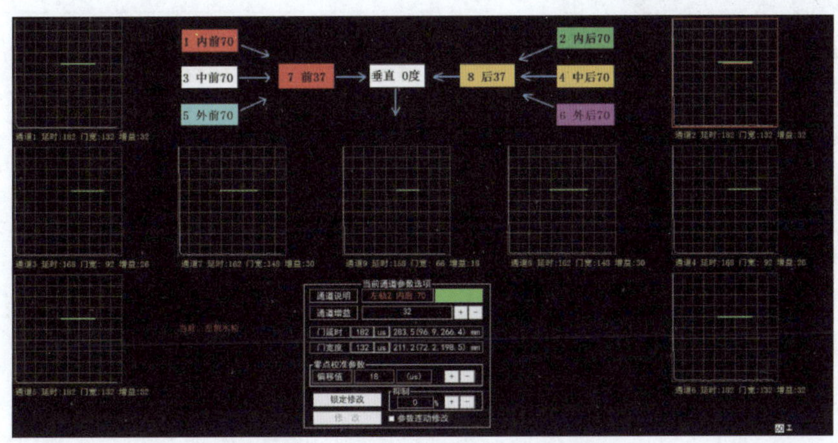

图 6-98　单轨 9 个通道 A 扫描界面

二、各种角度探头通道的 A 扫描波形

（一）无伤损 A 扫描波形显示界面

探伤检测时多通道 A 扫描波形出现在屏幕上(图 6-99)，通过相应各通道 A 扫描出波显示可对疑似的波形图像作出判断。另外，通过 0°探头回波波形显示可验证探头的位置是否正确，即：探轮对中。

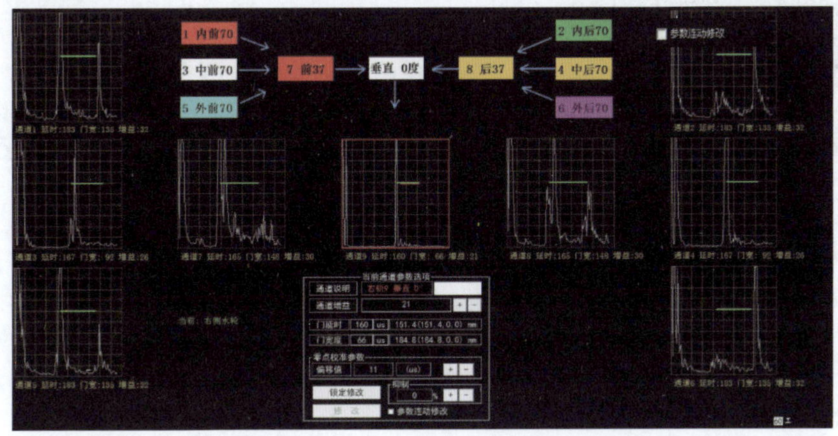

图 6-99　单轨多通道 A 扫描波形显示界面

（二）各探头通道A扫描正常波形显示

双轨探伤仪在无伤的钢轨母材上探伤检测时，各探头通道A扫描波形。

1. 70°探头通道A扫描波形显示

70°探头通道A扫描波形显示(图6-100)，显示规律有一次水轮钢轨界面反射信号和二次水轮钢轨界面反射信号2个脉冲。正常情况下一次水轮钢轨界面波和二次水轮钢轨界面反射信号都有显示；根据现场作业回波波形显示情况有时会显示其中一个脉冲信号波形。

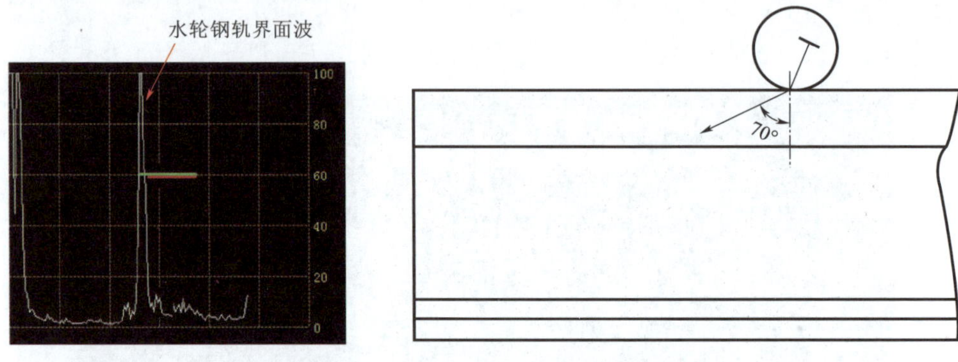

图6-100　70°探头通道A扫描波形显示

2. 37°探头通道A扫描波形显示

(1)钢轨母材A扫描波形显示

37°探头正常钢轨母材A扫描波形显示如图6-101所示，从图6-101看到只有水轮钢轨界面波。同样A扫描波形显示规律有一次水轮钢轨界面波和二次水轮钢轨界面反射信号2个脉冲。正常情况下一次水轮钢轨界面波和二次水轮钢轨界面反射信号同时显示，有时只是显示其中一个脉冲信号波形。

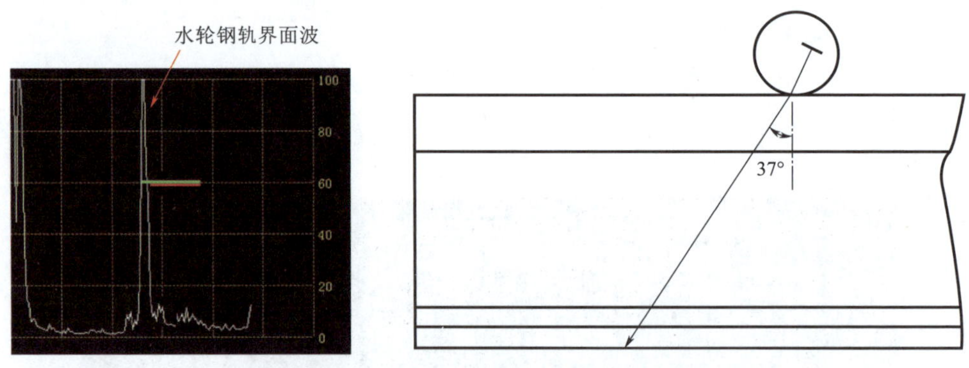

图6-101　37°探头正常钢轨母材A扫描波形显示

(2)接头螺栓孔A扫描波形显示

图6-102给出了典型的37°探头通道在钢轨螺孔的反射信号。和前面的A扫描类似，首先观察到的是一次水轮钢轨界面波，然后观察到螺孔反射信号。在探伤过程中，只需观察在水轮钢轨界面波以后的信号。

3. 0°探头通道A扫描波形显示

0°探头通道A扫描波形(图6-103)，有水轮钢轨界面波、轨底反射信号、二次轨底反射信

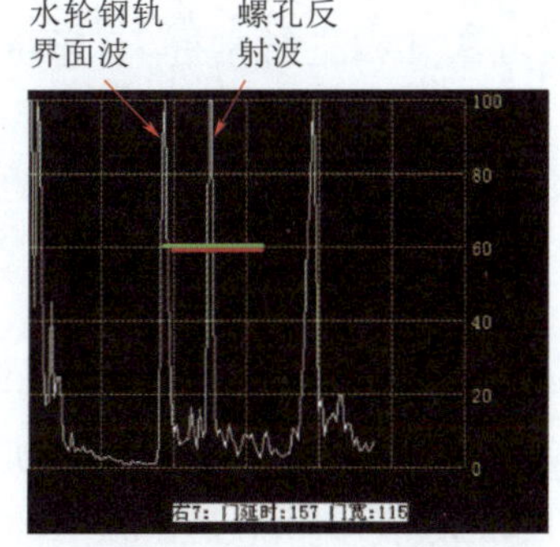

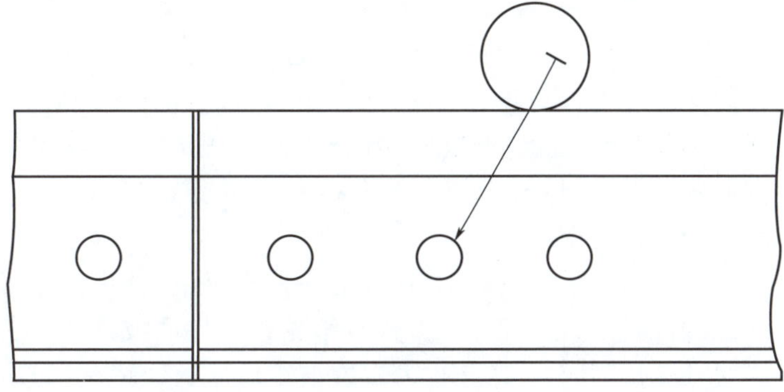

图 6-102　螺孔反射回波图形

号 3 个脉冲。在水轮钢轨界面波前一段范围为声波在轮探头里面的传播区域。“门延时：160　门宽:53”表示当前显示的采样门的延时是 160，门宽是 53。图 6-103 中的绿线表示的就是采样门，红线代表零点偏移值，主要用于过滤轨头部分杂波，B 扫时如果顶部有拉线或者杂波过多，可以适当增加零点偏移值，将这些信号过滤掉，若下延拉线减零点偏移值。

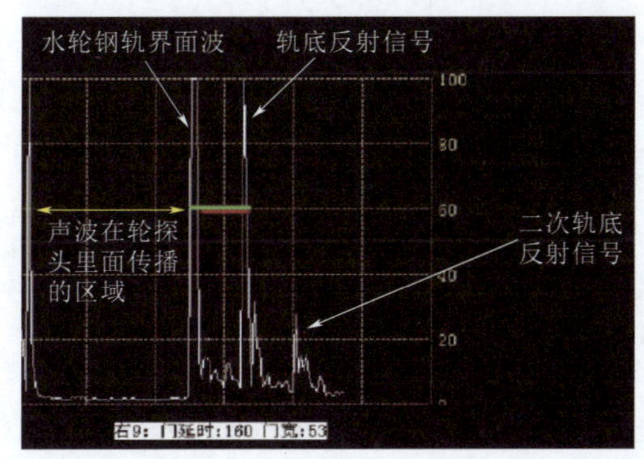

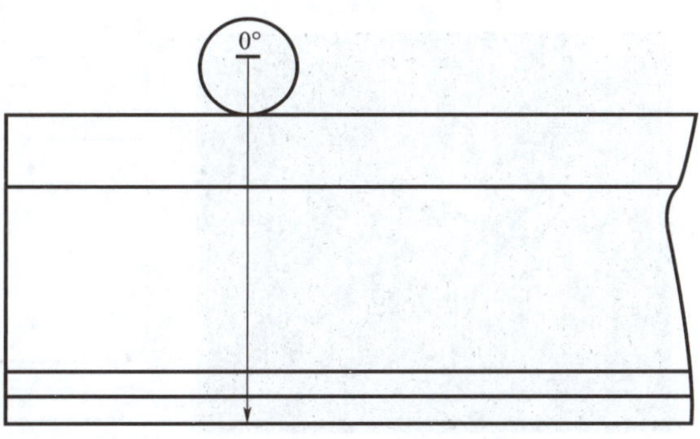

图 6-103　0°探头通道 A 扫描波形

去水声程 A 扫描，界面和 A 扫描类似，不过去掉了水轮里的信号，可方便查看波形的声程，深度等信息。采样门延时就是去掉水声程，只显示超声波进入钢轨后的信息，采样门宽就是确立检测的深度，其他通道也是如此。

60 kg/m 钢轨门延时、门宽和偏移值的参考值(表 6-8)，以表中参考值可进行适当的调整。

表 6-8　60 kg/m 钢轨门延时、门宽和偏移值

通道	60 kg/m 钢轨		
	门延时	门宽	偏移值
斜 70°(1,2,5,6)	183	132	20
直 70°(3,4)	168	94	16
37°(7,8)	166	148	30
0°	160	66	13

（三）各探头通道有伤损 A 扫描波形显示

对于双轨探伤仪探伤要注意结合常规 70°、37°和 0°探头探伤方法知识进行掌握，其显示规律同常规探伤方法基本相同，如在焊缝、接头部位及螺栓孔，异型接头变截面等处产生伤损时，一般均会有固有回波波形和伤损回波波形交替显示的现象。下面我们以一些常见的伤损回波波形为例来了解双轨探伤仪 A 扫描波形显示。

1. 70°探头探伤

位于轨头内距离轨面 10 mm 的一核伤，根据核伤的位置和倾斜方向，若核伤在钢轨中央时，反射信号只有一次波，紧挨着水轮钢轨界面波显示（图 6-104）。若核伤位于钢轨轨头一侧时，反射信号有一次波也有二次波波形显示，两个相反方向的反射信号一个是紧挨着水轮钢轨界面波显示，另一个是远离水轮钢轨界面波显示。在探伤过程中，只需观察在水轮钢轨界面波以后的信号，伤损反射信号与核伤距离探头入射点的声程长度有关，伤损与探头入射点距离越小，反射信号距离水轮钢轨界面波就越近，反之，反射信号距离水轮钢轨界面波越远（图 6-105 为二次波发现的轨距角处小核伤）。

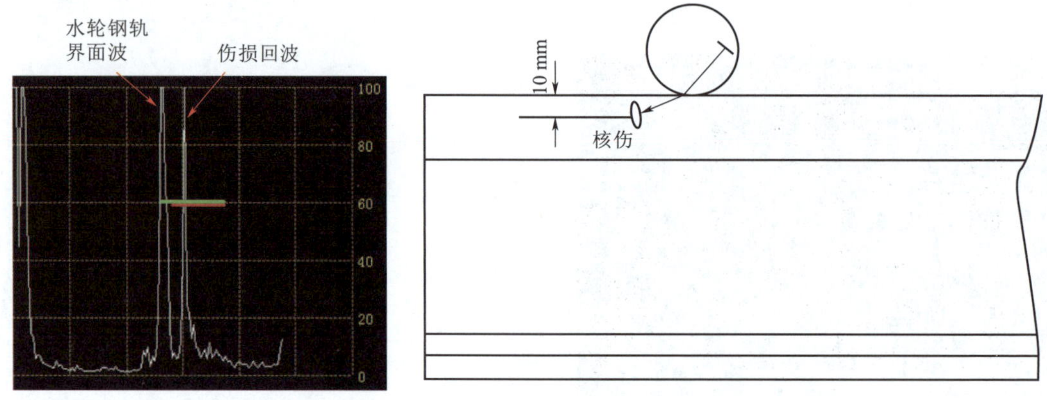

图 6-104　70°探头发现核伤波形示意

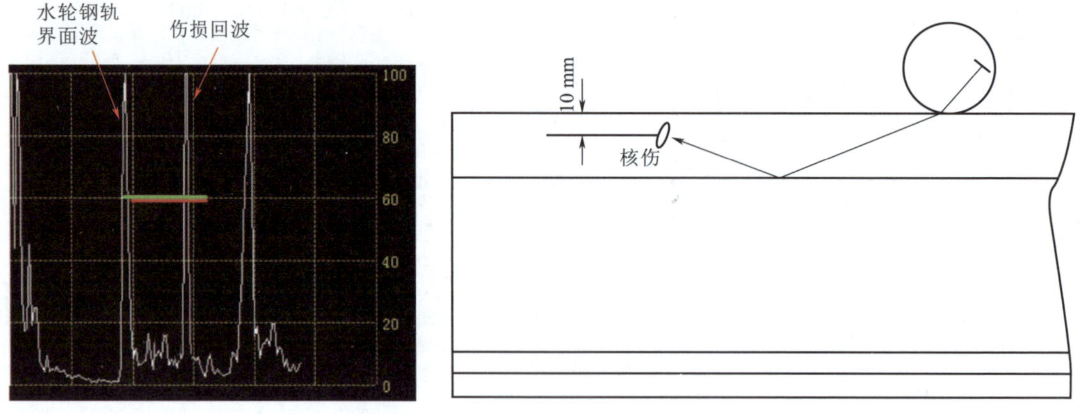

图 6-105　70°探头发现核伤波形示意

2. 37°探头探伤

轨底裂纹反射波：图 6-106 给出了典型的 37°探头通道由于轨底裂纹的反射信号。和之前的 A 扫描类似，首先，观察到的是轨底裂纹反射信号，比较图 6-102 和图 6-106 可以发现，螺孔的反射信号更靠近界面波。

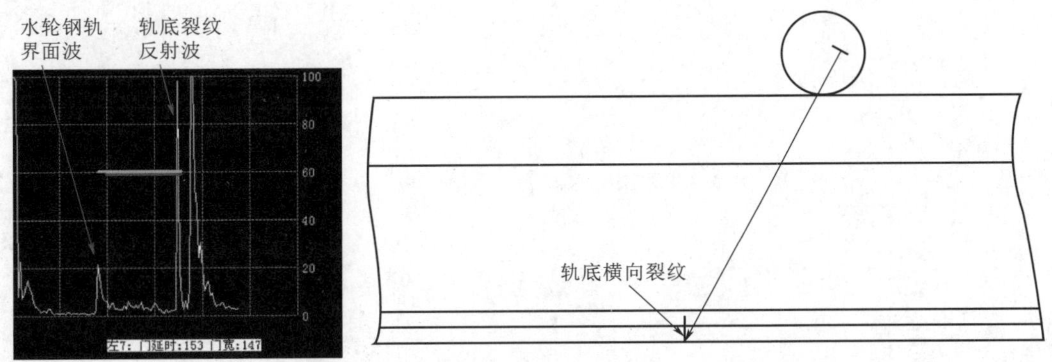

图 6-106　37°通道轨底裂纹的反射信号

3. 0°探头探伤

图 6-107 给出了典型的 0°探头通道在钢轨轨腰水平裂纹的反射信号。和前面的 A 扫描类似，首先观察到的是水轮钢轨界面波，然后观察到轨腰水平裂纹反射信号。在探伤过程中，只需观察在水轮钢轨界面波以后的信号，若裂纹较大则无轨底反射信号。

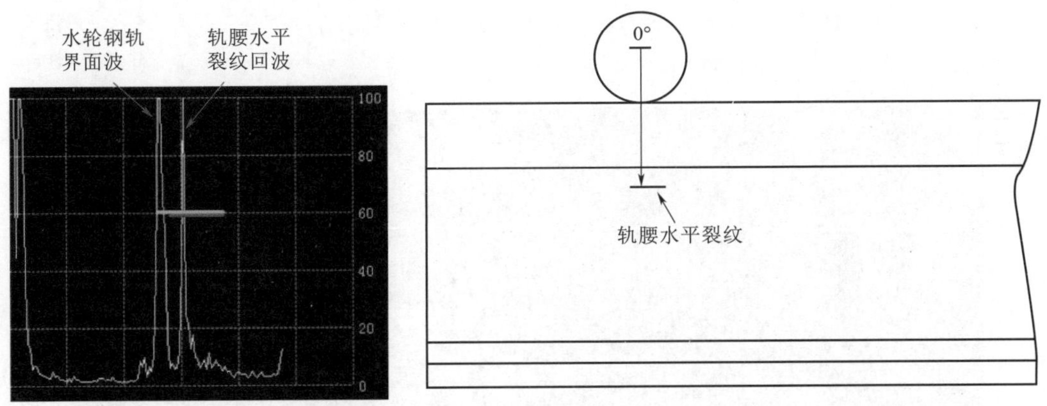

图 6-107　0°探头通道轨腰水平裂纹反射信号

三、双轨探伤仪 B 扫描显示区域

B 扫描是实际检测时使用的扫描模式。B 扫描显示区域分成三个部分，分别为：压缩图像显示窗口、右轨弹出窗口和左轨弹出窗口。压缩图像显示窗口是正常检测使用窗口，由于小车速度很快，为便于观察检测图像将检测数据进行压缩显示。

压缩图像显示窗口（图 6-108），分为上下两个相同的显示界面，图像分为左轨和右轨，由两轨数据组成，上面是左轨数据图像，下面是右轨数据图像。其界面有内斜 70°通道回波显示区域、外斜 70°通道回波显示区域、直 70°通道回波显示区域和 37°、0°回波显示区域构成。

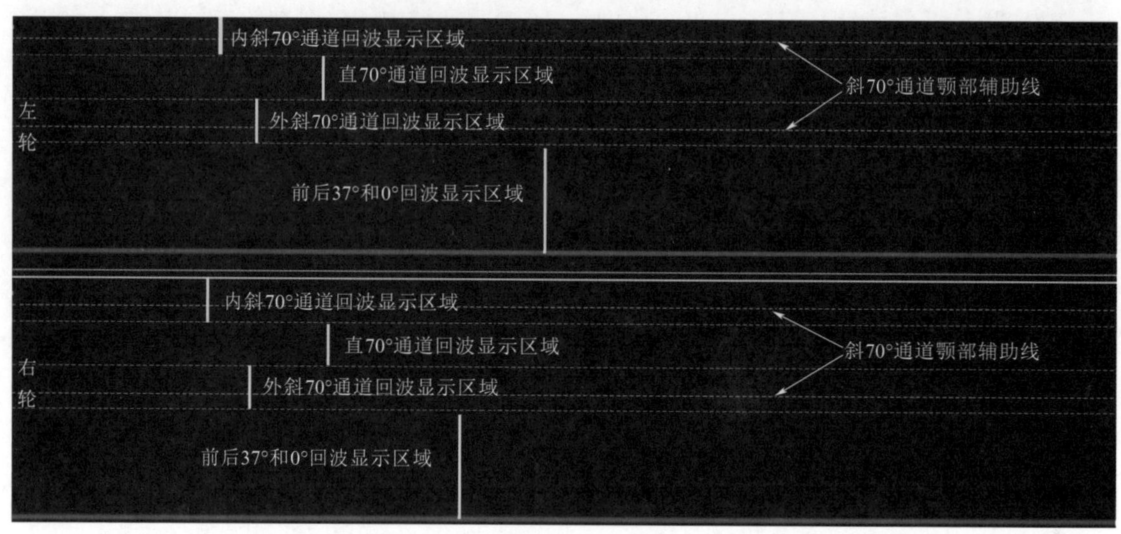

图 6-108　B 扫描压缩图像显示窗口

四、各种角度的 B 扫描图形

（一）无伤损 B 显图形显示规律

1. 正常钢轨内 B 显图形显示

母材钢轨部位检测时，显示界面中只有 0°探头轨底回波图形显示，是一条连续的直线，也叫轨底回波线，如图 6-109 所示。

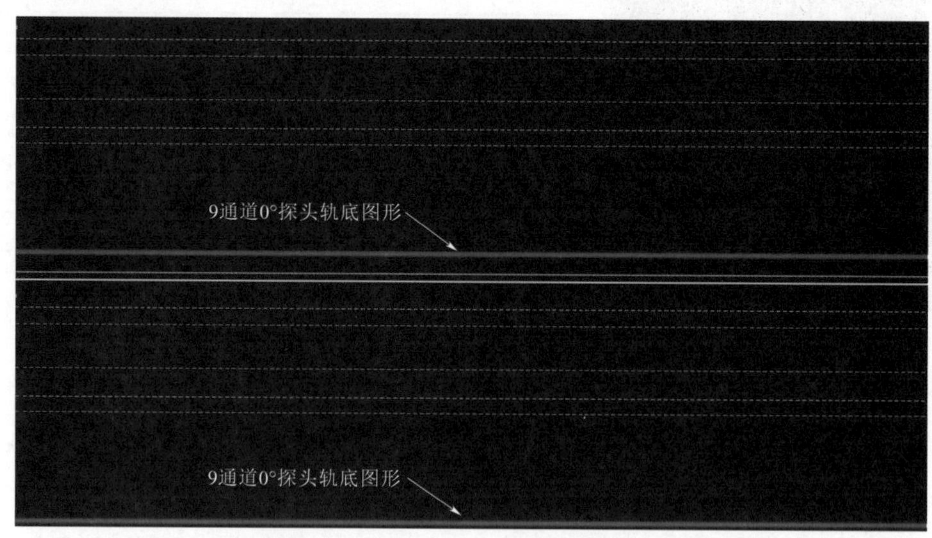

图 6-109　正常钢轨内 B 显图形显示

2. 正常钢轨接头 B 显图形显示

双轨探伤仪在经过无伤钢轨接头时，界面中 70°、37°和 0°探头通道均会有图形显示，37°

和 0°通道与常规探伤仪器显示特点相同，显示其固有回波波形（图 6-110）。B 显图形显示图像与拼图方法有关系，拼图方法一般有："八字"拼孔方法、"交叉"拼孔方法，拼孔尽量不要用接头。"八字"拼孔方法是一种常见的拼图方式。"交叉"拼孔方法是将六个 70°探头通道的同一个截面回波图形调整为倾斜交叉显示，有利于伤损图形识别。

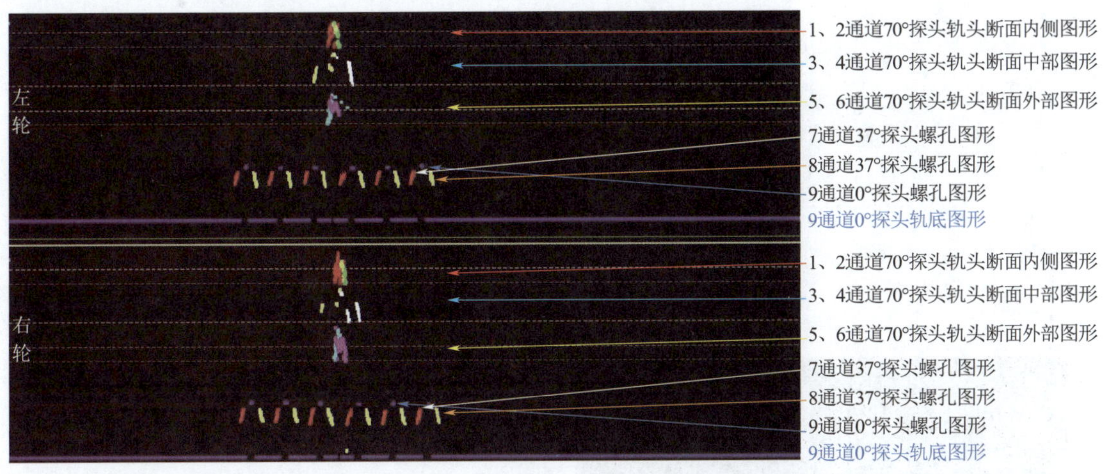

图 6-110　过接头 B 显图形显示及两轨各探头通道

3. 正常钢轨焊缝 B 显图形显示

对于接触焊、气压焊和铝热焊焊缝，因焊筋轮廓形状大小不同，回波有差异。轨头轨颚部位焊筋回波，一般是铝热焊回波强、接触焊回波弱。轨底部位焊筋回波，通常是铝热焊焊筋无回波显示或是只有单一通道回波显示，两个方向的通道均有回波显示的情况较少；接触焊由于焊筋轮廓形状和大小的原因，回波强弱会有不同，一般会出现单一通道回波显示或无回波显示，或是两个方向的通道均显示，但这种情况较少。

0°探头，一般情况下是铝热焊焊筋底面回波显示略低于轨底回波线，并常有失底波显示的情况。正常铝热焊焊缝焊筋轮廓回波如图 6-111 所示。

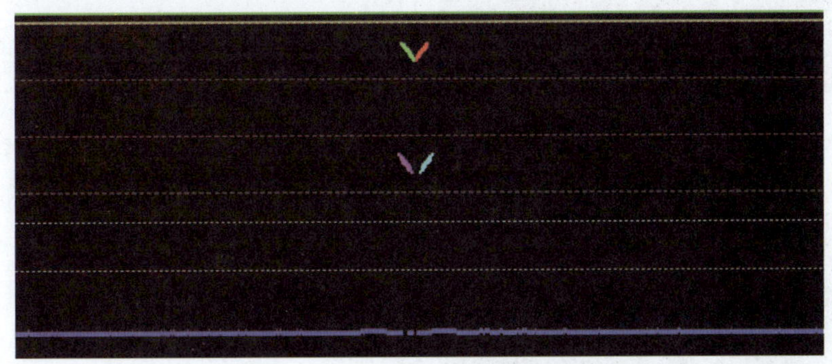

图 6-111　钢轨铝热焊焊缝 B 显图形显示

从图 6-111 中可看出 B 显图形同常规探伤的显示图形图像基本相同。

（二）有伤钢轨 B 显图形显示规律

根据不同通道的出波相互位置关系，鉴别是否存在伤损。

1. 70°探头探伤

(1)检测钢轨轨头核伤B显图形显示

①核伤位于轨头一侧上方[图6-112(a)]。

钢轨中央偏一侧的小核伤，有时只有偏角70°探头一次波有反射信号显示图形，而直70°或偏角70°探头二次波无反射信号图形。

②核伤位于轨头中央[图6-112(b)]。

从图形显示区域上可确知核伤位于钢轨轨头中心部位。

③核伤位于轨头一侧上角[图6-112(c)]。

核伤在二次波扫查区内，因核伤近似垂直，两个方向的偏角70°探头都会有二次波回波图形显示。当核伤与二次波的入射角逐渐增大，会造成一个方向的回波强，另一方向回波弱，甚至无波形图像显示。

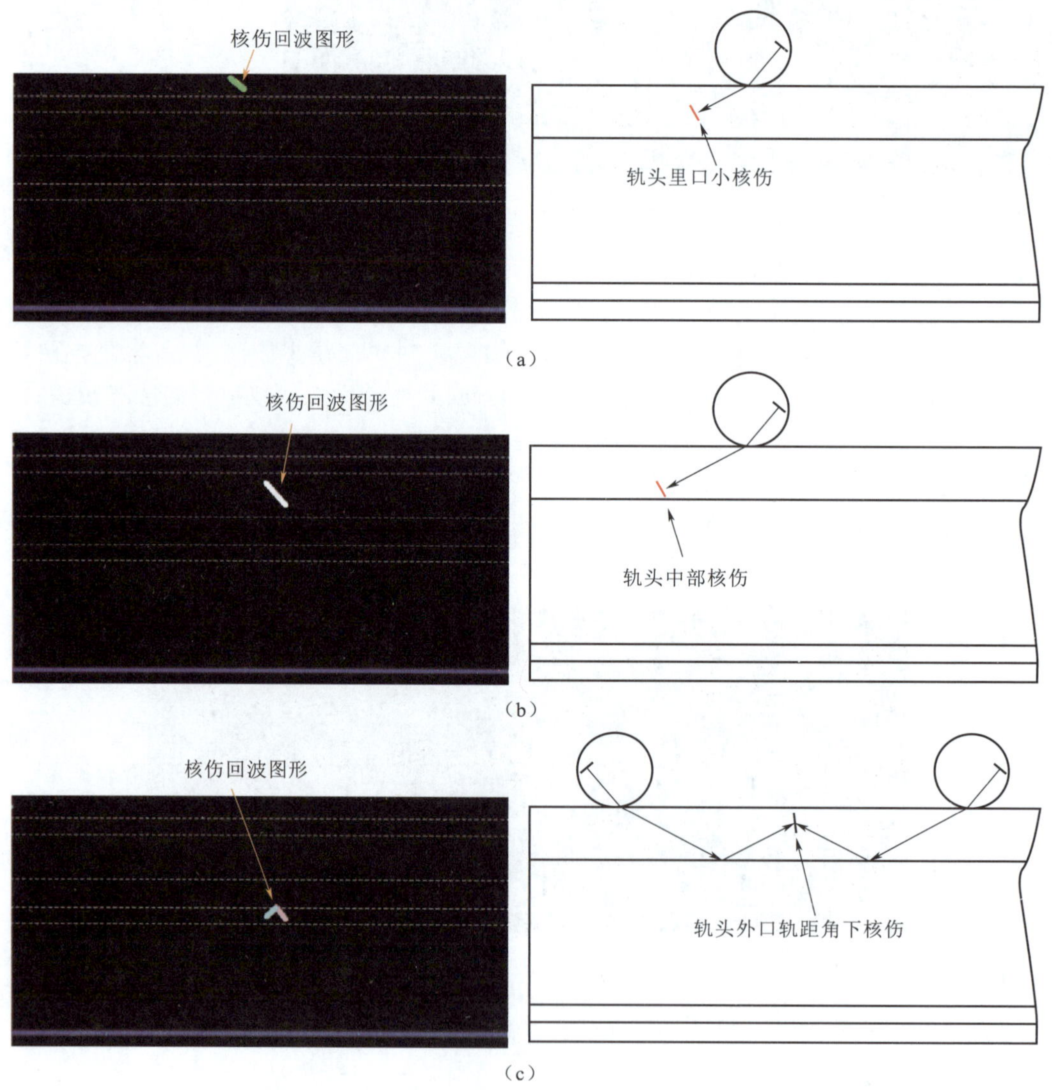

图6-112　70°探头检测轨头核伤B显图形显示

(2)检测钢轨焊缝热影响区核伤 B 显图形显示

焊缝处伤损同常规探伤的 B 型显示图形规律基本相同,在伤损回波的同时会夹有焊筋轮廓回波图形。焊缝部位探伤要注意对焊筋轮廓波的识别,发现单一通道回波波形长或有多支波显示时要进行倒车复核确认。图 6-113 是钢轨焊缝热影响区核伤 B 显图形显示。

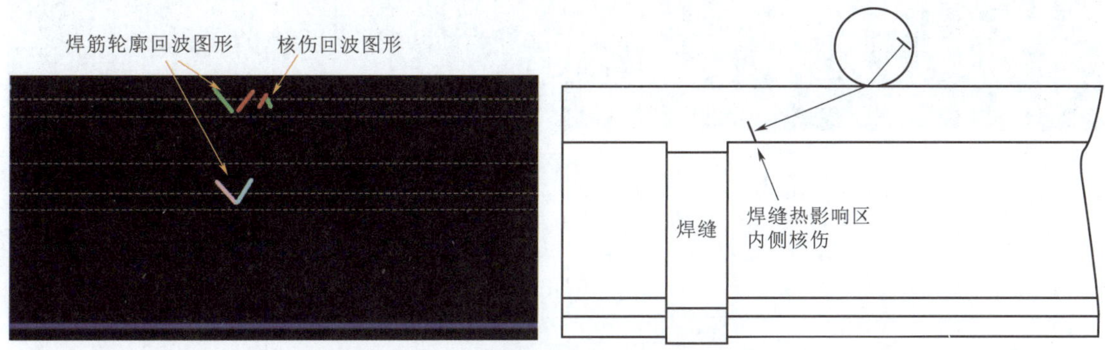

图 6-113 焊缝热影响区核伤 B 显图形

2. 37°探头探伤

检测钢轨接头螺孔裂纹 B 显图形显示:双轨探伤仪在经过钢轨接头时,37°探头通道与常规探伤仪器显示基本相同,我们列举几个裂纹图形示例说明。

①二孔向三孔斜上裂纹(图 6-114)。

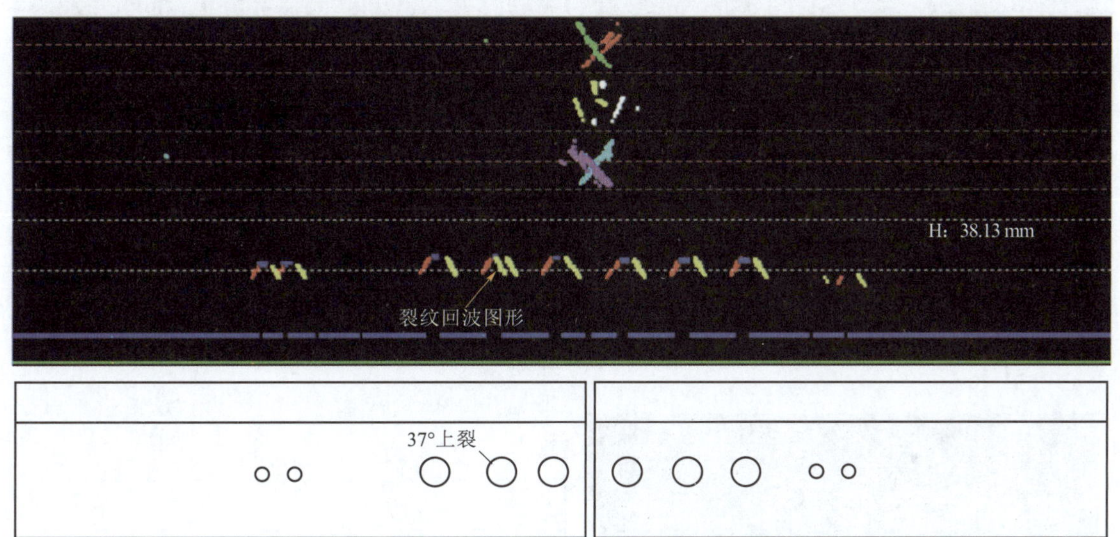

图 6-114 二孔向三孔斜上裂纹 B 显图形

②二孔向一孔斜上裂纹和三孔向二孔斜下裂纹(图 6-115)。

③一孔向轨端(倒打)斜下裂纹和三孔向小腰方向斜下裂纹(图 6-116)。

④轨底横向裂纹(图 6-117)。

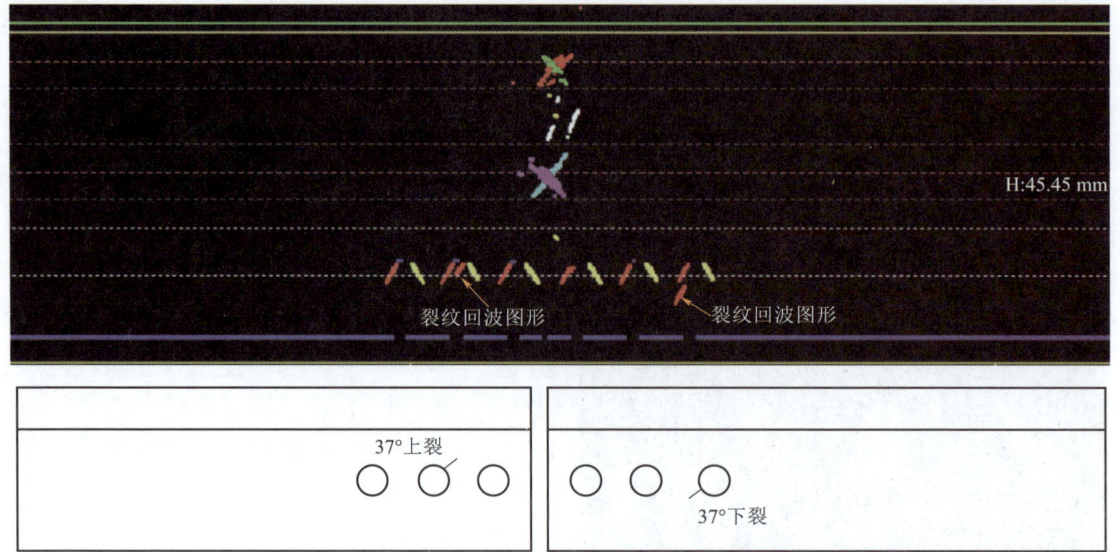

图 6-115　二孔向一孔斜上裂纹和三孔向二孔斜下裂纹 B 显图形

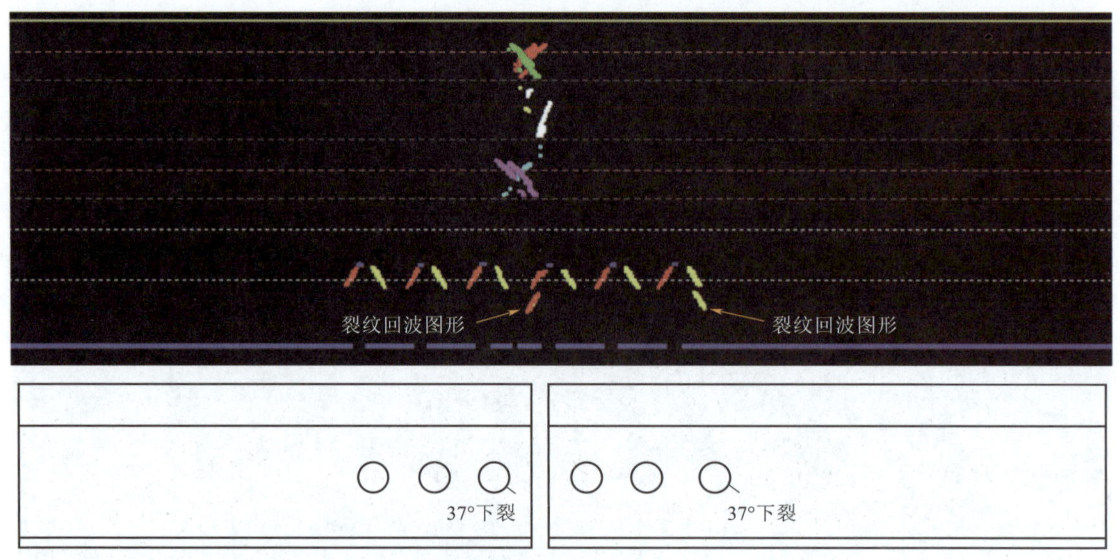

图 6-116　一孔向轨端下裂和三孔向小腰方向下裂 B 显图形

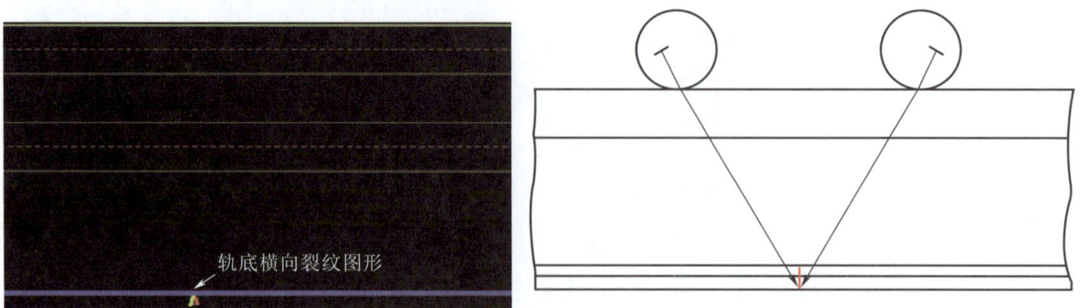

图 6-117　轨底横向裂纹回波图形

3. 0°探头探伤

检测钢轨轨腰水平裂纹B显图形显示，如图 6-118 所示。

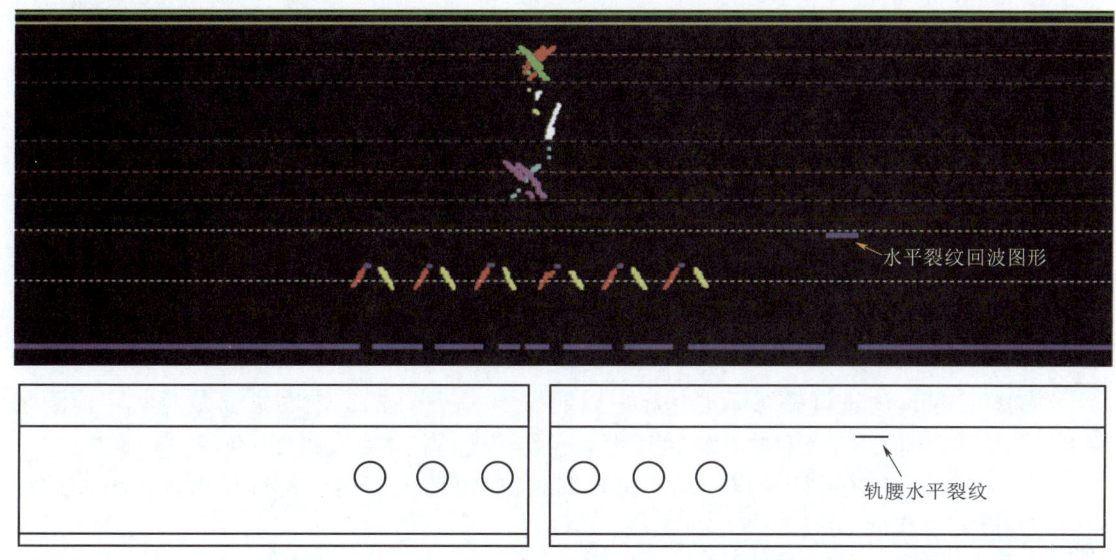

图 6-118　0°探头检测钢轨轨腰水平裂纹B显图形显示

（三）常见的干扰图形

（1）回波波形显示角度趋于水平的假象波（图 6-119），这种假象波有一定的规律性，一般产生在偏角 70°探头通道。

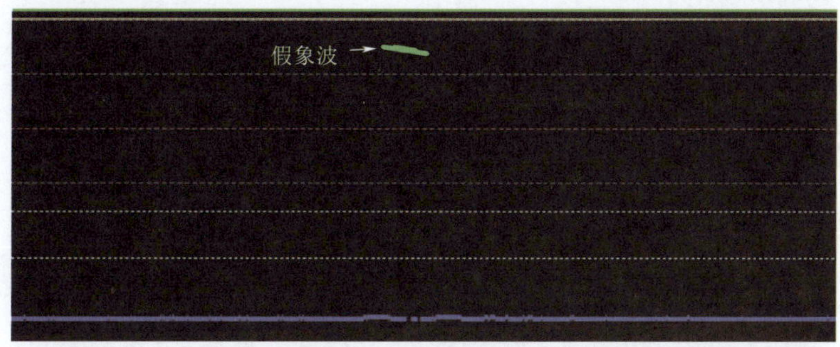

图 6-119　假象波显示

（2）电磁干扰产生的假象波，回波图形倾斜方向与正常图形方向相反（图 6-120）。

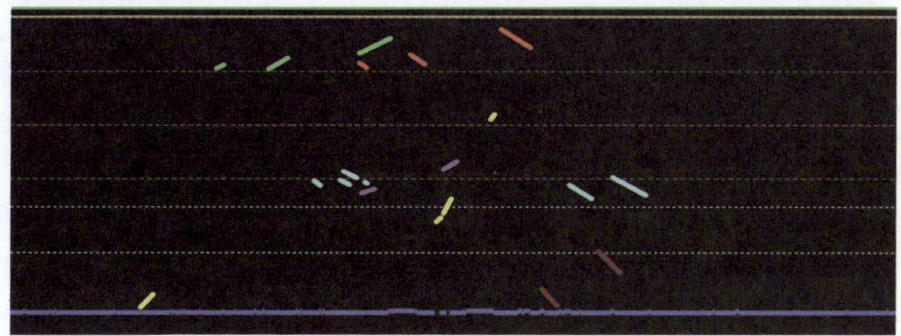

图 6-120　电磁干扰产生的假象波显示

图中均为假象波，存在于各探头通道。另外，0°探头通道会有垂直显示的图形假象波，要注意识别。

五、仪器标定及灵敏度调节

（一）仪器标定

1. 静态标定

标定周期为1次/周，新组装后的轮探头需进行晶片入射角度校正并进行静态标定。标定内容主要是对探轮和仪器综合性能的测试，按《双轨式钢轨超声波探伤仪暂行技术条件》（TJ/GW 157—2017）中6.5条规定执行，当探测规定人工伤损的回波幅度达到50%波高时，闸门范围内的杂波（固定波除外）幅度不得大于10%波高。

2. 动态标定

动态标定前应先进行静态标定。标定周期为1次/月。标定内容主要是对实际检测条件下探伤能力的标定，按《双轨式钢轨超声波探伤仪暂行技术条件》（TJ/GW 157—2017）中6.6条规定在直标定线进行标定。动态标定时，各通道监控闸门内标准反射体回波前的杂波信号幅度不应超过10%。

探伤仪调整到实际钢轨探伤状态，以15 km/h±0.5 km/h速度，分别连续5次不间断检测直标定线和曲标定线，除轨底锥孔、GTS-60SG-3试块中的人工伤损外，其他人工伤损应能全部检出，并能正常报警。如探伤仪具备15°螺孔裂纹或垂向伤损等的检测能力，则应全部检出相应人工伤损，并能正常报警。

以下情况应进行动态标定：

(1)检测系统维修后或检测系统软件升级后；

(2)整车维护保养后；

(3)停止使用10天以上恢复使用时。

（二）灵敏度调整

1. 草状波基准灵敏度调试

根据仪器的性能，在GTS-60SG动态标定线进行动态标定，根据各通道基准波大小适当增加或减少草状波的波幅值，直至以此时的草状波探伤时，除轨底锥孔、GTS-60G-3试块中的人工伤损外，其他人工伤损均能全部刚刚检出，并能正常报警。此时的草状波的值作为基准灵敏度。

仪器、探头（或探轮）综合性能直探头探测5 mm螺孔水平裂纹、35°～45°探头探测37°倾角3 mm螺孔上裂、直70°探头探测距踏面50 mm深Φ4 mm平底孔、斜70°探头探测26°倾角Φ4 mm×20 mm平底孔。当探测规定人工伤损的回波幅度达到50%波高时，闸门范围内的杂波（固定波除外）幅度不得大于10%波高。

2. 现场探伤灵敏度调节

0°探头：探测钢轨轨底，调节探轮使轨底回波最强，提高增益至底波前方刚出现杂波，衰减1～2 dB，作为探伤灵敏度。

70°探头：提高增益，杂波信号不超过30%，衰减1～2 dB，作为探伤灵敏度。

37°探头：提高增益，杂波信号不超过30%，衰减1～2 dB，作为探伤灵敏度。

六、双轨探伤仪探伤注意事项

（一）注意探轮对中调整

探轮对中调整很重要，直接影响到检出能力。注意探轮空间位置的调整，当发现前后37°出波显示高度不一致时，要及时调整。注意不要在钢轨弯道处和螺孔导线孔上方调节。倾角调整量±10°，对中偏差不大于4 mm。

（二）注意控制检测作业速度

（1）无缝线路直线及半径大于800 m的曲线探伤作业速度应≤12 km/h。

（2）普通线路探伤作业速度应≤10 km/h。

（3）通过岔区的作业速度应≤5 km/h。

（4）检测通过螺孔时，应确保螺孔出波完整。

（5）再用轨无缝线路区段、半径不大于800 m或钢轨侧磨大于或等于6 mm的曲线、轨面状态影响探伤作业区段的检测速度应≤8 km/h。

（6）在冬季、探伤效果不良区段作业时，应降低探伤作业速度。

（三）注意回波图形识别，发现疑似回波图形加强校对

对70°单通道出波的，如既无连续鱼鳞回波也未确认为焊缝的，一二次回波不连续但有连续趋势的，应倒车确认。

加强70°探头出波的综合分析，如同侧前后发70°回波有交叉或交叉的趋势、焊缝部位多波或不同通道出波不在正常位置的，回波延长、滞后、提前的均应加强分析与校对确认。

检测通过螺孔时，应确保螺孔出波完整。分清直探头孔波与断面波，分清不同部位伤损的B显规律。

（四）注意加强钢轨焊缝和钢轨状态不良处所探伤

探伤检查中机械操作员必须准确预报焊头位置，探伤检测员应根据预报和出波情况综合鉴别，遇不能确认的波形，需倒车进行确认。根据核伤的显示位置，可大概预判伤损的深度和横向位置，现场可以有针对性地进行校对。钢轨状态不良处所，存在连续核伤的可能性较大，确认1处核伤后，应加强同区段的检测和出波的鉴别。

（五）注意加强数据回放分析

双轨探伤仪探伤，由于双轨探伤仪检测速度快，出现很多疑似回波图形时不能有较多时间现场复核的特点，所以数据回放工作非常重要。双轨探伤仪检查与回放前，必须精准拼图，对各种正常回波的相互位置应做到心中有数，如发现异常，应加强分析和校对。在仪器数据回放中，注意拼孔方法的统一。

复习思考题

1. 70°探头的探测原理和作用是什么？
2. 简述70°探头一、二次波的概念及探测范围。
3. 规则核伤偏角检测和无偏角检测时，回波显示有何规律？

4. 双线区段由于列车单向运行，钢轨头部核伤常带有一定倾斜，应如何防止这类核伤漏检？

5. 70°探头探伤时会产生哪些假信号？如何鉴别和处理夹板内螺孔反射波？

6. 为什么接头 1 m 区域核伤容易漏检？如何避免漏检？

7. 为什么要定期调换 70°探头的发射方向？70°探头位置调整有何作用？

8. 应重视哪些地段的核伤检查？不能忽视哪些部位的检查和校对？

9. 目前核伤校对方式有几种？各适用范围是什么？

10. 基线法是根据什么来对核伤进行定位定量的？如何计算核伤的深度、高度和中点？

11. 基线法如何确定核伤校对灵敏度？校对时为什么要采取“近高远低”进行修正？

12. 目前核伤校对普遍采用的有哪两种方法？分别适用哪些范围核伤校对？

13. 37°探头的探测原理和作用是什么？

14. 37°探头在第一螺孔至轨端区域的回波显示规律有什么特点？

15. 37°探头探测螺孔向上、向下和水平裂纹的显示有何区别？

16. 37°探头探测轨端水平裂纹的原理是什么？如何确定裂纹的深度？

17. 为什么 37°探头对轨底横向裂纹具有良好反射条件？如何探测轨底横向裂纹？

18. 37°探头非螺孔裂纹回波有哪些？用什么方法鉴别螺栓回波？

19. 37°探头探测钢轨接头时应注意哪“三看”？

20. 0°探头具有哪些探测功能和作用？

21. 0°探头探测水平裂纹应注意哪些情况？

22. 0°探头如何检查和分析螺孔斜裂纹？

23. 0°探头对纵向裂纹的探测具有什么显示特点？应该如何鉴别？

24. 纵向裂纹有哪几种形式？0°探头探测时有何不同显示？

25. 0°探头非裂纹回波有哪些？如何鉴别？

26. 0°探头探伤中应注意哪些事项？为什么说探伤灵敏度调节十分重要？

27. 如何判断纵向裂纹存在于轨头、轨腰和轨底？

28. 为什么在正常探伤灵敏度条件下，37°探头较难发现螺孔小角度裂纹？

29. 如何加强 37°和 0°探头对螺孔小角度裂纹的探测？

30. 18°探头对螺孔和螺孔小角度裂纹探测中的回波是如何显示？

31. 为什么 18°探头对轨端擦伤、掉块下的螺孔小角度裂纹探测有利？

32. 扩束探头检测螺孔裂纹的原理是什么？它有哪几点作用？

33. 提速道岔特种断面钢轨轨头核伤为什么检出困难？有哪些检测方法可以弥补？

34. 双轨探伤仪在无伤的钢轨母材上探伤检测时，70°探头通道 A 扫描波形显示特点是什么？

35. 双轨探伤仪在无伤的钢轨母材上探伤检测时，37°探头通道 A 扫描波形显示特点是什么？

36. 双轨探伤仪探伤，正常钢轨地段 0°探头通道 A 扫描波形显示特点是什么？

37. 采样门延时、门宽，零点偏移值的作用是什么？

38. 70°探头探测轨头内距离轨面下 10 mm 一核伤，A 扫描波形如何显示？

39. 双轨探伤仪 B 扫描显示区域的压缩图像显示窗口由哪些回波显示区域构成?
40. 双轨探伤仪现场探伤灵敏度如何进行调节?
41. 双轨探伤仪检测中,B 扫描常见的干扰图形有哪些?
42. 双轨探伤仪探伤注意事项有哪些?
43. 双轨探伤仪探伤注意事项中,对检测作业速度有何要求?
44. 双轨探伤仪探伤注意事项中,为何要注意加强数据回放分析?

第七章 钢轨焊接、钢轨焊缝缺陷

第一节 钢轨焊接一般知识

一、钢轨焊接方式

目前钢轨焊接方式主要有接触焊、气压焊和铝热焊三种，其中接触焊又分为工厂焊和现场焊两种。这些焊接方式在无缝线路中各占钢轨焊缝比例不同，以接触焊焊缝为最多，铝热焊其次，移动气压焊随着现场接触焊技术成熟，占有的比例会越来越少。

（一）接触焊

接触焊（又称为闪光焊）是电阻焊的一种，它将两个待焊钢轨端固定在焊机夹具上，利用低电压大电流加在被焊钢轨上产生的电阻热，使轨端加热至表面熔化状态，然后立即断电并加压，在压力下两钢轨端面相互结晶，使两节钢轨焊接在一起。该法是目前我国厂内焊接的主要方法，它把 25 m、100 m 长度的钢轨焊成 250～500 m 长的轨条。随着科技发展，目前已经生产出适合现场焊接的移动式接触焊机，不仅能够完成联合接头焊接、单元焊接，而且能够完成钢轨与道岔的闭合焊接。

（二）气压焊

气压焊分为熔化气压焊和塑性气压焊两种。国内绝大多数采用塑性气压焊。塑性气压焊焊接时，将钢轨两清洁端面紧密贴合，并对贴面使用专用焊炬产生气体火焰加热，待贴合面及附近被加热至塑性状态，即对贴合面加以顶锻，在压力作用下固溶体中的原子之间进行扩散再结晶，两金属面间形成新的结晶，使两根钢轨焊接在一起。

（三）铝热焊

铝热焊又称铸焊法，它是将铝粉、氧化铁粉、铁钉屑和铁合金等按一定比例配成铝热焊剂，用高温火柴点燃后，发生激烈的化学反应和冶金反应，使其瞬间温度达到 1 200～1 300 ℃，钢水下沉，氧化铝以渣的形态浮于溶化金属上面，然后把钢水注入套在对接钢轨上、预热好的砂模铸型内，与预热温度达 900 ℃以上的钢轨端部融合，高温钢水将铸型内的两节钢轨端部熔化，冷却后把两节钢轨焊接在一起。该法主要用于无缝线路铺设和无缝线路曲线侧磨严重钢轨更换，以及钢轨折断抢修之中。

二、钢轨焊接工艺简介

(一)接触焊焊接工艺(表 7-1)

表 7-1 接触焊工艺简介

工序	项　目	作业内容要求和注意事项
1	焊前检查与调直	检查钢轨中有硬弯、扭曲、裂纹、重皮、夹杂、夹渣、结疤、划痕、损伤等缺陷不可使用,对距轨端 3.5 m 范围内、不直度大于 0.5 mm/m 的钢轨必须调直
2	配轨	根据上级下达的设计图及要求进行配轨,配轨中钢轨最小长度不得小于 9 m,需要锯轨时应先调直,后锯轨
3	焊前打磨	待焊钢轨端面、轨面距端 600 mm 范围和轨底下表面距端 400 mm 范围内要清除表锈,钢轨端面、轨面和轨底面距端 100～300 mm 范围内用角向磨光机打磨出金属光泽,不允许存在明显的凹面和较深的划痕,亦不允许存在微小的凸出点
4	焊机检查和调准	检查焊机供电电压(在 360～420 V 范围内)、冷却水水温(7～30 ℃之间)、液压油油温(12～45 ℃之间)、贮能器压力(4 MPa)、去毛刀间隙,调准主机、辅机与控制柜的参数
5	焊接操作和质量检验	焊机正式焊接前应先用手动方法或模拟顶锻的方法将各油缸反复运动数次,以保证焊机状态正常;通过送轨、钢轨在焊机内对头等准备工作就绪后,开始进行自动焊接;焊接结束后,应检查焊缝两侧钢轨面是否存在错位、去毛(除瘤)是否够,要求外观无缺陷,钳口部位无烧伤
6	焊后调直	要求在焊缝前后各 1 m 范围内,水平弯曲不大于 0.5 mm/m,焊缝部位要求呈现 0.5～1.0 mm/m 的上拱(指热态测量),并检查焊缝部位是否存在夹杂、过烧、裂纹及钳口烧伤缺陷
7	焊后打磨	分两步进行,先用中粗砂轮对焊缝及其附近的轨头顶面两侧面及颚部磨除焊瘤,使平直度在焊缝两侧 1 m 的范围内符合±0.5 mm/m 的要求;然后用砂轮机在轨头顶及两侧面进行修整,使平直度不超过±0.3 mm/m,且轨缝两侧 250 mm 范围内表面粗糙度不低于 12.5 μm,打磨中母材磨削量不得超过标准尺寸 0.2 mm
8	焊后热处理	在焊缝附近用正火机组进行全断面加热,正火前钢轨接头表面温度不得高于 500 ℃,正火加热温度为 870～930 ℃,然后在空气中缓冷
9	超声波检验	对钢轨焊缝进行全断面无损探伤检查,焊缝探伤采用 2.5P20Z 和 2.5P*K*1～*K*2.5 探头,探伤前需待钢轨焊缝温度冷却至 50 ℃以下,判废以探测基准灵敏度下缺陷反射回波增益 2 dB 后波幅达满刻度的 80%

(二)移动式钢轨气压焊接工艺(表 7-2)

气压焊接钢轨的工艺分为线下焊(在路肩石砟上进行)和线上焊(在运营线路上的断轨修复)两种,下面介绍线下焊接工艺。

表 7-2 移动式钢轨气压工艺简介

工序	项　目	作业内容要求和注意事项
1	焊接前准备	检查发电机组、高压泵、压接机、加热器、推凸装置是否齐全和运转正常，检查气路、水路、油路是否有跑、冒、漏的情况，以及检查安全防护及人员安全执行情况
2	焊前钢轨端面打磨	用手工锉平和机械打磨、铣平，清除钢轨端面金属锈、油、水等污物和端面凹凸不平，有利于焊接中原子扩散和形成金属健结合，表面粗糙度控制在 6.3 μm 以内和端面与钢轨纵轴线的垂直度公差在 0.15 mm 之内
3	对轨和夹轨	通过拨轨、垫轨和调整轨缝将两条待焊钢轨轨缝调整至 8～15 mm，装上压接机夹紧钢轨，并进行预顶。预顶压力为 60 kg/m 钢轨为 16～18 MPa，50 kg/m 钢轨为 15～17 MPa
4	安放加热器	安上加热器后，调整咀条（火孔）平面与钢轨周边平面距离均应为 24～25 mm，加热器火孔平面要与钢轨纵轴平面垂直，最后安通气、水管路
5	安放推凸装置	推凸装置分刀垫安放和前刀体安放两步完成，点火焊接前或顶锻前安放刀垫，在顶锻完成、加热器灭火的同时放置前刀体。推刀的刃口与钢轨周边的距离要求，轨头 1～1.5 mm，轨腰和轨底 1.5～2 mm
6	点火焊接	点火采用“爆鸣点火”（无烟点火），点火位置要离开焊缝，以免污染焊缝；加热器以焊缝为中心进行摆动加热，要严格控制加热器摆动量和摆动频率，因摆动量过小时钢轨表面与轨心的温度差过大，表面已过烧，心部仍出现未焊上；当摆动量过大时，会使轨底角下塌，破坏焊接成型，同时热影响区加大，焊头的金属性能变劣；摆动频率过低则加热不匀，就会出现局部熔化、过烧的现象
7	加热及顶锻	现场气压焊一般采用三段压力焊法，“初始段”对钢轨施以 24～26 MPa 高压预顶，使两金属贴合面在较短的时间内产生塑性变形，达到全面积密贴；“中间段”采用 16 MPa 的低压力，以减少两被焊轨的轴向压缩量；“焊接段”对钢轨被焊端面上采用 54 MPa 的高压力。顶锻过程中，顶锻量根据轨型不同而不同，超过规定顶锻量范围的顶锻，对焊接质量都有影响
8	焊瘤的推除	顶锻结束后，迅速放好推瘤装置的前刀体，推瘤工作分二刀进行，第一刀将轨腰焊瘤推下，第二刀将轨头和轨底焊瘤推下
9	记录	使用专门的记录表格，记录下焊接区段、轨号、焊接过程的各参数及出现的与焊头质量有关的问题，以便焊头出现问题时查阅参考
10	焊后处理	其一，通过正火热处理，来细化晶粒，提高焊缝的强度、塑性和韧性，使焊缝硬度均匀和适当降低，去除一部分内应力；其二，打磨焊缝，应纵向打磨，不得有低接头，轨头顶面和内侧工作面凸出部分不大于 0.5
11	遇到下列情况应该停止焊接，重新处理端面	①加热器回火或焊接初期发生放炮；②压机夹轨不牢，发生打滑跑轨现象；③加热器未供冷却水；④加热器摆放歪斜，发生偏烧现象；⑤因氧气、燃料气等中断而熄灭；⑥影响焊接质量的其他设备及人为故障

（三）钢轨铝热焊工艺（表 7-3）（法国）

表 7-3 铝热焊工艺简介（法国）

工序	项 目	作业内容要求和注意事项
1	准备工作	到焊接现场前检查并落实所有必需的工具、材料、设备，以及资料；在焊接现场对任何会导致火灾或安全事故的隐患进行清除；轨道上采取必要的防护措施，避免钢轨在对接，对正以及焊接的过程中发生移动；检查推瘤机和打磨机能够正常工作
2	钢轨端头准备	用钢丝刷清洁钢轨端 100～150 mm；钢轨端头 100 mm 范围内无任何钻孔，钢轨端头的直角、垂直公差应不大于 1.0 mm，钢轨端头从未被气焊或电焊过，否则有可能导致焊头的质量不合格
3	钢轨端头对正	用拉轨器将两钢轨端头的间隙控制在 25±2 mm，间隙小于 23 mm，将达不到预热效果，间隙大于 27 mm，除预热效果达不到，而且熔化的钢水还会不够注满整个间隙，影响焊接质量
4	砂模准备	将砂模的所有部件准备齐，并按从下到上的顺序装配到校正好的待焊钢轨上，并用纸板盖在砂模上，以防异物落入，然后涂上适量的防漏泥
5	预热	首先调好预热用燃气的比例和压力，在砂模外点燃燃烧器，并将火焰调至规定的燃烧状态，然后将燃烧器放在预先已定好位的燃烧器支架上，使火焰对砂模和钢轨端头定时加热
6	焊药包的准备	在预热前或预热中，检查焊药包是否有破裂及受潮，检查一次性坩埚是否有破损及碎片，检查自熔塞是放在原来的位置，无问题后将焊药到入一次性坩埚
7	浇注	在规定的预热时间结束之后，移开喷嘴，将装好焊药的一次性坩埚放在砂模正中央上，点燃点火引信插入焊药内并盖上坩埚，焊药必须在预热完毕后 30 s 之内点燃
8	拆除砂模与推瘤	浇注结束 5 min 后，移走废渣盘和一次性坩埚，拿掉砂模夹具，模套及底托盘；浇注结束 6.5 min 后，用推瘤机将多余的焊料切除
9	打磨	用打磨机对轨头顶面和内外侧面进行打磨，“热打磨”要求焊头处的焊料凸出钢轨表面的高度不能低于 0.8 mm，内外侧面与钢轨的两侧平齐；“冷打磨”将凸出钢轨表面的部分打磨至小于 0.25 mm，不得凹陷
10	收尾工作	检查焊头打磨情况，扭紧钢轨扣件，收拾好工具和有关设备，打上焊接印记，完成记录报告
11	特殊条件下的铝热焊接要求	①已磨损的钢轨。将轨底和轨腰对直，焊后将轨面内侧和外侧打磨平顺。②有高度差的钢轨。对直钢轨顶面，轨头高度差不超过 3 mm，轨高高度差不超过 8 mm。③寒冷气候。遇刮风、下雨或下雪，气温低于 15 ℃时，预热前或预热中，用涡轮式焊枪将焊缝两侧 1 m 范围的钢轨加热至 37 ℃；冷却时，须在除瘤后立即用保温箱或保温罩将焊缝盖起不少于 10 min 以后再进行打磨

第二节 钢轨焊缝缺陷

一、焊缝缺陷种类

因焊接设备、焊接材料、气温条件和操作工艺等因素都会影响焊接质量，在焊缝内产生缺陷。焊缝缺陷的种类、特征、形成原因和危害性见表 7-4。

表 7-4 钢轨焊缝缺陷

焊接方式	缺陷名称	特征	产生部位	形成原因	危害性
接触焊	灰斑	暗灰色平滑，有时有放射性条纹的片状夹杂物	焊缝的任何部位，其中轨底角边居多	焊接时间短，次级电压高，连续闪光发生中断，顶压力小等造成	大大降低焊缝的疲劳强度和韧性极易造成断轨
	裂纹	开口性斜裂和焊缝中暗裂	多数发生在焊缝腰部和热影响区	可焊性差和端面切割不良或存在重皮	垂直和斜向折断
	烧伤	轨面和轨底的钳口部位存在烧伤痕迹	离焊缝中心 130～330 mm 区域	钳口部位不洁，通电后电阻加大或加热时间过长	脆性折断或烧伤引起横向裂纹
	未焊合	断口呈暗灰色，平整有毛刺	轨头中心、轨底三角区	加热温度低、顶煅量不够等	降低焊缝的疲劳强度和韧性，易造成断轨
气压焊	光斑	断口表面呈银灰色却平滑，手感不涩手	焊缝的轨头和轨底部位	温度低或顶锻力不足，造成钢轨接触面的不连续性。火焰不正常，出现回火、放炮等导致端面污染和氧化	减少钢轨的有效截面积，在其缺陷边缘应力集中，极易折断
	过烧	断口呈暗色，松散的微粒状组织	两轨底角和轨头与轨腰接合处的凸出量部位	主要是加热温度过高。在钢轨表面产生松散的微粒组织	塑性减弱，脆性增大，存在轨底角两端，很易折断
	未焊合	断口呈暗灰色，平整有毛刺，在毛刺之间有平滑的微小白斑	焊缝的任何部位	端面不洁，间隙过大，顶端量过小，顶端过焊，或加热器火焰不正，摆动量不均匀	与光斑危害相似
铝热焊	夹渣	断口处存在不规则体积型夹杂，一般呈暗灰色	任何部位	打塞(钉)过早使未上浮的溶渣，氧化皮及夹杂物进入焊缝	焊接质量良好，铝焊接头的屈服强度只有母材的 70%左右，如果存在缺陷其强度明显下降，尤其低温季节，接头本身受到巨大的温度拉应力，再加上列车动弯应力的联合作用铝焊接头最易引起折断。上海铁路局 1982—1984 年统计铝焊接头折轨占断轨总数的 71%
	气孔	气孔大小不均，有单个或蜂窝状的气孔群体	任何部位	焊接工艺不当，渗水、漏油。轨端端面不洁或焊剂受潮	
	夹砂	焊缝中可见细小的砂粒	多数存在于轨底角两侧	砂模封口不准，使混入溶液中的砂粒无法溢出	
	缩孔	断口处呈暗灰色的空穴	浇注部位或端面中心	预热不够或浇注口散热过快，导致溶液的凝固收缩	
	疏松	多孔性和不致密性，似海绵状，呈银白色	轨底三角区	溶液凝固时，因体积收缩或气体上浮造成晶间空隙	
	未焊合	断口呈未溶合状态，平整	轨底角二侧居多	预热温度不够，焊缝间隙不一	
	裂纹		焊缝与母材间	焊接时冷热分布不均匀或加热时金属体积改变，组织应力破坏	

二、焊接接头伤损标准

根据铁道行业标准《钢轨焊接》(TB/T 1632)系列标准规定：

(1)钢轨焊头不得有未焊合、过烧、裂纹、气孔、夹渣等有害缺陷。

(2)接触焊焊头的断口允许有少量灰斑。单个灰斑面积不得超过 10 mm^2；灰斑总面积不得超过 20 mm^2；相邻两灰斑间距尺寸小于较小灰斑尺寸时，应将中间区域与两个灰斑合并计算面积；若有灰斑露头出现时，应将灰斑面积加倍计算。

(3)气压焊焊头断口除轨底角外允许有少量光斑。暂按单个光斑最大面积为 8 mm^2；光斑个数不限，但总面积不得超过 50 mm^2；若有光斑露头出现时，应将光斑面积加倍计算。

上述标准是在焊接实验中落锤、静弯或疲劳试件断口上允许存在的缺陷面积。超声波探伤中，因为光斑和灰斑缺陷厚度极薄，而形状也无规则，当超声波入射到该缺陷面时，有一部分声波能量透过缺陷继续向前传播，一部分被反射回来，反射回来的能量往往很弱，因此，对于钢轨气压焊和接触焊缝中的光斑和灰斑缺陷是不易探测到或探测不到，一般灵敏度条件下发现的缺陷多数大于允许存在的缺陷面积，为此，对焊缝的轨底部位探伤中如发现缺陷均判重伤，轨头、轨腰可按上述标准酌情处理。

复习思考题

1. 目前钢轨焊接有哪几种？它们焊接原理是什么？
2. 接触焊焊接工艺有哪些步骤？对超声波检验有何要求？
3. 移动式线下气压焊焊接工艺有哪些步骤？什么情况下应停止焊接重新处理端面？
4. 铝热焊(法国)焊接工艺有哪些步骤？特殊条件下的铝热焊接要求是什么？
5. 《钢轨焊接》(TB/T 1632)系列标准中规定的焊接接头伤损标准有哪些内容？

第八章 钢轨焊缝探伤

第一节 钢轨焊缝轨头探伤

接触焊、气压焊和铝热焊的焊缝中，以铝热焊焊缝探伤难度为最大，主要是焊筋回波对伤损波形识别的干扰。下面重点介绍 60 kg/m 钢轨、焊筋宽度小于 45 mm 的铝热焊焊缝探伤，该探伤方法也可作为气压焊和接触焊焊缝的探伤参考。

一、焊缝轨头单探头法

根据焊缝探伤需要，采用单晶 $K2.5$ 探头对焊缝轨头进行探伤。

（一）焊缝轨头探伤扫查

为使钢轨焊缝轨头得到全面扫查，$K2.5$ 探头在轨顶面采用纵向移动和偏角纵向移动两种方式扫查。

1. 纵向移动扫查

$K2.5$ 探头置轨面上（图 8-1），探头纵向中心距边分别为 16 mm、26 mm、36 mm、46 mm、56 mm 处，偏角为 0°纵向移动探头，移动区域为距焊缝中心 0～150 mm ，本次扫查利用一次波检出钢轨焊缝轨头中的缺陷。

2. 偏角纵向移动扫查

由于轨头顶面作用边呈圆弧状，探头接触面过小，不利于焊缝轨头内外侧上角缺陷的检出，因此，采用偏角纵向移动法探测。$K2.5$ 探头置轨面中心线上（图 8-2），以 15°偏角纵向移动探头，移动区域为距焊缝中心约 100～250 mm，利用轨颚反射波检出焊缝轨头内外侧的缺陷；扫查次数为焊缝内、外两侧共计 4 次。

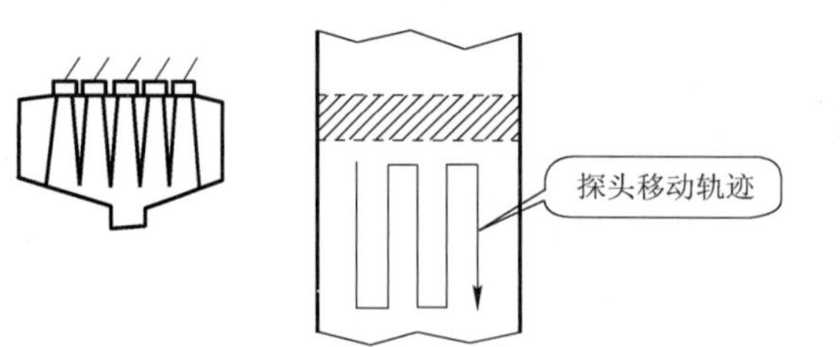

图 8-1 探头纵向移动扫查示意

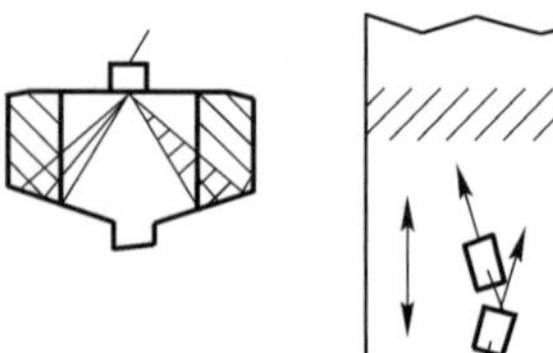

图 8-2 探头偏角纵向移动扫查示意

（二）焊缝轨头正常回波显示

探测铝焊接头轨头时，探头距焊缝中心 80 mm 左右，在荧光屏水平刻度 4.0 左右显示焊筋轮廓波(图 8-3)。其他形式焊缝(气压焊和接触焊),轨头下颚也存在不同厚度的焊筋,探伤时均会在一、二次波交替范围内显示焊筋轮廓波,由于各种焊筋厚度的不规则性,产生的回波幅度和位移会有差别。

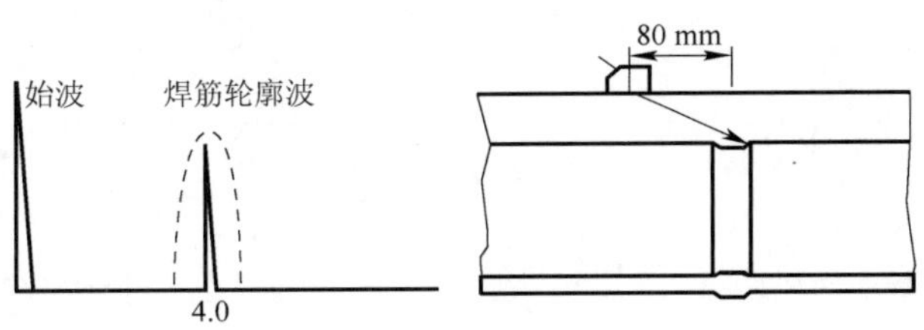

图 8-3 轨头下颚焊筋回波

(三)焊缝轨头缺陷回波显示

1. 小缺陷回波

焊缝轨头缺陷回波与 70°探头探测钢轨轨头核伤的显示规律基本相似,唯一区别在显示缺陷回波的过程中夹有焊筋轮廓波。当缺陷直径小于超声束宽度,且缺陷距轨颚较近时,超声束可同时在缺陷和焊筋上产生反射,荧光屏上会出现缺陷波和焊筋轮廓波同时显示的现象(图 8-4);若缺陷距轨颚较远时,缺陷波和焊筋轮廓波交替显示。

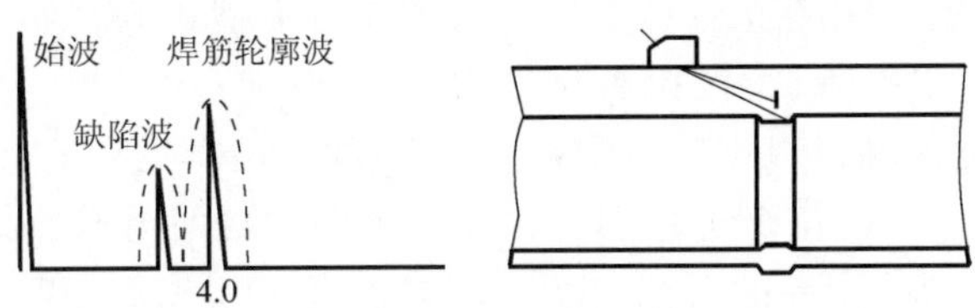

图 8-4 焊缝小缺陷回波

2. 大缺陷回波

当缺陷直径大于声束宽度,完全阻挡超声波向前传播,使荧光屏上只显示缺陷波,不显示焊筋轮廓波(图 8-5)。

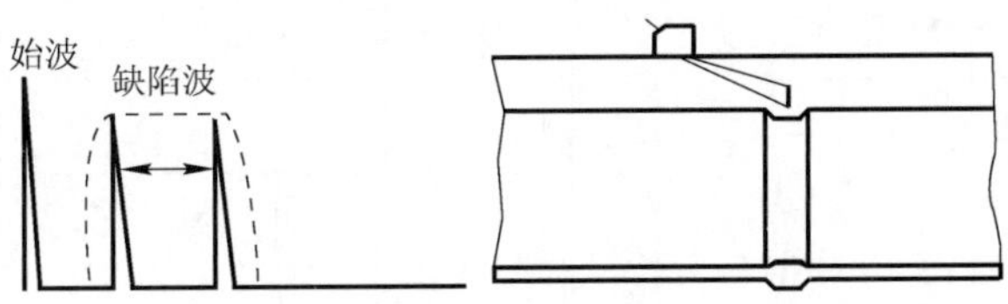

图 8-5 焊缝大缺陷回波

(四)焊缝轨头非缺陷回波显示

1. 轨颚焊渣回波

轨颚焊缝边留有焊渣,焊渣与母材粘连后,超声波在焊渣处会产生反射(图 8-6)。焊渣回波位移小、波幅低,可通过定位和手模确认。

2. 位移不动波

探测面不平整、耦合条件差，有时会在显示屏刻度 1.0 左右显示波幅宽大的回波（图 8-7），这是入射声波在耦合层多次反射形成的回波现象。

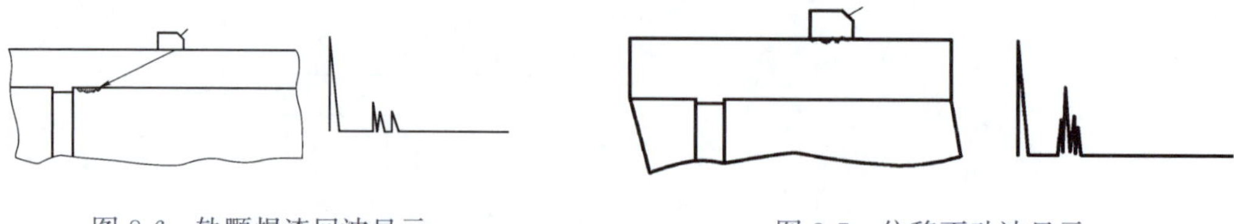

图 8-6　轨颚焊渣回波显示　　图 8-7　位移不动波显示

（五）焊缝轨头单探头法探伤举例

完成轨头焊缝探伤，除掌握探伤扫查、波形识别外，还需要根据探伤方法，设定探伤仪工作状态，调节探伤仪的探测范围、探伤灵敏度，掌握缺陷的定位定量等技能。

1. 工作状态设定

以 CTS-9002 型数字通用探伤仪为例（其他型号的数字通用探伤仪，需在不同的界面下设定），在菜单 1 中设定仪器的工作状态。[工作方式]设为“单”，[阻尼]设为“400 Ω”；[发射能量]置于“强”；[探头频率]设为“2.5 MHz”。

2. 探测范围调试

(1)在菜单 1 中设定，[探测范围]为“250 mm”，[探头型式]为“斜”；[K/折射角]按标称值设定（为使定位、定量更精确，可按探头测试的 K 值设定）；[声速]为“3 230 mm”（为使定位、定量更精确，可按被检测材料声速设定），[刻度]为“mm ←”。

(2)校正探头延时——校正探头零点。在菜单 1 中选择“标定”，按[↵]（回车键）→进入标定界面，选择“延时”，按[↵]→进入标定的延时界面，[探头型式]设定“斜”，[标称距离]设定为“100”，按[↵]→进入标定的检测界面，把斜探头放置 CSK-ⅠA 试块上（图 8-8），找出 R100 回波最高点，选择[A 门位]，调节万能旋钮，使门线移至回波上，选择“延时”，按下[↵]，完成斜探头延时校正。

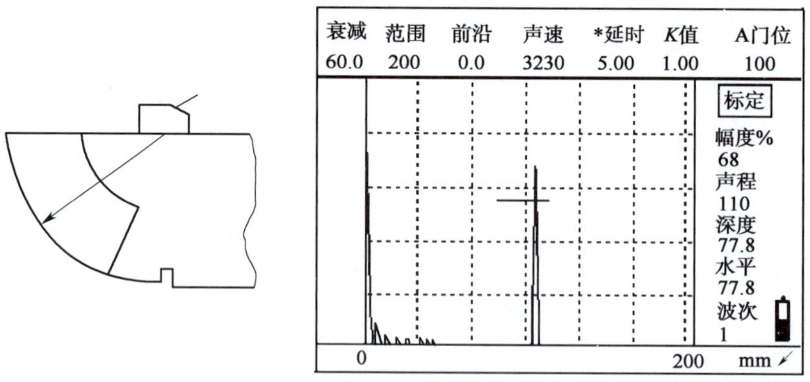

图 8-8　斜探头延时校正

3. 探伤灵敏度调节

可采用试块调节法或现场钢轨调节法，前者适用于数字型通用探伤仪，但要注意现场探伤灵敏度修正;后者适用于模拟型通用探伤仪或现场探伤仪灵敏度检验。

(1)试块调节法

将 CHT-5 试块 B 区 5 号横孔反射波调整到满幅度的 80%(图 8-9),然后根据探测面情况进行适当表面耦合补偿(一般为 2~6 dB),作为探测焊缝轨头部位的探伤灵敏度。

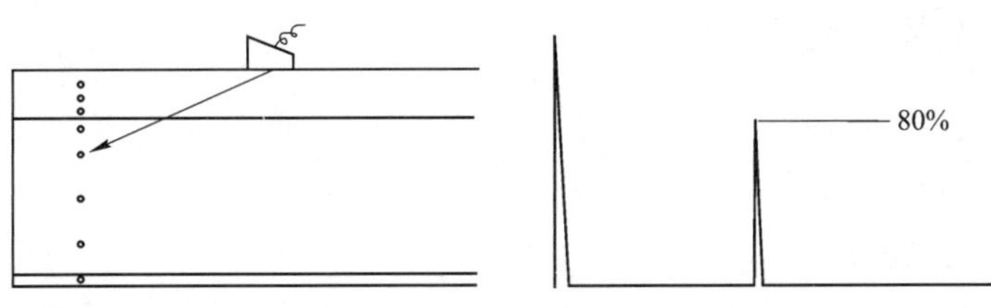

图 8-9 单探头轨头探伤灵敏度校准

注意:如果探测面过于粗糙,灵敏度提高 2~6 dB 不足以补偿耦合损失或无法确定补偿值时,需对探测面打磨处理。无法打磨或钢轨材质不同时,则应对耦合损失和材质损失进行实际测试(可利用对穿波、直达波、底波和棱角波等测试),并根据测试值进行补偿。

(2)现场钢轨调节法

在被探焊缝钢轨底角上进行调节(表面粗糙度要与焊缝探测面相近),探头横向放置于轨底角上(图 8-10),探头入射点距边 10 mm 左右,找出对边轨底角边回波最大值,显示在荧光屏刻度 5.0 左右,调节仪器[增益]、[衰减器],使轨底角回波 80%,增益 20 dB,作为探测焊缝轨头部位的探伤灵敏度。

4. 探伤注意事项

(1)注意焊筋轮廓波的分析:在焊缝轨头探测中,遇有焊筋轮廓波明显延长或重复显示,除因焊筋轮廓不规则和焊渣影响外,多数是焊筋与母材间存在缺陷,应注意分辨,防止误判和漏检。

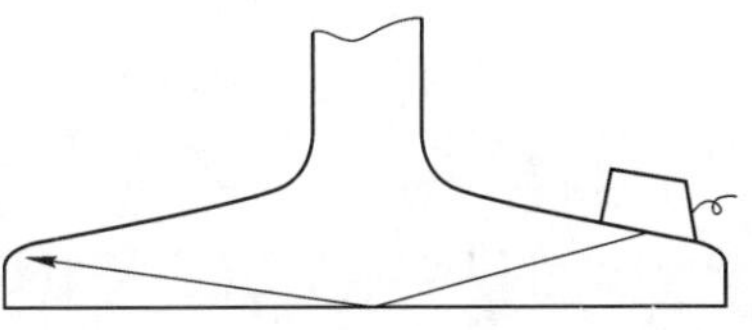

图 8-10 现场钢轨调节探伤灵敏度

(2)注意焊筋轮廓波的干扰:尤其铝焊接头,不仅有对侧焊筋反射波,还会出现本侧焊筋端角波(图 8-11),这是由于焊筋旁存在焊瘤、焊渣引起。

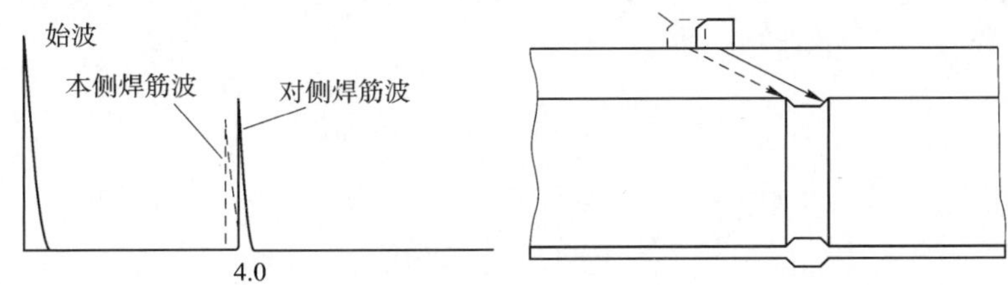

图 8-11 焊缝下颚本侧和对侧焊筋回波

5. 缺陷定位

将数字型通用探伤仪门线移到缺陷回波上,即可从荧光屏右侧检测数据显示区直读缺陷距探头入射点的水平、垂直距离(单位为 mm)。

6. 缺陷定量

缺陷直径较小时，采用当量法确定缺陷大小，根据缺陷回波与试块人工孔回波比较，得出缺陷当量大小；缺陷直径较大时，用延伸度法确定缺陷大小，根据缺陷波在荧光屏上位移量直读出缺陷的垂直高度，缺陷横向宽度可按钢轨核伤校对方法确定。

二、焊缝轨头双探头法

双探头 K 型探伤方法适用于上下（或左右）表面平行、两个表面都可作为探测面的工件，且缺陷反射面与探测面垂直的片状缺陷检测。

（一）焊缝轨头探伤扫查

K 型探伤由两个斜探头（常用 $K1$ 探头）一发一收组成，探头分别置于钢轨轨头两个侧面上（图 8-12）。探伤时两个探头同时同速纵向移动，可实现对钢轨轨头某一区域的探伤。

一对探头相对位置不变时，只能探测某一区域，要完成整个横截面的探测，可采用两个探头按一定规律放置的方式进行扫查（图 8-13）。探伤前根据焊缝宽度、扫查密度、探头折射角、探头声束宽度和扫查声束覆盖面，计算出扫查次数和入射点位置：

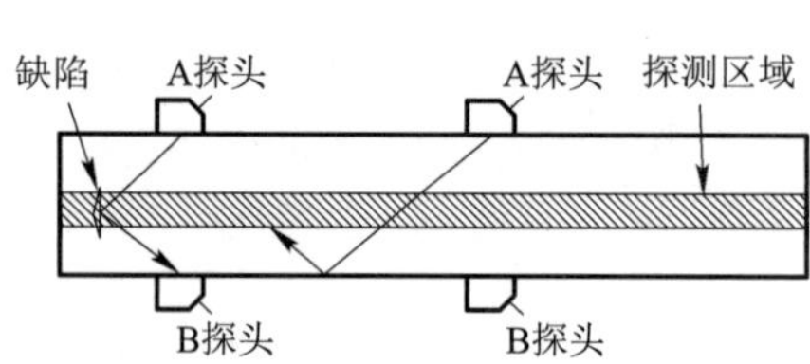

图 8-12　双探头 K 型探伤示意

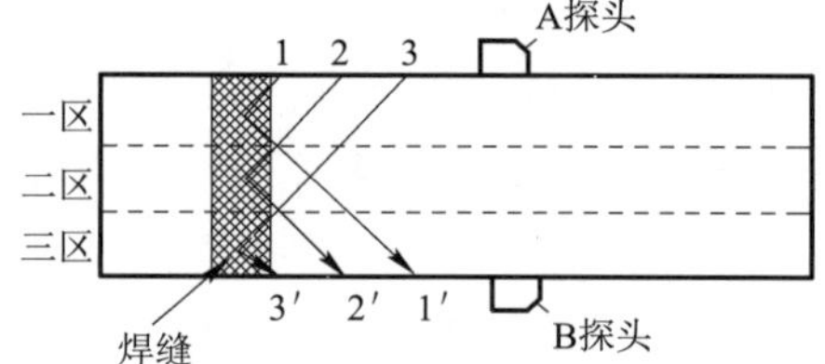

图 8-13　K 型探伤入射点示意

1. 扫查次数

设工件厚度为 T，探头折射角为 β，探头声束宽度为 d，两次扫查声束有不小于 15%的覆盖，则扫查次数（X）为：

$$X \geqslant 1.15\frac{T\sin\beta}{d} \quad \text{（取整数）}$$

2. 入射点的位置

为使扫查最有效，一般取声束中心处于焊缝扫查区域的中心，则声波入射点的位置，A 探头（Y_A）和 B 探头（Y_B）分别为：

$$Y_{An}=(n-0.5)\frac{1}{X}T\tan\beta$$

$$Y_{Bn}=\left(1-(n-0.5)\frac{1}{X}\right)T\tan\beta$$

如：钢轨轨头宽度为 73 mm、探头声束宽度为 10 mm、探头折射角为 45°，根据扫查次数公式计算为“6”，说明该断面必须进行 6 次扫查才能完成整个断面探测；根据入射点位置计算公式可得出探测面一侧 Y_{A1}、Y_{A2}、Y_{A3}、Y_{A4}、Y_{A5}、Y_{A6} 和另一侧 Y'_{B1}、Y'_{B2}、Y'_{B3}、Y'_{B4}、Y'_{B5}、Y'_{B6} 6 对各入射点位置，将 A 探头入射点对准入射点“Y_{A1}”，B 探头入射点对准入射点“Y'_{B1}”，可实现对工件 1 区的扫查（图 8-14）；然后 A 探头入射点对准入射点“Y_{A2}”，B 探头入射点对准入射点“Y'_{B2}”，可实现对工件 2 区的扫查……最后 A 探头入射点对准入射点“Y_{A6}”，B 探头入射点对准入射点“Y'_{B6}”，可实现对工件 6 区的扫查。

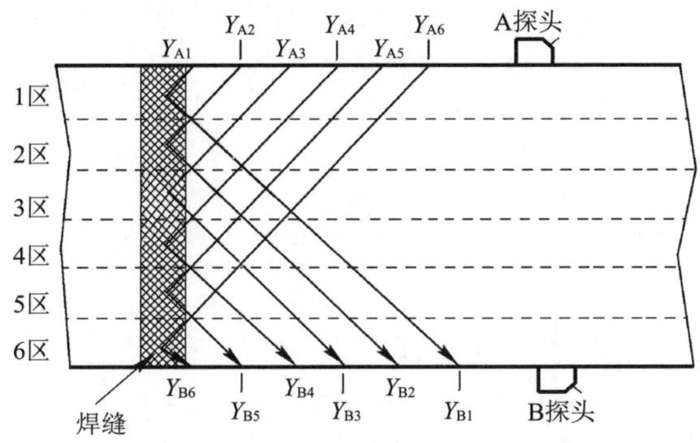

图 8-14 轨头 K 型探伤扫查

（二）焊缝轨头正常回波显示

轨头焊缝内无缺陷时，A 探头发射的超声波经轨头侧面向前反射，B 探头接收不到回波，荧光屏无任何回波显示（图 8-15）。

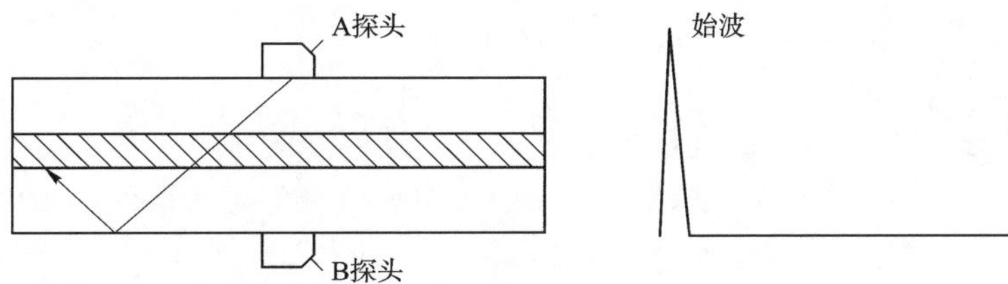

图 8-15 K 型探伤正常回波显示

（三）焊缝轨头缺陷回波显示

当轨头内有垂直于纵向的片状缺陷，且缺陷正处于探头扫查区内时，A 探头发射的超声波经缺陷反射后被 B 探头接收，扫描线上显示缺陷回波[图 8-16(a)]，当缺陷处于探头扫查区外，虽然 A 探头发射的超声波能在缺陷上产生反射，但无法被 B 探头接收，因此无回波显示[图 8-16(b)]。

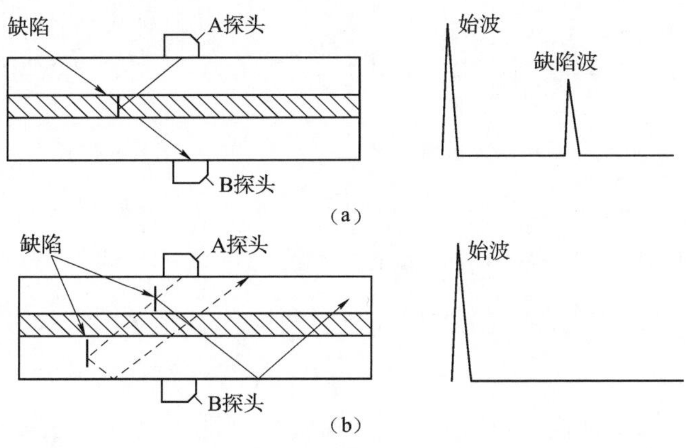

图 8-16 K 型探伤缺陷回波显示

（四）焊缝轨头双探头法探伤举例

1. 扫查次数确定

60 kg/m 钢轨轨头宽度为 73 mm，若探头声束宽度为 10 mm、探头折射角为 45°，则扫查次数 $X \geqslant 1.15\dfrac{T\sin\beta}{d}=1.15\dfrac{73\times\sin 45^\circ}{10}=5.9$，扫查次数取整数为“6”。

2. 入射点位置确定

Y_A、Y_B 分别为 $Y_{A1}=(1-0.5)\dfrac{73\tan 45^\circ}{6}\ \text{mm}=6\ \text{mm}$，$Y_{A2}=18\ \text{mm}$，$Y_{A3}=30\ \text{mm}$，$Y_{A4}=42\ \text{mm}$，$Y_{A5}=54\ \text{mm}$，$Y_{A6}=66\ \text{mm}$，$Y_{B1}=\left(1-(1-0.5)\dfrac{1}{6}\right)73\ \text{mm}=67\ \text{mm}$，$Y_{B2}=55\ \text{mm}$，$Y_{B3}=43\ \text{mm}$，$Y_{B4}=31\ \text{mm}$，$Y_{B5}=19\ \text{mm}$，$Y_{B6}=7\ \text{mm}$。

3. 工作状态设定

在菜单 1 中设定仪器的工作状态。[工作方式]设为“ 双”；[阻尼]设为“400 Ω”；[发射能量]置于“强”；[探头频率]设为“2.5 MHz”。

4. 探测范围调试

在菜单 1 中设定，[探测范围]为“200 mm”，[探头型式]为“斜”；[K/折射角]按标称值设定 45°；[声速]为“3 230 mm”，[刻度]为“mm↙”。

5. 探伤灵敏度的校正

将 GHT-1b 试块上 2 号平底孔反射波高调整到满幅度的 80%（图 8-17），然后根据探测面情况进行适当表面耦合补偿（一般为 2～6 dB），作为轨头部位的探伤灵敏度。

6. 缺陷位置（h）判定

根据探头距入射点到缺陷的水平距离（L）和探头折射角（β），计算出缺陷深度（图 8-18）：$h=\dfrac{L}{\tan\beta}$。因本例使用的探头折射角为 45°，则 $h=L$，探头距入射点到缺陷的水平距离也就是缺陷距探测面的深度。

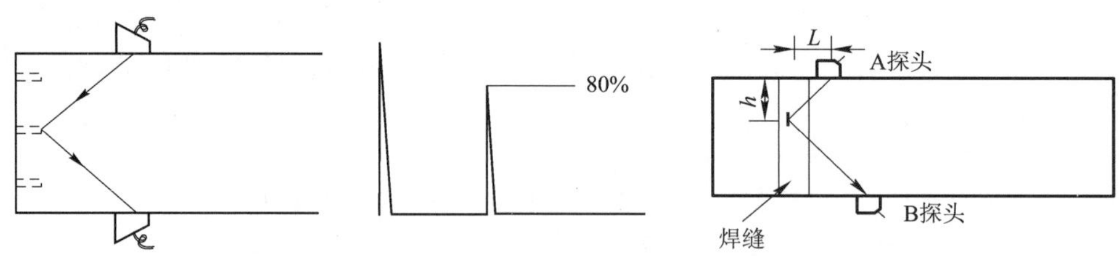

图 8-17　轨头 K 型探伤灵敏度校准　　　图 8-18　K 型探伤定位示意

7. 缺陷大小（H）判定

根据探头确定缺陷上、下端点时，探头的移动距离（L'）和探头折射角（β），计算出缺陷高度（图 8-19）：$H=\dfrac{L'}{\tan\beta}$。应本例使用的探头折射角为 45°，则 $H=L'$，探头移动距离也就是缺陷高度。

上述确定缺陷的深度和高度准确性不是很高，主要是因双探头 K 型扫查是以定点扫查为准，缺陷回波时两个探头的声束交点不一定在缺陷的中心（定位），或缺陷两个端点上（定量)，所以准确性受到一定的影响，要使定位定量精度更高一些，可采用增加扫查密度来提高定位、定量准确性。

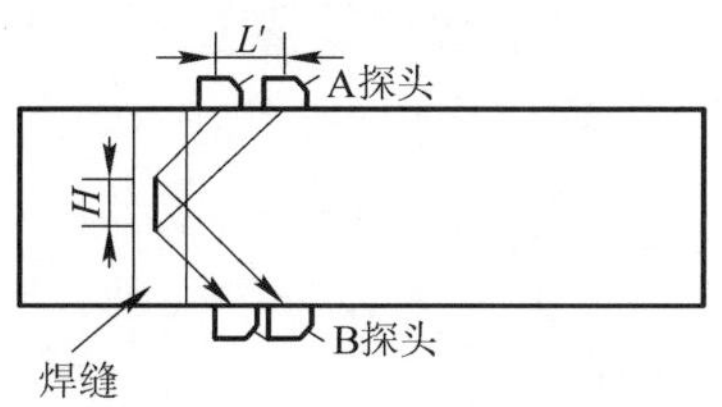

图 8-19　K 型探伤定量示意

三、焊缝轨头多探头法

由于双探头法 K 型探测轨头的实际操作不够简便，目前多数采用两个 6 晶片组合探头分别放在轨头两侧，六发六收探头一一对应，实施 K 型扫查，可对轨头部分断面检查(图 8-20)。因每对探头折射角相同，缺陷反射回波声程相近，因此，具有每一对探头回波位置相近的现象。要区别缺陷的部位，可根据手动控制探头或仪器自动显示的方式来完成。

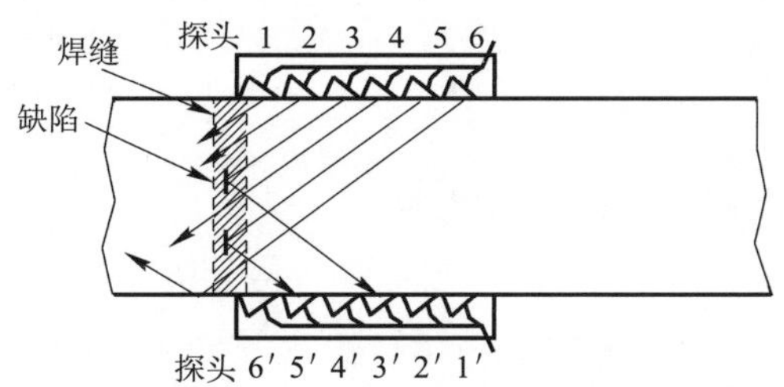

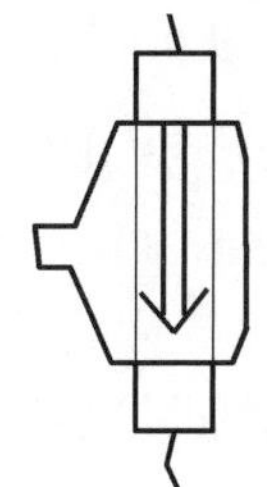

图 8-20　轨头 K 型探伤示意

多探头 K 型探伤的探测范围、灵敏度调节可参考双探头 K 型探伤方法。

缺陷存在部位和大小与回波显示有一定规律，掌握好伤波显示规律是准确判定伤损的关键。如探头 1－1′、6－6′有回波说明缺陷处于轨头靠近侧面的地方；探头 3－3′、4－4′有回波，说明缺陷处于轨头中心；钢轨焊缝中有单个小缺陷时，只有一对探头有回波，其他探头无回波显示；钢轨焊缝中有分散性小缺陷时，会有多对探头产生回波，且回波探头呈不连续，如探头 1－1′、3－3′、5－5′有显示，探头 2－2′、4－4′、6－6′无显示或反之；钢轨焊缝中有大缺陷时，探头回波呈连续显示。如果仪器探测范围按深度 1：1 调节，则回波一般出现在荧光屏刻度 3.5 左右。

第二节　钢轨焊缝轨腰探伤

钢轨焊缝轨腰缺陷的检测，对体积形缺陷，可使用直探头反射式或双 K1 探头“V”形穿透式探测；对片状缺陷，可使用串列式反射法检测。

一、焊缝轨腰单探头法

采用单晶片直探头，对焊缝缺陷进行检测，该方法主要适用于铝热焊焊缝体积形缺陷、粗晶检测。

（一）焊缝轨腰探伤扫查

直探头置于轨面纵向中部(图 8-21)，距焊缝中心两边各 50 mm 的区域内，纵向缓慢移动探头进行扫查，利用直探头反射式探伤法，检出焊缝中反射面与探测面平行的缺陷；利用直探头穿透式探伤法，检出焊缝中粗晶、缩松等缺陷。

（二）焊缝轨腰正常回波显示

直探头在焊缝探伤中，焊缝中无缺陷时，荧光屏除始波外，同时还会显示轨底反射回波（图 8-22）。由于铝热焊筋凸出轨底，直探头在焊缝上时，轨底波出波位置会稍微向后移动。

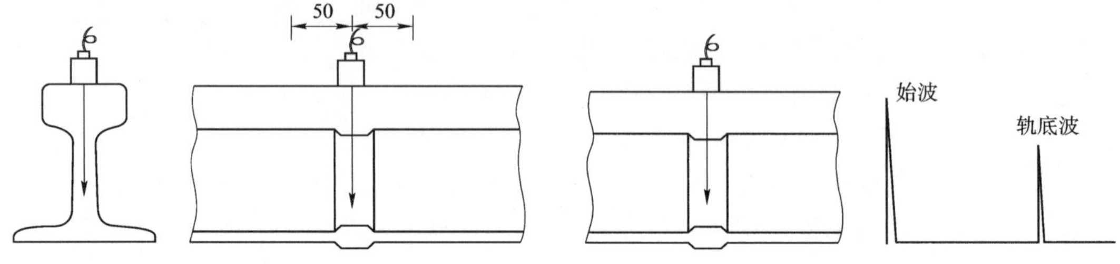

图 8-21　直探头探伤示意（单位：mm）　　图 8-22　直探头正常波形显示

（三）焊缝轨腰缺陷回波显示

当直探头检测有缺陷的焊缝时，会发生以下回波显示：

1. 缺陷波与轨底波共同显示

当焊缝中有平面状的小缺陷，会出现轨底波和缺陷波同时显示的现象（图 8-23），这是因缺陷较小，部分声束受缺陷阻挡，另有部分声束仍然在轨底面上反射。

2. 只有缺陷波显示

当焊缝中有较大平面状的缺陷，会发生轨底波消失，只有缺陷波显示的现象（图 8-24），这是因缺陷较大，声束被缺陷阻挡，因此无轨底反射波显示。

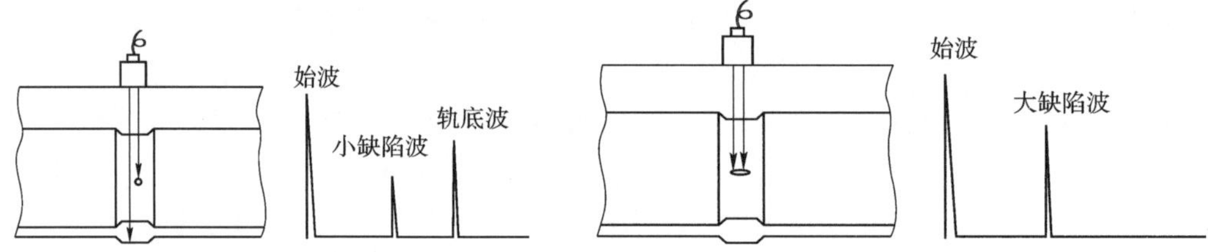

图 8-23　直探头有小缺陷波形显示　　图 8-24　直探头有大缺陷波形显示

3. 无缺陷波和无轨底波显示

造成无缺陷波和无轨底波的异常显示现象有两种原因：一是当铝热焊焊缝中有粗晶、缩松等缺陷，会发生轨底波下降或消失的现象[图 8-25(a)]，这是因粗晶、缩松发生散射作用，致使声波无法在轨底上产生足够的反射能量，造成轨底波下降或消失。二是焊缝中存在倾斜性片状缺陷，部分声能因缺陷反射[图 8-25(b)]，使入射声束无法在轨底面上的反射，造成轨底波消失。

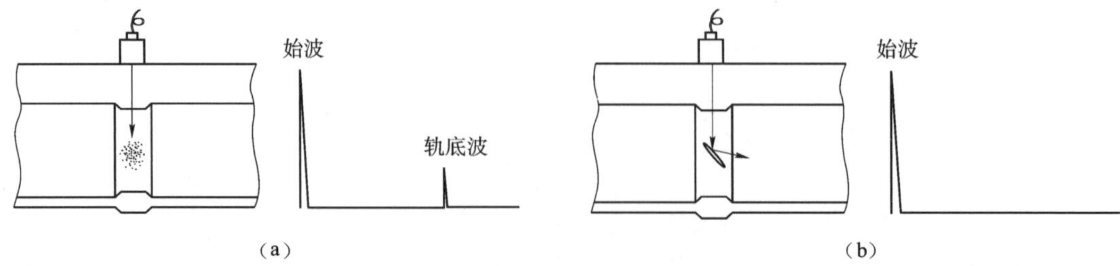

图 8-25　直探头透声不良波形显示

（四）焊缝轨腰单探头法探伤举例

1. 工作状态设定

在菜单 1 中设定仪器的工作状态。[工作方式]设为“单”，[阻尼]设为“400 Ω”,[发射能量]置于“强”,[探头频率]设为“2.5 MHz”。

2. 探测范围调试

在菜单 1 中设定,[探测范围]为“200 mm”,[探头型式]为“直”;“声速”为“5 900 mm”(为使定位更精确,可按被检测材料声速设定),“刻度”设为“mm”。

3. 探伤灵敏度调节

将 GHT-5 试块 A 区 7 号横孔反射波高调整到满幅度的 80%(图 8-26),然后根据探测面情况进行适当表面耦合补偿(一般为 2～6 dB),作为直探头焊缝轨腰探伤灵敏度。

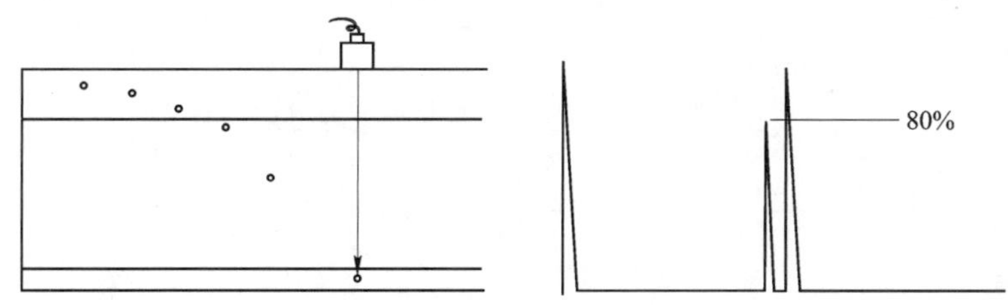

图 8-26 铝热焊直探头探伤灵敏度校准

4. 探伤注意事项

(1)注意探伤中各环节检查:仪器、探头工作不正常、探头与轨面耦合不良等都会影响探伤效果。

(2)注意焊缝外观与仪器的回波分析:焊缝探测面范围内如轨面粗糙不平、轨底有坑洼以及轨底焊筋两侧的焊渣与母材紧紧粘连有可能引起异常报警,探伤时应认真分析,以免误判。

5. 缺陷定位

从荧光屏检测数据显示区中可直接读出(声程值),就是缺陷距轨面的深度。

6. 缺陷定量

根据缺陷回波幅度来确定缺陷大小,缺陷直径较小时,用当量法确定,缺陷直径较大时,用延伸度法确定。

二、焊缝轨腰双探头法

焊缝轨腰双探头采用串列式反射法,该方法适用于探测焊缝中垂直轨面的片状缺陷,如焊缝中的未焊合缺陷。

（一）焊缝轨腰探伤扫查

串列式探伤与 K 型探伤有异曲同工之效,不同的是使用两个探头放置同一探测面上,利用轨头侧面反射作用来探测轨头中的缺陷。两个探头一发一收组成,纵向排列置于被探测轨头的测面上(图 8-27),探伤时两个探头保持一定的间距同时纵向移动,可实现对轨头某一区域的探伤。

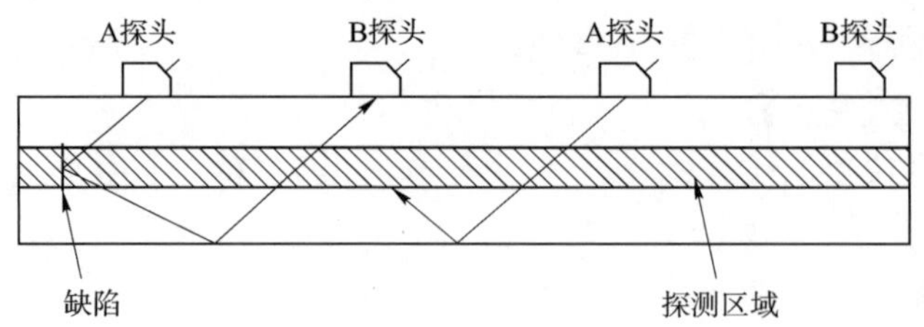

图 8-27　双探头串列式探伤示意

通过调整两个探头间距，可完成全断面的扫查。由于轨腰焊缝高度较大，使用扫查架可方便整个断面的扫查。探头扫查装置放于轨头顶面中心线，扫查架零点对准需要探测截面上（图 8-28），通过旋转扫架上的调节轮盘，使两个探头以相同的速度相对移动，利用两个探头一发一收反射式探伤法，检出钢轨腰投影范围内的缺陷。

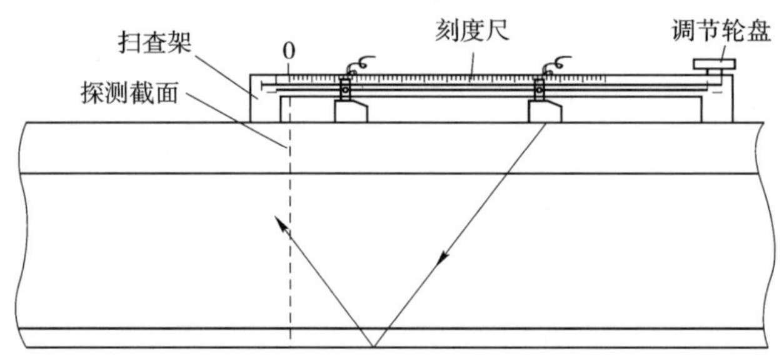

图 8-28　双探头串列式反射法探测

接触焊、气压焊焊缝探测时，选择轨面状态较好的一侧，扫查架零点对准焊缝中心扫查 1 次（焊缝中心易出现垂直于轨面的片状缺陷）；铝热焊焊缝探测时，需对焊缝进行 2 次扫查，扫查架零点对准距焊缝中心 12.5 mm 处进行 1 次扫查，然后将扫查架放置于焊缝的另一侧再扫查一次（焊前轨端预留间隙 25 mm 的焊缝，钢轨母材端面上易出现片状缺陷）；在役轨焊缝应重点对焊筋两边进行扫查，以发现焊筋边疲劳裂纹。

（二）焊缝轨腰正常回波显示

探测截面上无缺陷时，发射的超声波经轨底反射后继续向前传播，无法被另一个探头接收，因此，荧光屏除始波外无任何波形显示。

（三）焊缝轨腰缺陷回波显示

当探测截面上存在垂直于探测面的片状缺陷时，反射波进入接收探头（图 8-29），仪器显示缺陷回波。

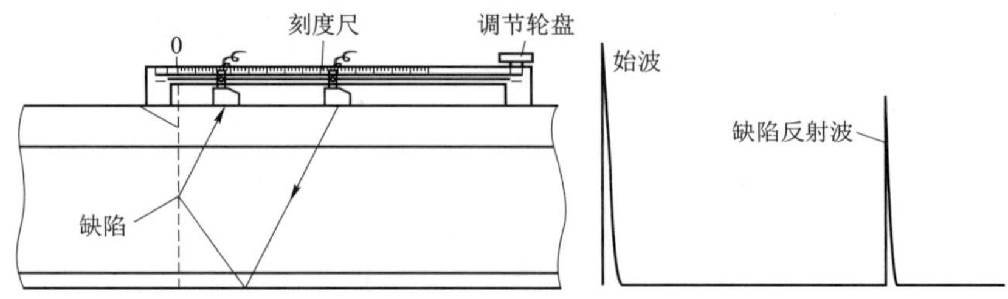

图 8-29　串列式探伤缺陷回波

（四）焊缝轨腰双探头法探伤举例

1. 工作状态设定

数字型通用探伤仪设定方式与轨头 K 型探伤方法相同。

2. 探测范围调试

在菜单 1 中设定，[探测范围]为“300 mm”，[探头型式]为“斜”；[*K*/折射角]按标称值设定 38°；[声速]为“3 230 mm”，[刻度]为“mm”。

3. 探伤灵敏度调节

(1)试块调节法：将 GHT-1a 试块上距轨底 40 mm 的 4 号平底孔反射波高调整到满幅度的 80%(图 8-30)，然后根据探测面情况进行适当表面耦合补偿(一般为 2～6 dB)，作为轨腰部位的探伤灵敏度。

(2)现场钢轨调节法：将探头放置被探钢轨轨面上(图 8-31)，A 探头发射声波直接被 B 探头接收，前后移动探头使回波达最高，调节衰减器使回波高达 80%，然后释放 24 dB。

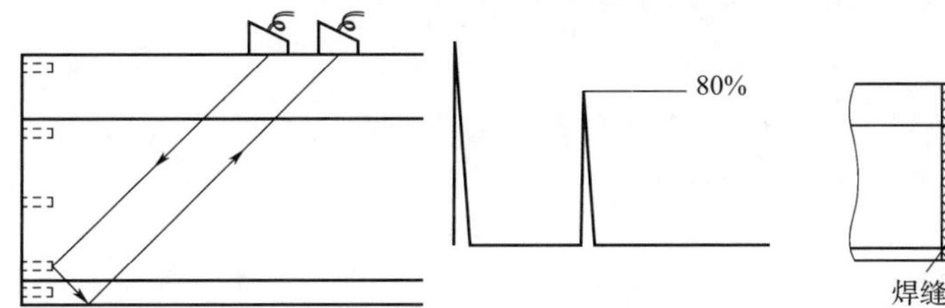

图 8-30　轨腰串列式扫查探伤灵敏度校准

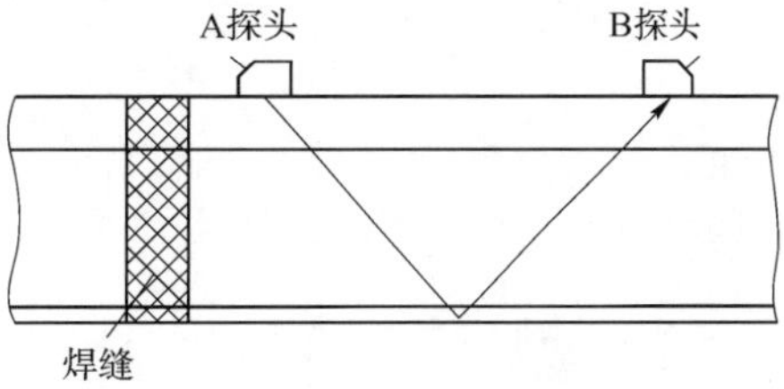

图 8-31　双探头串列式轨腰探伤灵敏度调节

4. 探伤注意事项

(1)注意探伤设备检查

探伤前检查仪器、探头和扫查架，看仪器设定是否在“双”，扫查架是否被撞歪斜，探伤灵敏度是否校正准确。

(2)注意探测面的观察

探测面粗糙、不平，影响超声波的入射，使回波能量降低，因此，遇上述问题应对探测面进行打磨处理，提高探伤灵敏度，确保轨腰焊缝缺陷检出。

5. 缺陷定位

根据回波显示时扫架刻度尺指示值，读取缺陷离轨面的深度。

6. 缺陷定量

根据回波起点到终点显示时，扫查架刻度尺指针移动距离确定，但该值精确度受工件表面、仪器灵敏度、探头折射角、探伤耦合等多方因素影响。

三、焊缝轨腰多探头法

轨腰焊缝探伤采用两个 6 晶片组合探头放在轨顶面中心，实施串列式扫查，可完成轨腰部分探伤(图 8-32)。该方法与前面介绍的轨腰串列式探伤方法原理相同，只是使用多组探头完成轨腰焊缝缺陷检测，优点是不需要移动探头，缺点是扫查密度不高。

轨腰串列式探伤的缺陷存在部位和大小与回波显示有一定规律，不同探头回波说明伤

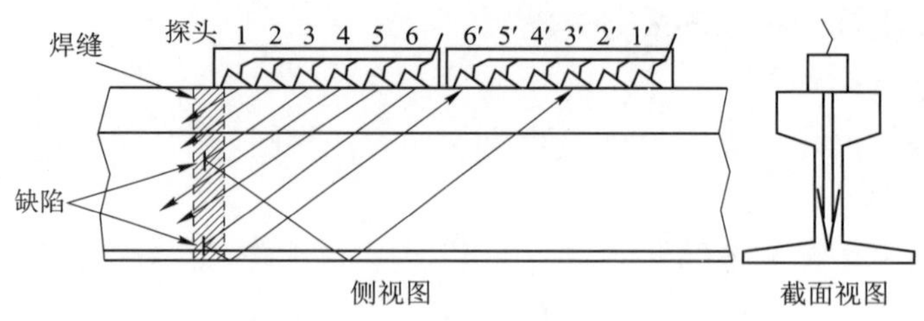

图 8-32　轨腰串列式探伤示意

损存在部位。如探头 1-1′有回波说明缺陷处于靠近轨面的地方；探头 6-6′有回波说明缺陷处于靠近轨底的地方；探头 3-3′有回波，说明缺陷处于轨腰中心部位；钢轨焊缝中有小缺陷、分散性小缺陷和大缺陷时，回波显示与轨头串列探伤有些相同，这是因为探头放置部位不同。

第三节　钢轨焊缝轨底探伤

钢轨焊缝轨底是常规探伤无法检测的部位，通常使用通用探伤仪，配单个 K 值探头进行反射式探测；也可使用双探头或多探头进行 K 型探伤。

一、焊缝轨底单探头法

（一）焊缝轨底探伤扫查

1. 扫查部位划分

为了明确焊缝轨底各部分扫查，将轨底分成两大部分：一是轨底两侧（简称轨底角），另一部分是轨腰与轨底连接部分（简称轨底三角区），根据轨底角和声束宽度对应关系，确保轨底角得到全面扫查，又将轨底角划分 6 个探测区[图 8-33(a)]，使用一个 $K2.5$ 探头，分别按不同的偏角和位置进行纵向移动探头扫查，利用二次波探测焊缝上半部分，一、三次波探测焊缝下半部分[图 8-33(b)]。

2. 扫查方式

轨底角使用 $K2.5$ 探头扫查要求和作用见图 8-34 和表 8-1。

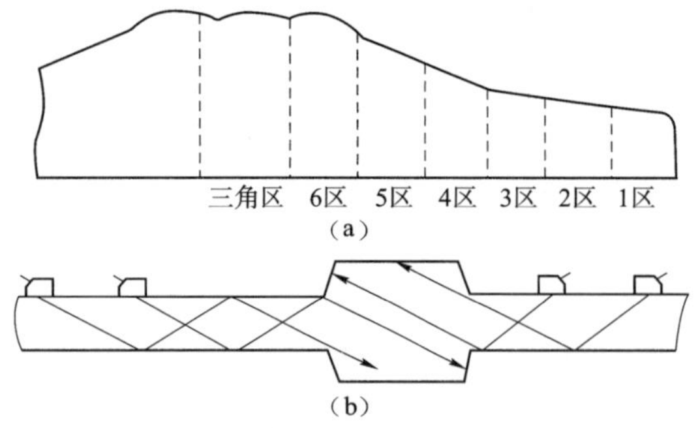

图 8-33　轨底扫查区划分和声束方向示意

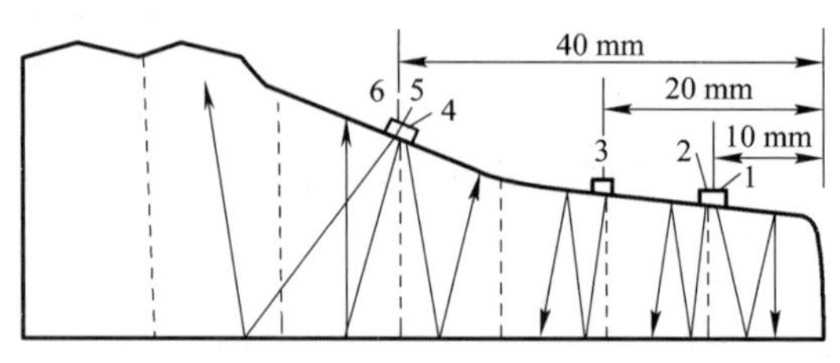

图 8-34　$K2.5$ 探头轨底角扫查声束方向示意

表 8-1　*K*2.5 探头轨底角扫查要求和作用

扫查区域	探头入射点距轨脚边	探头偏角	探头移动范围（距焊缝中心）	使用声波	探测范围（距轨底角边）
1 区	10 mm	向外偏 10°	40～110 mm	二、三次波	0～15 mm
2 区	10 mm	偏角为 0°	40～110 mm	二、三次波	10～25 mm
3 区	20 mm	偏角为 0°	40～110 mm	二、三次波	20～35 mm
4 区	40 mm	向外偏 15°	40～130 mm	一、二次波	30～45 mm
5 区	40 mm	向外偏 8°	40～130 mm	一、二次波	40～55 mm
6 区	40 mm	偏角为 0°	40～130 mm	一、二次波	50～65 mm

从扫查要求可知，1 个轨底角需进行 6 次扫查，焊缝两侧的四个轨底角共扫查 24 次，通过认真执行扫查方法，才能完成轨底角全面探测。

（二）焊缝轨底正常回波显示

探伤中只有熟悉和掌握焊筋轮廓波的显示规律，才能对焊缝轨底角缺陷回波做出正确判断。为使仪器荧光屏回波显示描述直观易懂，现以探伤仪按水平 1∶2.5 标定，则荧光屏刻度深度比例为 1∶1。

1. 扫查轨底角 1～3 区时，探头入射点距焊缝中心约 65 mm 左右（二次波），在荧光屏水平刻度 3.0 左右，显示焊筋上轮廓波（图 8-35）；探头距焊缝中心约 90 mm 左右（三次波），在荧光屏水平刻度 4.5 左右，显示焊筋下轮廓波，当使用前沿长度小于 12 mm 的探头时，探头紧靠焊筋边，在荧光屏水平刻度 2.0 左右，显示一次波生产的焊筋下轮廓波，但该波并不是主声束在焊筋上的反射，而是声束的前扩散部分反射，所以回波显示位置与实际深度不完全对应。

由于轨底角 1～3 区厚度较薄，以及声束纵向有一定宽度，焊筋上、下轮廓波常会同时显示在扫描线上，随探头位移而移动。此外因焊筋几何形状不规则或推瘤方式不同，以及扫描线校正误差，焊筋轮廓波的显示位置和幅度略有差异。

2. 扫查轨底角 4～6 区时，探头入射点距焊缝中心约 40 mm 左右（一次波），在荧光屏水平刻度 2.5 左右（图 8-36），显示焊筋下轮廓波；探头距焊缝中心约 95 mm 左右（二次波），在荧光屏水平刻度 4.8 左右，显示焊筋上轮廓波。

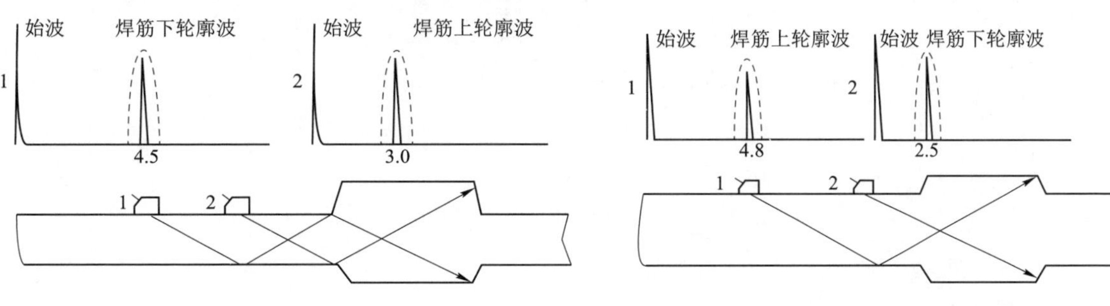

图 8-35　轨底角 1～3 区焊筋回波　　图 8-36　轨底角 4～6 区焊筋回波

（三）焊缝轨底缺陷回波显示

1. 小缺陷波形显示

缺陷直径小于超声束宽度时，会出现缺陷波和焊筋轮廓波同时显示（图 8-37），且缺陷波显示于焊筋轮廓波之前，两波间隔在一般为 1.0 左右，如两波间隔越小，则说明缺陷与对侧焊筋越近，反之，间隔越大，则缺陷越靠近本侧焊筋边。缺陷波显示在焊筋上轮廓波前，则缺陷在焊缝上方，若缺陷显示在焊筋下轮廓波前，则缺陷在焊缝下方。

2. 大缺陷波形显示

由于缺陷对超声束完全阻挡，荧光屏上只显示缺陷波，而无焊筋轮廓波出现(图 8-38)。

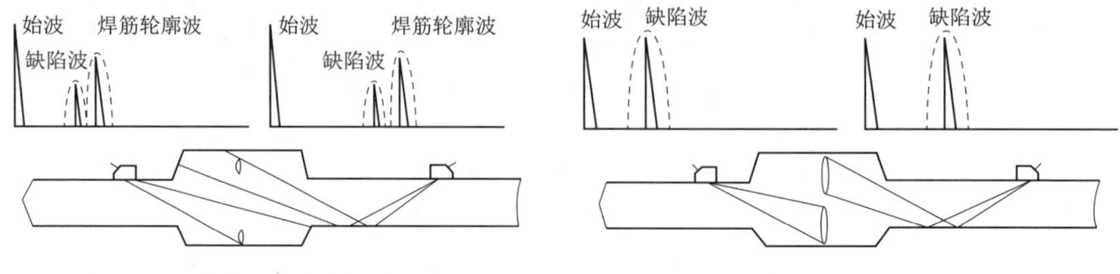

图 8-37 轨底角焊缝小缺陷回波　　图 8-38 轨底角焊缝大缺陷回波

3. 热影响区内缺陷波形显示

缺陷直径小于声束宽度时，荧光屏可同时显示缺陷波和焊筋轮廓波，如缺陷在本侧，缺陷波与焊筋轮廓波间隔距离达 2.0 及以上[图 8-39(a)]；缺陷较大时只显示缺陷波[图 8-39(b)]；如缺陷在对侧，则缺陷波显示在焊筋轮廓波之后[图 8-39(c)]，可将探头放置在焊缝另一边，用二次波进一步复核确认。

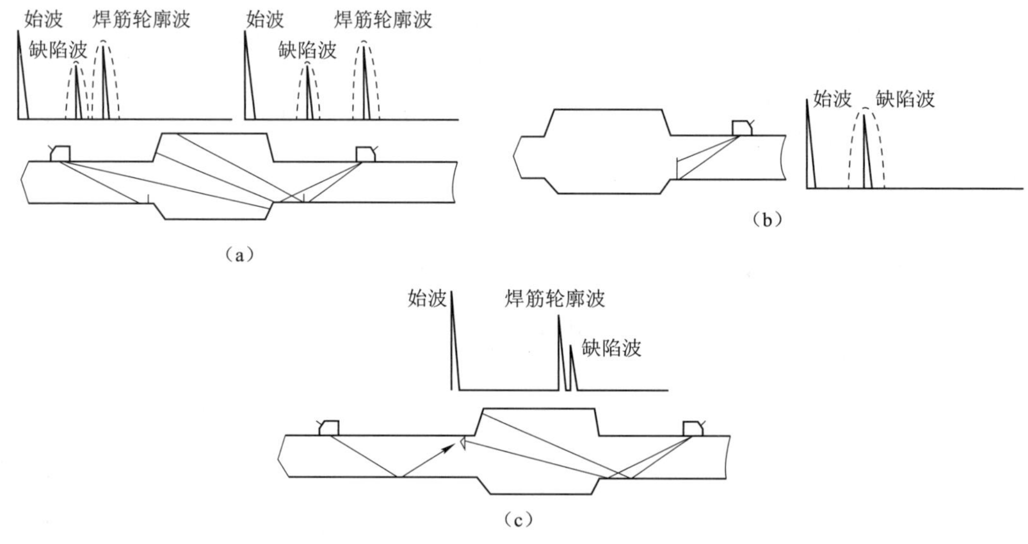

图 8-39 轨底角焊缝热影响区缺陷回波

(四)焊缝轨底非缺陷回波识别

1. 焊渣回波

轨底角上、下表面焊缝边留有焊渣，焊渣与母材粘连后，超声波在焊渣处会产生反射(图 8-40)。焊渣回波波幅低、位移小，可通过定位和手模确认。

2. 油层回波

在轨底角探伤中，油质较厚和油污堆积于探头前沿时，会显示波幅较高、宽度较大的回波(图 8-41)。油层波位移量不大,时有时无,可用手擦净油污予以识别。

上述非缺陷回波,除了从波形的显示规律、特征上鉴别外,必须用钢尺测量和镜子照的方法确定回波信号的真假,以防轨底角边沿和轨底热影响区缺陷的漏检。

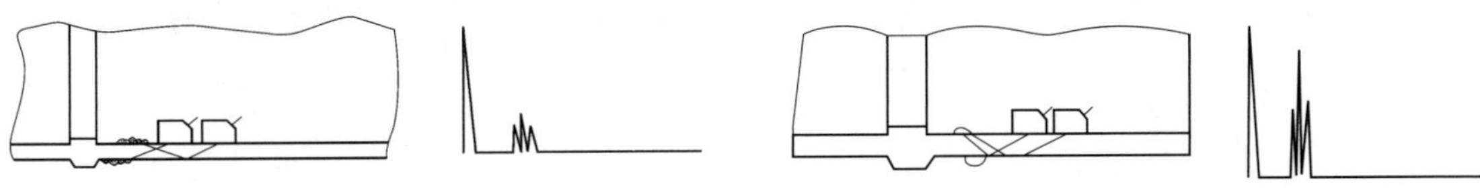

图 8-40　轨底焊渣回波显示　　　图 8-41　油层回波显示

(五)焊缝轨底单探头法探伤举例

轨底顶面距焊缝中心分别为 200 mm 探测面进行备制,清除表面铁锈、氧化皮和其他异物,使探测面粗糙度 Ra 不大于 12.5 μm。

1. 工作状态和探测范围设定

轨底单探头工作状态和探测范围设定与轨头单探头工作状态和探测范围设定相同。

2. 探伤灵敏度调节

(1)试块调节法

将 GHT-5 试块 C 区 2 号竖孔上棱角的二次反射波调整到满幅度的 80%(图 8-42),然后根据探测面情况进行适当表面耦合补偿(一般为 2~6 dB)。

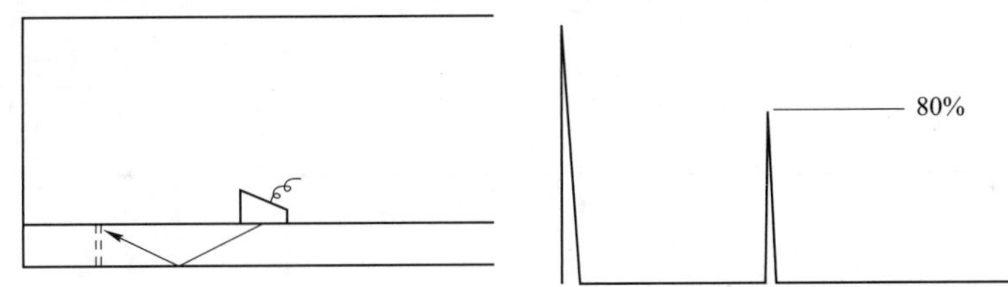

图 8-42　轨底单探头探伤灵敏度校准

(2)现场钢轨调节法

调节方法与轨头单探头相同,探伤灵敏度释放量有所不同,轨底角 1~3 区探伤时,轨底角回波 80%,增益 10 dB;轨底角 4~6 区探伤时,增益 20 dB。

3. 缺陷定位

(1)缺陷中心位置

移动探头找出缺陷回波最高位置,模拟型通用仪根据缺陷回波前沿对准刻度值乘“2.5”,换算出缺陷距探头入射点的水平距离 L;数字型通用仪可以从荧光屏显示数据中读取。然后用钢直尺量取缺陷的位置(图 8-43)。

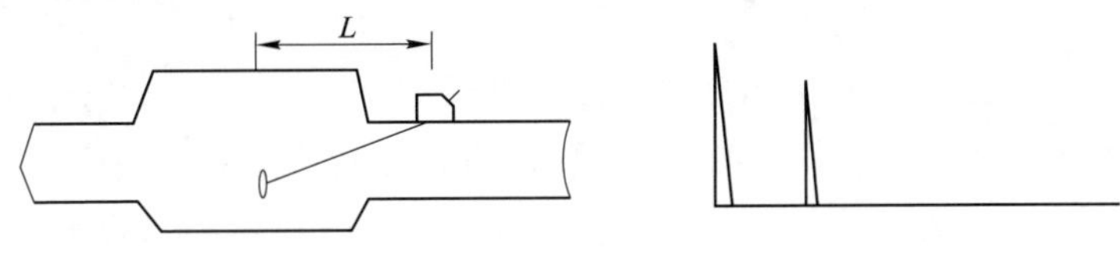

图 8-43　缺陷定位

(2)缺陷深度

按表 8-2 的方法确定。

表 8-2　伤损定量方法

范围	一次范围显示伤波	二次范围显示伤波	一、二次范围都显示伤波
图示	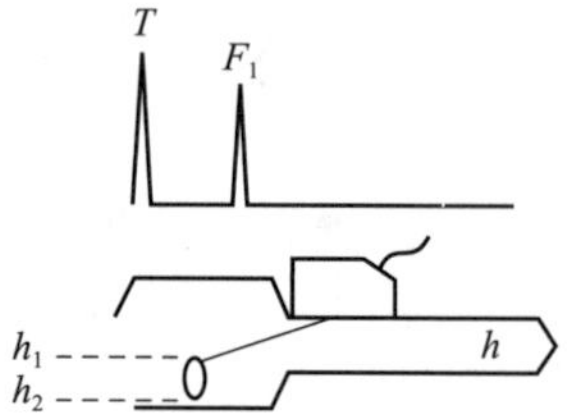 T　F_1　h_1　h_2　h	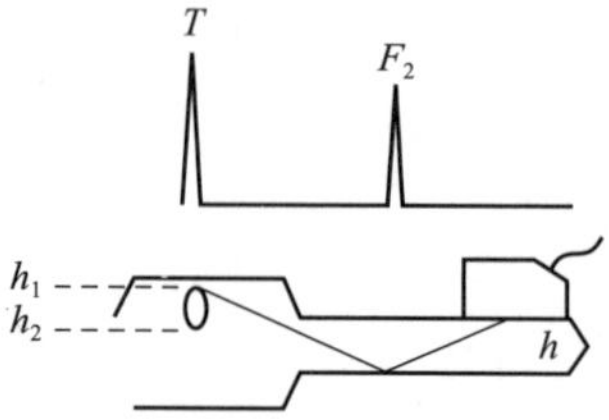 T　F_2　h_1　h_2　h	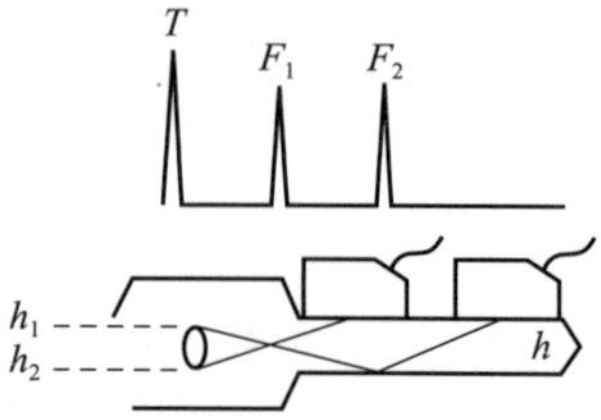 T　F_1　F_2　h_1　h_2　h
深度	$h_1 = F_1 \times \xi$	$h_1 = 2h - F_2 \times \xi$	$h_1 = 2h - F_2 \times \xi$
高度	h_3=伤波的位移量×ξ		$h_2 = F_1 \times \xi - h_1$
宽度	选其伤波的最高波峰 F，将探头向内外两侧横移，分别找出伤波的横向起波点 A、落波点 B，AB 的长度等于伤损的横向宽度 D；A 点到轨脚边 C 点的长度为缺陷距轨脚边的距离		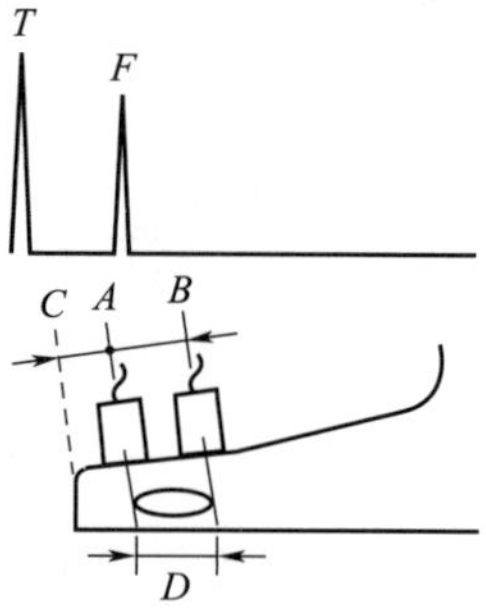 T　F　C　A　B　D

(3)缺陷距边距离

在缺陷回波最高位置，将探头向轨底角边横移至缺陷回波跌落，量取轨底角边到探头中心的距离，另加修正量(表 8-3)，为缺陷离轨底角边的位置。

表 8-3　测定缺陷距边修正量方法

偏角	扫查区	修正量计算	备　注
0°	1～3	$\Delta L = 0.1L$	1. 修正量计算中 L 为缺陷距入射点的水平距离； 2. 修正量计算为负值，表示缺陷实际距边距离为测量探头中心距边距离减去修正量； 3. 本方法适用于 60 kg/m 钢轨
	4～6	$\Delta L = 0.3L$	
向外偏 15°	1～3	$\Delta L = -0.4L$	
	4～6	$\Delta L = -0.2L$	
向外偏 8°	4～6	$\Delta L = 0.01L$	

4. 缺陷定量

缺陷高度和宽度定量方法见表 8-2，表中“ξ”表示时基线每 1 mm 刻度代表的深度常数，由于 $K2.5$ 探头按水平 1∶2.5 校正后，深度系数为“1”，因此，缺陷的垂直高度可根据回波位移量直读，但测定出的缺陷深度和高度受校对灵敏度、操作熟练程度和焊筋等因素影响，定量精度必须通过不断摸索才能提高。

二、焊缝轨底多探头法

轨底采用K型探伤方法，组合探头分别放在轨底两侧，六发六收组合探头一一对应，可实现轨底部分断面的伤损检出(图8-44)。轨底探伤与轨头K型探伤是一样，因此缺陷部位和伤损显示可参照轨头探伤。

由于钢轨底部是伤损的多发部位，且轨底宽度大于轨头，为了加强对轨底的探测，组合探头的晶片个数由6只增加到12只，构成两组六发六收探头(图8-45)。

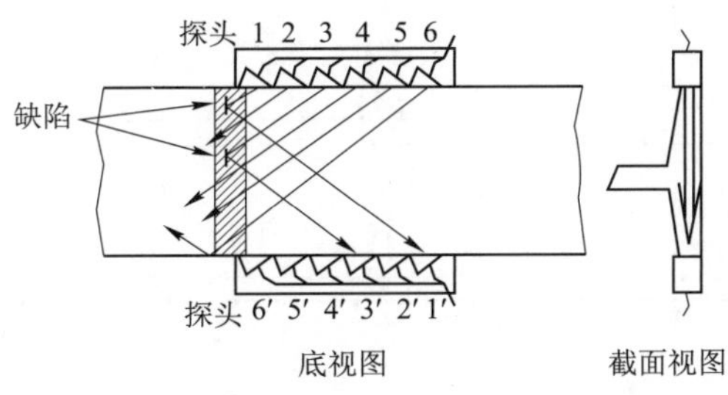

图8-44　轨底K型探伤示意

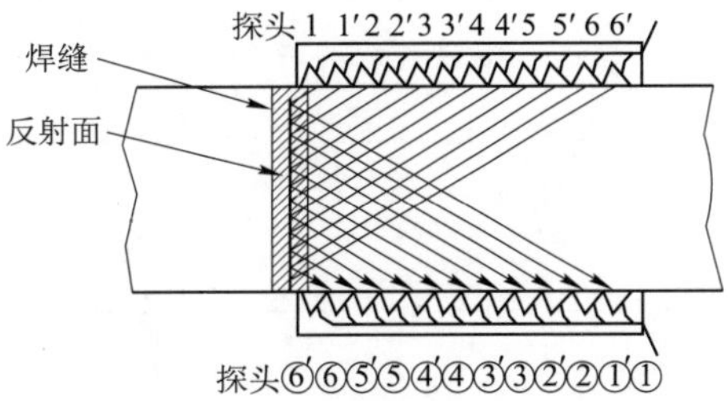

图8-45　两组探头轨底K型探伤示意

这样可以把轨底探头看作是二套轨底探头合二为一，第一套轨底探头(简称为轨底Ⅰ)，由发射探头的1、2、3、4、5、6和接收探头的①、②、③、④、⑤、⑥这六对晶片组成。第二套轨底探头(简称为轨底Ⅱ)，由发射探头的1′、2′、3′、4′、5′、6′和接收探头的①′、②′、③′、④′、⑤′、⑥′这六对晶片组成。使用这种12只晶片的二合一轨底探头，提高焊缝探伤的扫查密度，有利于防止轨底焊缝伤损漏检。

第四节　钢轨焊缝探伤通用知识

一、焊缝缺陷波形特征

钢轨焊接工艺控制不良，在焊缝中会产生各种各样的焊接缺陷，不同的焊接方式产生的缺陷类型亦不相同。由于缺陷性质、形状和表面状态不同，每一种缺陷回波显示各有差异(表8-4)。

表8-4　焊缝缺陷波形特征

缺陷名称	波形特征	图　示
气孔	波幅稳定位移小，不同角度探测时，波形相似	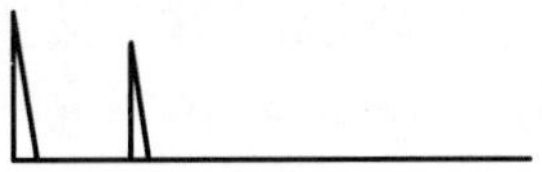
夹杂	在不同角度探测时，波幅会出现较大的变化	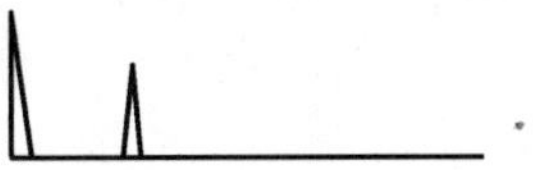
缩孔疏松	回波松散，有些波峰呈树枝状	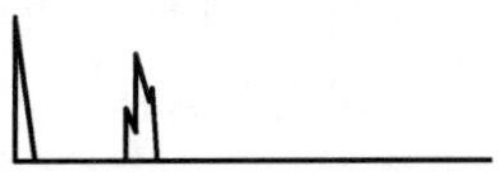

续上表

缺陷名称	波形特征	图　　示
未焊合	波幅不高或跳跃，有些呈多支波同时显示	
光斑灰斑	波形单一稳定，波幅较低	
过烧	波跟宽大，波峰呈树枝状	
裂纹	波形稳定，强烈，有一定的波移量	

二、钢轨焊缝探伤距离波幅曲线制作

（一）单探头

1. 直探头距离波幅曲线制作

用 GHT-5 试块上 A 区 2～7 号长横孔制作，方法如下：

(1)用直探头探测 GHT-5 试块上某长横孔(图 8-46)。将该长横孔最高反射波调整到满幅度的 80%，记录此时的衰减器的读数(dB 值)和长横孔的深度值。

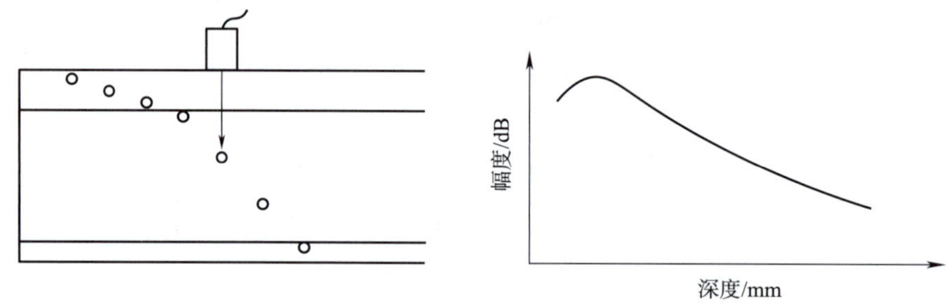

图 8-46　直探头距离波幅曲线制作

(2)移动探头，探测 GHT-5 试块上其他各长横孔，用衰减器(或增益器)依次将各长横孔最高反射波调整到满幅度的 80%，其他与灵敏度有关的仪器旋钮、开关或按键等则保持固定。记录各长横孔最高反射波达到满幅度 80%时的 dB 值和深度值。

(3)在直角坐标系中，以测得的反射波高 dB 值为纵坐标、深度值为横坐标在坐标图上标出各长横孔所对应的点。

(4)将标出的各点连成平滑的曲线，并延伸到整个探测范围。此曲线即为该探伤系统探测轨腰部位的距离波幅曲线。

2. 轨头和轨腰探头距离波幅曲线制作

用 GHT-5 试块上 B 区 1～8 号长横孔制作，从踏面探测(图 8-47)，方法同直探头距离波幅曲线制作步骤相同。

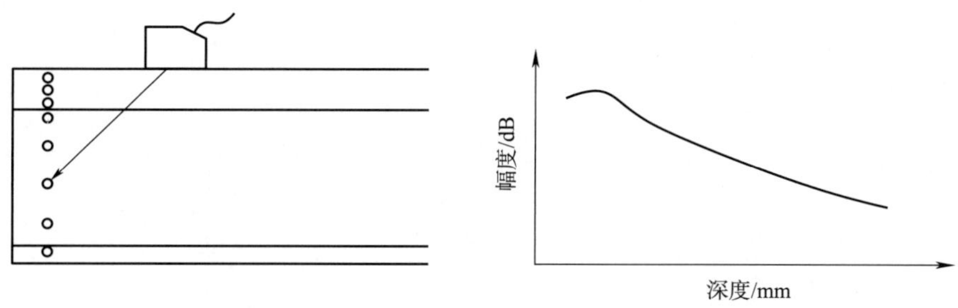

图 8-47 轨头和轨腰单探头距离波幅曲线制作

3. 轨底距离波幅曲线制作

方法同直探头距离波幅曲线制作步骤相同，用一次波和二次波探测 GHT-5 试块上 C 区两竖孔与试块界面构成的上下棱角，并测出各棱角最高反射波达到满幅度 80%时的 dB 值和声程(或深度)，在坐标图上标出各棱角波所对应的点，然后将 4 个点连成平滑的曲线，并延伸到整个探测范围(图 8-48)，即为该探测系统探测轨底部位的距离波幅曲线。在找竖孔最高反射波时，应将探头向侧面偏转一定的角度。

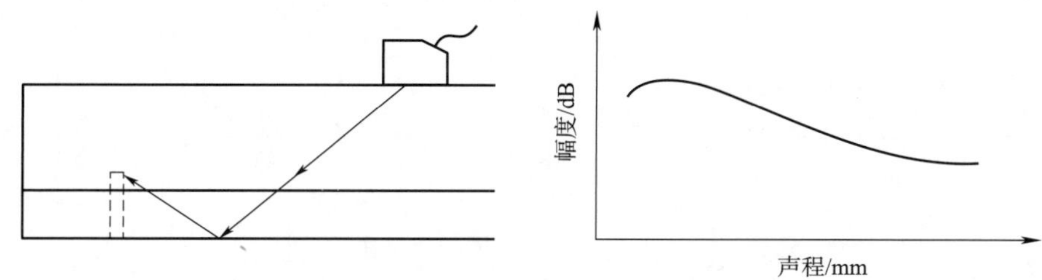

图 8-48 轨底单探头距离波幅曲线制作

(二)双探头

1. 轨头距离波幅曲线制作

用 GHT-lb 试块 1、2、3 号平底孔制作，从轨头两侧面探测(图 8-49)，方法同直探头距离波幅曲线制作步骤相同。

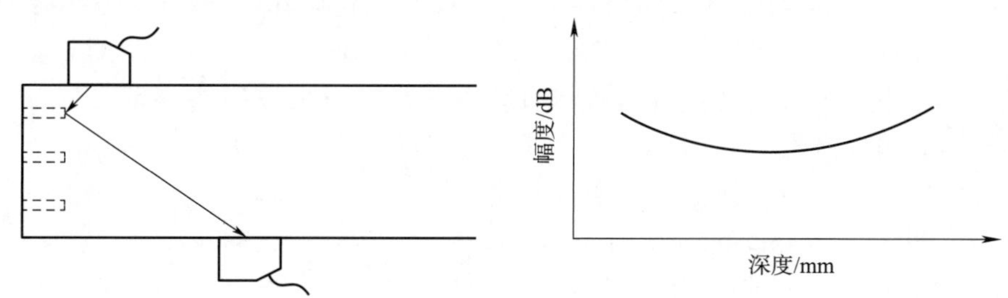

图 8-49 轨头双探头距离波幅曲线制作

2. 轨腰距离波幅曲线制作

用 GHT-la 试块平底孔制作，从轨头顶面探测(图 8-50)，方法同直探头距离波幅曲线制作步骤相同。

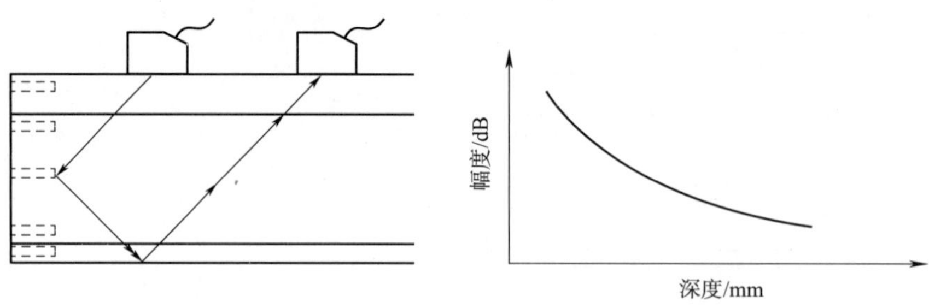

图 8-50　轨腰及延伸部位双探头距离波幅曲线制作

3. 轨底距离波幅曲线制作

用 GHT-la 试块上 5～8 号平底孔制作，从轨底两侧面探测（图 8-51），方法同直探头距离波幅曲线制作步骤相同。

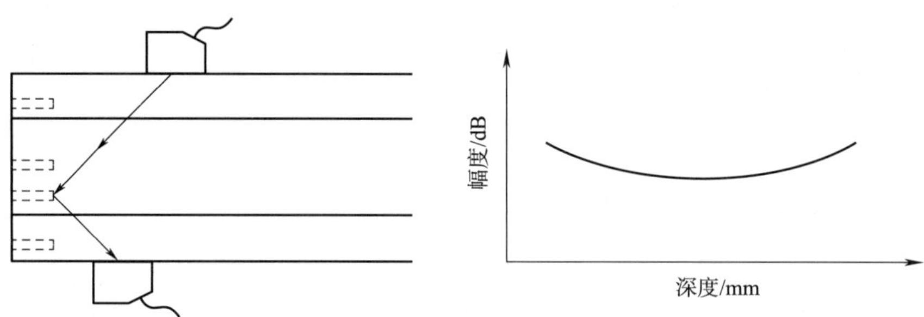

图 8-51　轨底部位双探头距离波幅曲线制作

（三）距离波幅曲线的使用

1. 双探头探伤

双探头探伤时，使用距离波幅曲线判定缺陷大小的步骤如下：

(1)求出缺陷深度或声程，测量缺陷波与基准波高的 dB 差值 Δ。

(2)根据所使用的探伤方法，在相应的距离波幅曲线上找出与探伤灵敏度相对应的点 A，自 A 点作一条比 A 点高 ΔdB 的水平线 m。轨底角部位则作一条比 A 点高 Δ+6 dB 的水平线 m。

(3)在横轴上找出与缺陷深度或声程相对应的点 B，自 B 点作横轴的垂线 n。设 m 线与 n 线的交点为 C（图 8-52）。

(4)当 C 点处于距离波幅曲线下方时，该缺陷的当量直径小于 3 mm，否则大于或等于 3 mm。对于轨底角部位的缺陷，则当 C 点处于距离波幅曲线下方时，缺陷的当量小于 Φ3～6 dB，否则大于或等于 Φ3～6 dB。

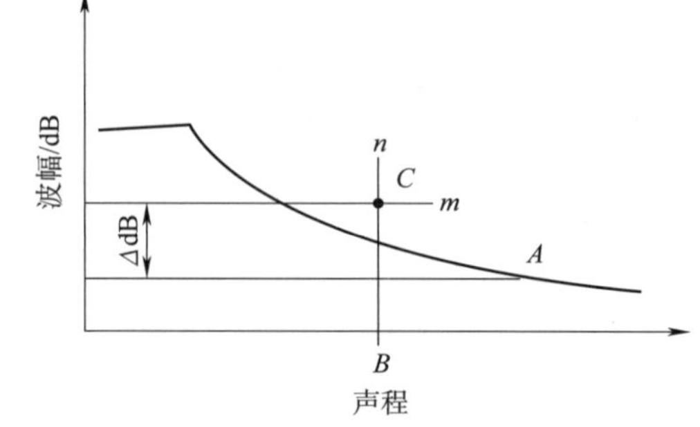

图 8-52　距离波幅曲线的使用

2. 单探头探伤

对于轨底角部位的缺陷，需用 Δ+6 dB 代替 Δ 作水平线 m，当此时的 m 线和 n 线的交点

C 处于距离波幅曲线下方时，缺陷的当量小于 $\Phi4\sim6$ dB，否则大于或等于 $\Phi4\sim6$ dB。

三、探伤注意事项

（一）注意探伤扫查宽度和探测面备制

铝热焊焊缝扫查应遍及焊缝全宽度（宽度超过 40 mm 焊缝的轨底两侧部位除外）；需要对距焊缝中心不少于 200 mm 的探测面进行备制，清除表面铁锈、氧化皮和其他异物，使探测面粗糙度 Ra 不大于 12.5 μm，确保探头耦合良好，提高探伤可靠性。

（二）注意扫查速度和力度

探头在探测面上移动速度小于 100 mm/s，当扫查速度过快，不宜对回波识别，易造成焊缝内的缺陷漏检。同时，应给探头以适当和一致的压力，否则会导致接触不良或使耦合层厚度发生变化，从而引起探伤灵敏度不稳定。

（三）注意扫查灵敏度和探伤灵敏度使用

为便于发现缺陷，探伤扫查时应再增益 4～6 dB，作为扫查灵敏度，以提高伤损的检出率；当发现缺陷之后进行的各项测量时，必须在规定的探伤灵敏度下进行，以减少缺陷定量误差。

（四）注意探伤仪回波显示的分析

轨头探测要掌握内、外侧焊筋波的不同显示规律，必须按水平计算值用钢尺定位，确认伤波和焊筋波，以防漏检和误判。

（五）注意探测面附近区域的探伤

从 K 型和串列式探伤原理中可知，探测面附近存在探伤扫查不足的区域，为了弥补这一不足，可采用单探头或组合探头的自发自收方式来完成对探测面附近区域的探伤（图 8-53），根据裂纹与探测面构成的直角反射特点来发现缺陷。

（六）注意声束覆盖范围之外的区域检查

由于探头接触面和探测范围的限制，K 型或串列式探伤中轨头上角、轨颚部位和轨底上部区域是探伤扫查困难的部位（图 8-54）。应采用其他方法进行弥补探伤，确保焊缝缺陷的检出。

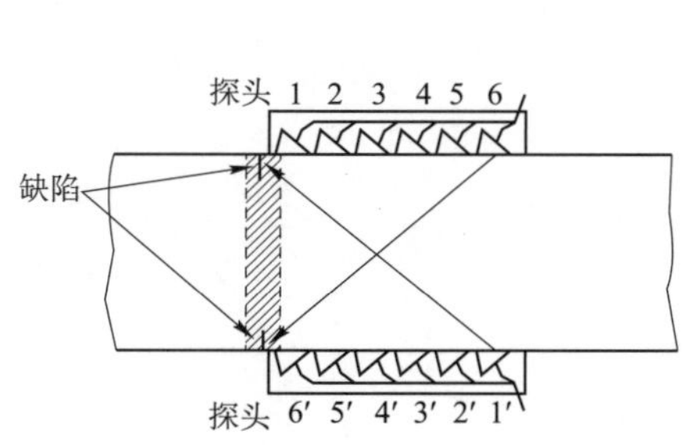

图 8-53 自发自收探伤示意

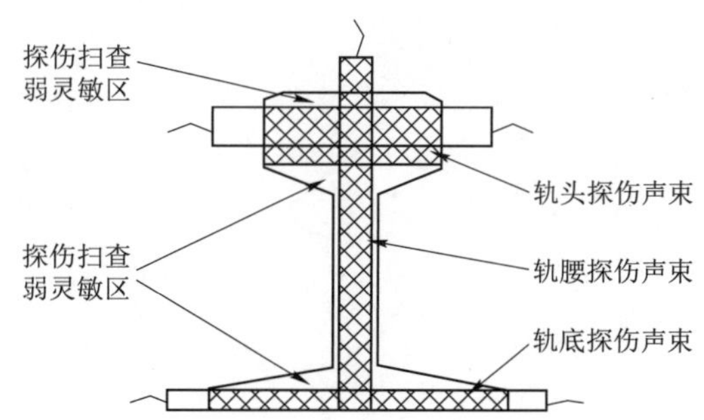

图 8-54 串列式和 K 型探伤声束范围示意

复习思考题

1. 钢轨焊缝探伤仪器有哪些技术要求？

2. 钢轨轨头探伤采用几种扫查方法及其作用是什么？

3. 钢轨轨头焊缝缺陷回波有什么规律？

4. 钢轨焊缝轨头非缺陷回波有哪些？有何显示规律？

5. 钢轨焊缝轨头探伤应注意哪些事项？

6. 轨腰焊缝缺陷探伤方法有哪几种？双探头串列式探测如何确定轨腰缺陷的高度？

7. 焊缝轨腰双探头法探伤灵敏度调节方法具体有哪些？

8. 轨底探伤分哪几部分？轨底角分哪几个区及如何扫查？

9. 轨底角焊缝缺陷回波特点有哪些？如何识别？

10. 轨底角焊缝探伤中会产生哪些非缺陷回波？简述这些回波的产生原因，波形特征及识别方法。

11. 钢轨焊缝探伤应注意哪些事项？

12. 分别说明双探头K型和串列式探伤的适用范围是什么？它们在探伤方法上有哪些不同？

13. K型和串列式探伤方法在钢轨焊缝探伤中的选用原则是什么？

14. 钢轨焊缝采用K型和串列式探伤方法中应注意哪些事项？

15. 钢轨焊缝探伤，单探头轨头和轨腰探头距离波幅曲线如何制作？

第九章 手工检查

一、手工检查的一般方法

手工检查钢轨，一般按“一看，二敲，三照，四卸”的程序进行。

（一）看（目视检查）

全面观察钢轨表面状态，注意发现伤损钢轨所具有的特征，根据这些特征，综合判断钢轨有无伤损。

（1）观看钢轨顶面光带，背向阳光，跨着钢轨或站在钢轨两侧向前看 10～30 mm 范围内钢轨轨面（根据个人视力可远可近），看白面（白光）与黑面相交的地方是否成直线，白面中有否黑线或扩大，轨头是否肥大，轨面有无塌陷等。

（2）观看轨头颚部有否下垂、铁渣剥落和透锈，轨底有否向上翘起。如有轨头扩大或下垂表明有纵向裂纹存在，有铁渣剥落，锈痕或轨底上翘，应仔细看有无裂纹。

（3）利用自然条件检查钢轨伤损，霜雪天气，裂纹处沾着的霜雪往往较其他部分少，而且溶化较慢，并有残留霜雪痕迹。雨后裂纹处留有明显的水痕和流锈现象，干后尚有红锈痕迹存在。

（二）敲（小锤检查）

用小锤敲击看所发现的可疑处所或不良接头、道岔部位。小锤的质量应根据轨型而定。43 kg/m 以下钢轨用 0.5 kg 小锤，50 kg/m 钢轨用 0.7 kg，60 kg/m 及其以上钢轨用 1.0 kg 小锤。

（1）敲击时蹲在钢轨外侧（在桥上蹲在内侧），手握锤柄，轻松自如，使锤头高出轨面 30～50 mm，让小锤自由落下，平敲轨面，做到眼看跳动，耳听声音，手感振动，如钢轨良好，小锤将连续跳动 3～5 次，声音清脆。如钢轨有伤，小锤落下后，跳动次数明显减少，跳动的高度也很小，甚至不起跳，发出的声音破浊不清，锤把振动无力。

（2）如小锤敲后，不能准确判断伤损时，可将小石子或硬币放在轨面上，再用小锤敲击，看小石子或硬币是否随着小锤的敲击而跳动，如果跳动，证明钢轨有伤，或用二指分别触摸接头端部两轨底，感受小锤敲击的振动，一般好钢轨感觉良好，差钢轨感觉相反。

（3）用小锤敲击接头时应注意以下事项：

①应将夹板范围内全部敲到，最好从轨缝一侧轨端向夹板端部敲，然后折回至另一端，按序敲回至轨缝（图 9-1）。

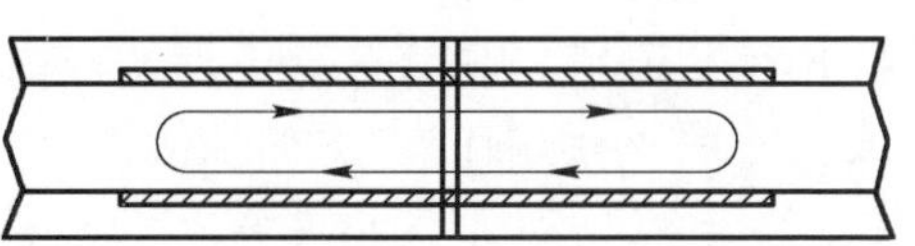

图 9-1 钢轨接头小锤敲击落点轨迹

②遇夹板、铁垫板与钢轨不密贴，螺栓松

动，轨头肥边，枕木吊板以及雨后敲击时小锤跳动与发音都有变化应注意鉴别。

③小锤敲击有疑问，可用铁丝（或钢片）伸入钢轨接缝内，沿钢轨断面或钢轨腰部缓慢滑动，是否有挂钩的感觉。

（三）照（镜子和电筒检查）

（1）照轨头侧面，下颚及轨腰，从镜子中观看裂纹、锈线或其他伤损特征。

（2）将电筒灯光置于轨端断缝处正上方，仔细观察轨端裂纹，或将小镜子伸入轨底，从轨缝处向上反光或从上面反射光线射入轨缝内（阴天、隧道内可用手电），查看轨端裂纹。

（3）卸下一个螺栓，用双面小镜或袖珍手电筒插入螺栓孔内，查看螺栓孔裂纹。

（4）将小镜子伸入轨底，通过查看轨底，辨别轨底划痕或是裂纹。

（四）卸（拆卸螺栓或夹板）

用看、敲、照等方法检查后，发现有疑问而不能确定时，应卸下螺栓或夹板进行检查。卸夹板时，应按更换夹板作业设好防护，钢轨探伤中需要拆检，应通知养路工区进行。

二、钢轨的手工检查

仪器无法检查或探伤薄弱处所，正常探伤灵敏度条件下，回波显示和报警不正常，或正常回波不显示处所，此时应考虑手工检查。

（一）检查范围

（1）各种养护不良或容易产生伤损的钢轨接头（包括异型、绝缘、高低、错牙、压险、塌渣、擦伤、掉块、焊补和岔后引轨接头）。

（2）道岔范围内的钢轨接头和轨尖。

（3）隧道、道口、灰坑、水沟处所和小半径曲线严重磨耗轨区段的钢轨和接头。

（4）老杂轨区段的钢轨。

（二）检查方法

（1）应坚持一看、二敲、三照、四卸的作业要领。凡不良接头基本上都应小锤敲打，以免因接头高低、压陷、掉块、擦伤等因素导致探头耦合不良，增大伤损漏检。必要时应拆卸螺栓，用镜子或小手电筒查照孔壁四周或在轨端利用轨缝间隙，照看端面有否裂纹存在。

（2）曲线（尤其小半径曲线）检查中，应注意曲线上股夹板两端轨头下颚的卡损，以及由卡损引起的横向裂纹。须擦除夹板端部内侧轨头的油污，仔细观察有否微细裂纹存在。对于运量较大，曲线上股磨耗严重地段要除去油污，观察垂直磨耗、侧面磨耗以及总磨耗是否达到重伤标准。碎弯地段，要仔细注意掉块大小是否达到重伤标准，有些掉块已经发展很大，被油污覆盖，需要清除后观察大小，有些掉块会向钢轨内部深处发展，需仔细鉴别是否影响行车安全，再进行妥当处置。对曲线下股，应注意轨头压溃、压宽、变形、擦伤、掉块部位的检查，随时调节探头位置。

（3）隧道、道口、灰坑、水沟等处所，多数因轨腰、轨底严重锈蚀导致探测不正常，应采用电筒或镜子照、小锤敲的方法加强检查。

（4）老杂轨区段，尤其站专线、货场，煤场等，因钢轨使用年限长，维修养护条件差或泥沙、油污的覆盖、腐蚀等，使钢轨状态不良，必要时挖去积土、污泥，用锤敲、镜照、目视等多种方式仔细检查。

三、道岔范围的手工检查

道岔范围(包括道岔部位和岔后引轨)结构复杂(图 9-2),是探伤的难点和重点,必须重视手工检查。

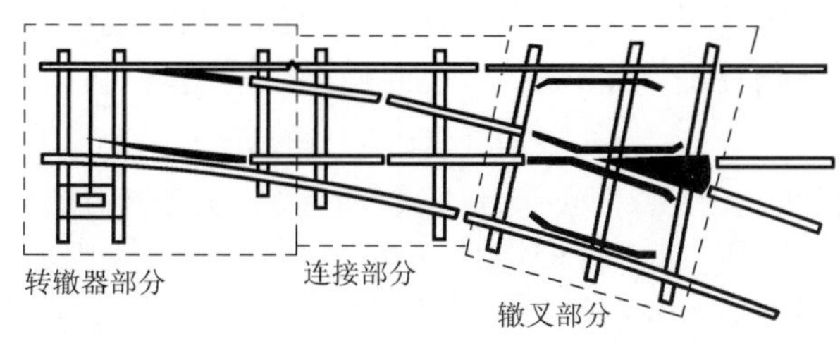

图 9-2 道岔结构图

(一)转辙部分

(1)尖轨:除观察“尖轨”磨耗情况外,应注意轨头有否轧伤,竖切部位有否裂纹。对轨头宽度 50 mm 以上部位应观察有否因吹氧、加热整治后残留的微细裂纹。

(2)基本轨:要注意观察与尖轨密贴部位的轨面有否肥大或异样的压力光带呈现;要用目视和镜照的方法检查与尖轨尖端紧靠部位的轨头下颚和轨底有否卡损存在。

(二)连接部分

连接部分(又称导轨)属正常钢轨检查范围,由于它与尖轨、基本轨及岔趾相连,需注意对这些接头的手工检查。

(三)辙叉部分

在役的辙叉绝大部分属高锰钢整铸辙叉(图 9-3),晶粒粗,衰减大,现有钢轨探伤仪无法检测,必须用手工检查。检查部位和方法如下:

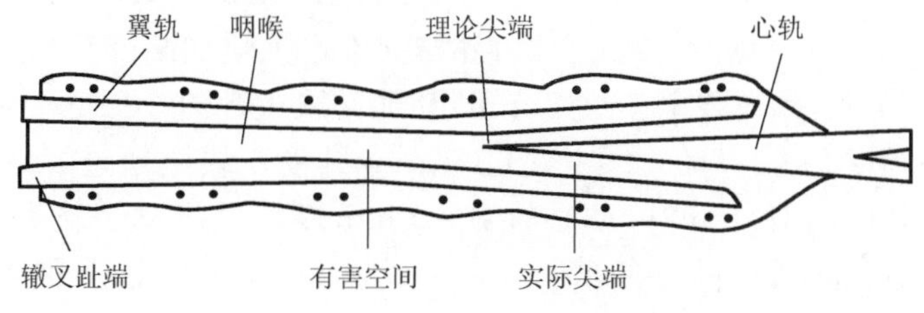

图 9-3 辙叉结构示意

(1)远离数米外观察辙叉轨面全貌,是否存在压塌,发黑,一般踏面压宽,多数存在水平裂纹,可结合锤敲、镜照确认其长度和深度。如果轨面状态正常,应进一步检查夹板范围的轨头二侧或轨端,有否裂纹存在,这一部位因浇铸工艺因素,颚部(或腰部)产生的水平裂纹较多。

(2)趾端(或跟端)的断面变化处,由于设计结构的变化,常有水平或带斜直裂至轨端,形成横向裂纹或向下斜裂纹,岔趾分腿一、二孔间的加强铁跟部也会产生裂纹。主要用镜子、目视检查。

(3)岔心部位,因磨耗或焊补次数多,常有压塌变化和水平裂纹产生,在其二侧还会发生垂直裂纹及轨面横向裂纹,主要用目视检查和镜子照看。

(4)翼轨部位,因磨耗、压陷造成内侧水平裂纹,掉块等,个别处所的轨头外侧同时产生水平裂纹,这时轨面有明显压宽,压塌的特征,作为鉴别依据。翼轨与心轨交接部位由于受力问题影响,出现中央核伤概率较大,应采用仪器与手工相结合的方式仔细探测。

(5)轮缘槽底部有纵向裂纹,轨底板部位也时有裂纹产生均可目视发现。

(四)引轨部分

由于道岔与引轨间的受力不一、承受运行冲击力大、引轨端部未淬火、钻孔未倒棱、孔位高差大、养护作业难等因素,岔后引轨接头螺孔裂纹发生率甚高,因而是道岔范围检查的重点。目视接头状况,有否塌渣、吊空等不良状态,坚持用锤敲打,尤其对新换辙叉后的引轨,更应注意突发性裂纹的发生。

四、高锰钢整铸辙叉判伤标准

(一)轻伤标准(含可动心轨辙叉中高锰钢整铸翼轨、叉跟座)

(1)辙叉心宽 40 mm 断面处,辙叉心垂直磨耗(不含翼轨加高部分),50 kg/m 及以下钢轨,在正线上超过 4 mm,到发线上超过 6 mm,其他站线上超过 8 mm;60 kg/m 及以上钢轨,在容许速度大于 120 km/h 的正线上超过 4 mm,其他正线上超过 6 mm,到发线上超过 8 mm,其他站线上超过 10 mm;可动心轨宽 40 mm 断面及可动心轨宽 20 mm 断面对应的翼轨垂直磨耗(不含翼轨加高部分)超过 4 mm。

(2)辙叉顶面和侧面的任何部位有裂纹。

(3)辙叉心、辙叉翼轨面剥落掉块,在容许速度大于 120 km/h 的线路上长度超过 15 mm,深度超过 1.5 mm;在其他线路上长度超过 15 mm,深度超过 3 mm。

(4)钢轨探伤人员或养路工长认为有伤损的辙叉。

(二)重伤标准(含可动心轨辙叉中高锰钢整铸翼轨、叉跟座)

(1)辙叉心宽 40 mm 断面处,辙叉心垂直磨耗(不含翼轨加高部分),50 kg/m 及以下钢轨,在正线上超过 6 mm,到发线上超过 8 mm,其他站线上超过 10 mm;60 kg/m 及以上钢轨,在容许速度大于 120 km/h 的正线上超过 6 mm,其他正线上超过 8 mm,到发线上超过 10 mm,其他站线上超过 11 mm;可动心轨宽 40 mm 断面及可动心轨宽 20 mm 断面对应的翼轨垂直磨耗(不含翼轨加高部分)超过 6 mm(33 kg/m 及其以下钢轨由铁路局集团公司规定)。

(2)垂直裂纹长度超过表 9-1 所列限度者、纵向水平裂纹长度(含轨面部分裂纹长度)超过表 9-2 所列限度者。

表 9-1　垂直裂纹

项　目	辙叉心/mm		辙叉翼/mm
	宽 0～50	宽 50 以后	
一条裂纹长度	50	50	40
两条裂纹相加	60	80	60

表 9-2 纵向水平裂纹

项　目	辙叉心/mm	辙叉翼/mm	轮缘槽/mm
一侧裂纹长度	100	80	200
一侧裂纹发展至轨面(含轨面部分裂纹长度)	60	60	—
两侧裂纹贯通(指贯通长度)	50	—	—
两侧裂纹相对部分长度	—	—	100

(3)叉趾、叉跟轨头及下颚部位裂纹超过 30 mm。

(4)叉趾、叉跟浇铸断面变化部位斜向或水平裂纹,长度超过 120 mm,或虽未超过 120 mm,但裂纹垂直高度超过 40 mm。

(5)底板裂纹向内裂至轨腰,并超过轨腰与圆弧的连接点。

(6)螺栓孔裂纹延伸至轨端、轨头下颚或轨底,两相邻螺栓孔裂通。

(7)辙叉心、辙叉翼轨面剥落掉块,长度超过 30 mm,深度超过 6 mm。

(8)钢轨探伤人员或养路工长认为有影响行车安全的其他缺陷。

复习思考题

1. 手工检查的一般方法有哪些?
2. 简述“看”的要领。
3. 不同轨型使用小锤的质量各是多少?
4. 简述小锤敲打的方法和注意事项。
5. 手工检查钢轨的范围是哪里?
6. 曲线地段应重点检查什么部位?
7. 道岔的手工检查是哪些范围?
8. 岔心部位主要会出现哪种裂纹?
9. 翼轨部位发生哪种伤损的概率较大?
10. 岔后引轨接头螺孔裂纹发生率甚高的原因是什么?
11. 趾端(或跟端)的断面变化处多数会发生什么样的裂纹?
12. 高锰钢整铸辙叉叉心宽 40 mm 断面处,辙叉心垂直磨耗(不含翼轨加高部分),50 kg/m 及以下钢轨,在正线、到发线、其他站线轻伤标准是什么?
13. 高锰钢整铸辙叉垂直裂纹重伤标准有哪些?
14. 高锰钢整铸辙叉纵向水平裂纹重伤标准有哪些?
15. 高锰钢整铸辙叉叉心、辙叉翼轨面剥落掉块,长度、深度达到多少判重伤?

第十章　探伤工艺编制

一、探伤工艺的一般流程

为了合理地运用超声波对工件探伤和保证被探工件之内部质量，发挥超声波探伤的应有作用，就必须有正确的工艺流程，作为探伤的指南。具体说来，探伤工艺流程如图 10-1 所示。

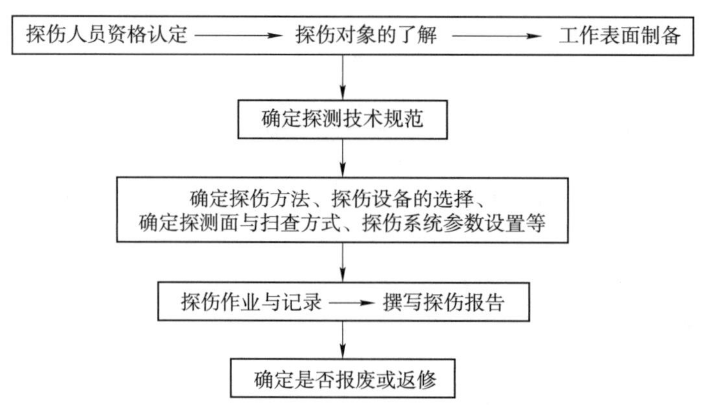

图 10-1　探伤工艺的一般流程

二、探伤工艺规程的编制

规程一般由从事本专业的Ⅲ级（高级）人员编制，对于给定的试件应特别强调规定超声检测工艺、超声信号评定方法及验收要求的重要性，它们必须互相协调，以期达到检测所要达到的目的。规程须经有关部门批准后生效。

（一）规程编制的内容

（1）检测单位名称。

（2）规程的编号及编制和修改日期，编写所依据的文件编号。

（3）受检工件的名称、图号、材料及热处理状态。

（4）受检工件的草图，图上应标明超声波检测的部位、入射面、入射面的粗糙度、由于某种原因（如盲区、形状影响等）缺陷不能发现的区域、成品的轮廓及受力方向。

（5）超声波探伤仪（包括所用附件）的型号、制造厂。

（6）探头的型别、频率，换能器材料、尺寸，斜入射探头的入射角（或折射角）等。

（7）用接触法时耦合剂的名称、牌号；用液浸法时液体（包括添加剂）的名称。

(8)仪器和探头操纵装置的调整,包括所用对比试块的代号及草图。

(9)探头相对于受检件表面的位置、移动方向及方式,移动速度及扫查间距。

(10)缺陷的评定方法及各部位的验收要求。

(11)标记的部位及方法。

(12)任何其他有用数据。

(二)检测结果的记录

探伤记录包括下列内容:

(1)工件资料:如名称、数量、编号、材质、坡口形式、探伤部位、返修的长度、深度和返修的次数等。

(2)使用设备资料:如仪器、探头(频率、尺寸、K 值)及试块型式、耦合剂(接触法)或液体(液浸法,包括添加剂)等。

(3)探伤作业情况:如操作者、任何反射波高超过规定质量等级中相应反射体反射波高的缺陷平面位置、埋深、波高超出的分贝(dB)数。

(4)探伤管理要求内容:如送检部门、送检日期、所用规程的编号等。

(5)其他认为有必要记录的内容:如未按规程要求检测的情况,未达到记录水平的反射波的情况,检测过程中出现的非缺陷回波,以及难以肯定的异常情况与返修情况等。

三、探伤工艺的一般内容

(一)探伤对象的了解与要求

1. 探伤对象的了解

为了提高探伤结果的可靠性,探伤前应对被检工件的材料特性、热处理状态、制造工艺、表面状况、缺陷种类和形成规律以及受检部位的受力方向等进行调查。对不符合要求的情况,应及时通知相关部门修正。通过调查最终确定探伤方法、探测部位和探伤时间。现具体归纳如下:

(1)试件编号、外形、尺寸等是否与所提供的数据相符,是否存在妨碍探伤以及可能出现假象的因素。

(2)要求探伤实物的具体部位是否确实是缺陷经常出现或工件应力大和应力集中之处。

(3)探测面选取是否符合所提要求,实际达到的表面状态或粗糙度等级如何。

(4)试件的材料、制造方法、工艺程序等极可能出现的缺陷类型和取向怎样。

(5)试件放置是否稳妥安全,实施探伤的工作环境有否不安全的和妨碍正常探伤(如温度)的因素。

2. 探伤对象的要求(表 10-1)

表 10-1 探伤对象的要求

项目	要求内容
几何形状	试件形状力求简单并具有相当的体积,探测面和底面力求平行,与端面垂直,成批同类试件尺寸要规格化

续上表

项目	要 求 内 容
表面状态	1. 进入面的表面加工粗糙度一般应为 Ra 1.6～ 6.3 μm ，且探头应能在探伤面上左右前后地移动。 2. 有碍超声检验的任何表面缺陷（如裂纹、氧化皮、折叠及锈蚀等）或污垢均应采用经批准的方法予以清除。 3. 必要时应通过增添专门的工序，采用经批准的方法准备超声进入面
材料状态	1. 如有可能，最终检测应在最终热处理之后进行，尤其是变形铝合金产品。 2. 要求检出的最小缺陷的信号幅度与无关噪声信号幅度比至少应等于 6 dB。 3. 结构或材料特殊的焊缝，探伤时应已经进行焊后去应力退火

（二）入射方向和探测面的选择

1. 入射方向的选择

应使声束中心线与缺陷面特别是与最大受力方向垂直的缺陷面尽可能地接近垂直。一般情况可参考表 10-2 和图 10-2。

表 10-2 声束入射方向的选择

序号	工 件	入射方向（至少）
1	锻件、挤压件	垂直流线方向的两相邻面
2	长边宽度和短边宽度之比小于 3 ∶ 1 的矩形截面试件	长边宽度和短边宽度方向
3	正方形自由锻件	三个相邻面

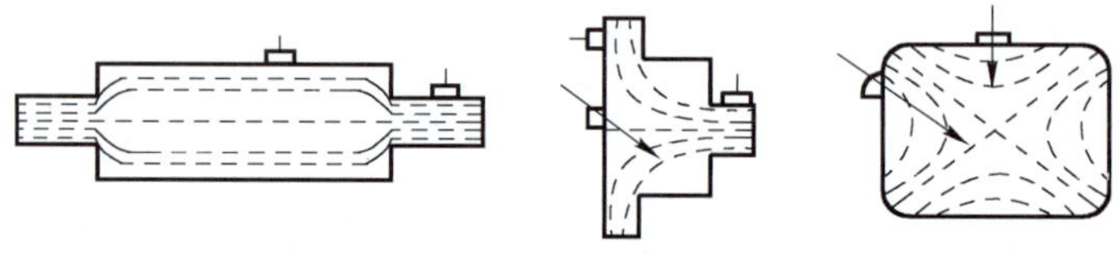

图 10-2 锻件的流线和声束入射方向示例

2. 探测面的选择

应使要求探伤部位均能受到超声波束的扫查，该面能保证有效地检出缺陷并能正确地测定缺陷，在满足这个条件的前提下，还要求尽量避免非缺陷回波显示。

各种试件的结构、质量要求不同，可能的缺陷类型、取向不一样，因而探测面既可能是试件的所有表面，也可能是其中几个，甚至只有一个可探测面。具体探测面可能就是要求探伤的部分的某一个面，也可能不在这个部位上而是在与之相邻的面上。例如，压延钢板的缺陷一般处于板的厚度中心及其附近，缺陷方向与板面平行，可选择一个板面作为垂直探伤的探测面；轧制的方钢，缺陷随同材料变形呈轴向延伸，但方向可能不完全一致，常选相邻的两个表面为探测面；大型高要求的锻轴，加工工艺复杂，工序繁多，缺陷情况也很复杂，探测面将是所有表面；一般的对接焊缝，因加强层或焊根部表面有焊波等高低不平，故在焊缝两侧面进行探伤，这就是探测面不在探伤检验部位的实例。

（三）探伤仪的性能要求

超声波探伤仪是超声波探伤的主要设备。其性能好坏直接影响探伤的最终结果，探伤时根据具体的探测要求和现场条件对探伤仪性能有不同的要求，现简述如下：

（1）对于定位要求高的情况，探伤仪的水平线性误差要小。

（2）对于定量要求高的情况，探伤仪的垂直线性要好、衰减器精度要高。

（3）对于大型零件的探伤，探伤仪要灵敏度高、信噪比高、功率大。

（4）为有效地发现近表面缺陷和区分相邻缺陷，探伤仪应盲区小、分辨率好。

（5）对于室外现场探伤，要求探伤仪质量轻、荧光屏亮度好、抗干扰能力强、便于携带。

此外，还要求探伤仪性能稳定、重复性好、可靠性好等。

（四）探伤频率的选择

由前述所学知识不难得知，若选用较高的频率，对于确定的工件，将使得声束变窄、声能集中、分辨率高，因而发现小缺陷的能力强，有利于区分相邻缺陷，这样可提高对缺陷的定位精度。但相应的不足也不容忽视，即声束变窄将导致扫查空间小、衰减厉害、散射严重、超声波的穿透能力下降、易出现草状回波。因此，对于给定的受检件，探伤用的超声波频率选择应是穿透能力和分辨率的最佳折中。一般在保证探伤灵敏度的前提下尽可能选用较低的频率。频率上限一般由衰减和草状回波信号（应不产生妨碍识别缺陷的杂波）的大小来决定，而下限则由探伤灵敏度、脉冲宽度及指向性决定。对于脉冲垂直探伤法，常用的频率范围列于表 10-3。

表 10-3 脉冲垂直探伤法常用频率范围

频率范围	应　　用	频率范围	应　　用
25～100 kHz	粗晶材料	1～10 MHz	锻件（黑色和有色金属）
0.2～1 MHz	铸件，组织相当粗的材料，如铜、奥氏体不锈钢	1～5 MHz	轧制品——金属薄板、中厚板、棒材和坯料
0.4～5 MHz	铸件，钢、铝及其他细晶材料	2.25～15 MHz	陶瓷
0.2～2.25 MHz	塑料和类似材料如固体火箭燃料	1～2.25 MHz	焊缝（黑色和有色金属）
1.25～10 MHz	拉拔产品，棒、管和型材（有色和黑色金属）		

（五）探伤探头的选择

1. 探头型式的选择

探头型式有直探头、斜探头（横波）、表面波探头、双晶探头等。一般根据工件的形状和可能出现的缺陷部位、方向等条件来选择探头的型式，使声束轴线尽量与缺陷垂直。直探头只能发射和接受纵波，波束轴线垂直于探测面，主要用于探测与探测面平行的缺陷，如锻件、钢板中的夹层、折叠等缺陷。斜探头是通过波形转换来实现横波探伤的。主要用于探测与探测面垂直或成一定角度的缺陷。如焊缝中未焊透、夹渣、未溶合等缺陷。表面波探头用于探测工件表面缺陷，双晶探头用于探测工件近表面缺陷。聚焦探头用于水浸探测管材和板材。

2. 探头晶片尺寸的选择

选择晶片尺寸时主要应考虑以下因素：

(1)晶片尺寸增加，半扩散角减少，波束指向性变好，超声波能量集中，对探伤有利。

(2)晶片尺寸增加，近场区长度增加，对近区探伤不利。

(3)晶片尺寸大，辐射的超声波能量大，探头未扩散区扫查范围大，远距离扫查范围相对变小，发现远距离缺陷能力增强。

综合以上因素，实际探伤中，探伤面积大的工件时，为了提高探伤效率宜选用大晶片探头。探伤厚度大的工件时，为了有效地发现远距离的缺陷宜选用大晶片探头。探伤小型工件时，为了提高缺陷定位定量精度宜选用小晶片探头。探测表面不平整、曲率较大的工件时，为了减少耦合损失宜选用小晶片探头。

3. 横波斜探头 K 值的选择

在横波探伤中，探头 K 值对探伤灵敏度、声束轴线的方向、一次波的声程(入射点至底面反射点的距离)有较大的影响。按照尽可能声束与缺陷垂直的原则，除考虑缺陷的取向外，应按工件的结构和厚度选择探头，一般工件厚度较小时，选用较大的 K 值，以便增加一次波的声程，避免近场区探伤。当工件厚度较大时，选用小 K 值，以减少声程过大引起的衰减，便于发现远区缺陷。在焊缝探伤中，还要保证主声束能扫查整个焊缝截面。对于单面焊根部未焊透，还要考虑端角反射问题，如 $K<0.7$ 或 $K>1.5$ 时，端角反射率很低，容易引起漏检。表 10-4 是常用焊缝探伤的 K 值选择标准。

表 10-4　焊缝探伤斜探头的入射角、折射角和 K 值选择

工件厚度/mm	入射角度/(℃)	折射角度/(℃)	K 值
8～25	53～49	72～64	3.0～2.0
＞25～46	52～45	68～65	2.5～1.5
＞46～120	49～37	63～45	2.0～1.0

(六)探伤耦合剂的选择

1. 耦合剂的作用

超声耦合是指超声波在检测面上的声强透射率。声强透射率高，超声耦合好。为提高耦合效果，在探头与工件表面间施加的一层透声介质称为耦合剂。在液浸法检测中，液层具有斜楔块的作用，同时，液体实现声能的耦合，此时液体也是耦合剂。

当探头和工件之间有一层空气时，超声波的反射率几乎为 100%，即使很薄的一层空气也可以阻止超声波传入工件，因此，耦合剂的作用主要是排除探头与工件表面间的空气，使超声波能够传入工件。此外，耦合剂有润滑作用，可以减小探头和工件之间的摩擦，防止工件表面磨损探头，并使探头便于移动。

2. 耦合剂的特性

通常耦合剂为液体(如水)，表 10-5 列出了几种常用液体耦合剂的特性。除此之外还有干压耦合和空气耦合两种方式，当不适合采用液体耦合剂的情况下，如疏松多孔试件的表面，可采用干压耦合，即在探头下方附以软橡胶或塑料垫(或在滚动探头上加上轮胎)压向试件，实际上是用这一软材料取代液体耦合剂。由于空气与一般试件声特性阻抗有很大不同，这导致大部分声能在界面处被反射而很少进入试件，因此大多数空气耦合探伤的应用范围缩小到外部测量，如距离测量。用于内部探伤则仅限于低密度材料，如木材、橡胶或非金属复合材料，它们的声特性阻抗较低。

表 10-5　几种常用液体耦合剂的特性

名　　称	密度/($g \cdot cm^{-3}$)	纵波速度/($\times 10^6$ mm/s)	纵波声特性阻抗/[$\times 10^6$ kg/($m^2 \cdot s$)]	特　　点
水(20 ℃)	1.0	1.48	1.48	水的优点是来源方便，缺点是容易流失，容易使工件生锈，有时不易润湿工件。液浸检测中最常使用水作耦合剂，使用时可加入润湿剂和防腐剂等
甘油(100%)	1.27	1.88	2.38	甘油的优点是声阻抗大，耦合效果好，缺点是要用水稀释，容易使工件形成腐蚀坑，价格较贵
机油	0.92	1.39	1.28	机油的附着力、黏度、润湿性都较适当，也无腐蚀性，价格又不贵，因此是最常用的耦合剂。当使用油作耦合剂时，随着温度的提高，声波的传播速度明显下降，其衰减会增加

3. 耦合剂选择要点

(1)容易附着在试件的表面上，有足够的浸润性以排除探头与试件之间由于表面粗糙造成的空气隙。

(2)尽量与试件材料的声阻抗有较小的相差，以利声能尽可能多地进入试件。

(3)从实用角度还要求对人体无害、对试件无腐蚀作用，容易清除、来源方便、价格低廉。

(4)性能稳定，不易变质，能长期保存。

注：在气温变化较分明的地区春夏秋季大多采用水作为母材探伤的耦合剂，冬季使用一定给配比的酒精水作为探伤耦合剂。

(七)探伤扫查方法的确定

在进行超声波探伤时，探测面上的探头与被检工件的相对移动称为扫查。探头扫查的原则：一是要保证试件的整个检测区有足够的声束覆盖以免漏检，二是在扫查过程中声束的入射方向应始终符合所规定的要求。

1. 扫查中几个基本参量的确定

(1)扫查速度与脉冲重复频率

对于最基本的模拟式超声波检测仪(如前所述还有数字式超声检测仪)，为使缺陷回波能充分地被探头接收，在荧光屏上得到明显的显示或在记录装置上能得到所需的记录，扫查速度 v 应适当，通常这取决于探头的有效直径 D，仪器同步电路发射同步脉冲的频率(脉冲重复频率)f，若扫描重复 n 次荧光屏上可因视觉暂留而看到扫迹，或记录仪可得所需记录(n 一般取 3 次以上的数值)，可给出：

$$v \leqslant \frac{Df}{n}$$

脉冲重复频率(不是超声波的工作频率)提高有助于扫查速度的提高,但在超声探伤中当试件的声衰减很小、试件的厚度较大时,如果仪器灵敏度调节得比较高而重复频率又调节得比较高时,则有可能由于第一次同步脉冲触发发射电路激励探头所产生的试件多次底反射信号尚未完全结束,而第二次同步脉冲又开始触发工作,造成在荧光屏上一次底反射之前出现干扰波,常称幻像波(图 10-3),消除幻像波的方法是降低脉冲重复频率,必要时可在试件底部涂吸声材料。

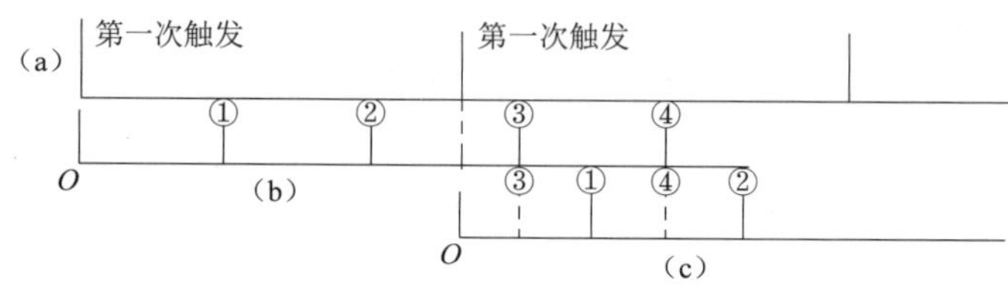

图 10-3　幻像波形成示意图(以相邻两次触发为例)

注:1. 同步电路所发射的同步脉冲;
2. 一次触发所产生的多次底反射信号进制;
3. 二次触发所产生的多次底反射信号与前次触发未完全衰减的一些底反射信号的叠加。

(2)扫查幅度

为保证工件的整个被检部位有足够的声束覆盖,探头扫查线的相邻距离应小于探头的有效直径,一般为探头有效直径的 70%,或应有探头宽度 10%的重叠。

(3)扫查力度

扫查过程中,应给探头以适当和一致的压力(针对直接接触法探伤),否则会导致接触不良或者使耦合层厚度发生变化,从而引起探伤灵敏度不稳定。

(4)扫查方向

扫查过程中,探头的方向(尤其是斜探头)应根据缺陷存在的规律进行布局和扫查,盲目改变扫查方向将影响缺陷的检测能力。具体说来,单探头探伤时将因波的方向改变而使缺陷检出灵敏度变化;双探头探伤时则会使反射或穿透波不能为另一个探头所接收,故保持一定的方向尤为重要。

2. 扫查方式的确定

(1)垂直法探伤时的扫查方式

①全面扫查:即探头在整个探测面上无一遗漏地循环移动。要求相邻扫查间距不大于探头的直径,常用于要求较高的工件探伤。如规定检测的缺陷尺寸小于探头晶片尺寸时,需用全面扫查。全面扫查的种类可分为横向扫查[图 10-4(a)]、纵向扫查[图 10-4(b)]。

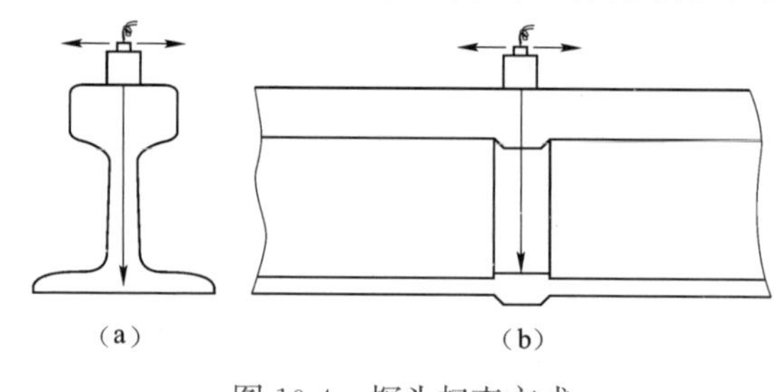

图 10-4　探头扫查方式

②局部扫查:即探头在整个探测面上按规定的并事先划出的线进行移动,相邻扫查线的间距往往大于探头直径。这种扫查方式属抽查性质,常用于要求不太高的工件探伤,如钢板探伤等。其形式如表 10-6 所列。

表 10-6 垂直法探伤局部扫查方式归类表

项目	概念	图例
直线扫查	探头在平板类工件的探测面上以一定的间距作直线移动(探头可以与长度方向一致,也可以与宽度方向一致,或作斜直线移动)	
格子线扫查	探头按预先画好的格子线(格子线间距由有关标准规定)先循一个方向作直线移动,然后再转 90°,沿与原方向垂直的方向作直线移动	
点扫查	探头不作移动,仅作跳跃式地与工件指定点接触,或者不作定点(等间距)接触,而是根据需要在适当的部位上抽检,作为一种粗略的探测,发现问题后再在其周围作扩大检查	

(2)斜角探伤的扫查方式

当试件的所有部位都要进行检查时,其扫查方式与垂直法并无不同,但当要查的部位仅是试件某一特定部位(如焊缝探伤)时,其形式有以下几种。

①前后扫查和左右扫查:探头移动方向垂直于要查部位的轴线称为前后扫查[图 10-5(a)]。探头移动方向平行于要查部位的轴线则称为左右扫查[图 10-5(b)]。

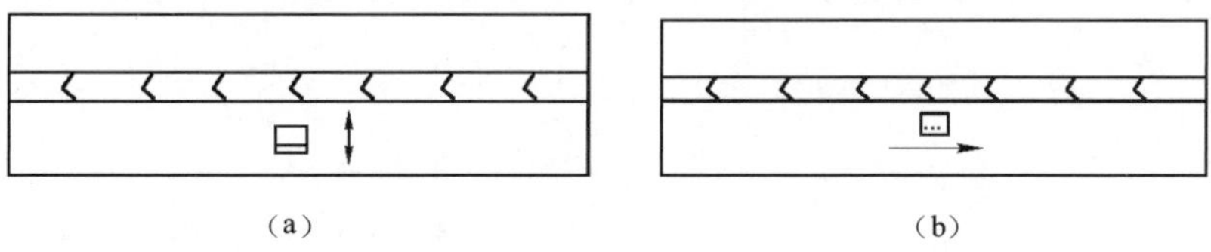

图 10-5 前后扫查和左右扫查

②斜平行扫查和 W 形扫查:探头放置在要探查部位之侧,探头方向与该部位轴线稍有一定角度,但移动方向与轴线平行,这种方式称为斜平行扫查[图 10-6(a)],主要用于发现横向缺陷。探头扫查路线呈“W”或“Z”形称为 W 扫查,它是前后扫查和左右扫查两种结合的实用方式[图 10-6(b)]。

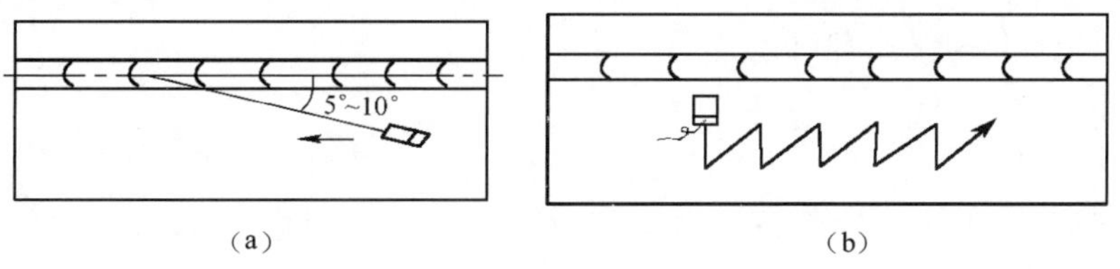

图 10-6 斜平行扫查和 W 形扫查

③定点转动和摆动扫查：探头以固定的入射点为中心转动，此时声束轴线与要探部位轴线之交角随探头移动而改变，这种方式称为定点转动扫查[图 10-7(a)]，用于测定缺陷形状；探头移动过程中同时作 10°～15°转动，称为摆动扫查[图 10-7(b)]，用于防止某些方向性缺陷的漏检和有利于测定缺陷形状。

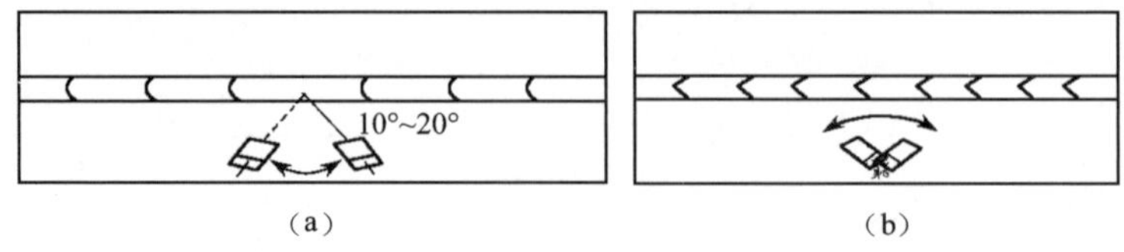

图 10-7　定点转动和摆动扫查

④串列扫查和交叉扫查：为发现某些单斜探头不易发现的缺陷，可采用两个斜探头（一发一收）的串列扫查方式和交叉扫查方式来进行弥补。串列扫查可有多种形式，常用的有两探头前后串列扫查[图 10-8(a)]，有利于发现厚焊缝和厚锻件中与探测面垂直的裂缝；两探头相对移动的串列扫查，有利于发现板材中与探测面平行的缺陷；交叉扫查[图 10-8(c)]，有利于发现有方向性的缺陷。

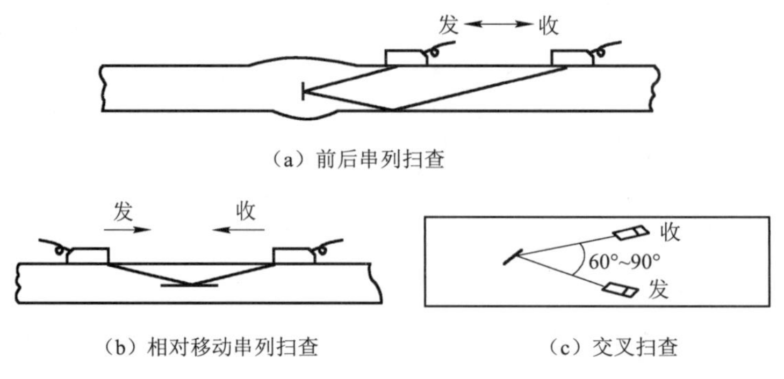

图 10-8　串列扫查和交叉扫查

四、探伤工艺编制参数确定实例

（一）探伤设备选择

为了保证顺利检出焊缝中的各类缺陷，探头和仪器的选择很重要，特别是探头的选择必须考虑焊缝的几何尺寸和存在的缺陷性质来决定。

1. 探伤仪选择

通用探伤仪的生产厂家很多，只要符合《A 型脉冲反射式超声探伤仪　通用技术条件》(JB/T 10061—1999)的仪器都可以选用。

2. 探头选择

(1)斜探头

斜探头的选择主要考虑铝焊接头轨脚最薄处的全焊缝扫查，探头折射角（K 值）的选择必须保证探头主声束能扫查到焊缝中心，同时又要兼顾最大探测距离的折射角选择原则（表 10-7），通过计算综合平衡后选择了 2.5P13×13K2.5。

表 10-7 JB 1152—81 标准

工件厚度(mm)	K 值
$25 \geq T \geq 8$	3.0～2.0
$46 \geq T > 25$	2.5～1.5
$120 \geq T > 46$	2.0～1.0

三次波探测时，探头 K 值和工件厚度及焊缝宽度间的关系：

$$K \geq 焊缝宽度 \div 板厚$$

根据计算 $K \geq 44 \div 15 = 2.9$ 时主声束可以覆盖整个焊缝，选择 $K2.5$ 探头，虽然焊缝中心约有一个宽度 6.5 mm，高 2.6 mm，面积约为 8.5 mm^2 的菱形探测盲区(图 10-9)，但由于声束的扩散作用，实际探测中不会有盲区。

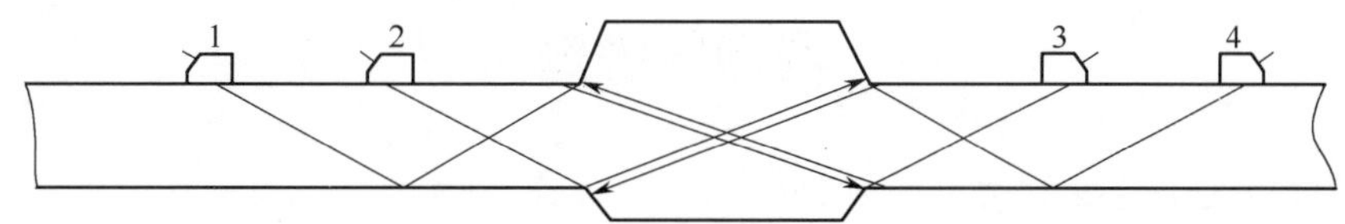

图 10-9 焊缝探伤声束覆盖示意

(2)直探头

根据对伤损的检出要求和钢轨的几何尺寸，选择 2.5P20D 直探头。

(二)探测范围确定

为了保证焊缝全断面扫查，斜探头的仪器扫查范围设为水平距离 250 mm，相当于探测深度 100 mm。这样斜探头在轨头和轨底三角区扫查时，基本能覆盖整个轨腰范围。

(三)探测灵敏度确定

以钢轨对比试块 2 号孔、3 号孔、4 号孔和在役轨轨底作基准，确定探测灵敏度。

1. 单斜探头探测灵敏度

以钢轨对比试块 2 号孔为基准，要求反射回波高 80%作为探测基准灵敏度。

2. 双斜探头探测灵敏度

以钢轨对比试块 4 号孔为基准，要求反射回波高 80%，该灵敏度即为双斜探测灵敏度。

3. 直探头探测灵敏度

(1)现场气压焊：以钢轨对比试块 3 号孔为基准，要求反射回波高 80%作为探测基准灵敏度。

(2)法国铝热焊：探测现场铝热焊缝外钢轨轨底，在一次底波 80%时增益 22 dB 作为法国铝热焊探测基准灵敏度，其符合中国铁道科学研究院集团有限公司金属化学研究所对直探头灵敏度的标定。

(四)判伤标准制定

依据铁道部《关于发送法国钢轨铝热焊引进总结的函》第六章对超声探伤的要求“焊头无任何裂纹、未焊透、气孔和其他缺陷”，制定本判伤标准。

1. 单斜探头

(1)轨头和轨腰:伤损回波高度大于Φ2 mm 平底孔当量判重伤。

(2)轨脚:气压焊接头有伤波显示判重伤;铝热焊接头伤损回波高度大于Φ2 mm 平底孔当量判重伤。

2. 双斜探头

有伤波显示判重伤。

3. 直探头

(1)气压焊有伤波显示判重伤。

(2)铝热焊伤波波高大于 80 或第一次底波小于 100%判重伤。

4. 焊缝中有伤波显示但达不到上述标准时判轻伤,焊缝中有两处及以下轻伤时判重伤。

复习思考题

1. 超声波探伤工艺编制意义是什么?
2. 工艺规程编制的内容有哪些?
3. 检测结果应记录哪些内容?
4. 编制探伤工艺前一般应了解哪些内容?
5. 探测面的选择原则是什么?
6. 探伤仪的性能选择有什么意义?
7. 探头晶片尺寸选择应考虑哪些因素?
8. 横波斜探头 K 值如何选择?
9. 什么叫耦合剂? 耦合剂的作用是什么?
10. 常用的耦合剂哪些? 分别说明各优缺点。
11. 选择耦合剂时主要应考虑哪些因素?
12. 探伤扫查中一般应考虑哪些基本参量? 扫查重叠区应达到多少?
13. 斜角法探伤时的扫查方式有哪些?
14. 垂直法探伤局部扫查方式有哪些?
15. 消除幻象波的方法有哪些?

第三篇　相关知识

第十一章　机械基础

第一节　机械的分类与组成

机械的种类繁多，形式各异，但从其共性来说主要特征：其一，机械是人为的多种实体的组合；其二，机械各部分之间具有确定的相对运动；其三，能完成有效的机械功或变换机械能。

一、机械分类

机械设备由驱动装置、变速装置、传动装置、工作装置、制动装置、防护装置、润滑系统和冷却系统等部分构成。机械设备的主要分类有以下 12 种：

(1)农业机械：包括拖拉机、播种机、收割机等。

(2)重型矿山机械：包括冶金机械、矿山机械、起重机械、装卸机械、工矿车辆、水泥设备等。

(3)工程机械：包括叉车、铲运机械、压实机械、混凝土机械等。

(4)机床：包括金属切削机床、锻造机械、铸造机械、木工机械等。

(5)仪表：包括自动化仪表、电工仪表、光学仪表、成分分析仪、汽车仪表、电气设备、教育设备、照相机等。

(6)汽车：包括货车、公路巴士、轿车、改造汽车、摩托车等。

(7)石化通用机械：包括炼油机械、泵、鼓风机、阀门、气体压缩机、制冷空调机械、造纸机械、塑料加工机械、制药机械等。

(8)电工机械：包括发电机械、变压器、电动机、高低压开关、电线电缆、蓄电池、电焊机、家用电器等。

(9)基础机械：包括轴承、液压零件、密封、粉末冶金产品、标准紧固件、工业链、齿轮、模具等。

(10)包装机械：包括包装机、包装机、输送机等。

(11)环保机械：包括水污染防治设备、大气污染防治设备、固体废物处理设备等。

(12)其他机器。

二、机械的组成部分

(一)动力部分

动力部分是机械的动力来源，其作用是把其他形式的能转变为机械能以驱动机械运动。

(二)传动部分

传动部分是机械的主要组成部分之一,其作用是将动力部分的动力和运动传递给执行部分的中间环节,它可以改变运动速度、转换运动形式,以满足工作部分的要求。

(三)工作部分

工作部分是直接完成机械预定功能的部分。

(四)操控部分

操控部分是用以操作控制机械其他部分动作的部分,使操作者能按要求实现和停止机械系统的各项功能。这一部分通常包括机械和电子控制系统。

有些机械系统除了以上四部分外,还有润滑、照明等辅助装置。

第二节　机械钳工的任务和设备

一、机械钳工的主要任务

钳工的工作范围广泛,内容很多,一般采用机械加工方法不能解决的工作,常由钳工来完成。此外,钳工多用手工工具或设备对工件进行切削加工,及对机械设备进行装配和维修。一般来说,钳工的具体操作有锯割、錾削、锉削、铆接、刮削、研磨、钻孔、铰孔、攻丝、套丝等。根据工作内容可分为以下四项:

(1)加工零件:加工零件包括精密加工(如刮削、研磨)及采用机械方法不适宜或不能解决的加工。

(2)装配:把零部件按要求进行组合、装配,并进行调整检验和试车,使之成为合格的机械设备。

(3)设备维修:当设备在使用过程中出现故障、损坏或长期使用后精度降低,应通过钳工进行维护和修理。

(4)修理和制造:制造和修理各种工具、夹具、量具、模具及各种专用设备。

二、钳工常用工具

钳工因其工作内容广泛,所使用的工具也繁多。主要包括划线工具、錾削工具、锉削工具、锯割工具、钻孔工具、攻套螺纹铰孔类工具、刮研工具、拆装类工具、电动类工具、量具。现对一些常用工具介绍如下:

(一)划线工具(图 11-1)

(1)划针:工件上划线条用。划针一般用弹簧钢丝或高速钢制成。

(2)划线平台:用来支承工件并用作立体划线时的基准,划线平台由铸铁制成。

(3)划规:用以划圆、圆弧、等分线段、等分角度以及量取尺寸。划规采用中碳钢制成,脚尖端经淬火处理。

(4)划线盘:划线或找正工件位置用。由底座、立柱、划针和夹紧螺母组成。

(5)角尺:划垂直或平行线或找正工件的垂直位置用。

(6)样冲:在所划加工线条上打样冲眼用。样冲由工具钢制成,尖端经淬火处理。

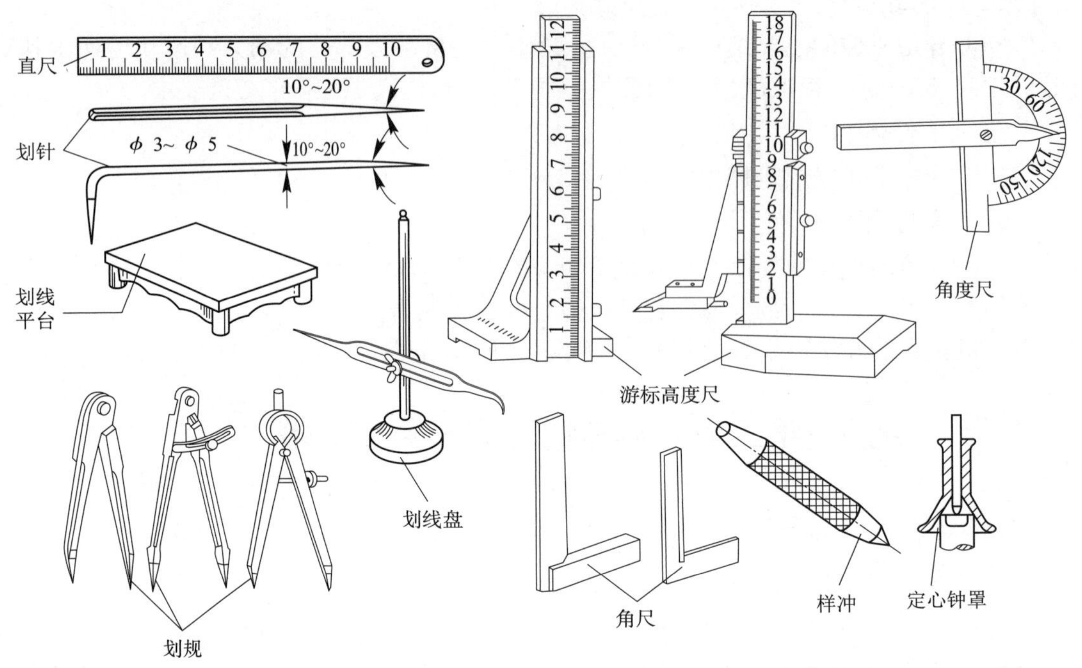

图 11-1　钳工用划线工具

(7)其他工具:钢尺、游标高度尺、定心钟罩、角度尺等常用工具。

划线的作用:确定工件加工位置和加工余量。检查毛坯的形状和尺寸是否符合图样。在坯料有缺陷时通圆余过划线“借料”补救,用于下料。

(二)錾削工具

(1)錾子:錾削金属工具,包括扁錾、尖錾、油槽錾[图 11-2(a)]。錾子一般由碳素工具钢锻成,并经过适当热处理。

(2)手锤:也叫榔头,是钳工常用的敲击工具,手锤由锤头、木柄和楔子组成[图 11-2(b)]。

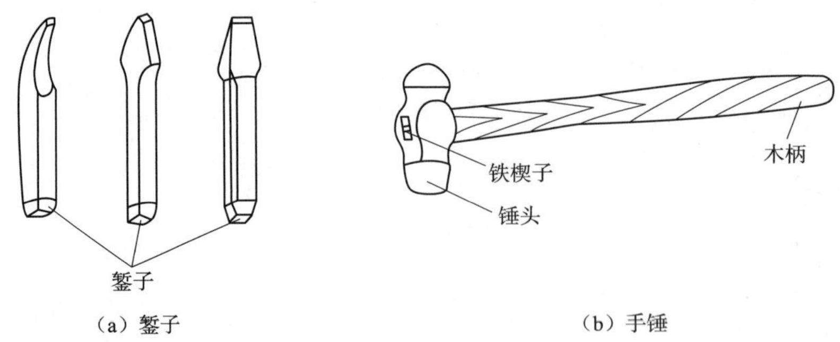

(a) 錾子　　(b) 手锤

图 11-2　錾工具

(三)锯割工具

手弓锯:锯切金属工具(图 11-3)。

（四）锉削工具

锉刀：用于锉削金属工具，由锉身和锉柄组成（图 11-4），锉身用高碳工具钢制成，并经热处理，硬度达到 HRC62～67。锉刀按其用途不同可分为普通锉、异形锉和整形锉三大类。

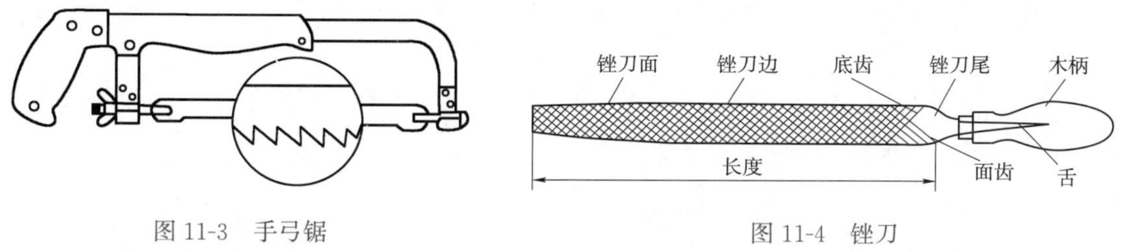

图 11-3 手弓锯 图 11-4 锉刀

（五）攻套螺纹铰孔类工具

（1）丝锥：加工内螺纹工具，一般用合金工具钢或轴承钢制造，并经过热处理[图 11-5（a）]。

（2）铰杠：手工攻螺纹时用来夹持丝锥工作工具[图 11-5（b）]。

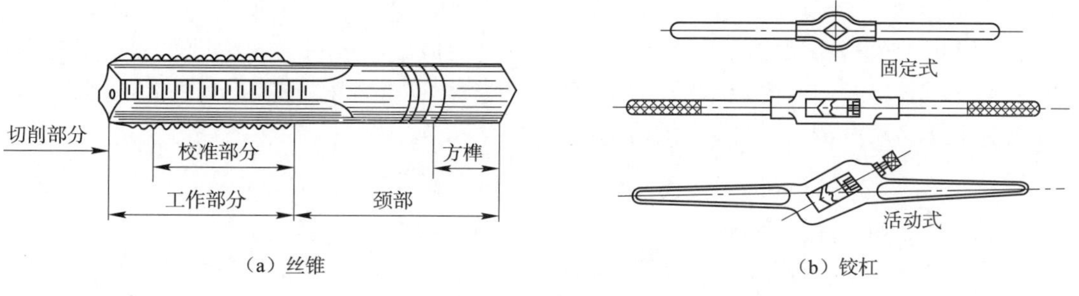

（a）丝锥 （b）铰杠

图 11-5 攻螺纹工具

（3）板牙：加工外螺纹工具，板牙多用高速钢制成，形状与圆螺母相似[图 11-6（a）]。

（4）板牙架：装夹板牙工具[图 11-6（b）]。

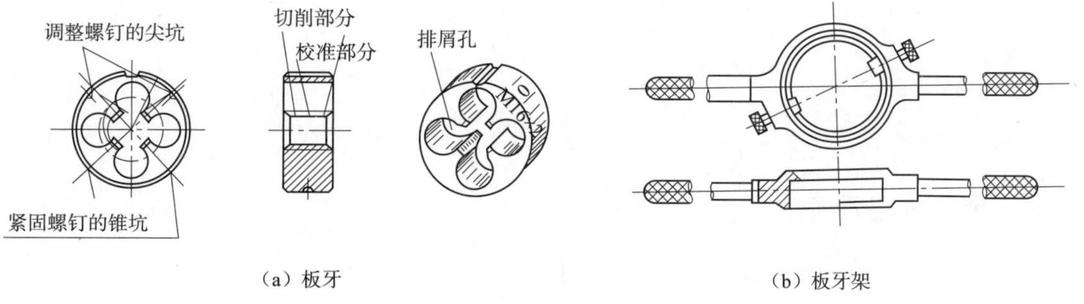

（a）板牙 （b）板牙架

图 11-6 板牙架

（六）刮研工具

刮刀、刮削校准工具，研磨工具。

（七）拆装类工具

旋具、扳手、拉卸工具。

（八）电动类工具

手电钻、电磨头、风动砂轮、风镐、风铲。

（九）量　　具

钳工用量具包括钢直尺、游标卡尺、外径千分尺、百分表等。

1. 钢直尺

简单尺寸量具，上面刻有米制或英制尺寸，常用的是米制钢直尺(图 11-7)。钢直尺主要用来量取尺寸，测量工件或划直线。

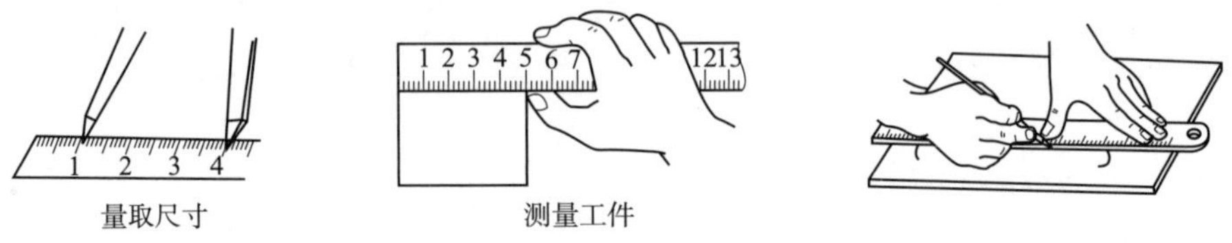

图 11-7　钢直尺的使用

2. 游标卡尺

适合测量中等精度尺寸的量具，可以测量工件的外尺寸、内尺寸及深度尺寸。游标卡尺一般由主尺、副尺(游标)、固定卡爪、活动卡爪、锁紧螺钉和测深杆等部分组成(图 11-8)，副尺可以沿主尺移动以测量工件，读数精度可达 0.02 mm。

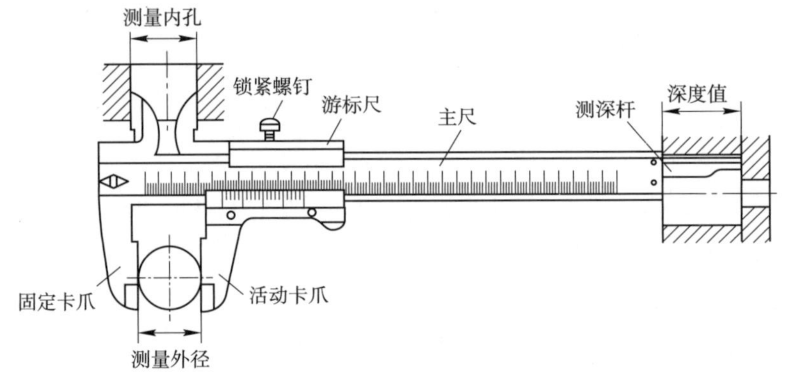

图 11-8　游标卡尺

三、钳工常用设备

钳工常用设备包括台虎钳、钳台、砂轮机、钻床等。

（一）台 虎 钳

用来夹持工件的夹具，主要由固定钳身、活动钳身、丝杆传动装置等组成(图 11-9)。台虎钳的规格有 100 mm、125 mm、150 mm 等几种。有固定式和回转式两种。

（二）钳　　台

安装台虎钳，放置工量具的工作台，钳台一般是用木材或钢材制成的，台面一般是长方形，高度一般在 800～900 mm(图 11-10)。

（三）砂 轮 机

刃磨钻头、錾子、加工小型零件的电动设备，砂轮机主要由砂轮、电动机、机座、防护罩等组成（图 11-11）。在使用砂轮机时必须严格遵守有关规程，以保证安全。

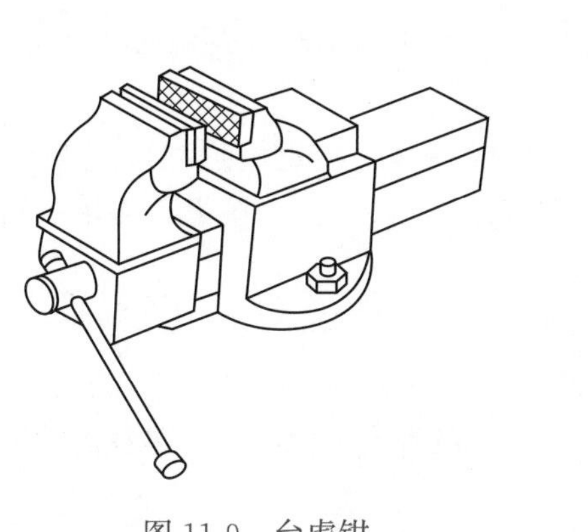

图 11-9 台虎钳

图 11-10 钳台

（四）钻 床

对工件进行钻孔、扩孔、锪孔、攻螺纹等操作的设备（图 11-12）。钻床的种类有台式钻床，立式钻床和摇臂钻床，台式钻床是钻小孔的主要设备，一般钻孔直径不超过 12 mm；立式钻床适用于中型工件的钻孔，钻孔直径一般小于 50 mm；摇臂钻适合于钻削大直径的孔。钻床的结构较为复杂，使用时必须严格遵守有关规程，以保证安全。

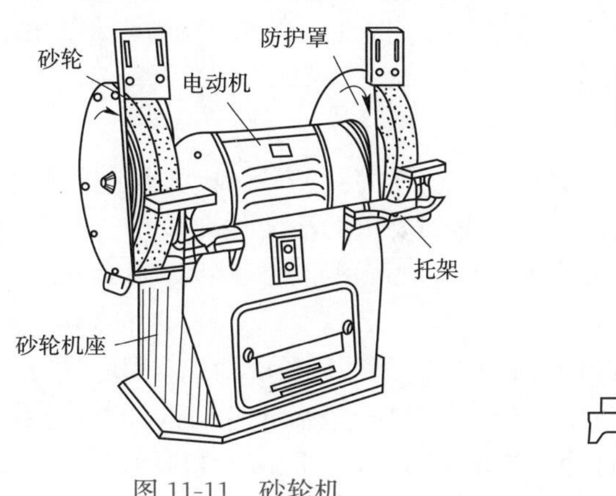

图 11-11 砂轮机

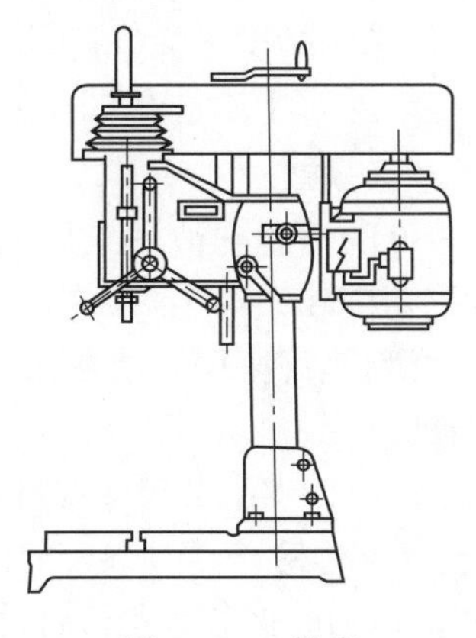

图 11-12 钻床

第三节 机械的装配和修理

一、机械的装配

按规定的技术要求，将零件或部件进行配合和连接，使之成为半成品或成品的工艺过程称为装配。

（一）装配的工艺过程

（1）装配前的准备工作：它包括研究和熟悉装配图，了解产品的结构，零件的作用，相互的连接关系，确定装配的方法、顺序并准备所需工具，对零件进行清理和清洗，对某些零件有时要进行修配密封性试验等。

（2）进行装配工作：装配通常分为部装和总装，把零件装配成部件的过程称为部装；把零件和部件装配成最终产品的过程称为总装。

（3）调整精度，检验试车：调整是指调节零件或机构的相对位置配合间隙和结合松紧；精度检验包括工作精度检验和几何精度检验；试车是机器装配后，按设计要求进行运转试验。

（4）油漆、涂油和装箱。

（二）装配方法

（1）互换装配方法：在装配时各配合零件不经修配，选择或调整即可达到装配精度的方法。互换装配法对零件的加工精度要求较高，零件的制造费用较大，多在配合精度要求不是很高且产品批量较大时采用。

（2）分组装配法：在成批或大量生产中，将产品各配合副的零件按实测分组，装配时按组进行互换装配的方法。其特点是经分组后再装配，提高了装配精度，零件的制造公差可适当放大，降低了生产成本。

（3）调整装配法：在装配时改变产品中可调整零件的相对位置或选用合适的调整件以达到装配精度的方法。其特点是零件不需任何修配而能达到很高装配精度，机器运行后可定期进行调整，容易恢复精度。

（4）修配装配法：在装配时修去指定零件上预留修配量，以达到装配精度的方法。其装配特点是零件的加工精度可大大降低，无需高精度的加工设备而能得到很高的装配精度，但装配工作很复杂，适宜于单件小批量生产。

（三）工作要点

（1）做好零件的清理和清洗工作，清理工作包括去除型砂、铁锈、切削零件加工后去毛刺倒角等，对装配精度较高的零件，应通过清洗达到要求的清洁程度。

（2）加油润滑，相配表面在装配或连接前应加油润滑以减少装配阻力，提高装配精度，减轻相对运动时的磨损。

（3）相配合的零件的配合尺寸要准确，必要时对某些较重要的配合尺寸进行复验或抽验。

（4）做到边装配边检查，当所装配的机器较复杂时，每装完一部分就应检查一下是否符合要求。

（5）注意试车时的事前检查和启动过程的监视，试车前应对机器作一次全面的检查；在确保准确无误和安全的条件下，方允许开车运转。机器开始启动后，应立即全面观察一些主要的工作参数和各运动件是否正常工作，以确保试车的安全。

二、机械的修理

（一）设备的磨损和失效

机械设备的磨损分为事故磨损和自然磨损。事故磨损大多是人为造成的磨损，包括设计制造上存在问题及使用维护不当引起的磨损；自然磨损是在正常使用下，由于摩擦和化学腐蚀等因素的长期作用而逐渐产生的磨损。

失效是机械零件不能正常工作或达不到设计要求的工作状态。机械零件常见的失效形式有断裂或过大的塑性变形、过大的弹性变形、工作表面失效、发生强烈的振动及破坏正常的工作条件。造成机械零件失效的原因很多如零件的强度、刚度、振动、稳定性等，但由磨损引起的失效是重要的原因之一。

（二）修理的工艺过程

(1)修理前的准备工作：包括调查和分析设备的损坏失效的原因，熟悉有关的技术资料，准备必要的工具。

(2)拆卸设备：拆卸时应按一定的顺序进行，要有条理分解设备各零部件，不能造成零部件发生新的损坏。

(3)修理和更换：零部件清理清洗后，应进行检查测量，对磨损失效的零件进行修理或者更换。

(4)装配、调整和试车。

（三）修理工作要点

(1)熟悉机械设备的构造特点和技术要求。

(2)拆卸零部件的原则：首先，拆卸顺序与装配顺序相反，一般是先装后拆，后装先拆；其次，应合理选用工具，防止拆卸时损坏零件；第三，拆下的零部件应有次序排放，对相配的零件应做好标记；第四，能不拆卸的零件尽量不拆散。

(3)修复或更换零件的原则：相配合的主要件和次要件磨损后，应修复主要件，更换次要件；大零件与小零件相配表面磨损后一般是修复大零件，更换小零件；工序长与工序短的相配合零件磨损后，一般是修复工序长的零件、更换工序短的零件。

复习思考题

1. 机械从其共性的主要特征是什么？
2. 机械设备大致分为哪几种？分别是什么？
3. 一部完善的机械主要有哪几个部分？
4. 常用的钳工工具有哪些？
5. 钳工的常用设备有哪些？
6. 机械钳工的主要任务是什么？
7. 划线的作用是什么？
8. 錾子的种类有哪些？
9. 装配的工艺过程大致有哪几步？
10. 常用的装配方法有哪些？
11. 机械设备磨损的原因及失效的形式有哪些？
12. 机械零件常见的失效形式有哪些？
13. 修理的工艺过程有哪些？
14. 拆卸零部件的原则是什么？
15. 修复或更换零件的原则是什么？

第十二章 金属工艺学

金属材料:凡由金属元素或以非金属元素为主而形成的,并具有一定金属特性的材料统称为金属材料。特别是钢铁材料,对人类文明发挥了非常重要的作用,一方面由于它本身具有比其他材料远为优越的综合性能,诸如物理性能、化学性能、力学性能、工艺性能;另一方面,它在性能方面以及数量质量方面还存在着巨大的潜力,可随时挖掘,而且不断更新发展,在铁路运输生产中具有极其广泛的应用。工务部门使用的钢轨、道岔、垫板、扣件都是钢铁材料。通过前几章的学习,我们已经对钢材的化学成分及机械性能有了初步的了解,而钢铁的性能是由其微观状态下的组织形状决定的,为更好利用钢材的特性,充分挖掘其潜能,现简单介绍金属工艺学的有关知识。

第一节 铁碳合金

一、铁碳合金的基本组织

钢和铸铁是工业生产中最重要的一大类金属材料,它们是以铁为基础的合金。在铁碳二元系中把含碳量大于 2.11%的合金称为铸铁,把含碳小于 2.11%(质量)的合金称为钢,钢中还含有硅、锰、硫、磷、氧、氮、氢等元素,有时为改善钢的组织性能,还人为向钢中加入某些元素,如铬、钼、钨、钒、镍、硼、稀土元素等,碳是铸铁和钢中的重要元素。钢是铁碳合金的一种铁原子在不同温度下有不同的晶格排布,当铁原子晶格排布为体心立方晶格时,称为 α-Fe,它是铁磁性的;当铁原子的晶格排布为面心立方晶格时称为 γ-Fe。铁碳合金中的碳元素既可以与铁作用形成金属化合物,也可以溶解在铁中形成间隙固溶体,或者形成化合物与固溶体组成机械混合物。下面介绍铁碳合金的几种基本组织:

(一)铁素体

碳溶于 α-Fe 中所形成的间隙固溶体,称为铁素体,用符号 F(或 α)表示。在 600 ℃时,α-Fe 中能溶解碳 0.008%。随着温度的升高,晶体缺陷增多,α-Fe 的溶碳量逐渐增加,当温度升高到 723 ℃时,溶碳量可增至 0.02%。由于 α-Fe 的溶碳量很小,所以铁素体的性能几乎和纯铁相同,即强度、硬度低,而塑性和韧性高。

(二)奥氏体

碳溶于 γ-Fe 中所形成的间隙固溶体,称为奥氏体,用符号 A(或 γ)表示。γ-Fe 的溶碳能力比 α-Fe 高。在 723 ℃时碳的最大溶解度为 0.8%,随着温度升高,其溶解度增加,在 1 147 ℃时,最大溶碳量为 2.06%。奥氏体的强度不高,但塑性好。故轧钢或锻造时,常把钢加热到奥氏体状态,钢轨轧制时也是加热到奥氏体状态。

（三）渗碳体

由于碳在 α-Fe 或 γ-Fe 中的溶解度有限，所以当碳的含量超过在铁中的溶解度时，多余的碳就会和铁以一定的比例形成化合物，称为渗碳体，用符号 Fe_3C（或 C）表示。渗碳体的含碳量为 6.67%，它是一种具有复杂晶体结构的化合物，硬度很高，脆性很大，几乎没有塑性。它的形态、大小及分布方式对钢的性能有很大的影响。

（四）珠光体

由铁素体和渗碳体组成的机械混合物，称为珠光体，用符号 P 表示。珠光体的平均含碳量为 0.77%。由于它是由硬的渗碳体和软的铁素体相间组成的混合物，所以其机械性能介于渗碳体和铁素体之间，强度较高，硬度适中，有一定的塑性。

（五）莱氏体

莱氏体是由奥氏体和渗碳体组成的机械混合物，用符号 Le 表示。室温时，莱氏体是由珠光体和渗碳体组成的机械混合物。一般将奥氏体和渗碳体组成的莱氏体称为高温莱氏体，用符号 Le 表示；而将珠光体和渗碳体组成的莱氏体称为低温莱氏体，用符号 Le′表示。莱氏体的性能和渗碳体相似，硬度很高（HB>700），塑性极差。

在铁碳合金的五种基本组织中，铁素体、奥氏体、渗碳体都是单相组织，称为铁碳合金的基本相，而珠光体和莱氏体是由基本相混合组成的多相组织。

二、铁碳合金状态图

铁碳合金状态图是铁碳合金在极缓慢加热（或冷却）的条件下，不同成分的铁碳合金，在不同的温度下所具有的状态或组织的图形。从铁碳合金状态图中可以了解铁碳合金的成分（主要是含碳量）、组织与性能之间的关系，它不仅是我们选择材料和制定有关热加工工艺时的参考，也是钢进行热处理的理论基础。

（一）$Fe\text{-}Fe_3C$ 状态图

$Fe\text{-}Fe_3C$ 状态图中纵坐标为温度，横坐标表示合金的碳浓度，横坐标上的任何一点，均代表一种成分的铁碳合金（图 12-1），图中 *S* 点，表示含碳量为 0.77% 的铁碳合金。

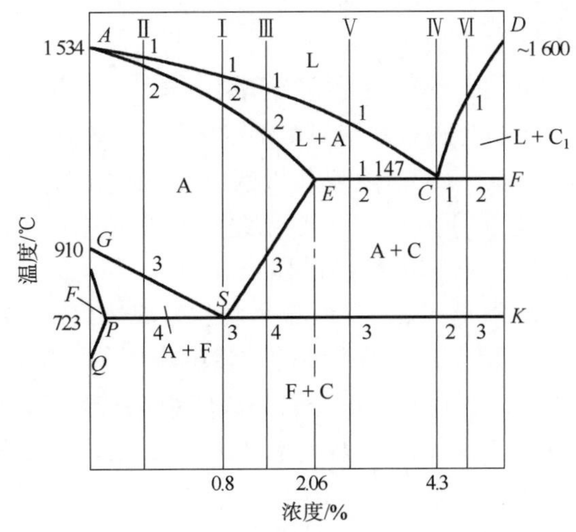

图 12-1　铁碳合金状态简图

（二）$Fe\text{-}Fe_3C$ 状态图中的特性线

$Fe\text{-}Fe_3C$ 状态图中的特性线，是各个不同成分的合金具有相同意义的临界点的连接线。现将简化 $Fe\text{-}Fe_3C$ 状态图中各特性的符号、位置和意义介绍如下：

1. *ACD* 线

液相线，此线以上合金呈单相液态，用符号“L”表示。铁碳合金冷却到此线开始结晶，在 *AC* 线以下从液体中结晶出奥氏体，在 *CD* 线以下从液体中结晶出渗碳体。

2. *AECF* 线

固相线，合金冷却到此线全部结晶为固体，此线以下合金呈固体状态。

3. *GS* 线又称 A_3 线

含碳量小于 0.77%的铁碳合金，冷却时由奥氏体中开始析出铁素体的转变线。

4. *ES* 线又称 A_{cm} 线

碳在奥氏体中的溶解度曲线。凡是含碳量大于 0.77%的铁碳合金，当温度由 1 147 ℃降到 723 ℃时，均会由奥氏体中析出渗碳体，这种渗碳体称为二次渗碳体。

5. *PSK* 水平线

共析线，又称 A_1 线。表示从一个固相中同时析出另外两个不同固相的共析反应。所有含碳量超过 0.02%的铁碳合金，在冷却时均会发生共析转变。

6. *ECF* 水平线

共晶线，在这条线上发生共晶转变，表示从液相中同时结晶出两个不同固相的共晶反应。

7. *PQ* 线

碳在铁素体中的溶解度曲线。因此，铁素体从 723 ℃冷却下来时，也将从铁素体中沿晶界析出渗碳体。

（三）Fe-Fe_3C 状态图中各区域的组织

为简单明了，可将简化的 Fe-Fe_3C 状态图分成三个单相区和五个双相区。

1. 三个单相区　*ACD* 线以上为液相区(L)；*AESGA* 区为单相奥氏体区(A)；*GPQG* 区为单相铁素体区(F)。

2. 五个双相区

ACEA 区为液相加奥氏体区(L＋A)；*DCFD* 区为液相加一次渗碳体区(L＋C1)；*GSPG* 区为奥氏体加铁素体区(A＋F)；*EFKSE* 区为奥氏体加渗碳体区(A＋C)；*QPSK* 线以下区为铁素体加渗碳体区(F＋C)。

（四）典型合金的结晶过程

按照含碳量和室温组织的不同，一般有三种不同的结晶过程：共析钢(含碳量 0.77%)，显微组织是珠光体；亚共析钢(含碳量小于 0.77%)，显微组织是铁素体＋珠光体；过共析钢(含碳量大于 0.77%)，显微组织是珠光体＋渗碳体。

1. 共析钢的结晶过程

合金(图 12-2)1 点温度以上为液体(L)，当缓冷至稍低于 1 点的温度，开始从液体中结晶出奥氏体(A)，奥氏体的数量随温度的下降而增多；温度降至 2 点时，液体全部凝固为奥氏体；在 2～3 点间是单一的奥氏体组织；继续缓冷至 3 点温度(723 ℃)时，奥氏体发生共析反应，转变成珠光体。故室温下共析钢的组织为珠光体，此时显微镜下珠光体组织呈暗灰色云雾状。

2. 亚共析钢的结晶过程

以含碳量为 0.45%的铁碳合金为例(图 12-3)。合金在 1 点以上为液体；缓冷至稍低于 1 点，开始从液体中结晶出奥氏体，冷却至 2 点结晶终了；在 2～3 点区间，合金为单一的奥氏体组织；当冷却到与 *GS* 线相交的 3 点时，开始从奥氏体中析出铁素体；当温度降至 4 点

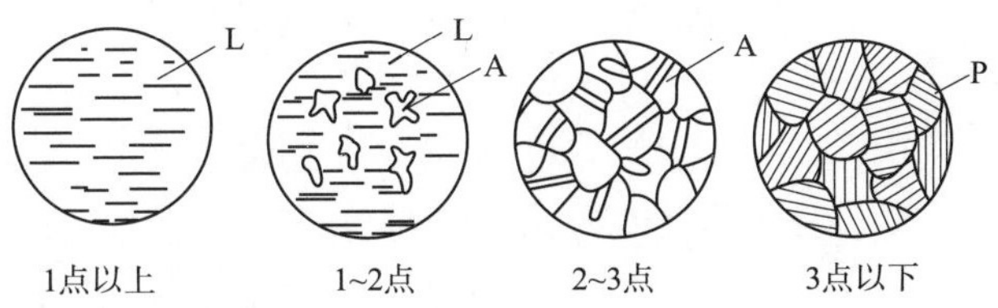

图 12-2　共析钢的结晶过程

(723 ℃)时，剩余奥氏体含碳量增加到 0.8%，于是奥氏体发生共析反应，转变为珠光体。故钢的室温组织为铁素体＋珠光体。

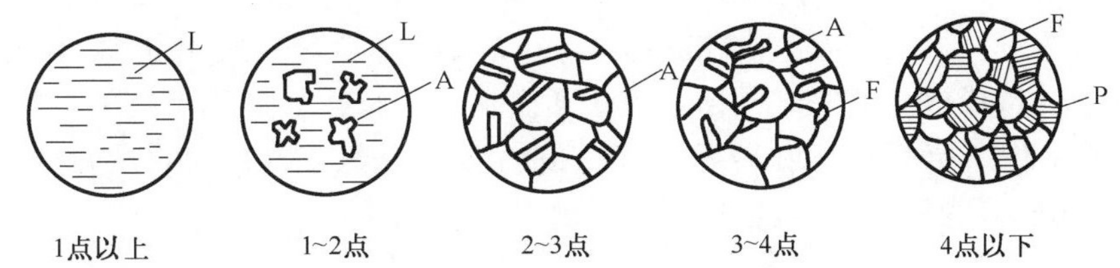

图 12-3　亚共析钢的结晶过程

3. 过共析钢的结晶过程

以含碳量为 1.2%的铁碳合金为例(图 12-4)。合金在 1 点以上为液体；在 2～3 点区间是含碳量为 1.2%的奥氏体组织；缓冷至 3 点时，奥氏体开始析出渗碳体；3～4 点区间的组织为奥氏体加二次渗碳体；降至 4 点，奥氏体发生共析反应，转变为珠光体，故室温组织为珠光体加二次渗碳体。二次渗碳体一般沿晶界呈网状分布，它对钢的强度及韧性有很大危害，应设法避免。

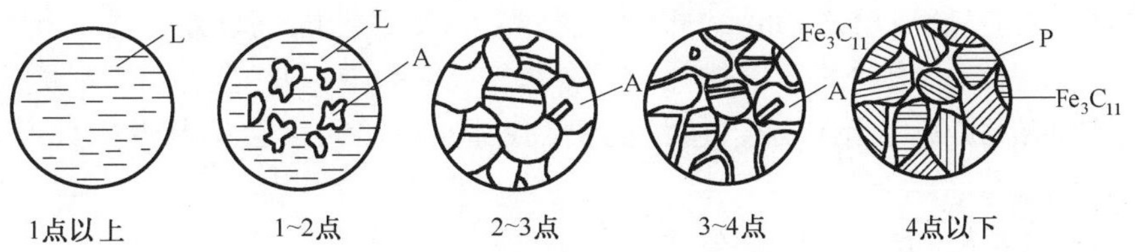

图 12-4　过共析钢的结晶过程

第二节　钢的热处理

热处理是强化钢材，使其发挥潜在能力的重要工艺。钢的热处理就是将钢在固态范围内加热到一定的温度，并在此温度保持一定的时间，然后以选定的冷却速度冷却下来，改变钢的内部组织，从而获得所需要性能的一种工艺方法。钢的热处理过程都是由加热、保温和冷却三个阶段所组成(图 12-5)。

热处理工艺方法日益繁多，根据热处理的目的以及加热和冷却方法不同，具有不同的组织和性能变化，达到的目的也不同，可将热处理分为普通热处理和表面热处理。普通热处理包括退火、正火、淬火、回火。表面热处理包括表面淬火、化学热处理以及钢的形变热处理。

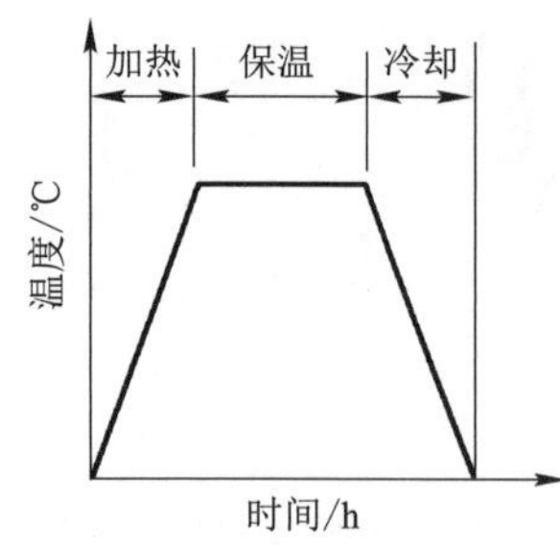

图 12-5　热处理工艺曲线示意图

为随后机械加工或进一步热处理作好组织准备的热处理称为预备热处理，常采用退火或正火工艺；直接赋予工件所需要的使用性能的热处理称为最终热处理。在钢轨的热处理中常用表面淬火的方法进行热处理。

一、钢在加热及冷却时的组织转变

（一）钢在加热时的组织转变

由 Fe-FeC 合金状态图可知，钢在加热到 A_3 线及 A_{cm} 线以上会形成奥氏体组织，以共析钢为例，共析钢的室温组织是珠光体，加热到临界点以上，晶格重构，发生相变，珠光体转变为奥氏体，碳原子进行扩散。其中奥氏体形成是通过形核和核长大过程实现的，珠光体向奥氏体转变可以分为四个阶段(图 12-6)：奥氏体晶核的形成→奥氏体晶核的长大→残余渗碳体的溶解→奥氏体成分的均匀化。

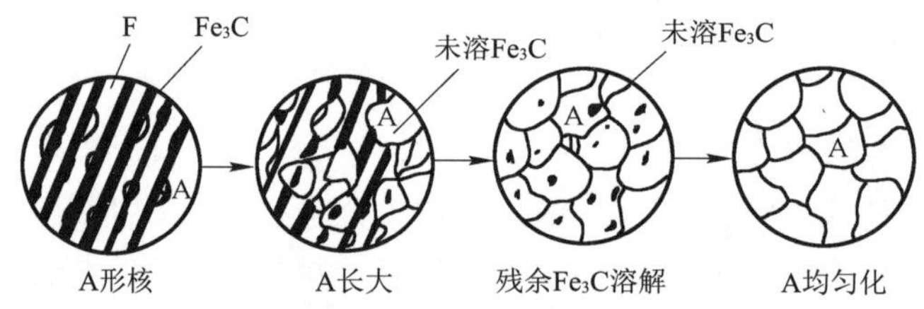

图 12-6　共析钢奥氏体形成过程示意

钢中奥氏体晶粒的大小直接影响到冷却后的组织性能，奥氏体晶粒较小时，其转变物的晶粒也较细小，性能较好；反之，如果奥氏体晶格粗大，则其性能也较差。所以我们希望钢在加热时能获得较为细小均匀的奥氏体晶粒，在生产中常采取一些措施来控制奥氏体晶粒的长大。用适量的铝脱氧，或钢中加入适量的钒、钛、镐、铌等元素会抑制奥氏体晶粒长大，得到本质细晶粒钢。

（二）钢在冷却时的组织转变

奥氏体以不同冷却方式冷却时，会得到不同的组织。冷却方式有等温冷却和连续冷却二种方式(图 12-7)。

1. 等温冷却法

先快速冷却到 A_1 线以下，然后进行保温。如果保温时的温度在 550～650 ℃时，可分别得到珠光体、索氏体(用 S 表示)、托氏体(用 T 表示)；如果保温温度在 350～550 ℃时，可得到贝氏体(用 B 表示)。珠光体的硬度一般为 HB190，索氏体的硬度一般为 HRC30，而托氏体的硬度则能达到 HRC38。

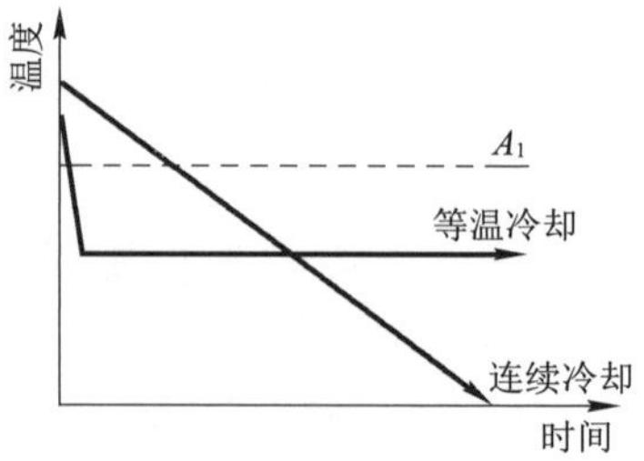

图 12-7　钢的冷却曲线图

2. 连续冷却法

如果冷却速度很快(例如采用水冷或盐水冷却方式)，奥氏体很快被过冷到 Ms 温度，此时由于碳原子不能扩散，奥氏体将被直接转变成一种含碳量过饱和的固溶体，即马氏体(用M表示)。马氏体中含碳量愈高，硬度也愈高，而塑性、韧性愈低，其硬度可达HRC45～55。钢轨的轨头及辙叉的叉心部分微观组织为马氏体。

二、钢的普通热处理

(一)钢的退火

退火是将钢加热到高于或略低于临界点(A_{c3} 或 A_{c1})的某一温度，保温一定时间，然后缓慢冷却，以获得接近平衡组织的一种热处理工艺。

(1)退火的目的：一是消除钢锭的成分偏析，使成分均匀化；二是消除铸、锻件存在的魏氏组织或带状组织，细化晶粒和均匀组织；三是降低硬度，改善组织，以便于切削加工；四是改善高碳钢中碳化物形态和分布，为淬火做好组织准备。

(2)退火的种类有完全退火、球化退火、去应力退火：

①完全退火：完全退火是将亚共析成分的钢件加热到 A_{c3} 以上30～50 ℃，保温一定时间，然后随炉缓慢冷却(或埋入砂子或石灰中)到室温，或随炉冷却到500 ℃后出炉空冷。完全退火后的室温组织由铁素体和珠光体组成。

②球化退火：球化退火是将钢件加热至 A_{c1} 线以上20～30 ℃，保温一定时间，再在 A_{r1} 以下20 ℃左右保温一段时间，然后炉冷或空冷。其组织为球状珠光体。

③去应力退火：它是将钢件随炉缓慢加热到 A_{c1} 线以下(约在500～600 ℃)，经一定时间保温后，随炉缓慢冷却到300～200 ℃以下出炉空冷。钢在去应力退火过程中并无组织变化。

(二)钢的正火

正火是将钢件加热到 A_{c3} 或 A_{cm} 以上30～50 ℃或更高温度，保温一段时间，达到完全奥氏体化和均匀化，然后在自然流通的空气中冷却。

正火的目的是：

(1)对于大锻件、截面较大的钢材、铸材用正火来细化晶粒，均匀组织，为下一步淬火做好组织准备。相当于退火的效果。

(2)低碳钢退火后硬度太低，切削加工中易粘刀，光洁度差。改用正火可提高硬度，改善切削加工性。

(3)可以作为某些中碳钢或中碳低合金钢的最终热处理，以代替调质处理，具有一定的综合力学性能。

(4)用于过共析钢，可消除网状碳化物，便于球化退火。

(三)钢的淬火

淬火是将亚共析钢或共析钢钢件加热到 A_{c3} 以上30～50 ℃，保温一定时间，然后急速冷却下来，以获得高硬度组织的一种热处理工艺。一般钢轨在出厂前会进行淬火处理。

1. 淬火的目的

把奥氏体工件淬成马氏体，以便在适当的温度回火后，获得高的硬度和强度，更好的发挥钢材的性能潜力。

2. 淬火温度

碳钢的淬火加热温度，一般只允许比临界点高 30～50 ℃。对亚共析钢来讲，淬火后为均匀细小的马氏体组织。过共析钢淬火后的组织为细小的马氏体和少量未溶的渗碳体组成。对合金钢来讲，如高锰钢辙叉，由于大多数合金元素（除锰、磷外）都阻碍奥氏体晶粒长大，因此它们的淬火温度允许比碳钢稍微提高一些，这样可使合金素充分溶解和均匀化，以便获得较好的淬火效果。

3. 淬火冷却介质

常用的淬火介质包括水、食盐水溶液及油。由于水最容易获得、最经济，因而是用得最广泛的淬火介质。水淬的优点：冷却速度很大，使过冷奥氏体通过这一温度范围时不转变为珠光体型组织。但由于冷却速度太快，零件内外温差大，产生很大组织应力，易使零件造成严重变形，甚至开裂。食盐水溶液是在水中加入适量的食盐（NaCl）作为淬火介质。用盐水淬火时，可使零件获得均匀的高硬度和更深的淬硬层，但组织应力较大，易使零件变形或开裂。油也是用得很广泛的淬火剂。目前多用 10 号、20 号、30 号机油或变压器油等。在高温时油比水的冷却能力要小得多，造成的组织应力小，引起变形和开裂的倾向性也小。

4. 常用的淬火方法

（1）单液淬火：将加热的奥氏体化的工件投入一种淬火介质中，冷却直至室温，称为单液淬火，简便易行，容易实现机械化和自动化。

（2）双液淬火：利用水在高温区快冷的优点，又避免水在低温区快冷的缺点，可以采用先水淬后油冷的双液淬火法。进行双液淬火需要准确掌握水中停留时间，使工件表面温度恰好接近 Ms，立即从水中取出，转移到油中冷却。

（3）分级淬火：将奥氏体化的工件淬入略高于或略低于 Ms 的低温盐浴或碱域中，等温冷却一段时间，使工件内温度均匀，然后取出空冷，称为分级淬火。分级淬火适用于尺寸较小的工件。

（4）等温淬火：将奥氏体化的工件淬入略高于 Ms 的等温盐浴中，停留足够长的时间，然后取出空冷，称为等温淬火。等温淬火后的硬度略低于淬火低温回火，但韧性好、变形小，也只适用于尺寸较小的工件。

5. 钢的淬透性

钢的淬透性是钢材很重要的工艺性能，合理地选用钢种，正确制订热处理工艺规范都与钢的淬透性密切相关。钢的淬透性是指奥氏体化后的钢接受淬火的能力，其大小用一定条件下淬火时钢的淬透层深度表示。淬硬层愈深，表明钢的淬透性愈好。钢的淬透性与淬火临界冷却速度有着密切关系。因此，凡是影响过冷奥氏体稳定性的诸因素都会影响钢的淬透性，大致可归纳为以下几个方面：

（1）钢的化学成分的影响：一般说来，在亚共析钢中，随着含碳量的增加，淬透性有所增加；而在过共析钢中，淬透性有所降低。

（2）奥氏体化温度及保温时间的影响：适当提高奥氏体化温度和延长保温时间，有助于增加过冷奥氏体的稳定性，提高钢的淬透性。

（3）钢的原始组织的影响：碳化物愈细小，转变温度也愈低，钢的淬透性也愈高。

6. 淬火应力

淬火冷却时，为了获得马氏体组织和足够的淬硬层深度，必须快速冷却。但赤热零件的急速冷却必然导致表面与心部，厚的部分与薄的部分，形成很大温差，从而使零件各部分的体积变化和组织转变不能同时进行，因而产生了淬火内应力。对于淬火钢轨来说，我们要求降低淬火应力，以提高淬火钢轨的质量。

（四）钢的回火

将淬火后的钢件重新加热到 A_{c1} 以下某一温度，保温一定时间，然后以一定方式冷却下来的一种热处理操作，称为回火。要消除内应力，应有足够的保温时间，一般为 1～2 h。

1. 回火的主要目的

(1)降低脆性：消除或减少工件淬火后存在很大内应力和脆性。

(2)获得工作所要求的机械性能：通过适当回火的配合来调整硬度，减小脆性，得到所需要的韧性和塑性。

(3)稳定构件尺寸：回火处理后，可以使工件在以后的使用过程中不再发生尺寸和形状的改变。

2. 回火方法

(1)低温回火(150～250 ℃)回火后组织为回火马氏体，这种回火主要是为了降低钢中淬火应力和脆性，保持钢淬火后的高硬度和耐磨性。

(2)中温回火(350～650 ℃)回火后组织为回火屈氏体，中温回火可使钢具有高的弹性极限、屈服极限和较高的韧性。

(3)高温回火(500～650 ℃)高温回火后的组织为回火索氏体，这种回火主要目的是为获得强度、塑性和韧性都较好的综合机械性能。

三、钢的表面热处理

对一些钢铁构件如钢轨，其轨头表面层承受着比心部高的应力，且不断地被磨损，因此对表面层提出了强化的要求，要求其表面具有高的强度、硬度、耐磨性和疲劳强度，而心部仍保持足够的塑性和韧性。因此生产上广泛采用表面热处理方法，如钢轨的表面淬火就可以在一定程度上满足上述的性能要求。

（一）钢的表面淬火

钢的表面淬火是一种不改变钢件表面层化学成分，只强化表面层组织的局部热处理方法。它利用快速加热使钢件表面很快地达到淬火温度，使工件表面层奥氏体化，而不等热量传至心部，迅速予以冷却，可使表面层被淬硬形成马氏体，具有高的硬度和耐磨性，而心部仍是未淬火组织。根据加热方法不同，表面淬火方法主要有：感应加热表面淬火、火焰加热表面淬火。

1. 感应加热表面淬火

感应加热表面淬火是使工件表面产生一定频率的感应电流，将零件表面迅速加热，然后迅速淬火冷却的一种热处理操作方法。感应加热时，一般感应加热温度在 A_{c3} 以上 80～150 ℃，高于一般淬火。感应加热表面淬火有以下特点：

(1)生产效率高，便于机械化、自动化，属于无氧化、少氧化的热处理方法，淬火后变形少，适用于大批量生产。

(2)由于加热速度很快，淬火表面层能获得非常细小的针状马氏体组织，它使表面硬度增加并有较高的疲劳强度和较低的脆性。

(3)由于加热时间极短，故显著减少工件的氧化与脱碳。

2. 火焰加热表面淬火

分为高频感应、中频感应、工频感应加热淬火。火焰加热表面淬火法是利用乙炔一氧混合气体燃烧的火焰，喷射到工件表面上，使之快速加热，当达到淬火温度时立即喷水冷却，从而获得预期硬度和淬硬层深度的一种表面淬火方法。火焰加热表面淬火的淬硬层深度一般为 2～6 mm。

（二）钢的化学热处理

钢的化学热处理是将零件放在一定温度的某种化学介质中加热、保温和冷却，使介质中的某些元素渗入到零件表面，从而改变零件表面层的化学成分和组织，使零件表面层具有某些特殊性能的一种热处理工艺。化学处理分为渗碳、氮化、碳氮共渗、渗硼、渗铝等，通过化学热处理能有效地提高钢件的耐磨性、疲劳强度、耐蚀性、抗氧化性等，从而提高钢件的使用寿命。化学处理常用于一些有特殊要求零件的热处理。

1. 渗碳

将低碳钢放入增碳的活性介质中，在 900～950 ℃加热保温，使活性碳原子渗入钢的表面达到高碳，称为渗碳。渗碳后必须进行淬火和低温回火，使钢件表面具有高硬度和高的耐磨性，而心部具有一定的强度和较高的韧性。

2. 氮化

氮化是指使活性氮原子渗入钢件表面，形成富氮硬化层的化学热处理过程称为氮化，氮化保温时间需 50 h 左右。氮化后表面具有更高的耐磨性、抗腐蚀性、疲劳强度和较低的缺口敏感性。

3. 碳氮共渗

碳氮共渗是指使碳氮原子同时渗入钢件表面的过程，又称氰化，按共渗温度的不同，分为低温(500～600 ℃)、中温(780～880 ℃)、高温(900～950 ℃)碳氮共渗三种。与渗碳相比，具有更高的耐磨性、疲劳强度和接触疲劳强度。

（三）钢的形变热处理

1. 高温形变热处理

高温形变热处理是在接近 A_3 温度以上进行形变，形变后立即淬火，并回火至所需要的硬度。高温形变热处理的强化原因，是由于高温形变过程位错密度及其他晶体缺陷大大提高，形变后若能及时淬火，马氏体继承了奥氏体的晶体缺陷，并使马氏体细化，从而获得坚韧化的效果。

2. 低温形变热处理

将加热至奥氏化的钢迅速冷却至 C 曲线的亚稳定区进行形变，并回火至所需硬度，称为低温形变热处理。能够提高硬度，改善韧性。

复习思考题

1. 什么是金属材料？
2. 铸铁的定义是什么？钢的定义是什么？
3. α-Fe 和 γ-Fe 的晶格排布方式分别是什么？
4. 铁碳合金的五种基本组织中，哪些是单相组织？哪些是多相组织？
5. 试绘出简化的 $Fe\text{-}Fe_3C$ 状态图，说明各特性线的符号和概念。
6. 共析钢、亚共析钢、过共析钢显微组织分别是什么？
7. 什么是钢的热处理？
8. 钢的热处理过程都由哪几个阶段组成？
9. 钢的普通热处理包括哪几种？
10. 钢的表面热处理包括哪几种？
11. 奥氏体形成的过程有哪些？
12. 珠光体向奥氏体转变可以分为哪四个阶段？
13. 奥氏体的冷却方式有哪些？
14. 退火的种类有哪些？
15. 正火的目的是什么？
16. 退火与正火的主要区别是什么？
17. 常用的淬火介质有哪几种？说明它们的主要特点。
18. 影响钢的淬透性的因素有哪些？
19. 回火的主要目的有哪些？
20. 低温回火、中温回火、高温回火的温度分别是多少？
21. 什么是钢的表面淬火？
22. 表面淬火的主要方法是什么？
23. 钢的化学热处理有哪些？
24. 钢的形变热处理有哪些？